Administração Judiciária – com justiça

EDITORA intersaberes

O selo DIALÓGICA da Editora InterSaberes faz referência às publicações que privilegiam uma linguagem na qual o autor dialoga com o leitor por meio de recursos textuais e visuais, o que torna o conteúdo muito mais dinâmico. São livros que criam um ambiente de interação com o leitor – seu universo cultural, social e de elaboração de conhecimentos –, possibilitando um real processo de interlocução para que a comunicação se efetive.

Administração Judiciária – com justiça

Roberto Portugal Bacellar

EDITORA intersaberes

Rua Clara Vendramin, 58 . Mossunguê
CEP 81200-170 . Curitiba . PR . Brasil
Fone: (41) 2106-4170
www.intersaberes.com
editora@editoraintersaberes.com.br

- Conselho editorial
  Dr. Ivo José Both (presidente)
  Drª. Elena Godoy
  Dr. Nelson Luís Dias
  Dr. Neri dos Santos
  Dr. Ulf Gregor Baranow
- Editora-chefe
  Lindsay Azambuja
- Supervisora editorial
  Ariadne Nunes Wenger
- Analista editorial
  Ariel Martins
- Preparação de originais
  Gustavo Ayres Scheffer
- Projeto gráfico
  Raphael Bernadelli
- Capa
  Osvalter Urbinati Filho
- Diagramação
  LAB Prodigital
- Iconografia
  Regina Claudia Cruz Prestes

Dados Internacionais de Catalogação na Publicação (CIP)
(Câmara Brasileira do Livro, SP, Brasil)

Bacellar, Roberto Portugal
   Administração Judiciária – com justiça/Roberto Portugal Bacellar. Curitiba: Editora InterSaberes, 2016.

   Bibliografia.
   ISBN 978-85-5972-222-2

   1. Direito administrativo 2. Poder Judiciário I. Título.

16-07418   CDU-35

Índice para catálogo sistemático:
1. Direito administrativo   35

1ª edição, 2016.

Foi feito o depósito legal.
Informamos que é de inteira responsabilidade do autor a emissão de conceitos.

Nenhuma parte desta publicação poderá ser reproduzida por qualquer meio ou forma sem a prévia autorização da Editora InterSaberes.

A violação dos direitos autorais é crime estabelecido na Lei n. 9.610/1998 e punido pelo art. 184 do Código Penal.

dedicatória 13

agradecimentos 15

prefácio 17

apresentação 23

como aproveitar ao máximo este livro 31

Capítulo 1 **Introdução ao sistema judiciário brasileiro - 35**

1.1 O Brasil no contexto dos sistemas de Justiça - 36

1.2 Princípios constitucionais e a tripartição dos poderes do Estado - 41

1.3 Justiça Estadual e Justiça Federal - 48

1.4 Inércia do Poder Judiciário e profissionais essenciais à função jurisdicional - 54

1.5 Lide, jurisdição contenciosa e jurisdição voluntária - 57

1.6 Duplo grau de jurisdição - 60

sumário

1.7 Justiça Comum e Justiça Especial - 62

1.8 Atividade-meio e atividade-fim do Poder Judiciário - 64

1.9 Devido processo legal - 65

Capítulo 2 **Noções gerais da estrutura judiciária no Brasil - 75**

2.1 Esclarecimentos necessários para entender os órgãos judiciários - 76

2.2 Supremo Tribunal Federal (STF) e Superior Tribunal de Justiça (STJ) - 78

2.3 Tribunais regionais federais (TRFs) e juízes federais - 82

2.4 Tribunais do Trabalho (TST e TRT), Tribunais Eleitorais (TSE e TRE) e Tribunal Militar (STM) - 83

2.5 Tribunais de justiça e juízes de direito - 86

2.6 Conselho Nacional de Justiça (CNJ) - 87

2.7 Escola Nacional de Formação e Aperfeiçoamento de Magistrados (Enfam) - 91

2.8 Agentes delegados - 98

2.9 Distinções importantes - 99

Capítulo 3 **Poder Judiciário e indicativos de problemas e soluções - 107**

3.1 Diagnóstico inicial da Administração Judiciária brasileira - 108

3.2 Método tradicional para a resolução dos inevitáveis conflitos existentes na sociedade - 111

3.3 Juizados especiais - 113

3.4 Mediação, conciliação e proposta inicial para a adoção de métodos adequados para a resolução de conflitos - 122

3.5 Noção de acesso à Justiça como acesso à resolução adequada de conflitos - 129

3.6 A lentidão da Justiça na percepção dos usuários - 134

3.7 A morosidade na prestação jurisdicional e suas causas - 137

3.8 Dinâmica processual - 138

3.9 A promessa de razoável duração do processo - 147

Capítulo 4 **Configurações organizacionais da Administração Judiciária - 157**

4.1 Deficiência organizacional da Administração Judiciária - 158

4.2 Sobrecarga dos juízes e suas causas - 160

4.3 Mecanismos de coordenação das atividades - 163
4.4 Burocracia mecanizada na Administração Judiciária - 171
4.5 Necessária profissionalização dos serviços na administração de tribunais - 175
4.6 Treinamento e capacitação permanente - 177
4.7 Linguagem na Administração Judiciária - 180
4.8 Falta de legitimação social do Poder Judiciário - 182

Capítulo 5 **Teoria do conhecimento, aprendizagem e inovações nos tribunais - 191**

5.1 Aprendizagem em tribunais abarrotados de processos - 192
5.2 Falta de divulgação dos argumentos e falta de conhecimento do povo sobre o Poder Judiciário - 198
5.3 Ambiente físico e as inovações da pós-modernidade - 202
5.4 Práticas restaurativas e inovações em modelos de serviço - 210
5.5 Insuficiência de pesquisas internas e deficiência na análise de dados em arquivo - 220
5.6 Magistratura: vocação e desafios - 222

5.7 A importância da crise
e da experiência da crise - 227

5.8 Alta aprendizagem
nas organizações - 228

5.9 O modelo gerencial hierarquizado
dos tribunais e a necessidade de
empowerment - 229

Capítulo 6 **O CNJ e a gestão estratégica
do Poder Judiciário - 239**

6.1 As bases da Resolução n. 70/2009
e os macrodesafios da Resolução
n. 198/2014 do CNJ - 240

6.2 A missão e a visão do Poder
Judiciário em prol da sociedade - 246

6.3 Eficiência operacional e acesso
ao sistema de Justiça - 258

6.4 Alinhamento e integração - 262

6.5 Atuação institucional do Poder
Judiciário perante os demais
poderes - 264

6.6 Gestão de pessoas
por competências - 267

6.7 Orçamento, infraestrutura
e tecnologia - 274

6.8 Os mandamentos do juiz - 278

Capítulo 7 **Diagnóstico, objetivos e propostas para a qualificação da Administração Judiciária - 287**

7.1 Busca de eficiência na administração de tribunais a partir da apresentação de argumentos e da problematização - 288

7.2 Estratégias voltadas ao atendimento da população e à qualidade de serviços - 294

7.3 A importância da qualidade na integralidade dos serviços - 299

7.4 Estudo de caso: a pressa da justiça morosa e uma análise da insatisfação pela celeridade - 301

7.5 Rapidez, adequação no atendimento e capacitação necessária - 304

7.6 Acesso à Justiça, monopólio jurisdicional e meios complementares de resolução de conflitos - 307

7.7 Onda de acesso e saída da Justiça - 309

7.8 Técnicas para realizar a mediação e a conciliação - 315

7.9 Princípio da eficiência - 328

Capítulo 8 — Forças estratégicas propulsoras da Administração Judiciária e gestão do pensamento - 335

- 8.1 Multiplicação de boas práticas - 336
- 8.2 Gestão do pensamento por meio da representação de papéis - 339

Capítulo 9 — A estratégia da justiça do oceano azul e inovações nos modelos de serviços judiciários - 353

- 9.1 Justiça do oceano azul - 354
- 9.2 Desenvolvimento, gestão por competências e suas variadas dimensões - 357
- 9.3 Programas de qualidade e produtividade no contexto da humanização da teoria da administração - 362
- 9.4 Prêmio de produtividade - 364
- 9.5 Padrões de aprendizagem - 366
- 9.6 Administração da crise do Poder Judiciário e falta de legitimação social dos tribunais - 367
- 9.7 A opinião pública e sua importância - 373
- 9.8 O monopólio jurisdicional e a atual necessidade de posicionamento público com competitividade - 376

9.9 A responsabilidade social como fator de posicionamento e visibilidade pública - 377

Capítulo 10 **Inovações para uma Administração Judiciária com justiça - 387**

10.1 Estatística judiciária e os relatórios padronizados como fonte de planejamento - 388
10.2 Qualidade e quantidade: um desafio para o tempo razoável do processo - 391
10.3 Diminuição da quantidade de serviço e aumento da qualidade - 393
10.4 Início de um ciclo empreendedor na Administração Judiciária - 395
10.5 Antecipação em relação a novas crises - 397
10.6 Alternativas estratégicas para racionalizar a prestação jurisdicional como atividade-fim do Poder Judiciário - 399
10.7 Plano plurianual e o princípio da continuidade - 402

para concluir... 409

lista de siglas 413

referências 417

apêndice: A administração das cortes norte-americanas 441

respostas 451

sobre o autor 465

Dedico este livro à minha mãe, Myrian Portugal Bacellar, falecida em 2 de setembro de 2015. Ela deixou sua alegria e o estímulo a seus seis filhos (Rui, Romeu, Rogério, Rubens, Ronaldo e Roberto) para uma vida com determinação, paz e justiça.

dedicatória

agradecimentos

Aos editores da InterSaberes, que acreditaram na obra, ao estímulo de meu irmão Rogério Portugal Bacellar, tabelião-presidente da Associação dos Notários e Registradores do Brasil (Anoreg-BR) e que, hoje, também preside o Coritiba Foot Ball Club, e ao professor Jorge Bernardi, advogado, jornalista e mestre em Gestão Urbana, que, desde nossa primeira conversa, sugeriu a criação inovadora de uma cadeira de Administração Judiciária (como havia feito em anos anteriores com a criação da cadeira de Processo Legislativo Brasileiro) no Centro Universitário Internacional Uninter.

A obra que tenho a honra de prefaciar, *Administração Judiciária – com justiça*, é editada em hora apropriada e, sem dúvida, vai preencher uma lacuna na literatura jurídica nacional. O texto logra reunir a prática com alguns condimentos teóricos. Com efeito, além da função judicante, cabe ao Judiciário – por meio de seus múltiplos órgãos administrativos – o desempenho da atividade administrativa. Ambas jamais devem descurar, sem prejuízo do cumprimento de outros significantes, do ideal de justiça. Somente quem, como o autor, reúne conhecimento e experiência poderia desempenhar a tarefa a contento.

A figura do juiz-administrador é tratada, apesar de sua grande importância, perfunctoriamente, em vários clássicos da literatura nacional. A incumbência demonstra a necessidade cada vez maior de conhecimento pelos magistrados do direito administrativo e suas vertentes. Desde o juiz diretor do fórum até a presidência de qualquer tribunal do país, o conhecimento e a interpretação adequada dos preceitos do direito administrativo alusivos à matéria orçamentária – responsabilidade fiscal, normas de licitação, contratos, convênios administrativos e regime jurídico dos servidores – caracterizam imposição natural.

A observância dos princípios constitucionais atinentes à Administração Pública, explícitos e implícitos, notadamente aqueles

prefácio

ligados ao exercício de funções administrativas – como moralidade, impessoalidade, eficiência, proporcionalidade, razoabilidade, prescritibilidade, juiz natural, devido processo legal, contraditório e ampla defesa –, não configura aconselhamento, mas obrigação normativa. Essa observância parte do reconhecimento, pelo texto constitucional, de uma base antropológica comum, retratada pela dignidade da pessoa humana.

A Administração Pública, de qualquer um dos poderes da República, só se afirma quando age em conformidade com o interesse público. Nesse contexto, a **profissionalização da função pública** constitui instrumento de legitimação perante o povo: primeiro, para garantir a observância do princípio da igualdade na escolha de seus agentes, com base em critérios que possibilitem a aferição daqueles mais preparados para o exercício da profissão, e não em um *status* atribuído em razão de um direito de nascença ou pela proximidade pessoal com os governantes; segundo, para dar cumprimento ao princípio da eficiência, de uma administração capacitada a responder aos anseios coletivos mediante a prestação de serviços adequados. A Constituição Federal, em sua concepção originária, no art. 74, já previa o princípio da eficiência como vetor na Administração do Poder Judiciário. A normatização foi reforçada com a inclusão desse princípio entre os básicos da Administração Pública (art. 37). Ou seja, sua observância não constitui nenhuma novidade. Constitui dever – e não qualidade ou virtude – da Administração ser eficiente em qualquer um de seus segmentos.

O tema escolhido sugere inovações de toda ordem em nossa Administração Judiciária, desde a capacitação dos membros do Poder Judiciário e de seus servidores, na área administrativa, até, quem sabe, a criação de uma justiça administrativa, a qual, embora integrada ao Poder Judiciário, seja efetivamente especializada, compondo-se de juízes e técnicos capacitados para uma adequada atuação. Afinal, só não admitem os céticos: mais de 60% das causas em tramitação e que inundam o Judiciário brasileiro tratam de questões administrativas.

Muito embora, no Brasil, tenha sido adotado o sistema de jurisdição única, não constitui demasia o desenvolvimento de esforços no sentido de um aperfeiçoamento quanto à especialização. Urge pensarmos em uma justiça administrativa que, apesar de integrada ao Poder Judiciário, atenda às peculiaridades dessa jurisdição. Na doutrina brasileira, Manoel de Oliveira Franco Sobrinho (1979) foi o precursor da defesa de uma jurisdição administrativa como anteparo de proteção do cidadão.

Os atos da Administração Pública ditos *discricionários* sempre foram excluídos do controle do Poder Judiciário, sob a justificativa de que ao Poder Judiciário é defeso imiscuir-se no "mérito do ato administrativo". A sempre acalentada transformação das estruturas e do próprio ordenamento judiciário processual não prescinde do respeito às garantias reconhecidas ao cidadão e à sua dignidade. As causas determinantes de uma justiça lenta, ineficiente e avolumada de processos reclamam uma avaliação séria. A obsoleta fórmula de ampliar o número de juízes, varas e comarcas há muito não responde pelo crescimento geométrico das demandas.

A proteção do cidadão em face da Administração pode ser alcançada com a criação constitucional de uma jurisdição administrativa integrada ao Poder Judiciário. Com essa providência, o processo administrativo conservará certa originalidade; todavia, obedecerá a regras que não terão mais por efeito e objeto proteger a Administração, mas assegurar um adequado equilíbrio entre Administração e cidadãos.

O tema, instigante, impõe ao prefaciador uma premunição contra a tendência de querer avançar mais em seu papel. De qualquer sorte, o autor cuida de cumprir o que promete no sumário da obra.

Como dito, é a pessoa indicada para tratar do assunto. O professor universitário procura expor, com as cores mais vivas, a beleza do direito no estudo de suas diversas facetas, privilegiando a conciliação. Os ensinamentos enriquecidos por seu notório saber jurídico (é mestre em Direito Processual pela Pontifícia Universidade Católica do Paraná – PUCPR) e por sua experiência adquirida no árduo treinamento recebido desde a sua atuação como juiz próximo às barrancas do Rio Paraná o fizeram trilhar uma carreira de retumbante e inegável sucesso. Esses conhecimentos, contudo, não ficam limitados ao direito processual. Com acentuada espiritualidade e dose filosófica, abrangem o estudo científico e jurídico do Estado, possibilitando a quem tem o privilégio de tê-lo como professor a conquista de uma rara intimidade com os demais ramos do direito, em especial o processual civil, um dos instrumentos mais caros para a realização da ordem e da harmonia sociais, cujo desiderato preponderante é a busca do bem-estar coletivo.

Esta é uma obra sobre Administração Judiciária, e o autor incluiu em seu título a expressão *com justiça*. Ele parte da compreensão do Estado e de seus poderes, mesclando linguagem simples a ser compreendida por qualquer leitor com precisão técnica necessária a uma obra jurídica, sempre comparando sistemas, exemplificando com boas e más experiências e propondo soluções inovadoras.

A mudança estrutural, a profissionalização e a implementação de padrões de qualidade, uma vez concretizados, adequados ao Plano Estratégico Nacional, alinhados, acompanhados e monitorados, contribuirão para a realização de um trabalho empreendedor pelos administradores de tribunais brasileiros. Os resultados desta pesquisa poderão auxiliar administradores de tribunais, que, de regra, encontram para administrar uma organização de estrutura simples ou uma burocracia mecanizada, com padrões de baixa aprendizagem e pouca – ou nenhuma – legitimação social.

Há muito, o diagnóstico do Poder Judiciário vem sendo levado a efeito. Os problemas se avolumaram e estão a impender que, sem perda de tempo, sejam manejadas as estratégias específicas e já conhecidas pela ciência da administração.

Como bem adverte o autor, a mera contratação de consultorias, universidades ou fundações, como é comum nos dias atuais, tem produzido resultados ínfimos e de curto prazo. Impõe-se uma significativa mudança de mentalidade por parte de administradores que integram a cúpula estratégica. Um plano de desenvolvimento estratégico plurianual também não será suficiente se, a cada dois anos, todo o planejamento for desconsiderado.

O desafio está proposto: *Administração Judiciária – com justiça*.

Se administrar o Poder Judiciário já é tarefa árdua, redobra a complexidade da missão a proposta do autor, que se propõe a trabalhar a Administração Judiciária e, ao mesmo tempo, atender a valores essenciais como a justiça.

Sempre cabível a lição de Recaséns Siches de que "uma norma jurídica é um pedaço de vida humana objetivada, que, enquanto esteja vigente, é revivida de modo atual pelas pessoas que a cumprem ou aplicam, e que, ao ser revivida, deve experimentar modificações para ajustar-se às novas realidades em que e para que é revivida" (Siches, citado por Bacellar Filho, 1998).

Romeu Felipe Bacellar Filho

Advogado militante na área de Direito Administrativo, doutor em Direito do Estado pela Universidade Federal do Paraná (UFPR), professor titular de Direito Administrativo da Faculdade de Direito da UFPR e da PUCPR.

Três obras anteriores nos motivaram para esta nova escrita. A primeira delas foi *Juizados especiais: a nova mediação paraprocessual* (dissertação de mestrado), publicada em São Paulo, em 2003, pela Editora Revista dos Tribunais (esgotada); a segunda, *Mediação e arbitragem* (v. 53, Coleção Saberes do Direito, Editora Saraiva, com primeira edição em 2012 e segunda edição em 2016) e a terceira, *Juiz servidor, gestor e mediador*, publicado pela Escola Nacional de Formação e Aperfeiçoamento de Magistrados – Ministro Sálvio de Figueiredo Teixeira (Enfam), em 2013.

Com esta última publicação da Enfam (baseada na monografia final do MBA em Gestão Empresarial da Universidade Federal do Paraná – UFPR, concluído em 2004), surgiu a ideia de trabalhar em uma nova obra, mais completa, sobre Administração Judiciária, a qual apresentamos agora aos leitores.

Projetamos um trabalho didático que pudesse amplificar o conhecimento sobre a estrutura judiciária brasileira com base na Constituição da República, com seus desdobramentos no âmbito da União e dos estados, sem nos esquecermos do tratamento do conflito, dos métodos e das formas adequadas para que possam ser solucionados.

Muitas considerações integraram, portanto, outras obras nossas e que, aqui, ganham força com o tema *Administração Judiciária – com justiça* – de forma atual (embora mantidos os registros históricos), inovadora e com certa dose de criatividade.

A base teórica desta obra é a Constituição da República (seus fundamentos, seus princípios constitucionais de direito administrativo e de processo civil brasileiros). Conforme J. J. Gomes Canotilho, (1992, p. 12),

> *independentemente de saber qual foi a arqueologia desse conceito [...], pode avançar-se com uma noção habitual e tendencialmente rigorosa de constituição: constituição é uma ordenação sistemática e racional da comunidade política, plasmada num documento escrito, mediante o qual se garantem os direitos fundamentais e se organiza, de acordo com o princípio da divisão de poderes, o poder político.*

Em todos os momentos, procuramos dar ênfase aos parâmetros constitucionais e à necessária harmonia que deve haver entre os Poderes Judiciário, Legislativo e Executivo. Como é recente a preocupação brasileira com uma melhor gestão judiciária, realizamos uma análise crítica do Poder Judiciário com seus problemas. Descrevemos a percepção dos usuários dos serviços judiciários e levantamos algumas deficiências organizacionais que afetam o sistema, bem como apresentamos algumas propostas de soluções.

A lentidão, a burocracia e a falta de legitimação social do Poder Judiciário, historicamente, são lembradas em várias pesquisas como seus maiores problemas e já passaram a integrar o senso comum.

Indicamos, desde logo, propostas para soluções pontuais, sugestões de ferramentas de gestão, métodos inovadores, análises, além de recomendarmos, como uma ação necessária, a profissionalização dos gestores e administradores de unidades judiciárias. Tratamos do acesso à Justiça e de suas novas descrições mais coerentes com a contemporaneidade: acesso à Justiça como meio de resolução adequada de conflitos.

Na organização dos capítulos, após a descrição teórica, apresentamos alguns instrumentos de gestão judiciária, como gestão por competências, liderança, gestão do conflito, gestão do pensamento e comunicação. Além disso, estabelecemos objetivos estratégicos e formas de encontrar um conceito sistêmico e mais amplo de *justiça*, que tem na percepção do usuário (jurisdicionado) seu maior valor.

Em relação à metodologia didática, há estudo de casos, problematização, questões para revisão e reflexão do leitor, sempre com o objetivo de propiciar uma aprendizagem efetiva.

O trabalho tomou por base, ainda, a legislação federal, resoluções (e outros atos administrativos concernentes ao tema), além de dados secundários constantes de relatórios do Conselho Nacional de Justiça (*Justiça em números*), informações de tribunais e dados primários colhidos em pesquisas, questionários, levantamentos, entrevistas e observação estruturada do funcionamento, em geral, dos tribunais brasileiros. Por meio da técnica de análise de conteúdo, foram colecionadas, ainda, peças de informação de diferentes fontes da imprensa, como jornais, revistas e periódicos. Com pesquisas históricas, levantamentos quantitativos (estatísticas) e entrevistas, procuramos embasar uma análise preponderantemente qualitativa.

Convém reafirmar o enfoque deste livro e seu objetivo específico, segundo o qual o planejamento estratégico do Poder Judiciário deve se fundamentar na perspectiva do cidadão – usuário dos serviços da Justiça, um dos motivos que informou a denominação da obra *Administração Judiciária – com justiça*.

Daí a importância da abordagem do **acesso à Justiça** e, nesse contexto, dos programas de justiça restaurativa, de mediação, de conciliação, que encontram campo fértil nos órgãos de maior visibilidade pública, como os juizados especiais, as varas de família, as varas do trabalho, as varas previdenciárias, o tribunal do júri, as varas da infância e da adolescência, as varas de violência doméstica e as varas de execução penal.

Ao denominarmos esta nova obra *Administração Judiciária – com justiça*, fomos inspirados pelo livro *A estratégia do oceano azul*, de W. Chan Kim e Reneé Mauborgne (2005), os quais, no Capítulo 8, apresentam a ideia de *processo justo* e descrevem estudos de interesse da psicologia da justiça em que se destaca a criação, por parte dos cientistas sociais John W. Thibaut e Laurens Walker, do termo *justiça procedimental*. Esses dois pesquisadores atentaram ao poder do processo justo e procuraram compreender o que leva as pessoas a confiar no sistema legal de modo a cumprirem as leis sem coerção.

Ao discorrermos sobre o tema, agregamos a experiência de mais de 30 anos administrando conflitos perante o Tribunal de Justiça do Estado do Paraná e a constatação de que as pessoas se importam tanto com a justiça do processo quanto com seu próprio resultado. Destinamos, por isso, um capítulo especial para descrever o que se denominou *estratégia da justiça do oceano azul* – na busca por inovar, deixar de fazer mais do mesmo, em prol do melhor atendimento da sociedade pelo Poder Judiciário.

Além de buscarmos luz nos conceitos de organizações judiciárias com base no direito, a fundamentação teórico-prática (práxis) desta obra se apropria de conhecimentos oriundos das áreas de administração, comunicação e psicologia, que tratam:

a. da gestão do conhecimento e de pessoas;

b. da gestão estratégica de serviços e de pessoas;

c. dos níveis de aprendizagem;

d. da planificação organizacional (mecanismos de coordenação das tarefas);
e. da legitimação social e de estratégias de *marketing* de serviços;
f. dos padrões de qualidade e satisfação do usuário;
g. do *benchmarking* (comparação entre órgãos e serviços para a melhora na gestão);
h. da gestão por competências (saber, saber fazer, saber ser, trabalhar em equipe);
i. do *empowerment* (empoderamento – delegação de atribuições com liderança);
j. das diferentes formas de visualização das estratégias, da gestão do conhecimento, do pensamento, do conflito, entre outras técnicas, ferramentas, instrumentos e ideias oriundas de outras ciências da administração e da engenharia, com foco sempre na pessoa.

De forma mais específica, o objetivo do livro, portanto, é o de apresentar ao leitor a estrutura judiciária nacional (Capítulos 1 e 2) e, mais do que isso, transportar para essa área a experiência, o conhecimento e alguns fundamentos da ciência da administração, levantando os indicativos de problemas e soluções (Capítulo 3), as configurações organizacionais da Administração Judiciária brasileira (Capítulo 4) e as formas para adequá-las ao complexo modelo de administração dos serviços judiciários.

O estudo aborda, ainda, os problemas no contexto daquilo que se costumou denominar *crise do Poder Judiciário* e apresenta um rol exemplificativo de propostas (Capítulo 5) e os desafios gerais necessários aos profissionais da pós-modernidade: administrar com eficiência, a despeito do aumento da demanda judiciária, e buscar soluções mais adequadas para os conflitos que se apresentarem.

Alguns capítulos exigem do leitor reflexões e outros (nem todos) solicitam um empenho para responder às questões de revisão do que foi cumulativamente apresentado sobre o Poder Judiciário e a resolução adequada de conflitos: instrumentos, ferramentas e técnicas que compõem a estrutura da Administração Judiciária brasileira.

No Capítulo 6, apresentamos descrições sobre o Conselho Nacional de Justiça (CNJ), como as metas anuais, a definição de finalidade, a missão e a visão do Poder Judiciário nacional e a busca de alinhamento em todas as unidades judiciárias do país. Com base nos problemas, portanto, elaboramos sugestões e reflexões que decorrem de um pontual diagnóstico com objetivos e propostas para a qualificação da Administração Judiciária (Capítulo 7).

No Capítulo 8, tratamos das forças estratégicas propulsoras da Administração Judiciária (também das forças que dificultam – forças restritivas) e da gestão do pensamento. Trouxemos argumentos de uma agenda positiva focada no cidadão (objetivo específico) e uma descrição sobre a gestão do pensamento de Edward de Bono – com seus "seis chapéus" – como uma das estratégias congruentes com as peculiaridades dos tribunais e importante para a implementação de mecanismos adequados de coordenação dos serviços judiciários.

Na sequência, descrevemos estratégias inovadoras para os modelos de serviços judiciários (Capítulos 9 e 10) e algumas ferramentas e instrumentos adequados para uma Administração Judiciária com justiça.

Ao final, apresentamos um apanhado geral sobre a obra e algumas conclusões objetivas, que igualmente buscam provocar reflexão e a tomada de posicionamento crítico por parte do leitor, com vistas a repensar o sistema e projetar o Poder Judiciário como um verdadeiro berço de proteção da Justiça na sociedade brasileira.

O apêndice, ao final da obra, representa uma forma de exercitar o estudo comparativo recomendado com vistas ao objetivo estratégico de fomentar a interação e a troca de experiências entre tribunais (nacional e internacional) pelo importante instrumento do *benchmarking*. O apêndice apresenta um resumo da estrutura das cortes norte-americanas, os administradores judiciais e a importância de um confiável banco de dados para o estabelecimento de seus diagnósticos. Estabelecemos os diagnósticos e sugerimos as soluções para resolver questões (falhas, problemas, atrasos, acúmulo de julgamentos) de Administração Judiciária – todos os tribunais norte-americanos seguem as sugestões e as recomendações, embora elas não sejam vinculantes. Ao final do apêndice, reunimos algumas peculiaridades do sistema nos Estados Unidos e no Brasil de forma comparativa.

Destinamos esta obra principalmente aos alunos e aos profissionais que acreditam no Brasil, que acreditam na possibilidade de crescer, aprender e viver para mudar as coisas, bem como a todos que possam colaborar para que a administração do Poder Judiciário seja mais técnica e humana, de modo a produzir justiça.

Independentemente das indagações e reflexões filosóficas sobre justiça, procuramos atender àquilo que Demócrito propôs: "Fazer justiça é fazer o que é preciso".

Procuramos, a cada passo, fazer o que é preciso, a fim de alcançar a promessa de termos uma Administração Judiciária com justiça. Buscamos, para isso, nesta obra, mesclar clareza e simplicidade com precisão técnica. Algumas vezes, apresentamos uma descrição simplificada, em linguagem coloquial, de alguns aspectos do sistema judiciário para, em seguida, voltar a empregar uma linguagem mais técnica. Pensamos que essa conjugação pode ser significativa para um melhor aprendizado.

Como um atiçador, o livro invoca reflexões, apresenta casos da realidade judiciária, formula críticas e sugestões a fim de despertar a atenção do leitor para a necessidade de uma verdadeira gestão inovadora do sistema judiciário brasileiro com o intuito de propiciar melhor atendimento ao cidadão.

As críticas de nossos alunos, leitores e profissionais sempre servirão de inspiração para novas reflexões, correções, autocrítica, evolução e projetos de novas ações que contribuam para a coordenação dos interesses entre os cidadãos com o alcance da pacificação social, que é finalidade do direito e do próprio Poder Judiciário.

Este livro traz alguns recursos que visam enriquecer seu aprendizado, facilitar a compreensão dos conteúdos e tornar a leitura mais dinâmica. São ferramentas projetadas de acordo com a natureza dos temas que vamos examinar. Veja a seguir como esses recursos se encontram distribuídos no projeto gráfico da obra.

Conteúdos do capítulo

Logo na abertura do capítulo, você fica conhecendo os conteúdos que serão nele abordados.

Exemplos

Aqui você pode verificar exemplos aplicados ao dia a dia dos cidadãos, nos mais diversos contextos.

como aproveitar ao máximo este livro

Pense a respeito

Aqui você encontra reflexões que fazem um convite à leitura, acompanhadas de uma análise sobre o assunto.

Enfim, o trâmite processual efetivamente é longo, conta com muitas variáveis, mas tem por finalidade garantir aos litigantes a possibilidade de discutir a causa com segurança e sem afrontar as garantias da ampla defesa, do contraditório e da igualdade.

Muito mais pode acontecer no curso do processo e, como mencionamos, algumas causas, após passarem pelo exame de recursos especiais pelo STJ, ainda são levadas a julgamento de recursos extraordinários no STF. Isso pode efetivamente demorar uma década ou mais.

> **Pense a respeito**
> A sucessiva possibilidade de revisão das decisões (como justificativa de segurança para o alcance de uma justiça melhor) tem sido entendida como um desprestígio aos magistrados de primeiro grau. É como se a decisão do juiz nunca tivesse valor e precisasse sempre ser confirmada pelos tribunais.

A expressão popular é a de que "O juiz que julgue logo que eu vou recorrer mesmo": o que vale é a decisão do tribunal. A cada passo procedimental, são abertas oportunidades para que as partes apresentem seus recursos, suas exceções ou suas impugnações, o que tem sido apontado como motivo da demora para que se realize a efetiva prestação jurisdicional.

Grosso modo, podemos enumerar algumas **formas de exceção, impugnação e recursos**: a) embargos declaratórios; b) exceção de incompetência, impedimento ou suspeição; c) impugnação ao valor da causa; d) agravo de instrumento; e) apelação; f) agravo interno e agravinho (recursos regimentais); g) ação rescisória; h) recurso especial; i) recurso extraordinário. Ressaltamos que a ação rescisória não é recurso, mas uma forma autônoma de impugnação de julgamentos de mérito transitados em julgado. A justificativa dos processualistas é a de que, na ausência de recurso (mecanismo de impugnação das

---

Há também, conforme o art. 94 da CR, a previsão de que uma proporção de um quinto dos lugares dos tribunais (regionais federais, de justiça e do Distrito Federal) igualmente não deve ser integrada por magistrados de carreira. Essa quinta parte é constituída por advogados de notório saber jurídico e reputação ilibada, com mais de dez anos de efetiva atividade profissional e por membros do Ministério Público com mais de dez anos de carreira. Essa forma de ingresso no tribunais é denominada *quinto constitucional*.

Após serem nomeados pelo governador (no âmbito dos tribunais estaduais) ou pelo presidente da República (no âmbito dos tribunais federais), esses advogados e membros do Ministério Público passam a integrar a magistratura com as mesmas garantias e prerrogativas.

Questões para reflexão

Analise os pontos positivos e negativos dos aspectos indicados nas questões a seguir e tire suas conclusões sobre cada tema:
1) Você acha que seria bom ou adequado, para o Brasil, ter a figura de magistrado eleito?
2) Você acha que seria bom ou adequado, para o Brasil, ter a figura de magistrado municipal?

No Brasil, os cargos iniciais da magistratura são sempre preenchidos por concurso público, conforme os requisitos previstos no art. 93, inc. I, da CR.

Os candidatos que pretendam prestar concurso para ocupar o cargo inicial de juiz substituto devem, necessariamente, cursar Direito (devem ser bacharéis em Direito). Também precisam contar com, pelo menos, três anos de atividade jurídica para, só depois

Questões para reflexão

Nessa seção, a proposta é levá-lo a refletir criticamente sobre alguns assuntos e trocar ideias e experiências com seus pares.

Síntese

Você dispõe, ao final do capítulo, de uma síntese que traz os principais conceitos nele abordados.

Síntese

Neste capítulo, ao tratarmos dos tribunais superiores, constatamos que sempre existe a possibilidade de que uma mesma causa seja decidida duas vezes por órgãos diversos (duplo grau de jurisdição). Apresentamos a estrutura judiciária brasileira a partir do órgão jurisdicional de mais alta hierarquia, que é o STF. Analisamos a situação estrutural dos juízes em primeira instância (primeiro grau), que se distinguem em juízes da Justiça Estadual e juízes da Justiça Federal.

Vimos que a Emenda Constitucional n. 45/2004 criou o CNJ, o qual, embora seja órgão do Poder Judiciário, não tem competência jurisdicional, cabendo a ele apenas o controle da situação administrativa e financeira desse poder. Compete a ele, ainda, a verificação do cumprimento dos deveres funcionais dos magistrados integrantes das primeira e segunda instâncias dos tribunais locais (no âmbito dos estados – tribunais de justiça) e regionais (no âmbito da Justiça Federal – tribunais regionais).

Duas escolas nacionais foram criadas também pela Emenda Constitucional n. 45/2004: a Enfam e a Enamat. Também demonstramos a divisão da Justiça nacional em Justiça Comum (federal e estadual) e Justiça Especial, que se restringe aos segmentos eleitoral, militar e do trabalho.

Ressaltamos, ao final, como distinções importantes, os órgãos denominados *tribunais*, a exemplo do TCU dos TCEs, que são órgãos auxiliares do Poder Legislativo. Há também outros tribunais, como os tribunais de ética e os tribunais de arbitragem, que, embora tenham nome de *tribunais*, não integram a estrutura do Poder Judiciário. Além disso, a Justiça Desportiva igualmente não integra o Poder Judiciário e é apenas administrativa.

Para saber mais

Os leitores interessados em aprofundar seus estudos podem consultar as seguintes obras:

CUNHA, S. S. da. **Fundamentos de direito constitucional**. São Paulo: Saraiva, 2004.
MELLO, C. A. B. de. **Curso de direito administrativo**. 32. ed. São Paulo: Malheiros, 2015.
SANTOS, M. A. **Primeiras linhas de direito processual civil**. 29. ed. São Paulo: Saraiva, 2012.

Questões para revisão

1) Cite um exemplo em que o sistema romanista brasileiro (*Civil Law*) tenha se aproximado do modelo anglo-saxão (*Common Law*).
2) O que é duplo grau de jurisdição?
3) Assinale a alternativa **incorreta**:
   a. O princípio do devido processo legal está previsto na Constituição e o integram os princípios da ampla defesa e do contraditório – igualmente assegurados na Constituição.
   b. Procedimento de jurisdição voluntária é um procedimento para buscar diretamente o acesso à Justiça independentemente de advogado – o que é possível perante os juizados especiais em causas de até 20 salários mínimos.
   c. A Justiça Especial é integrada pela Justiça do Trabalho, pela Justiça Militar e pela Justiça Eleitoral; os outros segmentos da Justiça pertencem à Justiça Comum – seja estadual, seja federal.
   d. Não há hierarquia entre juízes, advogados, defensores públicos e promotores de justiça.

Para saber mais

Você pode consultar as obras indicadas nesta seção para aprofundar sua aprendizagem.

Questões para revisão

Com essas atividades, você tem a possibilidade de rever os principais conceitos analisados. Ao final do livro, o autor disponibiliza as respostas às questões, a fim de que você possa verificar como está sua aprendizagem.

Para saber mais

Os leitores interessados em aprofundar seus estudos podem consultar as seguintes obras:

CUNHA, S. S. da. **Fundamentos de direito constitucional**. São Paulo: Saraiva, 2004.
MELLO, C. A. B. de. **Curso de direito administrativo**. 32. ed. São Paulo: Malheiros, 2015.
SANTOS, M. A. **Primeiras linhas de direito processual civil**. 29. ed. São Paulo: Saraiva, 2012.

Questões para revisão

1) Cite um exemplo em que o sistema romanista brasileiro (*Civil Law*) tenha se aproximado do modelo anglo-saxão (*Common Law*).
2) O que é duplo grau de jurisdição?
3) Assinale a alternativa **incorreta**:
   a. O princípio do devido processo legal está previsto na Constituição e o integram os princípios da ampla defesa e do contraditório – igualmente assegurados na Constituição.
   b. Procedimento de jurisdição voluntária é um procedimento para buscar diretamente o acesso à Justiça independentemente de advogado – o que é possível perante os juizados especiais em causas de até 20 salários mínimos.
   c. A Justiça Especial é integrada pela Justiça do Trabalho, pela Justiça Militar e pela Justiça Eleitoral; os outros segmentos da Justiça pertencem à Justiça Comum – seja estadual, seja federal.
   d. Não há hierarquia entre juízes, advogados, defensores públicos e promotores de justiça.

Consultando a legislação

A **Constituição da República (1988)**, em seu *Preâmbulo*, estabelece:

Nós, representantes do povo brasileiro, reunidos em Assembleia Nacional Constituinte para instituir um Estado Democrático, destinado a assegurar o exercício dos direitos sociais e individuais, a liberdade, a segurança, o bem-estar, o desenvolvimento, a igualdade e a justiça como valores supremos de uma sociedade fraterna, pluralista e sem preconceitos, fundada na harmonia social e comprometida, na ordem interna e internacional, com a solução pacífica das controvérsias, promulgamos sob a proteção de Deus, a seguinte CONSTITUIÇÃO DA REPÚBLICA FEDERATIVA DO BRASIL

TÍTULO I – DOS PRINCÍPIOS FUNDAMENTAIS

Art. 1º A República Federativa do Brasil, formada pela união indissolúvel dos Estados e Municípios e do Distrito Federal, constitui-se em Estado Democrático de Direito e tem como fundamentos:
I – a soberania;
II – a cidadania;
III – a dignidade da pessoa humana;
IV – os valores sociais do trabalho e da livre iniciativa;
V – o pluralismo político.
Parágrafo único. Todo o poder emana do povo, que o exerce por meio de representantes eleitos ou diretamente, nos termos desta Constituição.

A harmonia e independência dos poderes são previstas na Constituição nos seguintes termos:

Art. 2º São Poderes da União, independentes e harmônicos entre si, o Legislativo, o Executivo e o Judiciário. [ ]

O art. 5º da CR prevê vários princípios, entre eles o princípio do devido processo legal, da ampla defesa e do contraditório:

Art. 5º Todos são iguais perante a lei, sem distinção de qualquer natureza, garantindo-se aos brasileiros e aos estrangeiros residentes no País a inviolabilidade do direito à vida, à liberdade, à igualdade, à segurança e à propriedade, nos termos seguintes:
[ ]

Consultando a legislação

Nesta seção você confere como se apresenta a *fundamentação legal* do assunto que estamos desenvolvendo no capítulo, em toda sua abrangência, para você consultar e se atualizar.

I

Introdução ao sistema judiciário brasileiro

Conteúdos do capítulo:

» Panorama geral do sistema judiciário nacional.
» Sistemas jurídicos no mundo (*Common Law* e *Civil Law*).
» Princípios constitucionais e Administração Judiciária.
» Organização da Justiça brasileira.
» Duplo grau de jurisdição.
» Noções dos variados métodos de resolução de conflitos.

Neste capítulo, apresentaremos um panorama geral do sistema judiciário nacional, com suas atividades, distinções, delimitações, características e garantias. Além disso, enfocaremos: a) o contexto dos sistemas jurídicos no mundo e as grandes famílias do direito costumeiro anglo-saxão dos precedentes (*Common Law*) e o sistema romanista do direito positivado da lei escrita brasileiro (*Civil Law*); b) a importância da Constituição da República – CR (Brasil, 1988) e as diretrizes que ela, desde logo, apresenta para o tema *Administração Judiciária*, destacando alguns princípios constitucionais e, entre eles, a tripartição dos poderes do Estado e a inexistência de Poder Judiciário municipal; c) alguns fundamentos, como o da inércia do Poder Judiciário e dos profissionais essenciais à função jurisdicional (advogados em sentido amplo e membros do

Ministério Público); d) a distinção entre lide, jurisdição contenciosa e jurisdição voluntária; e) a divisão brasileira entre Justiça Comum e Especial, além da distinção, para efeitos didáticos, entre os órgãos judiciários, que, hierarquicamente, são inferiores e superiores, a fim de permitir a melhor compreensão do que se denomina *duplo grau de jurisdição;* f) a cultura do litígio, cultura da sentença (paradigma da guerra). O objetivo é introduzir o leitor no estudo sobre as bases do sistema e sobre a importância de implantar mecanismos variados de resolução de conflitos. Uma melhor administração judiciária será possível com uma mudança de cultura.

1.1 O Brasil no contexto dos sistemas de Justiça

Há duas grandes famílias que englobam os sistemas jurídicos no mundo, e o Brasil integra a família denominada *Civil Law*, diferentemente da Inglaterra e dos Estados Unidos, que fazem parte da família denominada *Common Law*.

Para o sistema brasileiro, a lei escrita (positivada) e os códigos são a principal fonte do direito. Para os outros sistemas citados, o direito escrito (os códigos) tem um papel secundário e a fonte principal está nas decisões jurisprudenciais (precedentes).

A tendência é a de que esses sistemas se intercomuniquem reciprocamente, o que já vem ocorrendo no Brasil. Nesta seção, veremos a distinção e a aproximação entre as famílias.

De acordo com John Gilissen (1986), costumamos particularizar, de um lado, a *Civil Law* dos direitos romanistas (e os que lhe são aparentados), a *Common Law* e os direitos socialistas dos países de tendência comunista e, de outro, os numerosos sistemas jurídicos que existem ou existiram em outros lugares do planeta, especialmente os direitos muçulmano, hindu, chinês e africanos.

> Para efeitos didáticos, agruparemos os **sistemas jurídicos** em **duas grandes famílias**: a família do **sistema romano-germânico**, conhecida também por *Civil Law*, na qual o ordenamento jurídico brasileiro se enquadra, e a família da *Common Law*, dos direitos influenciados pelo direito da Inglaterra, adotada pela maioria dos Estados da Federação Norte-Americana. Algumas exceções existem: o Estado da Louisiana, nos Estados Unidos, e o Quebec, no Canadá, por exemplo, integram a família romano-germânica da *Civil Law*, enquanto todos os demais – naqueles países – integram a *Common Law*.

Não pretendemos dissecar os grandes sistemas jurídicos, mas apenas ressaltar a realidade de que há, atualmente, uma tendência de aproximação entre essas famílias.

Essa verdadeira aproximação entre os sistemas torna real a possibilidade de, cada vez mais, se mesclarem ideias e se implementarem modificações em nosso sistema judiciário brasileiro, inspiradas na *Common Law*, a despeito de suas significativas diferenças com o sistema romano-germânico aqui adotado. No Brasil, há um conjunto de normas gerais (leis) que regulam a convivência entre as pessoas e, caso essas leis não sejam respeitadas, pelo exercício da jurisdição (provocado pela ação das partes), há a aplicação individualizada da lei, pelo juiz, no caso concreto.

O Poder Judiciário só pode agir quando provocado: o processo começa por iniciativa da parte, depois se desenvolve por impulso oficial, conforme dispõe o art. 2º do novo Código de Processo Civil Brasileiro – CPC/2015 (Brasil, 2015b).

A decisão judicial no Brasil, na linha preconizada pelas famílias da *Civil Law*, deve ter amparo e fundamentação na lei. Segundo J. J. Gomes Canotilho

> *O Poder Judiciário só pode agir quando provocado.*

(1992, p. 15), "numa primeira aproximação se poderia definir Lei da seguinte forma: Lei é um ato normativo geral e abstrato editado pelo Parlamento, cuja finalidade essencial é a defesa da liberdade e propriedade dos cidadãos".

> **Pense a respeito**
> Se não houver uma lei específica para o caso, como deve proceder o juiz?

Ainda que não haja lei específica em nosso sistema, o juiz é obrigado a julgar. Em outras palavras: mesmo que a lei seja omissa, obscura, ou ainda que não exista lei específica sobre o tema, o juiz é obrigado a julgar.

O art. 140 do CPC/2015 deixa clara essa obrigatoriedade ao destacar que o juiz não se exime de decidir alegando lacuna ou obscuridade do ordenamento jurídico. Não havendo lei, o juiz recorrerá à analogia, aos costumes e aos princípios gerais de direito. O juiz só poderá decidir por equidade, entretanto, nos casos previstos em lei (parágrafo único do art. 140 do CPC/2015).

Nessas primeiras informações, pretendemos deixar assentado que, sendo a lei a fonte principal do direito, cabe aos juízes, na sua aplicação, promover uma adequada interpretação de seu conteúdo no caso concreto.

Há várias regras indicando o caminho da interpretação. Nesse contexto, destacamos o art. 5º da Lei de Introdução às Normas do Direito Brasileiro – LINDB (Brasil, 1942), segundo o qual, na aplicação da lei, o juiz atenderá aos fins sociais a que ela se dirige e às exigências do bem comum.

O art. 1º do CPC/2015 indica que o processo civil será ordenado, disciplinado e interpretado conforme os valores e as normas fundamentais estabelecidos na Constituição da República (CR). Isso é complementado pelo art. 8º, que determina ao juiz, além daquilo que foi previsto no Decreto-Lei n. 4.657, de 4 de setembro de 1942

(Brasil, 1942) – Lei de Introdução às Normas do Direit Brasileiro – LINDB (antes Lei de Introdução ao Código Civil Brasileiro – LICC), resguardar e promover a dignidade da pessoa humana, a razoabilidade, a legalidade, a publicidade e a eficiência.

> Em análise comparativa, note: se em nosso sistema (*Civil Law*) **prevalece a lei** e é ela que fundamentará a decisão dos juízes, na *Common Law* **prevalecem o costume e o precedente judiciário**. Como enfatiza Guido Fernando Silva Soares (2000), a ideia que permeia o sistema é a de que o direito existe para resolver questões concretas.

Houve um tempo em que as garantias eram apenas formais, sem qualquer efetividade, a ponto de Montesquieu (1689-1755) ter afirmado em seu clássico *Do espírito das leis* (1748): "Quando vou a um país, não examino se há boas leis, mas se as que lá existem são executadas, pois boas leis há por toda a parte" (citado por Morris, 2002, p. 223). A afirmação está em sintonia com as ideias esboçadas no Capítulo VIII *Do contrato social* (1762), de Jean-Jacques Rousseau (1712-1778): "O legislador sábio não começa formulando leis boas em si mesmas, mas sim investigando a aptidão do povo, ao qual elas se destinam" (citado por Morris, 2002, p. 223).

Em síntese, é importante destacar que, quando o CPC/2015 exige efetividade, instrumentalidade e celeridade e recomenda ao juiz que atenda aos fins sociais e às exigências do bem comum, ele busca exatamente esse mesmo pragmatismo: o sistema existe para resolver questões concretas. Cabe ao magistrado, nesse contexto, resguardar e promover a dignidade da pessoa humana, observando a proporcionalidade, a razoabilidade, a legalidade, a publicidade e a eficiência (art. 8º do CPC/2015).

Além do dever imposto ao magistrado de observar a lei, este deve também observar a jurisprudência: conjunto de decisões dos tribunais em um mesmo sentido. Respeitar o posicionamento dos tribunais é respeitar o que se denomina *precedente*, verificando-se, desde logo, nesse ponto (pelo Brasil), uma primeira aproximação do nosso sistema romano-germânico com o anglo-saxão (*Common Law*).

Quando a jurisprudência se estabiliza em um mesmo sentido e passa a ser pacífica, são editadas **súmulas** que sintetizam todo um conjunto de decisões que esboçam o **mesmo posicionamento** por parte dos tribunais. Em outras palavras, podemos dizer que as súmulas apresentam um resumo dos entendimentos consolidados nos julgamentos dos tribunais.

O obrigatório respeito ao precedente (súmulas vinculantes) adotado no Brasil é uma conquista de segurança jurídica que adveio da *Common Law*. As decisões de todos os magistrados e tribunais inferiores devem guardar coerência com aquilo que é decidido pelos tribunais superiores. É uma fórmula para garantir a previsibilidade, evitar surpresas e, ao mesmo tempo, encontrar soluções mais rápidas para casos semelhantes que exigem a mesma solução, e o novo CPC segue exatamente essa mesma linha de aproximação.

Esse é um exemplo claro da adoção, pelo nosso sistema, de mecanismos com fundamento diverso daqueles que inspiraram a *Civil Law*. Na lição sempre lembrada de Cândido Rangel Dinamarco (1993, p. 21), apesar das peculiaridades de cada sistema nacional e das "famílias" diferentes entre si, essas ideias comuns e a consciência sobre os chamados *princípios informativos* se constituem em significativo fator de universalização da ciência do processo e indicador de sua maturidade na ciência jurídica contemporânea. Assim, seja com base na lei escrita (elaborada pelo Poder Legislativo), seja refletida nos costumes, baseada em precedentes ou fundamentada nos princípios gerais do direito, o que importa ao Poder Judiciário é resolver com efetividade os conflitos das pessoas.

Buscamos soluções pragmáticas, buscamos a efetividade do processo e a possibilidade de alcançar, no menor espaço de tempo possível, uma solução justa. As partes têm o direito de obter, em prazo razoável, solução de mérito, incluída a atividade satisfativa (art. 4º do CPC/2015). Para que a resolução dos conflitos possa ocorrer de forma a propiciar soluções adequadas, é elementar que o Estado seja estruturado para definir claramente as funções de cada um de seus poderes.

1.2 Princípios constitucionais e a tripartição dos poderes do Estado

Desde seu início, a CR é categórica ao afirmar que todo o poder emana do povo, que o exerce por meio de representantes eleitos ou diretamente, nos termos do parágrafo único de seu art. 1º.

Adotou o Brasil a fórmula de Lincoln: "governo do povo, pelo povo e para o povo" (Fachin, 2008, p. 180). O exercício direto do poder pelo povo ocorre, por exemplo, com o plebiscito e com o referendo.

Descreve bem essa situação Sérgio Sérvulo da Cunha (2004, p. 47), ao destacar que "o controle estrutural é o que se faz no modo de distribuição e exercício das funções de governo, como, por exemplo, mediante a rotatividade das investiduras". É o sistema de "freios e contrafreios, ou *checks and balances*, mecanismos de transparência e publicação. O controle direto é exercido mediante a periodicidade do escrutínio popular, o plebiscito, o referendo, o veto popular, o *recall*, os direitos de petição, de crítica e de oposição" (Cunha, 2004, p. 47).

Ao discorrer sobre o poder, Diogo de Figueiredo Moreira Neto (1992) salienta a visão de Locke, para quem vontade, liberdade e poder constituem um todo coerente. Aí estão as raízes da doutrina da separação de poderes, à qual Montesquieu deu pleno desenvolvimento, bem como da doutrina do federalismo, posteriormente elucidada por Jay e Madison.

O autor ainda destaca que Carl J. Friedrich, além disso, aponta o constitucionalismo moderno como um exercício de separação de poderes em uma sociedade política que, por isso mesmo, manifesta o poder da própria sociedade política (Moreira Neto, 1992, p. 246-247).

A **concentração do poder** em mãos de uma só pessoa, ou de um só órgão, tem se mostrado maléfica. Como ensina Zulmar Fachin (2008), esse critério de divisão dos poderes tem sido observado pela maioria dos Estados desde a Revolução Francesa, atendendo ao princípio consagrado pela Declaração dos Direitos Humanos: "A sociedade na qual não se assegura a garantia dos direitos, nem se determina a separação dos poderes, considera-se desprovida de Constituição" (Fachin, 2008, p. 181).

A **Administração Pública**, no sistema federativo e republicano brasileiro, em qualquer um dos poderes da União, dos estados, do Distrito Federal e dos municípios, deve **sempre obedecer aos princípios constitucionais** que a informam. Portanto, o Brasil está plenamente inserido nessas concepções históricas.

Estão expressos na Constituição os princípios de legalidade, impessoalidade, moralidade, publicidade e eficiência (art. 37). Outros princípios, embora não previstos expressamente na Constituição, também informam toda a estrutura judiciária brasileira – como o duplo grau de jurisdição, os princípios legais da finalidade, da motivação, da razoabilidade, da proporcionalidade, da ampla defesa, do contraditório, da segurança jurídica e do interesse público (art. 2º da Lei n. 9.784, de 29 de janeiro de 1999 – Brasil, 1999).

A base da Administração Judiciária como espécie de Administração Pública está, portanto, na Constituição, que, além de traçar os princípios essenciais citados anteriormente, descreve o Brasil como um Estado democrático de direito (art. 1º). Nos fundamentos do Estado democrático, os princípios constitucionais têm marca distintiva, embora atuem de forma conjugada, complementando-se, condicionando-se e modificando-se em termos recíprocos. Tudo porque se assentam em **base antropológica comum**: a dignidade da pessoa humana, princípio vetor de nossa ordem constitucional, que afeta todos os demais princípios na precisa afirmação do professor Romeu Felipe Bacellar Filho (1998, p. 148).

A respeito da tripartição dos poderes, Fachin (2008) destaca os três pensadores mais importantes que se ocuparam com o estudo do tema: Aristóteles (385 a.C.-322 a.C.), John Locke (1632-1704) e Montesquieu (1689-1755). Vamos focar aqui, para efeito de adequada compreensão de sua importância, a análise de Montesquieu, que se notabilizou por ter sistematizado o funcionamento dos poderes estatais (Fachin, 2008, p. 182).

Montesquieu, desde 1748, na sua obra *Do espírito das leis*, trouxe inúmeras reflexões sobre as formas como se constituíram os governos. Ele sempre ressaltou, em seus escritos, a preocupação de que a concentração de poderes nas mãos de um só interessa apenas à tirania e em nada contribui para a liberdade dos cidadãos (Montesquieu, 1962).

Entre as muitas colaborações, Montesquieu deixava transparecer que não seria razoável a concentração dos poderes de legislar, aplicar as leis e julgar a uma só pessoa ou a uma só instituição. Seguindo pelo mesmo raciocínio e avançando em suas assertivas, advertia que os três poderes devem ser bem distribuídos para proteger a liberdade das pessoas conforme a Constituição e que um poder necessita ser contrabalançado por outro, naquilo que posteriormente foi consagrado como sistema de freios e contrapesos – *checks and balances*.

> *O Estado, como um todo, exerce várias funções e as distribui entre os Poderes Judiciário, Legislativo e Executivo. Cada um deles exerce de forma interdependente sua parcela funcional: jurisdição, legislação e administração.*

Conforme enfatiza Paulo Fernando Silveira (1996, p. 43), a separação dos poderes (em seu contexto incluindo o sistema de freios e contrapesos) constitui-se em fórmula última e refinada de eliminação da tirania preconizada pela Revolução Francesa. São poderes da União, independentes e harmônicos, o Judiciário, o Legislativo e o Executivo. As advertências de Montesquieu se confirmaram, e a experiência demonstrou, já há muitos anos, não ser recomendável concentrar todos os poderes nas mãos de um só organismo, na medida em que tirania e restrição às liberdades se manifestaram, historicamente, exatamente na concentração de poderes (Estado absoluto).

Nossa Constituição, ao prever a formal tripartição de poderes, manifesta opção pelo mecanismo de controle de poder denominado *freios e contrapesos*. O próprio poder controla o poder (Estado de direito). O Estado, como um todo, exerce várias funções e as distribui entre os Poderes Judiciário, Legislativo e Executivo. Cada um deles exerce de forma **interdependente** sua parcela funcional: jurisdição, legislação e administração.

O **Poder Legislativo** faz as leis e é formado: a) por vereadores (câmaras municipais no âmbito dos municípios); b) deputados estaduais (Câmara dos Deputados ou Assembleia Legislativa, no âmbito dos estados); c) deputados federais e senadores (Câmara dos Deputados e Senado Federal – Congresso Nacional, no âmbito da União).

Figura 1.1 – Congresso Nacional

O **Poder Executivo** quando administra: a) o município (a cidade), é representado pelo prefeito municipal; b) o estado, é representado pelo governador; c) a União, é representado pelo presidente da República (auxiliado por seus ministros de Estado), sendo esse o cargo mais importante do Poder Executivo e do país. A CR apresenta a estrutura básica de funcionamento do Estado brasileiro, e isso é complementado pelas leis ordinárias, pelas constituições estaduais e pelas leis orgânicas dos municípios, as quais estabelecem o detalhamento das normas constitucionais. É também importante ressaltar que o Ministério da Justiça (MJ) e a Secretaria de Reforma do Poder Judiciário (SRJ/MJ) integram o Poder Executivo.

Figura 1.2 – Palácio da Alvorada

A separação de atividades entre os poderes não é absoluta. Explicamos: embora necessárias, a separação das várias funções do Estado e a distribuição de poderes separados entre si não significam que o Poder Judiciário está impedido de, em alguns casos, legislar (por exemplo, regimentos internos dos tribunais) ou que o Poder Legislativo está proibido de julgar, perante suas comissões, questões administrativas de seu interesse próprio.

Cada poder, conforme ensina Fachin (2008), exerce a função típica e, também, funções atípicas. São **funções típicas**: legislar (Poder Legislativo), governar (Poder Executivo) e julgar (Poder Judiciário). Todavia, cada poder pratica atos que não são típicos de sua tarefa primordial. O Legislativo julga (por exemplo, processos de *impeachment*); o Executivo legisla (medidas provisórias, leis delegadas); o Judiciário administra (nomeia o servidor público, por exemplo). Exercem, portanto, funções atípicas (Fachin, 2008 p. 183).

Não é por outra razão que Canotilho (1992, p. 703-704), ao discorrer sobre a teoria do núcleo essencial, afirma:

> *o fato de a Constituição consagrar uma estrutura orgânica funcionalmente adequada não se deduz que os órgãos especialmente qualificados para o exercício de certas funções não possam praticar atos característicos de outras funções e de outros órgãos já que o legislativo executa, o governo legisla e os tribunais administram.*

Embora a atividade de administração caiba ao Poder Executivo e tenha nele toda a estruturação constitucional, também se manifesta nos Poderes Legislativo e Judiciário. Só por isso é que, no âmbito do Poder Judiciário, estamos tratando, nesta obra, de **Administração Judiciária**.

Cabe ao Poder Judiciário, precipuamente, julgar os conflitos (atividade jurisdicional). Porém, para fazer isso, é preciso desenvolver a atividade-meio, que é a de administração e gestão. Ao tratar da Administração Judiciária, é importante buscar luz em alguns dos princípios da Administração Pública a cargo do Poder Executivo.

A partir do preâmbulo da CR, já são percebidas algumas diretrizes gerais. O Brasil é um Estado democrático e deve assegurar os direitos sociais e individuais, a liberdade, a segurança, o bem-estar, o desenvolvimento, a igualdade e a justiça como valores supremos. Segundo a previsão constitucional, somos uma sociedade fraterna, pluralista e sem preconceitos, fundada na harmonia social e comprometida, nas ordens interna e internacional, com a solução pacífica das controvérsias. São novas reivindicações que se estabelecem como promessas constitucionais.

É disso que trata Ingo Wolfgang Sarlet (2007) ao discorrer sobre os direitos de fraternidade ou de solidariedade, que trazem como nota distintiva o fato de se desprenderem, em princípio, da figura do homem-indivíduo como seu titular, destinando-se à proteção de grupos humanos (família, povo, nação). Caracterizam-se essas reivindicações, consequentemente, como direitos de titularidade coletiva ou difusa (Sarlet, 2007, p. 58). O autor afirma, ainda, tratar-se, na verdade, de novas reivindicações fundamentais do ser humano, geradas, entre outros fatores, pelo impacto tecnológico e pelo estado crônico de beligerância com suas contundentes consequências que acarretam profundos reflexos na esfera dos direitos fundamentais (Sarlet, 2007).

> *É grande o desafio imposto ao Poder Judiciário de coordenar e administrar a solução de controvérsias em um país continental e em dinâmico desenvolvimento como o Brasil. Isso exige o desenvolvimento de políticas de Administração Judiciária.*

A despeito da realidade existente, impõe-se efetivamente assumir o compromisso de lutar para que o Brasil alcance esse padrão de sociedade prometido pela Constituição. A partir dessas novas reivindicações, percebemos, desde logo, que há uma promessa de direitos que deve ser efetivada em conjunto pelos Poderes Legislativo (que prioritariamente faz as leis), Executivo (que prioritariamente administra e executa as leis) e Judiciário (que prioritariamente aplica as leis aos casos que lhe são submetidos).

É grande o desafio imposto ao Poder Judiciário de coordenar e administrar a solução de controvérsias em um país continental e em dinâmico desenvolvimento como o Brasil. Isso exige o **desenvolvimento de políticas de Administração Judiciária**. Essas políticas, além de estarem alinhadas e harmonizadas pelos poderes da República para a garantia da sociedade, exigem o respeito e a defesa das prerrogativas dos profissionais essenciais à função jurisdicional, que são os advogados em sentido amplo (abrangendo defensores públicos) e os representantes do Ministério Público (promotores e procuradores).

Convêm sempre lembrar que os Poderes Executivo e Legislativo são poderes essencialmente políticos e, por isso, entre outras razões, o povo (eleitor) escolhe periodicamente seus representantes por meio de eleições (sufrágio).

1.3 Justiça Estadual e Justiça Federal

O Poder Judiciário só é estabelecido nos âmbitos dos estados e da União. É formado por juízes e tribunais e é exercido em todo o país nas comarcas, seções, subseções e demais unidades judiciárias, para aplicar as leis aos casos concretos a fim de garantir os direitos dos cidadãos e promover a justiça (atividade jurisdicional).

Não há, no Brasil, Poder Judiciário municipal. A divisão judiciária mais próxima dos municípios é a da Justiça Estadual, que existe em todas as comarcas brasileiras. Uma comarca pode abranger um ou mais municípios. Um município pode ser integrado por um ou mais distritos. Portanto, não há juiz municipal, mas apenas juízes estaduais e federais, cabendo aos juízes estaduais a maior capilaridade na estrutura do Poder Judiciário nacional – na medida em que, como vimos, estão espalhados por todas as comarcas brasileiras.

Nada impede, entretanto, que, embora não exista a figura do juiz municipal, os tribunais de justiça no âmbito dos estados façam instalar estrutura judiciária e comarcas em todos os seus municípios. O Tribunal de Justiça do Estado do Mato Grosso do Sul, por exemplo, está estruturando um planejamento para que sejam instaladas unidades jurisdicionais em todos os municípios. A legislação estadual (Código de Divisão e Organização Judiciárias) pode, por iniciativa do tribunal, sem afronta à CR, aprovar esse planejamento. Se o orçamento permitir, poderá haver a previsão de instalação de comarcas em cada município do Estado do Mato Grosso do Sul.

Na maioria dos tribunais, há uma limitação orçamentária para a realização dessa ideia. Não sendo possível isso, portanto, poderá ocorrer a implantação da justiça itinerante ou mesmo por meio de projetos e programas de descentralização com atendimento móvel, por veículos (ônibus, barcos) ou, ainda, com parcerias para a utilização de espaços públicos do próprio município. Estas últimas formas de atendimento são previstas na Constituição e estão sendo realizadas por muitos tribunais no Brasil. O art. 125, § 7º, da CR estabelece que o Tribunal de Justiça instalará a justiça itinerante, com a realização de audiências e demais funções da atividade jurisdicional nos limites territoriais da respectiva jurisdição, servindo-se de equipamentos públicos e comunitários.

Preste atenção!	No município, só há previsão dos Poderes Executivo e Legislativo. Ao Poder Judiciário estadual cabe promover a prestação jurisdicional e dar atendimento na comarca a que pertencer o respectivo município.

A ampliação estrutural do Poder Judiciário ocorre de forma gradual, e o aumento do número de juízes e servidores nem sempre é possível em vista das limitações orçamentárias.

Há uma clara e expressa opção legislativa prevista no art. 93, inc. I, da CR no sentido de que os cargos da carreira da magistratura, a partir do cargo inicial de juiz substituto, sejam preenchidos sempre por concurso público:

> Art. 93 [...] observados os seguintes princípios:
> I – ingresso na carreira, cujo cargo inicial será o de juiz substituto, mediante concurso público de provas e títulos, com a participação da Ordem dos Advogados do Brasil em todas as fases, exigindo-se do bacharel em direito, no mínimo três anos de atividade jurídica e obedecendo-se, nas nomeações, à ordem de classificação; [...]. (Brasil, 1988)

Os juízes no Brasil não são eleitos como são os representantes dos demais poderes, e essa é uma opção constitucional. Há exemplos de outros países, como em alguns estados dos Estados Unidos da América, em que os juízes estaduais são eleitos: a eleição dos juízes, tanto no voto partidário quanto no não partidário, é norma adotada pelos estados. A eleição para juízes nesse país tornou-se popular durante o governo do Presidente Andrew Jackson (1829-1837), época em que os americanos buscavam democratizar o processo político. Há críticas ao sistema, visto que os juízes são forçados a solicitar contribuições de campanha a advogados e escritórios de advocacia, que, eventualmente, estarão diante deles no tribunal – uma fonte potencial de conflito de interesses. Na eleição dos juízes, o voto é facultativo, e o número de votantes normalmente é extremamente baixo e desinteressante (Clark, 2006, p. 155-156). No âmbito estadual do sistema norte-americano, juízes não são, em princípio, juízes de carreira e há mandatos que variam entre 2, 4 e 15 anos, ou mesmo há mandatos vitalícios (Sèroussi, 2001, p. 95).

No sistema judiciário brasileiro, há uma carreira da magistratura que é percorrida por magistrados que ingressam no Poder Judiciário por concurso público (no cargo inicial de juiz substituto). Veremos, porém, que os ministros dos tribunais superiores integram a magistratura, mas não necessariamente fazem parte da carreira da magistratura. Nesses casos, após a nomeação e a posse no cargo, os ministros passam a integrar a magistratura com as mesmas prerrogativas e garantias dos magistrados de carreira.

Há também, conforme a art. 94 da CR, a previsão de que uma proporção de um quinto dos lugares dos tribunais (regionais federais, de justiça e do Distrito Federal) igualmente não deve ser integrada por magistrados de carreira. Essa quinta parte é constituída por advogados de notório saber jurídico e reputação ilibada, com mais de dez anos de efetiva atividade profissional e por membros do Ministério Público com mais de dez anos de carreira. Essa forma de ingresso nos tribunais é denominada *quinto constitucional*.

Após serem nomeados pelo governador (no âmbito dos tribunais estaduais) ou pelo presidente da República (no âmbito dos tribunais federais), esses advogados e membros do Ministério Público passam a integrar a magistratura com as mesmas garantias e prerrogativas.

Questões para reflexão

Analise os pontos positivos e negativos dos aspectos indicados nas questões a seguir e tire suas conclusões sobre cada tema:

1) Você acha que seria bom ou adequado, para o Brasil, ter a figura de magistrado eleito?

2) Você acha que seria bom ou adequado, para o Brasil, ter a figura de magistrado municipal?

No Brasil, os cargos iniciais da magistratura são sempre preenchidos por concurso público, conforme os requisitos previstos no art. 93, inc. I, da CR.

Os candidatos que pretendam prestar concurso para ocupar o cargo inicial de juiz substituto devem, necessariamente, cursar Direito (devem ser bacharéis em Direito). Também precisam contar com, pelo menos, três anos de atividade jurídica para, só depois de adquirirem essas condições objetivas, terem sua inscrição admitida nos concursos públicos de provas e títulos para juiz substituto. Uma vez aprovados e nomeados, segundo a ordem de classificação no concurso, recebem a legitimação constitucional para exercer a jurisdição (aplicar a lei aos casos concretos).

Há países onde a seleção e o recrutamento de magistrados ocorrem por eleição e isso acaba sendo compreensível para o contexto cultural existente nesses lugares, a exemplo dos Estados Unidos, ainda que lá também ocorram algumas preocupações com essa forma de escolha*.

Se houvesse eleições para juízes no Brasil, haveria a preocupação de que isso afetasse uma das maiores garantias de independência: a imparcialidade. Algumas vezes, por exemplo, quando um magistrado ou um tribunal julga casos contra autoridades eleitas, há, na imprensa, a discussão sobre o fato de que a autoridade eleita pela vontade popular com quantidade grande de votos (vereador, prefeito, deputado, governador, deputado federal, senador da República ou até presidente da República) não deveria ser cassada por alguém que não foi escolhido pelo povo. É uma provocação que sempre aparece nesses momentos e que exige uma reflexão a respeito da forma de ingresso dos juízes na carreira.

O juiz teria de fazer campanhas eleitorais como acontece com os políticos em geral. A propaganda política custa dinheiro e, muitas vezes, quem recebe recursos acaba por perder independência e imparcialidade. O Brasil, há muitos anos, clama por uma reforma política na medida em que ocorrem, a cada eleição (no âmbito dos

---

* Alguns pontos apontados como negativos na eleição de juízes nos Estados Unidos: quem vota conhece muito pouco os candidatos; as eleições obrigam os juízes a se engajarem em levantamento de fundos para campanha; as eleições têm enorme potencial para macular a independência judicial (Fine, 2011, p. 48).

demais poderes), denúncias de compra de votos, troca de favores, caixa dois, apoios financeiros não declarados, entre outros problemas até mais graves.

Eugênio Raúl Zaffaroni (1995, p. 112) ressalta a incongruência existente no fato de que o juiz tenha de se preocupar com a reeleição e, ao decidir, deva estar atento ao seu eleitorado, à opinião pública. Conclui que o juiz cuja permanência dependa da opinião pública vai se preocupar mais com imprensa, meios de comunicação de massa e pesquisas de opinião do que com a verdade jurídica.

Silveira (1996), após descrever a independência entre os Poderes Executivo, Legislativo e Judiciário, apresenta a mesma indagação reflexiva sobre por que os membros deste último ramo geralmente não são eleitos como os demais Ele mesmo responde da seguinte forma:

> *Por uma razão muito simples: o regime democrático pressupõe o governo da maioria e essa maioria, é representada nos ramos legislativos e executivos. Portanto, ao Judiciário atribui-se precipuamente a defesa dos interesses das minorias, sem descurar, contudo, no cotejo da validade das leis perante a norma fundamental (Constituição), da defesa também, da maioria, quando ela é prejudicada por interesses de grupo minoritário, que, às vezes, compondo a elite, detém o poder.* (Silveira, 1996, p. 173)

Entre outras razões, não parece adequado ou bom para o Brasil qualquer modificação na base do sistema de seleção, que deve continuar a ser por concurso público. É preciso, sim, avançar, aperfeiçoar e buscar melhorias nos concursos públicos para que eles possam efetivamente selecionar os melhores candidatos.

De outra banda, igualmente é tema que volta e meia aparece para discussão no Congresso Nacional a possibilidade de haver juízes em cada um dos municípios brasileiros (que contam com os demais poderes). A Justiça Estadual já presta um serviço que se estende por comarcas que integram todos os municípios do Brasil e há tribunais estaduais que, por meio de leis de organização judiciária local, fizeram implantar sede de comarca em todos os municípios (divisão territorial política). É evidente que seria ótimo ter juízes mais próximos do cidadão; entretanto, há dificuldade prática nessa iniciativa de alguns tribunais: muitos municípios não contam com volume de causas suficientes a justificar a estrutura judiciária, além de essa implantação gerar aumento de despesas, dificuldades econômicas e de administração. Seria ncessário aumentar muito o número de magistrados e destiná-los a locais de pouco movimento forense, de difícil provimento, sem que isso fosse necessário. Ademais, no contexto da realidade existente no Brasil, há muitas comarcas já implantadas que estão a solicitar um urgente aumento de estrutura em face do grande volume de causas que precisam ser priorizadas.

1.4 Inércia do Poder Judiciário e profissionais essenciais à função jurisdicional

O direito de ação consiste no poder de ativar o exercício da função jurisdicional e, por isso, nenhum juiz pode prestá-la sem que ocorra esse pedido (peticionamento). O art. 2º do CPC/2015 estabelece, de forma clara, que o processo começa por iniciativa da parte, pelo que nenhum juiz poderá prestar a tutela jurisdicional senão quando a parte a requerer.

O Poder Judiciário, portanto, só pode agir se for provocado (é inerte se não houver ação judicial). Em outras palavras, não pode agir de ofício distribuindo justiça aos cidadãos. Para que o Judiciário possa se manifestar, é indispensável que a parte requeira uma atuação do Estado-juiz.

Quando a lei estabelece que deve haver um requerimento da parte, desde logo é importante esclarecer que, de regra, esse requerimento não é formulado diretamente pela parte, visto que as partes devem ser representadas por advogados. Pode o cidadão, no entanto, em algumas situações específicas, ele próprio peticionar (exercer seus direitos diretamente), independentemente de advogado, como no caso de causas de valor de até 20 salários mínimos perante os juizados especiais (previstos na Lei n. 9.099, de 26 de setembro de 1995 – Brasil, 1995).

Excepcionalmente, em outras situações, igualmente a parte pode exercer diretamente seus direitos, como para requerer alimentos, impetrar *habeas corpus*, exercer alguns direitos sociais (do trabalho). Nesses casos, a assistência por advogado é facultativa e o direito de ação se materializa com a apresentação de pedido formulado ao Estado-juiz, sem as exigências formais e técnicas impostas aos advogados, aos defensores e aos representantes do Ministério Público quando promovem a tutela jurisdicional. Notemos que, ainda assim, sem iniciativa da parte (diretamente ou por advogado), o juiz não pode atuar e o processo só começa a partir dessa iniciativa.

Nos juizados especiais, por exemplo, basta que a pessoa faça diretamente um pedido simples, escrito ou oral, à secretaria do juizado, devendo conter o documento apenas os fatos, os fundamentos, o objeto e seu valor.

Perante o "juízo comum", é indispensável a representação por advogado, a quem são asseguradas prerrogativas para que, em nome da parte ou da sociedade, acionem o Poder Judiciário. A expressão *juízo comum* está entre aspas a fim de não permitir confusão com o que se denomina *Justiça Comum* – na medida em que os juizados especiais (embora denominados *especiais*) integram a Justiça

Comum, quer sejam juizados especiais estaduais, quer sejam juizados especiais federais.

Advogados, defensores públicos, membros da Advocacia-Geral da União (AGU), procuradores dos estados e promotores de justiça (membros do Ministério Público), que atuam em funções essenciais à justiça, ao provocarem a tutela jurisdicional (ao promoverem ações judiciais), obrigatoriamente devem respeitar todos os requisitos formais e técnicos para o ajuizamento da demanda. Se as ações não cumprirem as formalidades legais, seus pleitos serão indeferidos, não conhecidos ou rejeitados.

Para esse exercício do direito de ação, esses profissionais precisam ter a independência necessária para bem representar os direitos individuais dos cidadãos ou da própria sociedade.

Essa independência se manifesta de várias maneiras e tem base na Constituição, em seus arts. 127, 133 e 134, além de ser assegurada pelo Estatuto da Advocacia (Lei n. 8.906, de 4 de julho de 1994 – Brasil, 1994a), relativamente aos advogados; pela Lei Orgânica do Ministério Público (Lei n. 8.625, de 12 de fevereiro de 1993, Brasil – 1993), em relação aos promotores de justiça; e pela Lei Complementar n. 80, de 12 de janeiro de 1994 (Brasil, 1994b), que organiza a Defensoria Pública no Brasil, em relação aos defensores públicos.

Há ainda regulamentações próprias relativamente aos defensores públicos (dos estados), à Advocacia-Geral da União, às procuradorias dos estados e ao Ministério Público (dos estados). Exemplo disso é a Lei Complementar n. 85, de 27 de dezembro de 1999, no âmbito do Estado do Paraná, que é a Lei Orgânica e Estatuto do Ministério Público paranaense.

Os demais estados da Federação, em face da competência legislativa concorrente, igualmente contam com uma gama de normas específicas para atender às peculiaridades regionais e locais. Conforme o art. 24 da Constituição, há competência legislativa concorrente entre a União, os estados e o Distrito Federal para legislar sobre várias matérias – entre elas a assistência jurídica e a Defensoria Pública (art. 24, inc. XIII, da CR).

Embora caiba ao juiz dirigir o processo com independência, não há hierarquia entre ele, os advogados e os membros do Ministério Público, visto que esses profissionais são essenciais à função jurisdicional e, como o juiz, também devem exercer suas atividades com total independência. Todos devem sempre respeito à Constituição e às demais leis dos país.

A estrutura procedimental e processual, a partir da CR, é prevista fundamentalmente pelo Código de Processo Civil (CPC) e pelo Código de Processo Penal brasileiros (CPP). São essas leis que sistematizam a prática para o efetivo exercício dos direitos pelos cidadãos. Ainda que existam outras leis processuais com normas específicas, todas devem respeitar a CR e integrar sistemicamente a estrutura básica do CPC e do CPP.

Além desses aspectos, com o objetivo de ampliar a compreensão acerca do o sistema judiciário brasileiro, devemos avançar com algumas novas definições.

1.5 Lide, jurisdição contenciosa e jurisdição voluntária

O exercício da jurisdição só se mostra necessário quando há ruptura na relação entre as pessoas e a lei não é suficiente como norma abstrata de conduta para regular a convivência pacífica entre elas.

Na maioria das vezes, basta a previsão legal – a regulação genérica proposta pelo Poder Legislativo para que as pessoas mantenham a convivência pacífica na sociedade. Na filosofia do direito – princípio universal do direito – Immanuel Kant destaca: "Toda ação é

justa quando, em si mesma, ou na máxima da qual provém, é tal que a Liberdade da Vontade de cada um pode coexistir com a liberdade de todos, de acordo com uma lei universal" (citado por Morris, 2002, p. 240, grifo do original).

O sistema legislado, positivado, tem a pretensão de que o próprio direito, tendo por fonte formal primária a lei, possa regular a convivência entre as pessoas. Assegurada a liberdade da vontade de cada um, a lei especifica o que cada um deve ou não deve fazer em determinadas situações gerais.

> *O exercício da jurisdição só se mostra necessário quando há ruptura na relação entre as pessoas e a lei não é suficiente como norma abstrata de conduta para regular a convivência pacífica entre elas.*

A Constituição, por sua vez, estabelece certa liberdade de ação nos seguintes termos: "ninguém será obrigado a fazer ou deixar de fazer alguma coisa senão em virtude da lei" (art. 5º, inc. II, da CR). Quando essa regulação genérica é insuficiente e há o descumprimento da lei, abuso ou desrespeito a convenções e quebra de princípios, cabe ao Poder Judiciário – se provocado – promover o ajuste de interesses com a **resolução da lide** (parcela do conflito levada à apreciação do juiz) e a aplicação da lei ao caso concreto.

Em face do descumprimento da lei, cabe ao juiz dizer o direito no caso. A verdadeira jurisdição é denominada **jurisdição contenciosa**, definida como o poder-dever do juiz de aplicar, com imparcialidade e definitividade, a lei ao caso concreto, solucionando o conflito de interesses entre as partes e fazendo justiça.

Uma pessoa (autor) exerce seu direito constitucional de ação manifestando sua pretensão – formula um pedido (a seu favor) para obter a tutela jurisdicional por meio do processo judicial contra outra (réu), a qual terá direito de se defender, terá direito ao contraditório, à ampla defesa e a uma decisão que seja tomada por juiz imparcial. Caberá ao juiz decidir sobre o conflito.

Lide, conforme definição consagrada por Francesco Carnelutti (1958), é um **conflito de interesses qualificado por uma pretensão resistida**. Para que exista lide, a parte contra quem se promoveu uma ação judicial deve apresentar uma resistência, uma contestação, uma oposição, uma defesa – que assegure o contraditório.

Ao final do processo judicial, uma vez julgada a lide com respeito aos princípios da imparcialidade, ampla defesa e contraditório (que integram o devido processo legal), a decisão pode se tornar imutável por força do que se denomina *coisa julgada*. Isso só é possível nos casos de jurisdição contenciosa.

Nos casos em que não haja resistência a uma pretensão, tecnicamente, não há lide, não há processo e, portanto, a sociedade se autorregula sem acionar o Estado. O Poder Judiciário, como afirmamos, sem provocação (sem que seja acionado), não age porque a jurisdição é inerte.

Há situações, contudo, nas quais, embora inexista controvérsia, o Estado (voluntariamente) demonstra preocupação em resguardar e proteger alguns interesses privados, independentemente de conflito ou lide. É o procedimento de **jurisdição voluntária**.

Nessa administração de interesses privados, algumas vezes o Poder Judiciário é chamado não mais como aquele órgão imparcial destinado a julgar as controvérsias (impor a aplicação da lei ao caso concreto), mas para atuar preventivamente, com o objetivo de proteger algum interesse – como suprir consentimento, autorizar a venda de bens de crianças, nomear tutor ou curador para incapazes, abrir e cumprir testamentos –, tudo isso sem que, necessariamente, ocorra um conflito de interesses.

A essas situações em que não há pedido de uma parte contra a outra (há apenas interessados) e o juiz é chamado para tutelar algum interesse privado denominamos *procedimento de jurisdição voluntária ou graciosa*.

Nesses casos de jurisdição voluntária com ausência de partes, por não haver contraditório nem lide, tampouco coisa julgada (imutabilidade da decisão não mais sujeita a qualquer recurso judicial), parte da doutrina afirma não se tratar nem mesmo de uma verdadeira jurisdição. Faltariam os pressupostos da jurisdição: inexiste lide, inexiste processo judicial, inexiste definitividade (coisa julgada) e, fundamentalmente, faltaria a condição de imparcialidade do magistrado.

1.6 Duplo grau de jurisdição

Vimos que a jurisdição é uma das funções do Estado e, apesar de ela ser una, apresenta, de regra, uma gradação inicial, que distingue os órgãos de jurisdição, conforme a hierarquia, em **inferiores** (juízes singulares com competência originária – juízo *a quo*) e **superiores** (colegiado de desembargadores com competência recursal – juízo *ad quem*).

A partir dessa base, transparece simples a compreensão do **duplo grau de jurisdição**. Os órgãos de segundo grau (jurisdição superior) são os que reapreciam, em grau de recurso, em regra, com competência jurisdicional, as decisões dos juízes singulares (de primeiro grau – jurisdição inferior).

Não quer isso significar que haja hierarquia entre os juízes, relativamente ao poder de julgar, nem que uma jurisdição seja melhor do que a outra. Quer, sim, significar que é possível sempre o reexame da causa por um órgão jurisdicional superior (*ad quem*) diverso daquele que julgou a causa (*a quo*).

No âmbito dos juizados especiais, há uma exceção a essa regra hierárquica na medida em que ocorre um duplo exame da causa em um mesmo grau de jurisdição. Explicamos: as turmas recursais e de uniformização dos juizados especiais são constituídas por juízes em exercício no primeiro grau de jurisdição, que, ao integrarem a turma, reapreciam a causa – em dupla instância –, mantendo-se na mesma hierarquia funcional e no mesmo grau de jurisdição. Os juízes que compõem as turmas recursais continuam a ser juízes de primeiro grau.

Assim, podemos afirmar que a regra de que os recursos são reexaminados por órgãos definidos como superiores não é absoluta. Algumas vezes, há um reexame da causa por juízes de mesmo grau – mesma hierarquia.

No caso dos juizados especiais, juízes de mesma entrância e classificados em um mesmo grau de jurisdição (primeiro grau de jurisdição) são autorizados a julgar a causa em grau de recurso perante nova instância de julgamento.

Segundo Kazuo Watanabe (1985, p. 20), o princípio do duplo grau indica a "possibilidade de revisão, por via recursal das causas já julgadas pelo juiz, entendendo que o princípio se satisfaz pelo controle interno exercido por outros órgãos do poder judiciário, diversos do órgão *a quo*". Na sua visão, "não é estritamente necessário, para a observância do duplo grau que o órgão *ad quem* seja hierarquicamente superior ao órgão *a quo*" (Watanabe, 1985, p. 20).

Concordamos com essa assertiva e, embora o princípio do duplo grau de jurisdição não esteja expresso na nossa Constituição, os arts. 102, inc. II, 105, inc. II, 108, inc. II, e 125 preveem sempre a possibilidade de ocorrer o reexame de decisões judiciais por outros órgãos jurisdicionais. Em outras palavras, sempre há a possibilidade de revisão, por meio de recurso ao juízo *ad quem*, das causas já julgadas pelos juízes singulares em primeiro grau (juízo *a quo*) e a isso se denomina *duplo grau de jurisdição*. Por isso há duplo exame: com o recurso, a causa é submetida a novo julgamento por órgão hierarquicamente superior, o qual poderá manter ou alterar a decisão de primeiro grau.

Em primeiro grau estão os juízes (de direito, federais, do trabalho, eleitorais, militares) que se estendem a todas as comarcas (podem abranger um ou mais municípios), seções, subseções e demais unidades judiciárias do país. O segundo grau, no Brasil, é formado por tribunais que, normalmente, são localizados nas capitais (tribunais estaduais e Distrito Federal ou tribunais regionais). É formado ainda pelos Tribunais Superiores do Trabalho (TST), Eleitoral (TSE) e Militar (STM), mais o Superior Tribunal de Justiça (STJ) e o Supremo Tribunal Federal (STF). Todos os tribunais superiores estão localizados em Brasília. Trataremos desse tema mais detalhadamente no Capítulo 2.

Em resumo: uma mesma matéria, em vista da possibilidade de falha humana decorrente do primeiro julgamento, pode ser decidida duas vezes. É nisso que consiste a essência do duplo grau de jurisdição.

1.7 Justiça Comum e Justiça Especial

Embora a Justiça brasileira seja única (nacional) e a jurisdição, como função do Estado, seja una (destina-se a solucionar todos os conflitos, independentemente de sua natureza), há, no Brasil, por meio de regras que definem as competências, a **distribuição** do trabalho dos magistrados: a) **de forma geral**, para todas as matérias civis e criminais entre juízes estaduais e federais; e b) **por especialização e por organismos** que as exerçam, como é o caso da Justiça Especial (do Trabalho, Militar e Eleitoral).

Assim, apenas para efeito de delimitar a competência (limite de atuação da jurisdição) entre cada um dos magistrados brasileiros é que a Justiça se distingue em Justiça Comum e Justiça Especial.

A **Justiça Comum** pode ser estadual ou federal e se destina a julgar todas as questões civis (em sentido amplo) e criminais que não envolvam matéria de competência da Justiça especializada. Dentro da Justiça Comum, a competência da Justiça Federal é delimitada pelo art. 109 da CR e todas as causas que não estiverem ali previstas são de competência da Justiça Estadual. Isso se denomina *competência residual*: tudo o que não for da competência dos outros segmentos é de competência da Justiça Estadual.

É preciso considerar também outras distinções importantes. Diferentemente da Justiça Comum, que tem competência genérica, a **Justiça Especial** tem competência especializada e se distingue em Justiça do Trabalho, Justiça Militar e Justiça Eleitoral, cada uma delas com sua competência específica e especializada para dirimir apenas e tão somente aquilo que for objeto do direito do trabalho, do direito militar ou do direito eleitoral.

> *Apenas para efeito de delimitar a competência (limite de atuação da jurisdição) entre cada um dos magistrados brasileiros é que a justiça se distingue em Justiça Comum e Justiça Especial.*

A Justiça Especial do Trabalho e a Eleitoral são federais, sempre, mesmo que em primeiro grau ocorra a atuação delegada para juízes estaduais. *Atuação delegada* significa que, em locais onde não há Justiça Federal ou Justiça do Trabalho, o juiz estadual (que está em todas as Comarcas do Brasil), excepcionalmente, pode julgar os casos – o que faz em nome da Justiça Federal ou do Trabalho – por delegação constitucional.

> Este autor, em 1989, ao início de sua carreira como juiz substituto estadual, atuou em causas da Justiça do Trabalho em face da ausência de juiz do trabalho na Comarca de Cerro Azul (PR). Atualmente, a Justiça do Trabalho já está organizada e estruturada em quase todo o território nacional, e os juízes estaduais raramente atuam na Justiça do Trabalho.

Em alguns estados brasileiros, há a estruturação da Justiça Militar também em âmbito estadual. Minas Gerais, São Paulo e Rio Grande do Sul são estados que contam com tribunais de Justiça Militar estadual.

1.8 Atividade-meio e atividade-fim do Poder Judiciário

A geração atual, no contexto do que tem sido chamado de *pós-modernidade*, de maneira inadequada – mas, ainda assim, de forma autêntica em sua inadequação (Santos, 2006, p. 77) –, precisa refletir sobre a Administração Judiciária de forma ampla, inclusive em relação às formas mais adequadas de recepcionar os conflitos e buscar solução compatível com as expectativas da sociedade, em busca da restauração das relações e da pacificação social.

A **atividade-fim** do Poder Judiciário é produzir justiça. Isso não se faz sem que se construam e se estruturem – ou se reestruturem – os meios necessários ao alcance dessa finalidade. Portanto, a atividade-meio (de administração e gestão) é tão importante quanto a atividade-fim, na medida em que, sem a primeira, a finalidade (produzir justiça) não encontra amparo para se concretizar.

No contexto atual do Brasil, percebemos haver uma cultura do litígio (cultura da sentença), do confronto, do enfrentamento e da guerra, a qual tem informado a atuação dos profissionais do direito tanto nas questões judiciais quanto nas relações intersetoriais. Segundo o Conselho Nacional de Justiça (CNJ), já são mais de 28 milhões os novos casos distribuídos a cada ano no Brasil (CNJ, 2014).

A aplicação científica de instrumentos de Administração Judiciária e gestão no Brasil começa a dar passos fundamentais para o aperfeiçoamento do Poder Judiciário.

É sempre bom lembrar que, em outros países – e veremos isso com mais detalhes no Apêndice ("A administração das cortes norte-americanas") – há muitos anos existe a preocupação com a gestão nos tribunais. Em 1957, nos Estados Unidos, surgiu a figura do administrador de tribunais, sendo Edward Gallas (em Los Angeles) o primeiro deles. "Mais tarde, em 1977, já havia administradores de tribunais estaduais em 46 estados norte-americanos. Hoje, todos os estados americanos contam com administradores judiciais" (Bacellar Filho, 2003, p. 239).

O Brasil começa só agora, a partir do estabelecimento de metas pelo CNJ, a manifestar preocupação mais ampla com gestão e administração judiciária. Como enfatiza Vladimir Passos de Freitas, a "administração da Justiça só veio a ser estudada, de forma científica, a partir de 2000. Todavia, sempre foram tomadas medidas administrativas, muito embora de forma empírica" (Freitas; Freitas, 2006, p. 263).

Ainda é perceptível uma atuação mais intuitiva do que, propriamente, uma ação técnica programada e projetada para o alcance das finalidades idealizadas. Tudo isso indica a necessidade de um trabalho integrado, de ações e reflexões que profissionalizem, fortaleçam e harmonizem as relações do Poder Judiciário não só com a sociedade, mas também com os *stakeholders* (interessados, interventores diretos ou indiretos, parceiros). É exigida uma atuação cooperativa, com as atividades essenciais à função jurisdicional (Ministério Público, Defensoria Pública, Advocacia-Geral da União, advogados), com os demais setores e instituições (servidores, serventuários, auxiliares da Justiça) e com os demais poderes (Executivo e Legislativo).

1.9 Devido processo legal

O princípio do devido processo legal – *due process of law* – nasceu em oposição ao Rei João Sem Terra, filho de Henrique II, da

Inglaterra, que não respeitava os direitos dos cidadãos e integrou uma das cláusulas da Magna Carta de 1215, primeira Constituição escrita do mundo. O processo legal (judicial ou administrativo) deve ser adequado com observância da ampla defesa e do contraditório, com direito à produção de provas e iguais oportunidades em todas as suas fases.

A todos os cidadãos é assegurado o direito de esse processo tramitar de modo adequado: essa é a essência procedimental da cláusula do devido processo legal, a qual determina que ninguém será privado da liberdade ou de seus bens sem o devido processo legal. Também aos litigantes, em processo judicial ou administrativo, e aos acusados em geral são assegurados o contraditório e a ampla defesa, com os meios e recursos a ela inerentes (art. 5º, incs. LIV e LV, da CR).

O devido processo legal procedimental, nas palavras de Silveira (1996), refere-se à maneira pela qual a lei, o regulamento, o ato administrativo ou a ordem judicial são executados. Verifica-se, apenas, se o procedimento empregado por aqueles que estão incumbidos da aplicação da lei (ou regulamento) viola o devido processo legal, sem se cogitar da substância do ato. "Em outras palavras, refere-se a um conjunto de procedimentos, como informar alguém do crime de que está sendo acusado, ou seu direito de consultar advogado" (Silveira, 1996, p. 65).

O autor explica, ainda, que a

> cláusula do devido processo legal, não obstante tenha originado, há quase oito séculos, nos reinados de Henrique I e II, tendo sido positivada na Magna Carta de 1215, depois transportada para a Constituição americana de 1787, através da Emenda 5 (1791), estendida às legislações estaduais [...], sempre foi aplicada em seu aspecto procedimental, até o ano de 1856, quando

um tribunal de Ney York (N.Y. v. Wynehamer) invalidou uma lei estadual, que proibia o uso de bebida alcoólica, analisando apenas sua substância (conteúdo). Ali se disse, pela primeira vez, que o devido processo, em vez de meramente proteger o modo do procedimento foi feito para alcançar o conteúdo substantivo da legislação. (Silveira, 1996, p. 119)

Rodrigo César Rebello Pinho (2003, p. 118) resume o princípio do devido processo legal e destaca: "A prestação jurisdicional deve ser prestada com a obediência de todas as formalidades legais (CF, art. 5º, LIV – 'Ninguém será privado de sua liberdade ou de seus bens sem o devido processo legal')".

A **busca da celeridade** deve vir acompanhada da indispensável **segurança**. Por isso, defendemos e prestigiamos, em todos os momentos, o devido processo legal. Um devido e adequado processo abrange o aspecto procedimental e também veda a possibilidade de que leis em sentido contrário possam prevalecer, destacando-se, aqui, seu caráter substantivo e o respeito à separação dos poderes.

As ofensas ao devido processo legal podem ser levadas à apreciação do Poder Judiciário, de maneira inafastável: pode o Poder Judiciário até mesmo analisar a própria constitucionalidade de lei que venha a ser editada pelo Poder Legislativo sem observar o devido processo legal – cláusula do devido processo legal em sua dimensão substantiva.

Síntese

Vimos, neste capítulo, que a base da Administração Judiciária está na Constituição, que divide as funções do Estado em atividades administrativas (Poder Executivo), legislativas (Poder Legislativo) e judiciárias (Poder Judiciário). A este último cabe julgar os casos quando for provocado (cabe exercer jurisdição).

> *A busca da celeridade deve vir acompanhada da indispensável segurança. Por isso, defendemos e prestigiamos, em todos os momentos, o devido processo legal.*

O Poder Judiciário é inerte e só pode agir se for provocado pela parte, que, algumas vezes, pode requerer seus direitos diretamente, como ocorre nos juizados especiais. Em outras situações, o exercício da jurisdição é exercido em nome das partes, mas por intermédio de profissionais essenciais, que são os advogados, os defensores públicos e os promotores de justiça. A esses advogados (em sentido amplo) e promotores de justiça se asseguram prerrogativas na Constituição e em outras leis brasileiras, como a independência funcional, para que possam bem representar os interesses individuais dos cidadãos ou os interesses da sociedade.

Constatamos que, enquanto os Poderes Executivo e Legislativo se encontram nas esferas da União, dos estados e dos municípios e têm uma legitimação popular para exercer a representação (a cada eleição são legitimados pelo povo para exercer seus cargos), o Poder Judiciário não existe nos municípios (só nas comarcas dos estados – uma comarca pode abranger um ou mais municípios). Há juízes que recebem uma legitimação constitucional que se materializa por meio de concurso público e não são, portanto, os magistrados, eleitos pelo povo. Se a CR, nesse aspecto, é positiva ou negativa, esse é um dos objetos de nossas reflexões.

Pensar em Administração Judiciária, na atual momento histórico, passa por refletir sobre a efetividade do acesso à Justiça, a administração de conflitos e também as novas maneiras de alcançar a atividade-fim do Poder Judiciário, que é **produzir justiça**.

Para saber mais

Os leitores interessados em aprofundar seus estudos podem consultar as seguintes obras:

CUNHA, S. S. da. **Fundamentos de direito constitucional**. São Paulo: Saraiva, 2004.

MELLO, C. A. B. de. **Curso de direito administrativo**. 32. ed. São Paulo: Malheiros, 2015.

SANTOS, M. A. **Primeiras linhas de direito processual civil**. 29. ed. São Paulo: Saraiva, 2012.

Questões para revisão

1) Cite um exemplo em que o sistema romanista brasileiro (*Civil Law*) tenha se aproximado do modelo anglo-saxão (*Common Law*).

2) O que é duplo grau de jurisdição?

3) Assinale a alternativa **incorreta**:
   a. O princípio do devido processo legal está previsto na Constituição e o integram os princípios da ampla defesa e do contraditório – igualmente assegurados na Constituição.
   b. Procedimento de jurisdição voluntária é um procedimento para buscar diretamente o acesso à Justiça independentemente de advogado – o que é possível perante os juizados especiais em causas de até 20 salários mínimos.
   c. A Justiça Especial é integrada pela Justiça do Trabalho, pela Justiça Militar e pela Justiça Eleitoral; os outros segmentos da Justiça pertencem à Justiça Comum – seja estadual, seja federal.
   d. Não há hierarquia entre juízes, advogados, defensores públicos e promotores de justiça.

4) Assinale a alternativa **incorreta**:
   a. O juiz só pode agir quando provocado (inércia da jurisdição).
   b. As decisões judiciais sempre, necessariamente, devem ser fundamentadas, sob pena de nulidade.
   c. Para poder prestar concurso para juiz federal ou estadual, é preciso ter curso superior e, pelo menos, dois anos de atividade jurídica (experiência).
   d. É possível, no Brasil, que, excepcionalmente, as partes exerçam seus direitos diretamente mesmo sem advogado, e isso é o que acontece, por exemplo, nos juizados especiais nas causas de valor até 20 salários mínimos.

5) Assinale a alternativa **incorreta**:
   a. Súmulas sintetizam um conjunto reiterado de decisões com o mesmo posicionamento por parte dos tribunais.
   b. O juiz não se exime de decidir alegando lacuna ou obscuridade da lei; em outras palavras, o juiz é obrigado a julgar, ainda que a lei seja obscura e até mesmo se não houver lei que regule o caso a ser julgado.
   c. Cada poder exerce, de forma independente, sua parcela funcional: jurisdição, legislação e administração.
   d. Os vereadores, os deputados e os juízes dos tribunais de contas integram o Poder Legislativo, no âmbito estadual; os juízes do Tribunal de Contas da União integram o Legislativo da União.

Consultando a legislação

A **Constituição** da República (1988), em seu *Preâmbulo*, estabelece:
> Nós, representantes do povo brasileiro, reunidos em Assembleia Nacional Constituinte para instituir um Estado Democrático, destinado a assegurar o exercício dos direitos sociais e individuais, a liberdade, a segurança, o bem-estar, o desenvolvimento, a igualdade e a justiça como valores supremos de uma sociedade fraterna, pluralista e sem preconceitos, fundada na harmonia social e comprometida, na ordem interna e internacional, com a solução pacífica das controvérsias, promulgamos sob a proteção de Deus, a seguinte CONSTITUIÇÃO DA REPÚBLICA FEDERATIVA DO BRASIL.
>
> **TÍTULO I – DOS PRINCÍPIOS FUNDAMENTAIS**
>
> Art. 1º A República Federativa do Brasil, formada pela união indissolúvel dos Estados e Municípios e do Distrito Federal, constitui-se em Estado Democrático de Direito e tem como fundamentos:
>
> I – a soberania;
> II – a cidadania;
> III – a dignidade da pessoa humana;
> IV – os valores sociais do trabalho e da livre iniciativa;
> V – o pluralismo político.
>
> Parágrafo único. Todo o poder emana do povo, que o exerce por meio de representantes eleitos ou diretamente, nos termos desta Constituição.

A harmonia e independência dos poderes são previstas na Constituição nos seguintes termos:
> Art. 2º São Poderes da União, independentes e harmônicos entre si, o legislativo, o Executivo e o Judiciário. [...]

O art. 5º da CR prevê vários princípios, entre eles o princípio do devido processo legal, da ampla defesa e do contraditório:
> Art. 5º Todos são iguais perante a lei, sem distinção de qualquer natureza, garantindo-se aos brasileiros e aos estrangeiros residentes no País a inviolabilidade do direito à vida, à liberdade, à igualdade, à segurança e à propriedade, nos termos seguintes:
> [...]

LIV – ninguém será privado da liberdade ou de seus bens sem o devido processo legal;

LV – aos litigantes, em processo judicial ou administrativo, e aos acusados em geral são assegurados o contraditório e ampla defesa, com os meios e recursos a ela inerentes; [...]

Outros princípios relacionados à Administração Judiciária:

Art. 37. A administração pública direta e indireta de qualquer dos Poderes da União, dos Estados, do Distrito Federal e dos Municípios obedecerá aos princípios de Legalidade, impessoalidade, moralidade, publicidade e eficiência e também, ao seguinte: [...]

Entre os dispositivos constitucionais que definem as funções essenciais à atividade jurisdicional, temos:

Art. 127. O Ministério Público é instituição permanente, essencial à função jurisdicional do Estado, incumbindo-lhe a defesa da ordem jurídica, do regime democrático e dos interesses sociais e individuais indisponíveis. [...]

Art. 133. O advogado é indispensável à administração da justiça, sendo inviolável por seus atos e manifestações no exercício da profissão, nos limites da lei.

Art. 134. A Defensoria Pública é instituição essencial à função jurisdicional do Estado, incumbindo-lhe a orientação jurídica e a defesa, em todos os graus, dos necessitados, na forma do art. 5º, LXXIV.

Há outras leis que igualmente fazem previsão de garantias, prerrogativas essenciais para o melhor desempenho desses profissionais.

O **Estatuto da Advocacia** (Lei n. 8.906/1994) assegura várias prerrogativas dos advogados, entre elas a prevista no art. 6º, o qual estabelece que não há hierarquia nem subordinação entre advogados, magistrados e membros do Ministério Público, devendo todos se tratar com consideração e respeito recíprocos.

A **Lei Orgânica do Ministério Público** (Lei n. 8.625/1993), a fim de permitir total independência de seus promotores e procuradores de justiça, assegura ser o Ministério Público uma instituição permanente, essencial à função jurisdicional do Estado, incumbindo-lhe a defesa da ordem jurídica, do regime democrático e dos interesses sociais e individuais indisponíveis. Isso está previsto já no art. 1º da Lei Orgânica, que, no seu parágrafo único, descreve serem princípios institucionais do Ministério Público a unidade, a indivisibilidade e a independência funcional.

A **Lei Complementar n. 80/1994**, é a que organiza, no Brasil, as atribuições dos defensores públicos no âmbito da União e do Distrito Federal e estabelece diretrizes gerais para que a Defensoria Pública possa se organizar nos estados. Vários estados da Federação já aprovaram suas leis orgânicas da Defensoria Pública no âmbito estadual.

Relativamente à questão da inércia, o CPC (ao ressaltar a inércia do Poder Judiciário) descreve a situação em seu art. 2º: o processo civil começa por iniciativa da parte, mas se desenvolve por impulso oficial, salvo as exceções previstas em lei.

Uma vez provocada a tutela jurisdicional, a partir daí o juiz é quem deve orientar a continuidade do processo judicial (impulso oficial). O juiz é obrigado a julgar e não se exime de decidir sob a alegação de lacuna ou obscuridade do ordenamento jurídico.

O art. 140 do CPC/2015 informa isso expressamente:

Art. 140. O juiz não se exige de decidir sob a alegação de lacuna ou obscuridade do ordenamento jurídico.

Parágrafo único. O juiz só decidirá por equidade nos casos previstos em lei.

No julgamento, cabe ao juiz aplicar as normas legais; não as havendo, deve recorrer à analogia, aos costumes e aos princípios gerais de direito. Enfim, tem de encontrar no ordenamento jurídico a solução para o conflito.

BRASIL. Constituição (1988). **Diário Oficial da União**, Brasília, 5 out. 1988. Disponível em: <http://www.planalto.gov.br/ccivil_03/Constituicao/Constituicao.htm>. Acesso em: 30 jan. 2016.

_____. Lei n. 8.906, de 4 de julho de 1994. **Diário Oficial da União**, Poder Legislativo, Brasília, 5 jul. 1994a. Disponível em: <http://

www.planalto.gov.br/ccivil_03/Leis/L8906.htm>. Acesso em: 31 jan. 2016.

_____. Lei n. 8.625, de 12 de fevereiro de 1993. **Diário Oficial da União,** Poder Executivo, Brasília, 15 fev. 1993. Disponível em: <http://www.planalto.gov.br/ccivil_03/Leis/L8625.htm>. Acesso em: 31 jan. 2016.

_____. Lei n. 13.105, de 16 de março de 2015. **Diário Oficial da União,** Poder Legislativo, Brasília, 17 mar. 2015. Disponível em: <http://www.planalto.gov.br/ccivil_03/_ato2015-2018/2015/lei/ l13105.htm>. Acesso em: 31 jan. 2016.

_____. Lei Complementar n. 80, de 12 de janeiro de 1994. **Diário Oficial da União,** Poder Legislativo, Brasília, 13 jan. 1994b. Disponível em: <http://www.planalto.gov.br/ccivil_03/leis/LCP/ Lcp80.htm>. Acesso em: 31 jan. 2016.

II

Noções gerais da estrutura judiciária no Brasil

Conteúdos do capítulo:

» Órgãos do Poder Judiciário segundo a Constituição.
» Competência dos órgãos judiciários.
» Emenda Constitucional n. 45/2004.
» Noções das delegações a notários e registradores.
» Competência jurisdicional e administrativa.
» Tribunais que não integram o Poder Judiciário.

Neste capítulo, veremos de que forma são definidos os órgãos do Poder Judiciário, como em geral a Constituição da República (CR) os estrutura e os apresenta (conforme consta em seu art. 92). Apresentaremos ainda: a) uma visão sistêmica, que permita desenhar um organograma, do geral para o específico e a partir do órgão de maior hierarquia na estrutura judiciária, que é o Supremo Tribunal Federal (STF); b) a descrição básica e geral sobre a competência dos órgãos judiciários; c) o nascimento no Brasil, pela Emenda Constitucional n. 45/2004, de dois importantes órgãos: o Conselho Nacional de Justiça (CNJ) e a Escola Nacional de Formação e

Aperfeiçoamento de Magistrados (Enfam); d) as noções das atividades delegadas a notários e registradores; d) a distinção entre órgãos com competência jurisdicional e administrativa (tribunais superiores, de justiça e regionais) e órgãos com competência apenas administrativa (como são o CNJ e o Conselho da Justiça Federal – CJF); e) a advertência sobre alguns órgãos que, embora recebam a designação de *tribunal*, não integram o Poder Judiciário.

2.1 Esclarecimentos necessários para entender os órgãos judiciários

É sempre bom rememorar que os órgãos do Poder Judiciário (administrados pelas cúpulas dos tribunais e previstos no art. 92 da Constituição da República – CR) existem para prestar **serviço público** (serviço judiciário consistente na prestação jurisdicional) ao povo, ao usuário dos serviços jurisdicionais. Cabe ao Poder Judiciário concretizar a promessa de resolver oficialmente, no âmbito do Estado, em tempo razoável, as controvérsias existentes entre as pessoas e alcançar a coordenação dos interesses privados, a restauração das relações e a paz na sociedade.

Embora tenhamos destacado, inicialmente, a diferença precisa entre juízes de primeiro grau (singulares) e tribunais de segundo grau (colegiados) – estes últimos normalmente destinados a reexaminar em grau de recurso a decisão dos primeiros –, para efeitos didáticos, algumas vezes, a expressão *tribunais* será empregada de outra forma, isto é, não no sentido estrito de órgão hierarquicamente superior de segundo grau que reaprecia as decisões dos juízes inferiores de primeiro grau.

A expressão *tribunais* será utilizada sob dois enfoques: no sentido amplo de órgão julgador (com atividade jurisdicional) e no sentido de órgão de cúpula administrativa (administrador/gestor) responsável pelas políticas públicas e pelo comando de todos os setores do Poder Judiciário de primeiro e segundo graus em cada uma das suas esferas de atuação (estadual, federal, das justiças comum ou especial). Em outras palavras, faremos referência aos tribunais algumas vezes como órgãos de cúpula – gestão/administração da justiça – e, outras vezes, como órgãos jurisdicionais de segundo grau que apreciam os recursos interpostos contra as decisões judiciais de primeiro grau.

Além disso, as expressões *administração de tribunais*, *administração da justiça* e *administração judiciária* serão utilizadas como sinônimas. Abrangerão não só os tribunais, mas também o trabalho de juízes e servidores na qualidade de administradores de foro, de unidades, fóruns, gabinetes, departamentos e secretarias, entre outras tantas atividades administrativas (não jurisdicionais) que desempenharem.

> *Cabe ao Poder Judiciário concretizar a promessa de resolver oficialmente, no âmbito do Estado, em tempo razoável, as controvérsias existentes entre as pessoas e alcançar a coordenação dos interesses privados, a restauração das relações e a paz na sociedade.*

Para bem entender a estrutura judiciária nacional, no contexto do duplo grau de jurisdição, é sempre bom lembrar que o Supremo Tribunal Federal (STF) é a última instância de julgamento para apreciar os recursos de todos os demais órgãos do Judiciário. É no STF que se encerra a cadeia recursal baseada no duplo grau de jurisdição. Em face do julgamento definitivo, pelo STF, dos seus recursos extraordinários não cabem mais recursos.

Avancemos na descrição da estrutura judiciária brasileira, a começar pelo STF.

2.2 Supremo Tribunal Federal (STF) e Superior Tribunal de Justiça (STJ)

Dentro da hierarquia judiciária nacional, o **Supremo Tribunal Federal (STF)**, conforme art. 101 da CR, é o órgão jurisdicional de mais elevado grau, composto por 11 ministros escolhidos pelo presidente da República entre cidadãos de notável saber jurídico e reputação ilibada, que contem com mais de 35 anos e menos de 65 anos de idade.

Antes de ser nomeado pelo presidente da República, o indicado deve ter a escolha aprovada pela maioria absoluta do Senado Federal. Os senadores, na denominada *sabatina*, que tem início na Comissão de Constituição e Justiça (CCJ), formulam perguntas gerais ao candidato a ministro, indagam sobre tendências e posicionamento sobre temas polêmicos, a fim de aferir se o escolhido pelo presidente da República está à altura do cargo que irá exercer perante o STF.

Na CCJ é que ocorrem os maiores debates; porém, é no Plenário do Senado que acontece a aprovação definitiva do candidato a ministro. Aprovada a escolha pela maioria absoluta do Senado Federal, o cidadão é nomeado pelo presidente da República para o exercício do cargo de ministro do STF. Não há mandato e, uma vez nomeado, o cargo é vitalício.

Curiosidade

Há mais de um século que o Senado não rejeita uma indicação para o STF. Entretanto, no dia 12 de maio de 2015, a CCJ do Senado promoveu a sabatina do hoje ministro Luiz Edson Fachin por mais de 12 horas. Afirma-se que foi a sabatina mais longa do Senado: começou às 10h e só terminou às 22h40min.

Ao final, o nome foi aprovado na Comissão, com 20 votos favoráveis e 7 votos contrários. No dia 19 de maio de 2015, a escolha do Ministro Luiz Edson Fachin foi aprovada pelo Plenário do Senado por 52 votos favoráveis e 27 contrários. Fachin ocupa hoje a vaga deixada pelo Ministro Joaquim Barbosa.

No Brasil, os magistrados, uma vez nomeados e vencido o estágio probatório de dois anos, adquirem vitaliciedade (podem ser magistrados até a morte). No entanto, há a previsão de aposentadoria compulsória – obrigatória em determinada idade. A aposentadoria compulsória dos servidores públicos ocorre aos 70 anos de idade. Até pouco tempo atrás, essa mesma regra se estendia a todos os magistrados em geral.

Hoje, contudo, com a aprovação da proposta de emenda constitucional conhecida como *PEC da Bengala*, que resultou na Emenda Constitucional n. 88, de 7 de maio de 2015 (Brasil, 2015a), a idade da aposentadoria compulsória dos ministros do STF, dos tribunais superiores e do Tribunal de Contas da União passou de 70 para 75 anos de idade. Os argumentos que justificaram as propostas são os de que a sobrevida das pessoas tem aumentado e que haverá uma grande economia aos cofres públicos com a ampliação da idade de aposentadoria.

A **competência do STF** está prevista na Constituição: o art. 102 da CR, após afirmar que compete ao STF, precipuamente, **a guarda da Constituição**, passa a detalhar os assuntos que lhe cabem julgar.

Figura 2.1 – Supremo Tribunal Federal (STF), em Brasília (DF)

Vejamos, agora, o **Superior Tribunal de Justiça (STJ)**. Em escala decrescente, logo abaixo do STF, está o STJ, órgão jurisdicional previsto no art. 104 da CR, constituído por 33 ministros.

Para alguns casos que não afetem a Constituição (e que, se afetarem, podem ser levados à apreciação do STF), é o STJ a última instância para julgamento dos recursos. Do julgamento dos recursos especiais, quando não seja possível levar a causa ao STF, encerra-se a possibilidade de novos recursos.

O STJ é a **corte responsável por uniformizar a interpretação** da legislação federal em todo o Brasil, ressalvadas as especializações eleitoral (Tribunal Superior Eleitoral – TSE) e do trabalho (Tribunal Superior do Trabalho – TST). Representa a última instância da Justiça brasileira para esse universo das causas infraconstitucionais. Como órgão de convergência da Justiça Comum (federal e estadual), aprecia causas oriundas de todo o território nacional, em todas as vertentes jurisdicionais não especializadas. Tem competência originária e recursal estabelecida pelo art. 105 da CR (CNJ, 2014, p. 371).

Os ministros do STJ são asssim escolhidos: a) um terço entre juízes dos tribunais regionais federais; b) um terço entre desembargadores dos tribunais de justiça; c) um terço entre advogados e membros do Ministério Público.

Da mesma forma que ocorre com os ministros do STF, os senadores procedem a uma sabatina, a fim de aferir se os indicados estão à altura do cargo que irão exercer perante o STJ. Aprovada a escolha pela maioria absoluta do Senado Federal, o cidadão indicado é nomeado pelo presidente da República para o exercício do cargo de ministro do STJ de forma vitalícia.

O art. 105 da Constituição detalha, portanto, a **competência** do **STJ**. Junto ao STJ, nos termos do parágrafo único, incs. I e II, do mesmo artigo da CR, funcionam: a) o Conselho da Justiça Federal (CJF), com atribuição de supervisionar administrativa e financeiramente a Justiça Federal de primeiro e segundo graus, sendo a competência do CJF apenas relativa aos magistrados federais; e b) a Escola Nacional de Formação e Aperfeiçoamento de Magistrados (Enfam).

> Tanto o STF quanto o STJ se localizam em Brasília. O STF é tribunal nacional de superposição na estrutura do Poder Judiciário

Tanto o STF quanto o STJ se localizam em Brasília. O STF é tribunal nacional de superposição na estrutura do Poder Judiciário. Dizemos *superposição* porque está acima das distinções entre Justiça Comum e Especial, federal ou estadual, e é competente para examinar originariamente ou reexaminar, em grau de recursos, quaisquer causas com afetação constitucional, oriundas de todos os segmentos da estrutura judiciária brasileira.

Ao STF cabem a guarda da CR e, entre outras competências, o julgamento do denominado *recurso extraordinário*. Ao STJ cabem a harmonização da interpretação da legislação brasileira e, entre outras competências, o julgamento do chamado *recurso especial*.

2.3 Tribunais regionais federais (TRFs) e juízes federais

No âmbito federal, distribuídos nas cinco regiões do país, estão os tribunais regionais federais (TRFs), órgãos jurisdicionais compostos por desembargadores federais. Logo abaixo na estrutura judiciária estão os juízes federais de primeiro grau.

Figura 2.2 – Regiões dos TRFs

Fonte: Elaborado com base em CNJ, 2016.

Em algumas localidades (comarcas) onde não há atendimento de matérias previdenciárias pela estrutura da Justiça Federal, por delegação constitucional, a Justiça Comum Estadual atua para assegurar os direitos dos jurisdicionados (conforme o art. 109, § 3º, da CR).

Um exemplo: este autor, em 1992, como juiz estadual da 1ª Vara Cível, na Comarca de Umuarama (Paraná), atuou em causas da Justiça Federal, em face da ausência de juiz federal naquela localidade. Atualmente, a Justiça Federal já está organizada e estruturada em quase todo o território nacional, e os juízes estaduais apenas excepcionalmente atuam na Justiça Federal.

Nessas hipóteses de atuação delegada, as decisões dos magistrados estaduais em atuação na Justiça Federal, havendo recursos, são reapreciadas pelos TRFs da respectiva região.

Em outras palavras, os recursos das decisões dos juízes estaduais – quando atuam em casos da Justiça Federal – são sempre julgados pelos TRFs. Os tribunais de justiça dos estados não podem apreciar esses recursos (art. 109, § 4º, da CR). A competência dos TRFs está prevista no art. 108; a dos juízes federais, no art. 109, ambos da CR.

2.4 Tribunais do Trabalho (TST e TRT), Tribunais Eleitorais (TSE e TRE) e Tribunal Militar (STM)

A Justiça do Trabalho conta com o **Tribunal Superior do Trabalho (TST)**, com sede em Brasília, e com 24 **tribunais regionais do trabalho (TRTs)** – órgãos jurisdicionais compostos por desembargadores do trabalho – espalhados por quase todos os estados brasileiros: o Estado de Tocantins é atendido pelo TRT do Distrito Federal; o Estado do Amapá é atendido pelo TRT com sede no Estado do Pará; e o Estado do Acre é atendido pelo TRT do Estado de Rondônia. Todos os demais estados da Federação são sede de TRTs.

Junto ao TST (nos termos do art. 111-A, § 2º, incs. I e II, da CR funcionam: a) o Conselho Superior da Justiça do Trabalho, com a atribuição de supervisionar administrativa e financeiramente a Justiça do Trabalho de primeiro e segundo graus, como órgão central do sistema e cujas decisões terão efeito vinculante conforme art. 111-A, § 2º, inc. II, da CR (a competência do Conselho Superior da Justiça do Trabalho é apenas relativa aos magistrados do trabalho); e b) a Escola Nacional de Formação e Aperfeiçoamento de Magistrados do Trabalho (Enamat).

Logo abaixo na estrutura judiciária estão os juízes do trabalho de primeira instância, sendo quase toda a sua estrutura de atendimento composta por magistrados federais do trabalho. Em algumas localidades (comarcas) onde não há atendimento pela estrutura da Justiça do Trabalho, por delegação constitucional, a Justiça Comum Estadual atua para assegurar os direitos sociais dos jurisdicionados. Em qualquer uma dessas hipóteses, as decisões dos magistrados estaduais em atuação na Justiça do Trabalho, havendo recursos, são reapreciadas pelos TRTs.

Em outras palavras, nessas "hipóteses de delegação, os recursos das decisões dos juízes estaduais – quando atuam em casos da justiça do trabalho – serão sempre julgados pelos Tribunais Regionais do Trabalho. Os Tribunais de Justiça dos Estados não poderão apreciar esses recursos" (art. 112 da CR). O art. 114 da Constituição, que consta transcrito ao final deste capítulo, detalha a **competência da Justiça do Trabalho**.

Vejamos, agora, os **tribunais eleitorais**, que são o Tribunal Superior Eleitoral (TSE) e os tribunais regionais eleitorais (TREs).

A Justiça Eleitoral conta com o **Tribunal Superior Eleitoral (TSE)**, composto por, no mínimo, sete membros, e com sede na capital da República, bem como com os **tribunais regionais** eleitorais (TREs), um na capital de cada estado brasileiro e no Distrito Federal (art. 120 da CR), com os juízes e as juntas eleitorais. Estas últimas são compostas por um juiz de direito (presidente) e por dois ou quatro cidadãos de notória idoneidade.

A Justiça Eleitoral tem **atuação administrativa e também jurisdicional**: a) atua administrativamente quando, por exemplo, organiza as eleições, promove o alistamento de eleitores, fiscaliza a propaganda eleitoral, expede diploma aos eleitos; b) atua, entre outras vezes, de forma jurisdicional quando julga os crimes eleitorais.

Embora a Justiça Eleitoral integre a estrutura da Justiça Federal Especial, são os juízes de direito (estaduais) em primeiro grau que atuam na Justiça Eleitoral em cada uma das comarcas brasileiras. Os arts. 118 a 121 da Constituição detalham os órgãos e indicam como é definida a competência dos tribunais e dos juízes eleitorais.

Ainda dentro da estrutura da Justiça Especial está o **Superior Tribunal Militar (STM)**, os juízes auditores e de direito que atuam perante a Justiça Militar.

A Justiça Militar da União é o órgão jurisdicional que conta com o STM, composto por 15 juízes (denominados *ministros*), nomeados pelo presidente da República, após ser aprovada a indicação pelo Senado Federal, sendo três entre oficiais-generais da Marinha, quatro entre oficiais-generais do Exército e três entre oficiais-generais da Aeronáutica. Cinco são civis e são escolhidos entre brasileiros com mais de 35 anos de idade, sendo três advogados – com mais de dez anos de atividade, de notório saber jurídico e conduta ilibada – e os dois últimos por escolha paritária entre juízes auditores e membros do Ministério Público da Justiça Militar.

Em primeiro grau, a Justiça Militar da União é exercida pelos juízes auditores e pelos conselhos de justiça. São Paulo, Minas Gerais e Rio Grande do Sul contam com tribunais de justiça militar estadual. Conforme previsão do § 3º do art. 125 da CR, nos estados em que o efetivo da polícia militar seja superior a 20 mil integrantes, podem ser criados, em primeiro grau, conselhos de justiça e, em segundo grau, tribunais de justiça militar.

Nos estados onde não foi criado o tribunal de justiça militar, os recursos das decisões dos conselhos e dos juízes de direito, e relativamente aos policiais militares e bombeiros militares, são julgados pelos respectivos tribunais de justiça. Os arts. 122, 123 e 124 da CR definem os órgãos e também a competência da Justiça Militar.

2.5 Tribunais de justiça e juízes de direito

Como órgãos jurisdicionais previstos para funcionar em cada um dos estados (mais o Distrito Federal), temos os tribunais de justiça. Os tribunais estaduais e o do Distrito Federal são órgãos jurisdicionais constituídos por desembargadores dos estados e do Distrito Federal.

Logo abaixo na estrutura judiciária estadual estão os juízes de direito de primeiro grau. A **Justiça Estadual** abarca aproximadamente 70% de toda a demanda existente no país, exatamente em face da competência residual. Tudo o que não for da competência da Justiça Especial nem da competência da Justiça Comum Federal é da competência da Justiça Estadual. Questões que envolvem direitos relativos a locação, condomínio, crianças e adolescentes, adoção, direito de família, violência doméstica, código de trânsito brasileiro, direito do consumidor, empresarial, ambiental, vizinhança e todas as demais

> *Tudo o que não for da competência da Justiça Especial nem da competência da Justiça Comum Federal é da competência da Justiça Estadual.*

questões criminais e civis em geral, nas quais não se manifeste o interesse da União, inclusive o tribunal do júri, são **julgadas pelos juízes de direito** (que são os **juízes estaduais**). Conforme art. 5º, inc. XXXVIII, da CR, entre os órgãos de primeiro grau da Justiça Estadual está o tribunal do júri, com competência para julgar os crimes dolosos contra a vida.

A atuação administrativa e financeira do Poder Judiciário nos estados é controlada (controle externo) pelos tribunais de contas dos estados (órgãos auxiliares do Poder Legislativo Estadual), e a atuação funcional dos juízes, pelas corregedorias de justiça (controle interno), concomitante com o CNJ.

Em face de a composição do CNJ contar com membros externos, advogados, Ministério Público e cidadãos indicados pelo Congresso Nacional, entendem alguns doutrinadores que se trata de verdadeiro controle externo. Magistrados também participam de sua composição e prevalece o entendimento de que, como órgão do Poder Judiciário, o CNJ desempenha o controle interno da atuação administrativa e financeira dos tribunais.

2.6 Conselho Nacional de Justiça (CNJ)

Uma das grandes inovações incorporadas à Constituição da República pela Emenda Constitucional n. 45, de 30 de dezembro de 2004 (Brasil, 2004a) foi a do Conselho Nacional de Justiça (CNJ). É definido como órgão administrativo de superposição e é composto por 15 membros (art. 103-B da CR).

É órgão sem poder jurisdicional, para controle da atuação administrativa e financeira do Poder Judiciário e do cumprimento dos deveres dos magistrados. Seus 15 membros são denominados *conselheiros*, com mais de 35 e menos de 66 anos de idade, com mandato de dois anos (admitida uma recondução), sendo: o presidente do STF (Emenda Constitucional n. 61, de 11 de novembro de 2009 – Brasil, 2009a); um ministro do STJ (indicado pelo próprio STJ); um ministro do TST (indicado pelo respectivo tribunal); um desembargador de tribunal de justiça (indicado pelo STF); um juiz estadual (indicado pelo STF); um juiz de TRF (indicado pelo STJ); um juiz federal (indicado pelo STJ); um juiz de TRT (indicado pelo TST); um juiz do trabalho (indicado pelo TST); um membro do Ministério Público da União (indicado pelo procurador-geral da República); um membro do Ministério Público estadual (escolhido pelo procurador-geral da República entre os nomes indicados pelo órgão competente de cada instituição estadual); dois advogados (indicados pelo Conselho Federal da Ordem dos Advogados do Brasil – OAB); dois cidadãos, de notável saber jurídico e reputação ilibada (um indicado pela Câmara dos Deputados e outro pelo Senado Federal). Com exceção do presidente do CNJ (ministro-presidente do STF), os demais membros serão nomeados pelo presidente da República, depois de aprovada a escolha pela maioria absoluta do Senado Federal (§ 1º do art. 103-B da CR).

O CNJ, desde a sua criação, estabelecida com a Emenda Constitucional n. 45/2004, sempre foi presidido pelo próprio presidente do STF, embora, na redação originária, não houvesse essa imposição. Por meio de nova emenda constitucional, essa situação se consolidou (Emenda Constitucional n. 61/2009) e foi atribuída nova redação ao § 1º do art. 103-B da CR para constar expressamente que o Conselho será presidido pelo presidente do STF e, em suas ausências e impedimentos, pelo vice-presidente.

Atua o CNJ concorrentemente com os tribunais no **controle da atuação administrativa e financeira** do Poder Judiciário e no **cumprimento dos deveres funcionais dos magistrados** integrantes de primeira e segunda instância dos tribunais estaduais, do Distrito Federal e dos TRFs.

Tem ainda por **incumbência** estabelecer diretrizes, metas e programas estratégicos para uma melhor administração judiciária de todos os tribunais e unidades judiciárias brasileiros. Com o CNJ, houve uma importante **padronização de linguagem** perante os tribunais, a exemplo da Resolução n. 12, de 14 de fevereiro de 2006 (Brasil, 2006a), o que permitiu maior troca de experiências e um avanço de qualidade na prestação dos serviços judiciários. A Resolução n. 70, de 18 de março de 2009 (Brasil, 2009b), deu passo estrutural significativo na definição de missão, visão e valores do Poder Judiciário, e a Resolução n. 198, de 1º de julho de 2014 (Brasil, 2014c), deu maior especificidade aos indicadores ao estabelecer: (a) Metas de Medição Continuada (MMC), que são metas aplicáveis aos órgãos do Poder Judiciário e acompanhadas pelo CNJ durante o período de vigência da Estratégia Nacional; (b) Metas de Medição Periódica (MMP), aplicáveis aos órgãos do Poder Judiciário e acompanhadas pelo CNJ para períodos predefinidos durante a vigência da Estratégia Nacional; (c) Metas Nacionais (MN), um conjunto de metas formado pelas MMC e pelas MMP; (d) Iniciativa Estratégica Nacional (IEN), programa, projeto ou operação alinhado à Estratégia Nacional do Poder Judiciário; (e) Diretriz Estratégica (DE), que são orientações, instruções ou indicações a serem observadas na execução da Estratégia Nacional ou para se levar a termo uma meta ou iniciativa estratégica; e (f) Cesta de Indicadores e Iniciativas Estratégicas, um repositório de métricas de desempenho institucional e de iniciativas (programas, projetos e operações).

A despeito das muitas particularidades de cada tribunal, em especial dos tribunais da Justiça Estadual em cada um dos 27 estados da Federação, o grande desafio do CNJ foi unificar linguagens, resumir resultados, de forma a permitir análise mais sintética e clara desses indicadores. Para isso foi constituído o Índice de Produtividade Comparada da Justiça (IPC-Jus), por meio de uma técnica de análise denominada *Análise Envoltória de Dados (DEA)*. Essa técnica é multivariada (sintetiza resultados com base em mais de duas variáveis ou indicadores) e possibilita fornecer dados quantitativos sobre o quanto cada tribunal deve trabalhar para aumentar sua produtividade (CNJ, 2013, p. 18).

Com base nessas premissas, o CNJ consegue identificar tribunais paradigmas – que atingem percentuais maiores de eficiência e podem representar verdadeiro estímulo e contribuir para a **melhoria da produtividade** de outros tribunais. Facilita-se, assim, com o conhecimento da existência de tribunais modelo, a aplicação do denominado *benchmarking*.

Há também, na estrutura judiciária brasileira, o CJF, que funciona junto ao STJ e é órgão de supervisão administrativa e orçamentária com atuação exclusiva para a Justiça Federal e com poderes correcionais (art. 105, parágrafo único, inc. II, da CR). Algumas dessas atribuições do CJF estão sendo exercidas atualmente pelo CNJ.

Ainda que existam outros conselhos, como o Conselho Superior da Justiça do Trabalho e o CJF, dizemos que o CNJ é o órgão de superposição porque está acima das distinções entre Justiça Comum e Especial, federal ou estadual. O CNJ tem ampliado sua atuação administrativa, financeira e de controle de todos os magistrados em todos os segmentos da Justiça brasileira.

2.7 Escola Nacional de Formação e Aperfeiçoamento de Magistrados (Enfam)

A primeira escola de magistrados de que se tem notícia é a do Japão, instalada no Palácio Mitsubishi em 1936. Depois vieram outras, como a Escola Nacional da Magistratura francesa, a qual acabou por influenciar as escolas portuguesa e espanhola (Axt, 2009, p. 21-22, nota 23).

Em relatório apresentado por Ângelo Mattia (citado por Bittencourt, 1962, p. 115) no Primeiro Congresso Internacional de Magistrados, realizado em Roma, em outubro de 1958, há o registro de que a Academia da Magistratura italiana foi instituída por decreto de 4 de maio de 1958.

O Primeiro Congresso Internacional de Magistrados trouxe muitos relatos que alicerçaram o nascimento das escolas de formação e aperfeiçoamento de magistrados em todo o mundo. É interessante o exemplo da Áustria, onde o exame de habilitação à magistratura é precedido de um tirocínio de três anos, quando o futuro juiz é inteirado dos deveres e problemas inerentes à arte de julgar. Nas denominadas *Semanas dos Magistrados* (reuniões anuais), eles têm a possibilidade de conhecer melhor aspectos da vida prática, da economia e da estrutura social dos povos e manter contato com o comércio, com as profissões liberais, com a indústria e a agricultura, para assim ter condições de compreender e julgar, sem se valerem demasiadamente da assistência de técnicos (Heinrich Bröll, citado por Bittencourt, 1962, p. 112-113, nota 10).

O histórico das escolas de magistratura e escolas judiciais no Brasil percorreu um longo percurso e, desde a década de 1960, juristas como Edgard de Moura Bittencourt e Egas Dirceu Moniz de Aragão já manifestavam a necessidade da **adequada formação de**

juízes (Aragão, 1960), até que tivéssemos, como temos hoje, uma escola nacional oficial, que é a **Escola Nacional de Formação e Aperfeiçoamento de Magistrados (Enfam)**.

À Enfam, como o próprio nome indica, segundo a Constituição, **competem a formação e o aperfeiçoamento dos magistrados** da Justiça Comum Estadual e Federal. Relativamente aos magistrados do Trabalho, para a regulamentação dos cursos oficiais para ingresso e suas promoções, como vimos, foi criada uma escola específica, a Escola Nacional de Formação e Aperfeiçoamento de Magistrados do Trabalho – Enamat (art. 111-A, § 2º, inc. I, da CR), junto ao TST.

Cabe à Enfam, além de outras atribuições, a **regulamentação dos cursos oficiais** para ingresso e promoção na carreira da magistratura. No Brasil, as escolas de magistratura nasceram das discussões ocorridas nas associações de magistrados que, inicialmente, promoviam reuniões de juízes mais experientes para contar aos mais jovens as agruras da profissão e os desafios que seriam enfrentados pelos iniciantes na carreira.

A Associação dos Magistrados Brasileiros (AMB), fundada em 10 de setembro de 1949, juntamente com as demais associações de magistrados já existentes em cada um dos estados (a exemplo da Associação de Juízes do Rio Grande do Sul – Ajuris, de agosto de 1944), promovia reuniões para que se compartilhasse conhecimento entre os magistrados. A AMB obteve, em 24 de maio de 1951, o reconhecimento como instituição de utilidade pública pela Lei n. 1.371, de 24 de maio de 1951, sancionada pelo Presidente Getúlio Vargas (Brasil, 1951). Esse reconhecimento ocorreu, entre outras razões, fundamentalmente por desempenhar atividades sociais e manifestar, entre outras, a preocupação de reunir juízes mais experientes para repassar conhecimentos aos mais jovens, para buscar melhor prestação jurisdicional. Esses encontros ocorriam sem uma intencionalidade de formação e aperfeiçoamento definida. Tudo ainda de maneira muito incipiente, até que, gradativamente, nas décadas seguintes, foram sendo implantadas nos estados as escolas vinculadas às associações de magistrados (escolas da magistratura) e aos tribunais (escolas judiciais).

Muitas ideias começaram a ser apresentadas e, em 1961, já se destacava a proposição de Edgard de Moura Bittencourt para a criação da Escola Paulista de Magistrados, que desenvolveria um curso de tirocínio jurídico, destinado à preparação dos aspirantes à carreira de juiz, e que acabou não se materializando naquela oportunidade (Bittencourt, 1962, p. 109).

Encontramos exemplos dessa histórica evolução de ideias na 2ª Conferência de Desembargadores, reunida em Salvador em maio de 1962. Em uma tese sobre o sistema para o ingresso na magistratura (que obteve aprovação do plenário), um desembargador do Tribunal de Justiça do Rio Grande do Sul (TJRS) destacou que, sob a presidência sucessiva no TJRS dos Desembargadores Sisínio Bastos de Figueiredo e Pedro Soares Muñoz, foram realizados dois cursos de **preparação à judicatura**, ambos assistidos com enorme interesse por cerca de uma centena de advogados (Bittencourt, 1982, p. 39).

Donato João Sehnem, um dos cursistas desses cursos preparatórios à magistratura do Rio Grande do Sul, realizado nos anos seguintes à 2ª Conferência, entre 1963 e 1964, lembra que três de seus professores (daquele curso) tornaram-se ministros do STF, a mais alta corte da Justiça do país – os então Desembargadores Carlos Thompson Flores, Eloy José da Rocha e Pedro Soares Muñoz –, revelando que sempre houve um critério seletivo de escolha dos professores muito acentuado (Axt, 2009, p. 14, nota 7).

Em um simpósio da AMB, realizado em Porto Alegre entre 30 de novembro e 4 de dezembro de 1976, sobre a **formação e o aperfeiçoamento de magistrados**, concluiu-se pela criação da Escola

Superior da Magistratura, no âmbito dos estados, para atender às circunstâncias de natureza regional (Bittencourt, 1982, p. 34).

Adveio a Lei Orgânica da Magistratura Nacional (Loman), em 1979, e a previsão de que a lei poderia exigir dos candidatos a juiz título de habilitação em curso oficial de preparação para a magistratura (art. 78, § 1º). A partir dessa previsão, registramos a instalação formal das primeiras escolas da magistratura, a exemplo das escolas do Rio Grande do Sul e de Minas Gerais.

Além de Edgard de Moura Bittencourt, a história da formação de magistrados no Brasil remete ao pioneirismo do Desembargador Cristovam Daiello Moreira, sempre lembrado pelo seu dinamismo. O projeto da Escola Superior da Magistratura do Rio Grande do Sul, apresentado por ele à diretoria da Ajuris em agosto de 1980, acabou sendo aprovado. A escola foi reconhecida pelo TJRS conforme resolução do órgão especial na ata da 19ª sessão extraordinária, de 27 de outubro de 1980, publicada na edição n. 221 do *Diário da Justiça*, de 18 de novembro de 1980 (Axt, 2009, p. 21-22).

No contexto desses grandes nomes que fizeram a história das escolas da magistratura e judicial no Brasil, surgiu o então Juiz Sálvio de Figueiredo Teixeira. Advieram de algumas de suas ideias os primeiros passos para a edição da Resolução n. 61, de 8 de dezembro de 1975 (Minas Gerais, 1975), do Tribunal de Justiça de Minas Gerais (TJMG) e a determinação, pelo Desembargador Edésio Fernandes, Presidente do Tribunal de Justiça, de estudos para implantação dos cursos (Portaria n. 231/1977), bem como da Lei Estadual n. 7.655, de 21 de dezembro de 1979, a qual, em seu art. 20, § 4º, inc. V, tratava da competência do TJMG para dirigir escola judicial. Em 17 de maio de 1981, pela Resolução n. 23, de 7 de maio 1981, a Corte Superior do TJMG determinou que a escola passasse a se denominar *Escola Judicial Desembargador Edésio Fernandes* (Espírito Santo, 1987).

A Escola Judicial Edésio Fernandes, do TJMG, e a Escola da Ajuris foram e ainda são referências de escolas da magistratura e escolas judiciais para o Brasil.

Em 1987, nos dias 27 e 28 de agosto, tendo como anfitrião o Tribunal de Justiça do Espírito Santo (TJES) em Vitória, em ação conjunta entre a AMB, associações de magistrados da Justiça Estadual e tribunais de justiça, ocorreu a primeira reunião formal de diretores de escolas da magistratura (Espírito Santo, 2003).

A discussão e o esboço da proposta que levaram à criação da Enfam nasceram exatamente no ambiente associativo perante a AMB, por parte de um de seus órgãos sociais, que é a Escola Nacional da Magistratura (ENM). Conforme recente Resolução ENM n. 2, o ano de 1951 foi fixado como o de sua criação, coincidindo com o reconhecimento da AMB como instituição de utilidade pública pela Lei n. 1.371/1951, sancionada pelo Presidente Getúlio Vargas.

A ENM-AMB teve como um de seus presidentes, por mais de dez anos, o Ministro Sálvio de Figueiredo Teixeira. Esse ministro, um dos idealizadores da Enfam, nas gestões em que presidiu a ENM-AMB, apresentou muitas das ideias que levaram à consolidação da Escola pela Emenda Constitucional n. 45/2004. Foi por essas e outras razões que, em fevereiro de 2013, o STJ decidiu atribuir à Enfam o nome *Escola Nacional de Formação e Aperfeiçoamento de Magistrados Ministro Sálvio de Figueiredo Teixeira*.

Com essa instituição, o Brasil, embora seja ela recente, já tem se destacado por contar com uma das instituições referenciais na formação de magistrados no cenário mundial (Organização Internacional de Formação Judiciária OIJT).

A **Enfam** é órgão oficial, portanto, de **formação de magistrados** brasileiros e a ela **compete regulamentar, autorizar e fiscalizar os cursos** para ingresso, vitaliciamento e promoção na carreira da magistratura. Criada pela Emenda Constitucional

n. 45/2004, a Enfam foi instituída formalmente em 30 de novembro de 2006, por meio da Resolução n. 3 do STJ (Brasil, 2006b).

Conforme a CR, com a redação que lhe foi determinada pela Emenda Constitucional n. 45/2004 (nos termos dos incs. II, alínea "c", IV e VIII-A do art. 93 e do parágrafo único, inc. I, do art. 105), cabem à Enfam, além da competência genérica prevista na Constituição, entre outras atribuições, as de regulamentar, habilitar, autorizar e fiscalizar cursos oficiais para o ingresso, o vitaliciamento, a promoção e a formação continuada na carreira da magistratura.

> A formação e o aperfeiçoamento contínuo de todos os magistrados brasileiros é um dos caminhos para que a Administração Judiciária alcance seu objetivo de promover justiça de maneira efetiva com o melhor e mais adequado atendimento ao cidadão.

Segundo Nalini (2008, p. 267), o STJ incluiu mais algumas atividades, tais como:

I) definir as diretrizes básicas para a formação e aperfeiçoamento de magistrados; II) fomentar pesquisas, estudos e debates sobre temas relevantes para o aprimoramento dos serviços judiciários e da prestação jurisdicional; III) promover a cooperação com entidades nacionais e estrangeiras ligadas ao ensino, pesquisa e extensão; IV) incentivar o intercâmbio entre a Justiça Brasileira e a de outros países; V) estimular, diretamente ou mediante convênio, a realização de cursos relacionados aos objetivos da ENFAM, de caráter profissional ou humanístico; VI) habilitar, para os efeitos do art. 93, inciso II, alínea "c" e inciso IV, da Constituição da República, cursos de formação e aperfeiçoamento de magistrados oferecidos por instituições públicas ou privadas.

A **formação** e o **aperfeiçoamento contínuo** de todos os **magistrados** brasileiros é um dos caminhos para que a Administração Judiciária alcance seu objetivo de **promover justiça** de maneira efetiva com o melhor e mais adequado atendimento ao cidadão.

> *É necessária uma revolução na formação. Em relação aos magistrados, distingue-se entre a formação inicial e a formação permanente. Ao contrário do que sempre se pensou, a formação permanente é hoje considerada a mais importante. Dou-vos um exemplo. Na Alemanha, não há nenhuma inovação legislativa sem que os juízes sejam submetidos a cursos de formação para poderem aplicar a nova lei. O pressuposto é que, se não houver uma formação específica, a lei obviamente não será bem aplicada. Temos que formarmos magistrados para a complexidade, para os novos desafios, para os novos riscos.* (Santos, 2007, p. 66)

A Enfam tem atuado ativamente na definição de diretrizes para a implantação, no Brasil, de um modelo didático-pedagógico de ensino profissional e humanístico de magistrados, a fim de que tenhamos juízes independentes, éticos, imparciais, bem preparados, com visão interdisciplinar para enfrentar a complexidade e prestar um melhor serviço para a sociedade. Atualmente, a Enfam tem desenvolvido até mesmo cursos de formação de formadores, destinados a aperfeiçoar os docentes e os magistrados formadores que irão, por meio de itinerários formativos, preparar os juízes em cada uma das etapas da carreira, em todos os estados e regiões do país.

O Código de Ética da Magistratura Nacional, aprovado pelo CNJ, prescreve que a exigência de conhecimento e de capacitação permanente dos magistrados tem como fundamento o direito dos jurisdicionados e da sociedade em geral à obtenção de um serviço de qualidade. Se, de um lado, é dever do magistrado capacitar-se de forma permanente, de outro, é direito da sociedade ter cada vez mais magistrados preparados, qualificados, éticos, independentes, imparciais e humanistas, para que possam prestar os melhores serviços à sociedade.

2.8 Agentes delegados

A CR prevê, em seu art. 236, que os **serviços notariais e de registro** devem ser exercidos em caráter privado por **delegação do Poder Público** e que o ingresso na atividade notarial e de registro **depende de concurso público de provas e títulos.**

Os serviços notariais e registrais são essencialmente serviços públicos delegados, em caráter privado, a profissionais capacitados e habilitados por concurso público com o objetivo de garantir a publicidade, a autenticidade, a segurança e a eficácia dos atos jurídicos, assegurando-se a esses profissionais a fé pública necessária ao exercício de suas funções.

A Lei n. 8.935, de 18 de novembro de 1994, regulou toda a estrutura, a natureza, os fins e as atribuições dos serviços notariais e registrais, bem como descreveu a atividade dos titulares das delegações e de seus prepostos, suas responsabilidades, seus direitos, seus deveres, as incompatibilidades, os impedimentos, as infrações disciplinares e a fiscalização pelo Poder Judiciário. Cabe aos notários e registradores exercer suas funções com responsabilidade técnica e administrativa, com independência e dedicação. Pela prestação desses serviços, os delegados têm o direito à percepção dos emolumentos integrais pelos atos praticados.

A Lei n. 10.169, de 29 de dezembro de (Brasil, 2000), regulamentou o § 2º do art. 236 da CR e estabeleceu normas gerais relativas à fixação de emolumentos. Essas duas novas leis, além da Lei de Protesto (Lei n. 9.492, de 10 de setembro de 1997), editadas após a Constituição, vieram a complementar e, em determinados aspectos, substituir a antiga Lei n. 6.015, de 31 de dezembro de 1973, denominada *Lei dos Registros Públicos* (LRP), a qual, por muitos anos, foi a grande referência das atividades notariais e registrais no Brasil.

2.9 Distinções importantes

Todas as matérias que não forem da competência da Justiça Especial serão julgadas pela Justiça Comum. É a denominada **competência residual**.

A Justiça Comum é **federal** ou **estadual**. A competência da Justiça Comum Federal é limitada àquilo que está previsto no art. 109 da CR.

Figura 2.3 – Sinopse da estrutura do Poder Judiciário

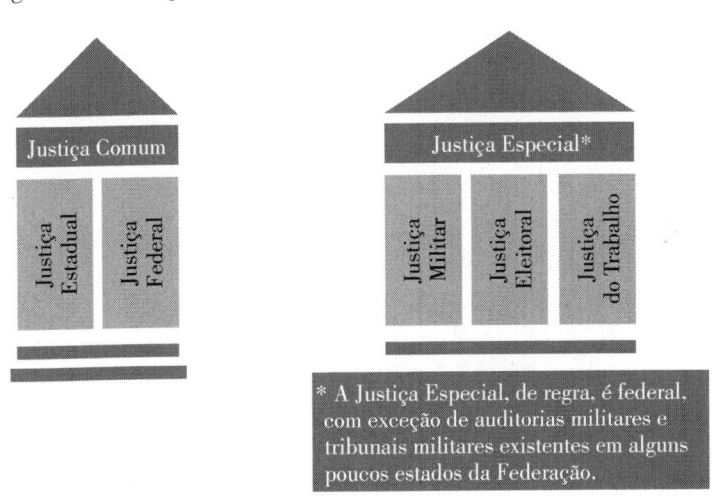

- Justiça Comum
  - Justiça Estadual
  - Justiça Federal
- Justiça Especial*
  - Justiça Militar
  - Justiça Eleitoral
  - Justiça do Trabalho

* A Justiça Especial, de regra, é federal, com exceção de auditorias militares e tribunais militares existentes em alguns poucos estados da Federação.

Assim, todos os julgamentos que não forem da competência da Justiça Especial, tampouco da competência da Justiça Comum Federal, cabem à **Justiça Comum Estadual** – que tem a **competência residual**.

Atenção, não confunda: a) Juizados especiais não fazem parte da Justiça Especial. Juizados especiais, estaduais ou federais, são órgãos integrantes da Justiça Comum ordinária; b) nem sempre os recursos são julgados por órgão superior; lembre que as turmas recursais dos juizados especiais são integradas por juízes de primeiro grau – essa é uma exceção à regra de que os recursos sempre são julgados por órgãos hierarquicamente superiores.

A **Justiça Especial** abrange apenas a do **Trabalho**, a **Militar** e a **Eleitoral**.

> Devemos abrir, aqui, um parênteses para indicar alguns órgãos que **não** integram a estrutura do Poder Judiciário. Ressaltamos que não é objeto deste estudo pormenorizar suas atribuições e suas competências, até porque estão sendo ressalvados exatamente por não fazerem parte da estrutura judiciária brasileira. São órgãos de outros poderes ou instituições privadas:
>
> » **Tribunais de Contas da União (TCU) e dos estados (TCEs)**, que são órgãos auxiliares do Poder Legislativo.
> » **Ministério Público/Promotorias de Justiça/Procuradorias de Justiça**, que, embora independentes, integram a estrutura do Poder Executivo. O controle das atividades do Ministério Público ocorre pelas corregedorias internas e pelo Conselho Nacional do Ministério Público (CNMP).
> » **Ministério da Justiça**, que compõe a estrutura auxiliar do Poder Executivo da União.
> » **Secretaria de Reforma do Poder Judiciário**, que é um setor do Ministério da Justiça e, como ele, compõe a estrutura auxiliar do Poder Executivo da União.

» **Tribunais de Ética profissionais**, que são privados e integram os respectivos órgãos de classe, exemplos: OAB, Conselho Federal de Medicina, Associação Médica Brasileira e Conselhos Regionais de Medicina, entre outros tribunais e conselhos de ética existentes em variadas profissões.

» **Tribunais de Justiça Desportiva (TJDs) e Superior Tribunal de Justiça Desportiva (STJDs)**, que são instituições privadas com funções administrativas destinadas a controlar fundamentalmente a disciplina nos desportos conforme a Lei n. 9.615, de 24 de março de 1998 (Brasil, 1998b).

» **Tribunais Arbitrais/Câmaras de Mediação e Arbitragem**, que são instituições privadas destinadas a solucionar conflitos fora do Poder Judiciário, por opção das partes, de maneira extrajudicial na forma da Lei n. 9.307, de 23 de setembro de 1996 – Lei da Arbitragem (Brasil, 1996).

Todos os organismos mencionados, apesar de terem a designação de *tribunal*, *câmara* e *justiça*, são instituições privadas, administrativas ou públicas que integram ou auxiliam outros poderes (TCU e TCEs). Como no exemplo dos Tribunais de Ética da advocacia, há muitos outros tribunais, câmaras ou setores das próprias instituições de classe.

Síntese

Neste capítulo, ao tratarmos dos tribunais superiores, constatamos que sempre existe a possibilidade de que uma mesma causa seja decidida duas vezes por órgãos diversos (duplo grau de jurisdição). Apresentamos a estrutura judiciária brasileira a partir do órgão jurisdicional de mais alta hierarquia, que é o STF. Analisamos a situação estrutural dos juízes em primeira instância (primeiro grau), que se distinguem em juízes da Justiça Estadual e juízes da Justiça Federal.

Vimos que a Emenda Constitucional n. 45/2004 criou o CNJ, o qual, embora seja órgão do Poder Judiciário, não tem competência jurisdicional, cabendo a ele apenas o controle da atuação administrativa e financeira desse poder. Compete a ele, ainda, a verificação do cumprimento dos deveres funcionais dos magistrados integrantes das primeira e segunda instâncias dos tribunais locais (no âmbito dos estados – tribunais de justiça) e regionais (no âmbito da Justiça Federal – tribunais regionais).

Duas escolas nacionais foram criadas também pela Emenda Constitucional n. 45/2004: a Enfam e a Enamat. Também demonstramos a divisão da Justiça nacional em Justiça Comum (federal e estadual) e Justiça Especial, que se restringe aos segmentos eleitoral, militar e do trabalho.

Ressaltamos, ao final, como distinções importantes, os órgãos denominados *tribunais*, a exemplo do TCU dos TCEs, que são órgãos auxiliares do Poder Legislativo. Há também outros tribunais, como os tribunais de ética e os tribunais de arbitragem, que, embora tenham nome de *tribunais*, não integram a estrutura do Poder Judiciário. Além disso, a Justiça Desportiva igualmente não integra o Poder Judiciário e é apenas administrativa.

Para saber mais

Os leitores interessados em aprofundar seus estudos podem consultar as seguintes obras:

BRASIL. Lei n. 13.105, de 16 de março de 2015. **Diário Oficial da União**, Poder Legislativo, Brasília, 17 mar. 2015. Disponível em: <http://www.planalto.gov.br/ccivil_03/_ato2015-2018/2015/lei/l13105.htm>. Acesso em: 31 jan. 2016.

NALINI, J. R. **A rebelião da toga**. 2. ed. Campinas: Millennium, 2008.

SANTOS, M. A. **Primeiras linhas de direito processual civil**. 29. ed. São Paulo: Saraiva, 2012.

SOUZA, E. P. R. de. **Noções fundamentais de direito registral e notarial**. São Paulo: Saraiva, 2011.

Questões para revisão

1) Em qual tribunal se encerra definitivamente a possibilidade de recursos judiciais no Brasil? Indique quantos membros integram esse tribunal, onde ele se localiza e qual é o cargo que denomina seus integrantes.

2) É possível que um juiz da Justiça Comum Estadual (juiz de direito) atue na Justiça Comum Federal? Explique.

3) Assinale a alternativa **incorreta**:
   a. Competência residual significa que tudo o que for da Justiça Militar, Eleitoral e do Trabalho só pode ser julgado por esses segmentos.
   b. Tribunais de Justiça Desportiva (TJDs) são instituições privadas e que não pertencem aos órgãos do Poder Judiciário.

c. Juizados especiais não fazem parte da Justiça Especial e integram a Justiça Comum ordinária.

d. O Conselho Nacional de Justiça (CNJ), entre outras atribuições administrativas, tem a incumbência de estabelecer diretrizes, metas e programas estratégicos para uma melhor administração judiciária em todos os tribunais e unidades judiciárias brasileiras.

4) Assinale a alternativa **incorreta**:

a. O Tribunal de Contas da União (TCU) é o órgão do Poder Judiciário que examina as contas dos demais poderes no âmbito da União.

b. Tribunais e câmaras arbitrais são instituições privadas que, por opção das partes, podem resolver seus conflitos se houver uma convenção arbitral.

c. A competência residual no Brasil é da Justiça Comum Estadual.

d. A Justiça Federal tem competência específica e delimitada pelo que está previsto no art. 109 da Constituição.

5) Assinale a alternativa **incorreta**:

a. Os serviços notariais e registrais são exercidos em caráter privado, por delegação do Poder Público.

b. Há, no Brasil, duas escolas nacionais oficiais destinadas à formação e ao aperfeiçoamento de magistrados, uma da Justiça Comum (Escola Nacional de Formação e Aperfeiçoamento de Magistrados – Enfam) e outra da Justiça do Trabalho (Escola Nacional de Formação e Aperfeiçoamento de Magistrados do Trabalho – Enamat).

c. O Conselho Nacional de Justiça (CNJ) atua no controle da atuação jurisdicional, administrativa e financeira do Poder Judiciário e no controle do cumprimento dos deveres funcionais dos magistrados.

d. A atuação administrativa e financeira do Poder Judiciário nos estados é controlada (controle externo) pelos tribunais de contas dos estados (TCEs).

Questões para reflexão

1) Se você tiver uma causa importante e precisar do Poder Judiciário, enumere as qualidades que você gostaria que o juiz que vai julgar sua causa tivesse.

2) É direito dos cidadãos ter à disposição um juiz qualificado e é um dever do juiz se capacitar continuamente para prestar um melhor serviço à população. Em qual ato normativo e em qual artigo se encontram essas informações?

Consultando a legislação

A **Constituição da República (CR)** é a lei mais importante do país e conta com 250 artigos. Alguns deles merecem destaque: o **art. 92** é o que estabelece quais são os órgãos do Poder Judiciário; o **art. 103-B** trata da composição do Conselho Nacional de Justiça (CNJ); o **art. 109** enumera a competência específica dos juízes federais; e o **art. 236** trata da delegação dos serviços notariais e registrais.

BRASIL. Constituição (1988). **Diário Oficial da União**, Brasília, 5 out. 1988. Disponível em: <http://www.planalto.gov.br/ccivil_03/Constituicao/Constituicao.htm>. Acesso em: 30 jan. 2016.

III

Poder Judiciário e indicativos de problemas e soluções

Conteúdos do capítulo:

- » Política nacional de tratamento adequado de conflitos.
- » Acesso à Justiça como acesso à solução adequada de conflitos.
- » Necessária qualificação dos profissionais (juízes e servidores).
- » Métodos adversariais e consensuais – distinções.
- » Alinhamento das diretrizes nacionais.
- » Algumas ferramentas de gestão.

Neste capítulo, nosso objetivo será, a partir de um diagnóstico inicial de problemas e soluções, apresentar ao leitor algumas questões gerais sobre a política nacional de tratamento adequado de conflitos, sobre a incapacidade das soluções tradicionais para resolver com qualidade (e em tempo razoável) o volume de casos existentes, sobre o acesso à Justiça como acesso à solução adequada de conflitos e especialmente sobre: a) algumas pesquisas realizadas no sistema judiciário que indicam insatisfação com os serviços prestados, notadamente a insatisfação relativa à morosidade (lentidão), à burocracia, à linguagem e ao grande volume de processos; b) algumas causas do descrédito da população em relação à Justiça; c) reflexões sobre pontos positivos e negativos de algumas alterações de gestão que possam ser apontadas; d) necessidade de qualificação dos profissionais (juízes, servidores) como uma solução específica para tentar suprir as insatisfações dos usuários da Justiça; e) convenções internacionais em que o Brasil é signatário, como o Pacto de San José da Costa Rica, que recomenda a razoável duração do processo; f) algumas distinções básicas para compreensão do fenômeno do acesso à Justiça (veremos um caso real de limitação de acesso à Justiça) e a distinção entre os métodos adversariais e consensuais de resolução de conflitos, notadamente relativamente a estes últimos – a mediação e a conciliação; g) algumas alternativas e indicativos para tratar da insatisfação do usuário e alcançar uma Administração Judiciária mais efetiva, com um novo modelo gerencial que aprenda com os erros, melhore o ambiente físico, aperfeiçoe a relação com o cidadão e alinhe as diretrizes nacionais para um melhor serviço à sociedade; h) ferramentas de gestão, destacando a necessidade de mudança de cultura a fim de implementar uma política voltada à resolução de conflitos de forma mais adequada.

3.1 Diagnóstico inicial da Administração Judiciária brasileira

Foram muitas as pesquisas gerais, não qualitativas, já desenvolvidas para avaliar o trabalho do Poder Judiciário (Sadek, 2001). Embora esses levantamentos já tenham respondido a algumas das várias indagações e outras tenham respostas notórias, as abordagens apresentadas a seguir são importantes, tanto como ponto de sustentação quanto como fator de conveniência para o desenvolvimento deste capítulo, no qual, além de apontarmos os problemas, pretendemos também indicar possíveis soluções.

Atualmente, a pesquisa anual mais significativa é a que colhe dados de todos os tribunais brasileiros e, anualmente, é publicada pelo Conselho Nacional de Justiça (CNJ) sob a denominação *Justiça em números*.

Com base nesses dados do CNJ, forma-se uma primeira percepção que emerge indicando incapacidade de dar resposta célere às demandas, e isso decorre da constatação de ter o Poder Judiciário, analisado em sua generalidade, uma estrutura organizacional centenária, inadequada, burocratizada e de baixa aprendizagem. Ainda em consideração geral, normalmente o ambiente físico dos tribunais não é o mais adequado ao atendimento dos jurisdicionados, na condição de consumidores dos serviços judiciários.

Na análise de pesquisas qualitativas, como a realizada pela Instituto Brasileiro de Opinião Pública e Estatística (Ibope) em 2004, percebemos que a imagem do Poder Judiciário é insatisfatória: o Judiciário, ao ser comparado a uma tartaruga, entre outras assimilações, retratou de maneira precisa a insatisfação com a morosidade. A partir dessa avaliação inicial, o sistema judiciário precisa projetar ações que promovam mudanças. Essas ações inovadoras devem ocorrer gradativamente, acompanhadas de orientação, esclarecimento e transparência, a fim de gerar o comprometimento de todos os servidores, magistrados e demais *stakeholders* (advogados, promotores de justiça, defensores públicos, delegados de polícia, auxiliares da Justiça, entre outros).

O art. 5º, inc. XXXV, da Constituição da República (CR) prescreve o princípio da indeclinabilidade ou inafastabilidade, destacando que a lei não excluirá da apreciação do Poder Judiciário lesão ou ameaça a direito. É o direito que todos os cidadãos têm à prestação jurisdicional quando dela necessitarem.

Nas palavras de Bacellar (2003, p. 69), trata-se de um direito fundamental

> evitar abusos e garantir que nenhuma lei possa afrontar essa norma da indeclinabilidade e caso venha a fazê-lo será inconstitucional. É garantia fundamental de que nenhuma lesão ou ameaça de lesão pode ser excluída da apreciação do Poder Judiciário. Disso, entretanto, não decorre que todas as questões devam ser levadas à apreciação de um juiz. As pessoas sempre puderam resolver suas pendências pessoalmente, por meios conciliatórios, e, numa variante conciliatória, até com a eleição de terceiro não integrante dos quadros da magistratura oficial. É o exemplo da arbitragem. A livre manifestação da vontade de pessoas capazes, no sentido de solucionar suas pendências fora do Poder Judiciário, deve ser respeitada, sem que reste prejudicado o monopólio jurisdicional, muito menos afrontado o princípio da inafastabilidade.

Podem as partes, por livre manifestação de vontade, até mesmo renunciar ao Poder Judiciário e, por meio de convenção arbitral, escolher solução extrajudicial para seus conflitos. Isso vem ocorrendo no Brasil desde que passou a viger a Lei 9.307, de 23 de setembro de 1996 (Brasil, 1996) – Lei da Arbitragem, conhecida como *Lei Marco Maciel*.

Além dessa possibilidade de buscar soluções extrajudiciais por métodos adversariais, como ocorre com a arbitragem, novas leis surgiram e estimularam ambientes favoráveis à conciliação e à mediação.

Há hoje, com o novo Código de Processo Civil (CPC) e com a Lei de Mediação (Lei n. 13.140, de 26 de junho de 2015 – Brasil, 2015c), uma tendência que se manifesta de facilitar e estimular os métodos consensuais de solução de conflitos e de dar-lhes maior independência, como ocorre com a negociação, a conciliação e a mediação. Embora sejam promessas promissoras, a cultura brasileira ainda é muito focada no litígio e na solução por métodos tradicionais.

3.2 Método tradicional para a resolução dos inevitáveis conflitos existentes na sociedade

Os conflitos, muitos deles inevitáveis, não podem ficar sem solução. Por esse motivo, é preciso encontrar o melhor caminho para que sejam administrados, transformados, desfeitos, extintos, restaurados, modificados, solucionados ou mesmo compatibilizados. Para alcançar os caminhos mais adequados a cada uma dessas providências, estudamos os diversos **métodos de resolução de conflitos**.

Há uma tendência, no Brasil, de que os conflitos sejam sempre dirimidos perante o Poder Judiciário pelo **método adversarial**. É o que tem sido denominado de *cultura do litígio*, a qual indica a tradição brasileira de não tentar acordos prévios e de levar diretamente os conflitos para serem dirimidos por decisão do Poder Judiciário.

Não há dúvida de que a previsão constitucional da indeclinabilidade, que assegura a todos o direito à prestação jurisdicional (art. 5º, inc. XXXV, da CR), representa um avanço importante, na medida em que impossibilita até mesmo o legislador infraconstitucional de coibir o acesso à Justiça.

O direito de ação, nos juízos brasileiros, entretanto, tem sido exercitado em abundância até mesmo de maneira excessiva – se comparado com outros países. Há, todavia, peculiaridades no Brasil que estimulam a **litigiosidade**. Até mesmo a **gratuidade** no âmbito dos juizados especiais é uma forma de facilitar o exercício do direito de ação.

> *O total de processos em tramitação no Poder Judiciário aumentou gradativamente e veremos isso em vários períodos que analisamos. Em 2009, por exemplo, tínhamos 83,4 milhões de processos, até atingir a tramitação de 92,2 milhões de processos em 2012, sendo que,*

destes, 28,2 milhões (31%) eram casos novos e 64 milhões (69%) estavam pendentes de anos anteriores. (CNJ, 2013, p. 298)

Para darem atendimento a essas causas, os juízes podem aplicar uma solução imposta pelo método adversarial. Também podem buscar uma solução pelo **método consensual** na busca de um acordo (mediação/conciliação).

No ambiente do Poder Judiciário, o pilar mais valorizado sempre foi o adversarial, com solução heterocompositiva (adjudicada). Até mesmo os relatórios dos tribunais sempre exigiam dos juízes, como critério de produtividade – para efeito de merecimento –, o maior número, quantitativamente considerado, de sentenças de mérito. Isso sempre ajudou a preservar a assim chamada *cultura do litígio*.

> *Não basta a CR fazer a previsão formal de que todos têm acesso à justiça. É preciso estimular os meios necessários para que isso possa ocorrer efetivamente dentro e fora do sistema judiciário.*

Além da solução adjudicada mediante sentença, percebemos hoje, a partir da leitura da Resolução n. 125, de 29 de novembro de 2010, do CNJ (Brasil, 2010), a necessidade de se abrir a possibilidade para utilização de outros métodos adequados de resolução de conflitos. Essa abertura foi significativa. Explicamos: só as sentenças de mérito (julgamentos) eram consideradas como produtivas e valorizadas nas promoções, por merecimento, na carreira dos magistrados. O CNJ, por meio da Resolução n. 125/2010, como estímulo, também passou a valorizar com igual peso, para a promoção dos magistrados, a realização de conciliações e mediações. Para propiciar o tratamento de conflitos pelos meios adequados, caberá ao CNJ, além de estimular os tribunais, buscar cooperação dos órgãos públicos, firmar convênios e parcerias necessárias a esse intento. Por sua vez, os tribunais, igualmente, devem buscar a cooperação dos órgãos públicos locais com o objetivo de fazer cumprir a Constituição e propiciar à sociedade efetivo acesso à Justiça.

Não basta a CR fazer a previsão formal de que todos têm acesso à Justiça. É preciso estimular os meios necessários para que isso possa ocorrer efetivamente dentro e fora do sistema judiciário.

Percebemos que há uma gama de causas (em que há lesão ou ameaça de lesão a direito) para as quais o Poder Judiciário é necessário, imprescindível e o caminho adequado para resolvê-las. Como órgão e poder que integra o Estado, o Judiciário tem o compromisso de garantir, com independência, o cumprimento da Constituição e as leis do país.

Os juizados de pequenas causas, na década de 1980, com a Lei n. 7.244, de 7 de novembro de 1984 (Brasil, 1984), e, depois, os juizados especiais, com a Lei n. 9.099, de 26 de setembro de 1995 (Brasil, 1995), foram passos necessários e fundamentais para ampliar com efetividade o acesso dos cidadãos à Justiça, por meio de processo simplificado, célere e gratuito.

3.3 Juizados especiais

Os juizados especiais cíveis removeram grande parte dos obstáculos de acesso à Justiça. A gratuidade processual em primeira instância, a facultatividade da assistência por advogado nas causas de até 20 salários mínimos*, a remoção dos formalismos inúteis e a simplificação do procedimento deram atendimento a tudo aquilo de que, aparentemente, o cidadão comum precisava.

A introdução dos critérios de oralidade, simplicidade, informalidade e celeridade, com a busca permanente da composição pacífica do conflito; a impossibilidade de intervenção de terceiros e de recurso contra decisões interlocutórias**, que não precluem e podem ser reexaminadas ao final, em um único recurso (recurso inominado); a possibilidade de que a conciliação seja conduzida por conciliador; e o incentivo à arbitragem e à condição de que a instrução seja dirigida por juiz leigo*** – advogado com cinco anos de experiência – revolucionaram o sistema processual brasileiro na época.

---

* A lei é clara ao distinguir os casos em que se exigem assistência de advogado e representação por advogado, embora a maioria dos doutrinadores ainda não tenha percebido. Só se exige a representação por advogado para recorrer (art. 41, § 2º, Lei n. 9.099/1995). Em primeira instância, a lei trata apenas de assistência de advogado, sendo necessário o comparecimento do assistido (autor ou réu). É conveniente distinguir: na assistência, o assistido deve participar do ato juntamente com o assistente; na representação, é obrigatória, apenas, a presença do representante.

** Além de outros atos, os pronunciamentos do juiz no processo consistem em sentenças, decisões interlocutórias e despachos. Em face dos despachos não cabe recurso; as decisões interlocutórias, nos juizados especiais, podem ser discutidas, ao final, por ocasião do reexame da causa perante a turma recursal. O CPC/2015, § 1º, art. 1.009, nessa mesma linha, eliminou o agravo retido, e o que não for caso de agravo de instrumento, independentemente de protesto, ratificação posterior da intenção de recorrer, deve ser analisado previamente por ocasião do julgamento da apelação.

*** *Juiz não togado* seria a melhor denominação; a expressão *juiz leigo*, embora adotada também em outros países, seria adequada àqueles sem formação jurídica. Ademais, popularmente, a palavra *leigo* é utilizada como pejorativa; além disso, advogado com cinco anos de experiência não é leigo para conduzir uma causa – como auxiliar da Justiça. Porém, é necessário não esquecer que foi a própria Constituição que utilizou a expressão *juiz leigo*, hoje consagrada.

Entretanto, outros obstáculos de acesso à Justiça – não só estruturais, culturais e econômicos, como se tem apregoado – precisam ser removidos.

Há, para o povo, barreiras de acesso à Justiça, algumas até de natureza antropológica, às quais é necessário fazer uma breve referência.

Vejamos a seguir um caso real de limitação de acesso à Justiça.

> **Um pescador sem acesso à Justiça – uma questão antropológica para refletir e pensar o direito**
>
> Os juízos ou varas brasileiros são instalados nas comarcas, algumas das quais atendem até cinco municípios. O Poder Judiciário, há alguns anos, em cumprimento a uma meta de maior aproximação com a sociedade, por meio de operações especiais itinerantes ou com atendimento fixo em dias determinados, tem levado os serviços judiciários para municípios, distritos e bairros que não são a sede da comarca.
>
> Designado para atender a comunidade de uma ilha distante cem quilômetros da capital (mais a travessia em barco), o juiz se deparou com a absoluta recusa de um pescador em ingressar na simples casa de madeira onde ocorria o atendimento dos casos.
>
> — Aí eu não entro! Vou esperar aqui. Quero que o juiz venha me atender aqui na areia.
>
> O juiz desceu até a areia e atendeu aquele simples pescador que nascera e se criara na ilha e precisava mais do que qualquer outra coisa ser ouvido e orientado a procurar o serviço de assistência jurídica.
>
> Soube-se depois que, na única vez em que o pescador teria saído da ilha (que não é comarca, por isso não tem juiz) para tentar resolver seu problema jurídico, foi impedido de entrar no fórum da comarca porque estava descalço.

Urge repensar o sistema por vários prismas:

a. Existem limitações econômicas, como as despesas processuais, que dificultam o acesso ao Poder Judiciário.

b. As leis do país, a começar pela mais importante delas – a CR –, asseguram vários direitos aos cidadãos e, para que alguns deles, quando não são respeitados, possam ser exercidos, é preciso que haja o auxílio do Poder Judiciário. Entre outras razões, e também por isso, é importante facilitar o acesso da população à Justiça.

c. As roupas ou os pés descalços até que ponto devem ser considerados como limitadores de acesso à Justiça.

A análise do caso passa ainda por outras considerações, na medida em que os seres humanos, assim como outros seres animais e vegetais, adaptam-se ao ambiente em que vivem.

No caso retratado, o pescador, que nunca usou sapatos, não mais poderá fazê-lo: os pés se adaptaram ao ambiente e, na linguagem popular, "se espalharam". Já não há, portanto, sapatos que caibam nos pés daquele pescador. Reflitamos sobre os seguintes aspectos:

a. Quais são as modificações verdadeiramente necessárias para viabilizar o acesso à Justiça ao cidadão?

b. Como será possível dar tratamento adequado aos cidadãos se o ambiente social da comarca sede (cidade maior) não for o ambiente real (onde moram as pessoas mais simples)?

c. Há efetivamente limitações antropológicas de acesso à Justiça, e o Estado – ignorante (porque desconhece, ignora o ambiente real do cidadão) – não sabe que há pessoas que não têm sapatos porque eles nunca lhes foram necessários?

d. Há ou não dependência de reformas e modificações na lei para assegurar acesso do povo à Justiça?

Muita coisa precisa mudar até que cheguemos ao ideal de justiça como valor que existe em cada ser humano.

Além do estudo das leis e da jurisprudência, é preciso sentir: antes da lei, há seres humanos de carne e osso, razões da existência do direito, da lei e dos próprios poderes constituídos.

Se não há limitação legal que impeça o cidadão de pés descalços de ter acesso à Justiça, qual é o fundamento do Estado-juiz para vedar o ingresso no fórum?

Se limitação houver, será cultural (ou acultural) da parte do Estado-juiz, que, na sua ignorância, parafraseando Kafka, impedindo o homem comum de ter acesso à Justiça, acabará por deixá-lo morrer do lado de fora da lei (Bacellar, 2012b, p. 157-159).

Sempre ouvimos falar a respeito dessas limitações econômicas, culturais e estruturais de acesso à Justiça. Essa experiência ocorreu em janeiro do ano de 2000, no projeto experimental Juizado da Ilha, para o qual fomos designados pelo Tribunal de Justiça do Paraná*. Foi possível constatar a existência de pessoas que, em face de sua conformação física, são impedidas de ingressar no ambiente da Justiça.

---

* Designado pelo Desembargador Haroldo Bernardo da Silva Wolf para executar o projeto experimental da Vice-Presidência do Tribunal na Supervisão do Sistema de Juizados Especiais Cíveis e Criminais. Era o projeto Justiça Volante, com ônibus para atendimento da população nas praias de Ipanema, Pontal do Paraná e Guaratuba. Na Ilha do Mel (Comarca de Paranaguá), o atendimento aconteceu em posto fixo, na Praia do Farol (Nova Brasília), já que na ilha não circulam veículos.

É de conhecimento geral que, em grande parte dos juízos brasileiros, não é permitido o acesso de pessoas sem sapatos. Na experiência de atendimento, percebemos que alguns ilhéus, em decorrência da conformação de seus pés – que "se espalharam", como diz o povo, pois só andam descalços –, não encontram sapatos que lhes sirvam. O atendimento a um desses cidadãos ocorreu na areia (conforme relatado) porque ele se recusou a entrar na simples casa onde atuava o experimental Juizado Especial da Ilha. Soubemos depois, por um policial ambiental, que esse morador da ilha teria sido barrado em um fórum por estar descalço e por não poder calçar sapatos (Bacellar, 2012b).

Sabe-se de pessoas que foram impedidas de ingressar em alguns fóruns por estarem vestindo bermudas, camiseta, chinelo ou saia curta. Até se poderia justificar a existência dessas limitações, por exemplo, em relação às vestes dos juízes, dos advogados, dos promotores de justiça e demais servidores. Qual seria, todavia, o fundamento plausível para impedir o acesso da população a órgãos públicos por causa de seus pés descalços, principalmente quando não é uma questão de opção?

O Poder Judiciário, há muitos anos, vem buscando aproximação com o jurisdicionado para dar cumprimento ao estatuído no art. 94 da Lei n. 9.099/1995*. Vários tribunais de justiça do país já implementaram seus **juizados itinerantes**, volantes, móveis, de trânsito,

---

* "Art. 94. Os serviços de cartório poderão ser prestados, e as audiências realizadas fora da sede da comarca, em bairros ou cidades a ela pertencentes, ocupando instalações de prédios públicos, de acordo com audiências previamente anunciadas" (Brasil, 1995). Nos juizados federais, ver parágrafo único do art. 22 da Lei n. 10.259, de 12 de julho de 2001.

sobre rodas e também fluviais*, todos com o objetivo de aproximar a Justiça do povo. Com maior razão, nessas experiências, não se justificam quaisquer limitações decorrentes de convenções sociais para impedir o jurisdicionado de ter acesso à Justiça.

Além dessa descentralização, é necessária a **mudança de mentalidade** a quem quer que pretenda enfrentar a questão do integral e efetivo acesso à Justiça. Todos esses elementos, conforme dispõe a Lei n. 9.099/1995, dão cumprimento à imposição constitucional expressa no art. 98, inc. I, da Constituição. Este, ao disciplinar os juizados especiais, inaugurou uma **profunda modificação no sistema elitizado**, até então reinante na Justiça tradicional. Também instituiu a gratuidade processual na condição de regra, com indiscutíveis benefícios sociais.

Novos indicativos mostram que mais da metade das causas tramitam nos juizados especiais (CNJ, 2013). Parece acontecer algo semelhante àquilo que ocorreu nos Estados Unidos alguns anos atrás, que seria possível denominar *crise positiva*

Os juizados especiais são o cartão de visita de um Poder Judiciário moderno que objetiva atender o povo (Bacellar, 2003).

---

* No VI Encontro Nacional de Magistrados Coordenadores de Juizados Especiais do Brasil, realizado em Macapá (AP) nos dias 24 a 27 de novembro de 1999, tivemos a oportunidade de conhecer o projeto Juizado Itinerante Terrestre e Fluvial. A Juíza Sueli Pereira Pini, coordenadora do projeto, recebeu o Prêmio Cláudia 1998, patrocinado pela revista *Cláudia*, e veiculado na edição de 18 de novembro de 1998.

de credibilidade* – embora, aqui, devamos atribuir essa nomenclatura muito mais à facilitação do acesso à Justiça do que, propriamente, à confiança do povo no sistema judiciário brasileiro**. Sociologicamente, há a chance e a oportunidade de reabilitar a aplicação do direito oficial e resgatar definitivamente a confiança dos cidadãos nas instituições judiciárias. Os juizados especiais são o cartão de visita de um Poder Judiciário moderno que objetiva atender o povo (Bacellar, 2003).

A descrição legal de que nenhuma lesão ou ameaça de direito será subtraída da apreciação do Poder Judiciário não significa dizer que todos os casos devam ser encaminhados a ele. Na organização do

---

* *Positiva* no sentido de que a população passou a ter o hábito de reclamar seus direitos. Entretanto, algumas vezes, ela faz o de maneira exagerada: há notícias de um presidiário do sistema penitenciário de Chicago que ajuizou uma ação para que lhe fossem fornecidos animais para sacrifício, conforme sua convicção religiosa; em Los Angeles, uma mulher requereu em juízo uma indenização de US$ 2.000,00 porque o veterinário derrubou no chão e machucou seu porquinho-da-índia. Nos Estados Unidos, há estudos que indicam ser necessária a implementação de regras que refreiem a procura pela Justiça, impondo, em alguns casos, penas processuais aos litigantes de má-fé como forma de coibir os abusos. No Brasil, já se verificam alguns abusos em relação aos danos morais.

** Em pesquisa do Datafolha, o Poder Judiciário estava na época em sétimo lugar na ordem de prestígio das instituições nacionais entre onze (a campeã de prestígio é a imprensa, seguida pelos clubes de futebol e pela Igreja Católica). Isso significa que o Poder Judiciário tem um sério problema de imagem. Luiz Grottera, presidente da Grottera Comunicações, realizou uma pesquisa intitulada "Trabalhando a imagem do Judiciário" e, principalmente no Rio de Janeiro e em São Paulo, essa imagem não é nada boa: 26% dos entrevistados disse que a Justiça não serve para nada, e 28% deram respostas "erradas", entre as quais: a Justiça defende os ricos e poderosos, condena os pobres e protege políticos (Jornal do Commercio, 1998).

sistema judiciário tradicional, parece que, para os conflitos poderem ser julgados em tempo razoável e de maneira eficiente (nossa posição), devem ser reservadas ao Poder Judiciário – fundamentalmente – causas mais significativas, as quais exijam o controle da legalidade nos casos de lesão ou ameaça de lesão a direitos (Bacellar, 2012b, p. 19).

Além daquilo que já é atendido pelo sistema de juizados especiais, todas as demais questões relacionadas a divergências de interesses patrimoniais, ruídos de comunicação, relações convencionais de direitos disponíveis conflituosos, entre outras, podem encontrar uma melhor resolução por meio de outros métodos que não sejam o público tradicional (impositivo), desenvolvido perante o Poder Judiciário (Bacellar, 2012b).

Os índices de conciliação no Brasil ainda são baixos, apesar do estímulo legal e do fato de, nos últimos anos, ter havido a adoção de uma **verdadeira política pública** pelos tribunais e pelo próprio CNJ (Resolução n. 125/2010), orientando a aplicação de **métodos consensuais** de resolução de conflitos. A criação dos Centros Judiciários de Solução de Conflitos e Cidadania (Cejuscs) parece representar, hoje, no Brasil, um bom caminho. É nisso que apostam o CPC/2015 e a Lei de Mediação (Lei n. 13.140/2015).

Além do atendimento de questões cíveis variadas, há ainda estímulo para o exercício de **práticas restaurativas**, as quais têm sido implantadas em muitos estados brasileiros por incentivo do próprio Ministro Enrique Ricardo Lewandowski, atual presidente do Supremo Tribunal Federal (2015-2016) e do CNJ, que elegeu o desenvolvimento da justiça restaurativa como diretriz estratégica de sua gestão.

Serão necessários o estímulo também dos tribunais e a capacitação de servidores, conciliadores/mediadores e facilitadores, a fim de melhorar a qualidade no atendimento ao jurisdicionado e também os percentuais de resolução consensual de conflitos.

3.4 Mediação, conciliação e proposta inicial para a adoção de métodos adequados para a resolução de conflitos

Os **métodos** para resolução de conflitos podem ser **consensuais**, categoria em que assumem várias formas – como ocorre com a conciliação, a negociação e a mediação –, ou podem ser **adversariais**, como ocorre na arbitragem e na decisão judicial – resultado da tutela jurisdicional.

Cada método (consensual ou adversarial) tem seu valor e, na variada gama de situações, relações e acontecimentos que ocorrem na sociedade, encontra campo fértil para ser desenvolvido adequadamente e para produzir seus melhores resultados. Há também soluções que são tomadas por um terceiro, quando as definimos como *soluções heterocompositivas*, ou, por outro prisma, soluções que são construídas principalmente pelas partes interessadas, chamadas de *soluções autocompositivas* (Bacellar, 2012b).

Nem sempre é fácil identificar desde logo, na complexidade das relações que envolvem os seres humanos e de acordo com a situação concreta, a indicação do melhor e mais adequado método ou solução. A partir da **escolha do método** (que pode ser consensual ou adversarial), defendemos, em nossa posição, a apresentação de um portfólio de formas, instrumentos, mecanismos, processos, técnicas e ferramentas para propiciar a adequada resolução de conflitos em suas mais diversas manifestações e ambientes.

A **conciliação** é a solução mais adequada para resolver situações circunstanciais, como no caso de uma indenização por acidente de veículo em que as pessoas não se conhecem (o único vínculo é o objeto do incidente); solucionada a controvérsia, é lavrado o acordo entre as partes, as quais não mais vão manter qualquer outro relacionamento.

A **mediação**, por sua vez, mostra-se recomendável em situações de múltiplos vínculos,

> *sejam eles familiares, de amizade, de vizinhança, decorrentes de relações comerciais, trabalhistas, entre outras. Como a mediação procura preservar as relações, o processo mediacional bem conduzido permite a manutenção dos demais vínculos que continuam a se desenvolver com naturalidade durante a discussão da causa.*
> (Bacellar, 2003, p. 231)

Em algumas definições preliminares, para melhor esclarecermos o funcionamento dos Cejuscs, ressaltamos que a resolução de conflitos pode ocorrer, basicamente, quando utilizamos métodos consensuais ou métodos adversariais. Cada um desses métodos segue uma ordem própria e conta com ferramentas, formas e meios destinados a promover a investigação criteriosa dos fatos, o levantamento das questões a serem debatidas e a identificação das posições e dos interesses das partes.

Nos **métodos adversariais**, a partir da lide (conflito de interesses qualificado por uma pretensão resistida), a busca da verdade ocorre por meio de instrumentos probatórios para o alcance da solução adjudicada (heterocompositiva), imposta por terceiro (juiz ou árbitro).

Nos **métodos consensuais**, com base nas questões levantadas pelos interessados, as soluções advêm da vontade dos próprios interessados (solução autocompositiva), independentemente de qualquer produção probatória ou de decisão de terceiros. As **formas** (os meios), portanto, pelas quais se manifestam e se configuram essas soluções que decorrem dos métodos (consensuais e adversariais) podem ser **autocompositivas** e **heterocompositivas**.

O método adversarial, na forma heterocompositiva, sempre foi a regra no sistema processual brasileiro e, por meio dele, o juiz, após ouvir as partes e colher a prova, impõe a decisão e adjudica o direito em favor de uma das partes (ganha/perde). Etimologicamente, o *poder de julgar* dá nome ao próprio Poder Judiciário.

A proposta que se extrai do art. 165 do CPC/2015 está inserida em uma nova concepção diversa daquela até então soberana no sistema processual brasileiro. Há, agora, um permanente estímulo ao meio autocompositivo (a decisão é das partes, as quais aceitam ou encontram por elas mesmas as soluções para o caso). Há de se reconhecer que as propostas contidas nesta seção são muito mais adequadas ao método consensual de resolução de conflitos do que as constantes do Código anterior, no qual a conciliação era tratada como fase de um processo adversarial em que, de regra, prevalecia o meio heterocompositivo.

Os §§ 2º e 3º do art. 165 do CPC/2015 procuram traçar mais algumas distinções entre conciliação e mediação. O texto apresenta, de início, alguns prismas de semelhança e outros de dessemelhança. Tanto a conciliação quanto a mediação integram os métodos de solução consensual de conflitos (§ 3º do art. 3º) e buscam o alcance de um acordo pelo meio autocompositivo – sem que seja necessária uma decisão do terceiro. As dessemelhanças se apresentam, relativamente: a) ao relacionamento anterior entre as partes; b) à postura do conciliador; c) ao objeto.

A conciliação é adequada para causas em que não tenha havido relacionamento anterior entre as partes, relações simples, pontuais de um único vínculo. A lide acaba sendo o objeto ou o foco da controvérsia na conciliação.

A postura do conciliador é mais ativa em relação ao mérito da causa. Ele pode, até mesmo, sugerir soluções ao conflito, participar ativamente da discussão sobre o objeto da demanda (a lide) e sobre aquilo que venha a ser o resultado do eventual acordo celebrado entre as partes. Entretanto, não pode utilizar de quaisquer tipos de intimidação ou de constrangimento para que as partes se conciliem.

A regra parece desnecessária, já que é evidente. Em nenhuma circunstância é possível admitir intimidações ou constrangimentos dirigidos às partes para obter um acordo. Todavia, há notícias de que, em alguns juízos brasileiros, houve por parte de magistrados e conciliadores essa forma de pressão para o alcance da conciliação.

Para bem aplicar a conciliação, é preciso contar com um bom conciliador. Tanto o conciliador quanto o mediador devem estar devidamente capacitados para o exercício dessas fascinantes funções. Deve o conciliador apresentar-se de maneira adequada, ouvir a posição dos interessados e, a partir da lide, levantar as questões a serem tratadas e intervir com criatividade, mostrando os riscos e as consequências do litígio e ampliando o debate da causa. Se necessário, pode apresentar sugestão de opções de acordo e incentivar concessões mútuas (Bacellar, 1999, p. 76).

É de muita valia que o conciliador descreva as vantagens da conciliação e, de maneira isenta, elucide os riscos e as consequências do litígio e do processo pelo método adversarial. Deve mencionar as dificuldades que resultam do ônus da prova, a possibilidade concreta de que, na decisão, ocorra a perda "de tudo", a demora natural que decorre da apreciação litigiosa de uma causa, entre outras delongas. Sem quaisquer tipos de intimidação ou constrangimento, é interessante que o conciliador descreva os incômodos de deslocamento, bem como o custo material e emocional que decorre da pendência pelo método adversarial.

Se esses aspectos forem enfatizados pelos conciliadores de forma adequada, em alguns casos poderá haver o reconhecimento do pedido, a renúncia à pretensão ou a desistência da ação, hipóteses nas quais, embora ocorra a solução da lide, não há, na verdade, pacificação. De qualquer maneira, todas essas alternativas integram a conciliação e, portanto, devem ser consideradas. Para dirimir questões de um único vínculo, a conciliação é o meio adequado*.

A Lei de Mediação (Lei n. 13.140/2015) define a mediação como atividade técnica exercida por terceiro imparcial, sem poder decisório, o qual – escolhido ou aceito pelas partes – as auxilia e estimula a identificar ou desenvolver soluções consensuais para a controvérsia (Brasil, 2015c).

A mediação, segundo o CPC/2015, é adequada para as causas em que já exista relacionamento anterior entre as partes, relações de vários vínculos, relações multiplexas. O objeto da mediação é mais amplo e todas as questões levantadas devem receber atenção do mediador, mesmo que decorram de outros fatos não especificados e de relações diversas das inicialmente apresentadas.

A postura do mediador é mais passiva em relação ao mérito na medida em que ele não pode sugerir soluções e deve apenas ampliar a discussão, abrir o leque de possibilidades, a fim de que a comunicação se estabeleça de maneira a facilitar que os interessados possam, a partir das questões levantadas, além da lide, compreender seus interesses e encontrar por eles próprios as soluções que entenderem adequadas.

Deve, contudo, o mediador ter uma postura mais ativa em relação à investigação dos fatos, ao estabelecimento da comunicação, ao levantamento das questões e à identificação dos interesses. A partir daí, os próprios interessados, estimulados pelo mediador, poderão perceber, por eles mesmos, os interesses comuns e encontrar as soluções consensuais com base em propostas por eles reveladas, com a finalidade do encontro de benefícios mútuos.

---

* *Único vínculo* no sentido de que as partes não se conheciam antes do conflito e que do conflito não tenham decorrido vínculos emocionais (raiva, ódio, paixão, amor, entre outros). Para conflitos com envolvimento emocional, com múltiplas ramificações, a mediação é mais adequada.

Ressaltamos que a característica da mediação é a busca por um diálogo assistido por um terceiro (mediador), tendente a propiciar um acordo satisfatório para os interessados (por eles desejado), preservando-lhes o relacionamento. Algumas vezes, o diálogo direto entre as pessoas se encontra comprometido por fatores emocionais (rancor, insegurança, indiferença, desprezo, ódio, entre outros). Nesses casos, até que cessem as tensões, a comunicação entre os interessados fica prejudicada e, para restabelecê-la, é fundamental a ajuda de um terceiro, o mediador, que será o ponto neutro – porém ativo – nessa inter-relação.

Para que a conciliação e a mediação possam produzir os resultados desejados nos Cejuscs, é fundamental uma boa formação desses auxiliares da Justiça por meio de cursos reconhecidos e de acordo com os critérios estabelecidos pelo CNJ.

Uma **concepção mista**, dentro e fora do Poder Judiciário, com múltiplas portas de resolução de disputas, pode ser aplicada. Experiências de sucesso já existentes em outros países (com as adequações necessárias) serviram de referência e operam em alguns de nossos tribunais.

> Ao constatar essas dificuldades, o CNJ, após ressaltar que o direito de acesso à Justiça (art. 5º, inc. XXXV, da CR) implica acesso à ordem jurídica justa, definiu a **Política Judiciária Nacional** de tratamento adequado dos conflitos de interesse, destinada, entre outras razões, a propiciar (Resolução n. 125/2010):

a. a redução do congestionamento dos tribunais;
b. a redução da excessiva judicialização de conflitos, da excessiva quantidade de recursos e da excessiva execução de sentenças;
c. a oferta de outros instrumentos de pacificação social, solução e prevenção de litígios (como a conciliação e a mediação), desde que em benefício da população;
d. o estímulo, o apoio, a difusão, a sistematização e o aprimoramento das práticas de resolução de conflitos já existentes nos tribunais;
e. a uniformização dos serviços de conciliação, mediação e outros métodos consensuais de solução de conflitos, ainda assim respeitadas as especificidades de cada segmento da Justiça;
f. a disseminação da cultura de pacificação.

A Resolução n. 125/2010 do CNJ estimulou a adoção de soluções adequadas em múltiplas portas, inclusive antes do ajuizamento das demandas. Ela também pretende consolidar, no Brasil, uma política pública permanente de incentivo e aperfeiçoamento dos mecanismos consensuais de solução de conflitos.

Na mesma linha das diretrizes estabelecidas pelo CNJ, percebemos que o CPC/2015 apresenta a preocupação de viabilizar não só o acesso, mas também a saída da Justiça de forma adequada. Os Cejuscs, com base nas normas gerais do CNJ, devem ser organizados pelos tribunais nos âmbitos estadual (tribunais de justiça nos estados e no Distrito Federal) e federal (tribunais regionais federais).

Com normatização semelhante e em parcial sintonia com o CPC/2015, encontramos o art. 24 da Lei de Mediação (Lei n. 13.140/2015). Há previsão tanto na Lei de Mediação quanto no CPC/2015 de que a composição e a organização dos Cejuscs serão definidas pelo respectivo tribunal, observadas as diretrizes do CNJ. Convênios, parcerias e termos de cooperação entre tribunais e instituições públicas e privadas poderão viabilizar o adequado e qualificado funcionamento dos Cejuscs relativamente aos programas de estímulo à solução consensual de conflitos.

O tempo se encarregará de dar sustentação aos mais adequados caminhos na busca por resolução de conflitos, com o estabelecimento de uma nova cultura privatística e consensual, diferente da cultura do litígio e da sentença.

3.5 Noção de acesso à Justiça como acesso à resolução adequada de conflitos

Acesso à ordem jurídica justa é, conforme suas várias concepções e segundo nossa posição, **acesso aos métodos mais adequados** para a resolução de conflitos, estejam eles dentro ou fora do Poder Judiciário. Essa concepção de múltiplas portas de resolução de conflitos recomenda a compatibilização estruturada, na qual o encaminhamento e a abertura da uma porta não precisem concorrer com a abertura de outra. O encaminhamento adequado fará com que as soluções também possam ser mais adequadas.

Percebemos, hoje, que é preciso encontrar, no âmbito de um portfólio de técnicas, instrumentos, processos e métodos, aqueles que melhor se ajustam ao conflito de interesses existente entre as partes. As siglas *ADR* (do inglês *Alternative Dispute Resolution*, ou Resolução Alternativa de Disputas), *Mascs* (Métodos Alternativos de Solução de Conflitos), *RAC* (Resolução Alternativa de Conflitos) e *Mescs* (Métodos Extrajudiciais de Solução de Conflitos) têm sido utilizadas para expressar, genericamente, todas as possíveis técnicas, formas, métodos e mecanismos de enfrentar o universo complexo dos conflitos.

São mais de 40 formas de ADR que se apresentam como passíveis de aplicação em uma variada gama de situações. Para cada disputa, em particular, existe um método mais apropriado e que atende às necessidades e especificidades de cada caso (Serpa, 1999).

Entre essas tantas técnicas, estão a negociação, a mediação, a conciliação, a avaliação técnica (neutra por terceiro), o aconselhamento, a *ombudsman*, a arbitragem, a med-arb (combinação de mediação e arbitragem). Caracterizam-se, em geral, quando extrajudiciais, pela confidencialidade, pela livre manifestação de vontade das partes e pela informalidade (Bacellar, 2012b).

> *Essa preferência por solucionar conflitos pelo sistema judicial, entre nós, ocorre por vários motivos – entre os quais está exatamente a falta de cultura em relação aos meios extrajudiciais (negociação, mediação e arbitragem).*

Outras formas também lembradas nesse contexto não guardam muita compatibilidade com a realidade brasileira e são mais apropriadas aos sistemas que adotam a *Common Law*, a exemplo do juiz de aluguel (*rent-a-judge*), do minijúri (*mini trial*), do júri simulado (*summary jury trial*) e do levantamento dos fatos (*fact-finding*). Algumas desses formas já foram experimentadas em projetos brasileiros, com resultados interessantes (Bacellar, 2012b).

Com a maior aproximação entre os sistemas – o que se tem verificado nos últimos anos –, é possível que, com o tempo, essas formas possam ter mais ampla e adequada aplicação.

Em face da denominada *cultura do litígio*, o sistema principal – e o preferido – para a resolução de conflitos, no Brasil, ainda é o **jurisdicional**, a cargo dos juízes togados (Carreira Alvim, 2000). Essa preferência por solucionar conflitos pelo sistema judicial, entre nós, ocorre por vários motivos – entre os quais está exatamente a falta de cultura em relação aos meios extrajudiciais (negociação, mediação e arbitragem).

A questão de essencial significação, ao se estruturar um sistema de múltiplas portas, é encontrar o método mais adequado e apropriado para a resolução de cada conflito, levando-se em consideração o tipo de conflito, as necessidades das partes em face de um eixo – o equilíbrio do homem no tempo e no lugar em que vive (Keppen; Martins, 2009). Por isso, **adequar o caso ao método** é o **desafio** que se apresenta.

Em outras palavras, significa perceber e utilizar os métodos mais adequados para o tratamento de conflitos (de acordo com sua natureza, com as relações envolvidas, os valores, o grau e a intensidade do relacionamento e a extensão de seus efeitos perante o grupo familiar, social, entre outros fatores). Estejam esses conflitos dentro do Poder Judiciário (judicializados) ou fora do ambiente do órgão oficial de resolução de disputas (desjudicializados), é possível projetar medidas processuais ou pré-processuais e preventivas, para dar a eles o tratamento mais adequado (Bacellar, 2012b).

O CPC/2015 e a Lei de Mediação (Lei n. 13.140/2015) apresentam propostas para uma adequada seleção e capacitação de conciliadores e mediadores. Isso será indispensável ao melhor funcionamento dos Cejuscs. A Lei de Mediação, ao tratar do assunto, no art. 11, tem previsão de que o conciliador e o mediador devem ter obtido capacitação em escola ou instituição de formação de mediadores, reconhecida pela Escola Nacional de Formação e Aperfeiçoamento de Magistrados (Enfam) ou pelos tribunais, observados os requisitos mínimos estabelecidos pelo CNJ em conjunto com o Ministério da Justiça.

Talvez aqui resida um problema. A Enfam precisa aceitar essa incumbência na medida em que não é de sua competência constitucional promover credenciamento ou reconhecimento de escola ou instituição de formação de mediadores. O ideal é que, no âmbito do Poder Judiciário, o CNJ e a Enfam possam, sem vaidades ou melindres, ajustar o papel de cada instituição em uma atuação conjunta **em prol do princípio maior**, implícito na nossa Constituição, que é o da **pacificação social**.

Notemos que, pelo texto legal, o CNJ e o Ministério da Justiça definirão um parâmetro curricular dos cursos, os quais deverão ser realizados por entidade credenciada (apta a expedir um certificado de aproveitamento como condição para inscrição nos cadastros). Decorre do art. 167, *caput*, do CPC/2015 que os tribunais deverão manter registro de profissionais habilitados, com indicação de sua área profissional. Os cursos para habilitar esses profissionais serão ministrados pelas entidades credenciadas (previstas no § 1º do art. 167), e os candidatos, como condição de sua inscrição e registro nesses cadastros (nacional e de tribunais), deverão obter capacitação mínima com certificação de aproveitamento.

Transparece ser pressuposto que o candidato demonstre (nesse curso realizado por entidade ou escola credenciada) aptidão técnica, ética e comportamental necessária ao exercício da função de mediador ou conciliador. De acordo com a indicação da área de atuação profissional, deverá demonstrar conhecimentos específicos que decorrerem dessa opção. O Anexo II da Resolução n. 125/2010 do CNJ também estabelece aos mediadores, conciliadores e demais facilitadores a necessidade de um **código de ética** para regular suas atuações.

Os mediadores e os conciliadores poderão ainda ser selecionados, por opção dos tribunais, por meio de concurso público. Nesse caso, não há de se falar de escola ou entidade credenciada, exceto se houver contratação, pelo tribunal, para realização do próprio concurso público.

Se os conciliadores e os mediadores forem advogados, estarão impedidos de exercer a advocacia nos juízos em que desempenham suas funções. Além dos conhecimentos jurídicos, aos advogados será igualmente indispensável a análise das aptidões éticas e comportamentais dos candidatos ao exercício das funções*.

A Lei de Mediação, no seu art. 11, estabelece mais alguns requisitos para ser mediador judicial além daqueles previstos no CPC/2015. Deve ser pessoa capaz, graduada há, pelo menos, dois anos em curso de ensino superior de instituição reconhecida pelo Ministério da Educação. Será possível compatibilizar o CPC/2015 e a Lei de Mediação, sendo esta última lei posterior, específica sobre mediação, devendo prevalecer nesse aspecto.

Independentemente da iniciativa de quaisquer outras instituições, os cursos de capacitação, formação e seleção de mediadores e conciliadores deverão ser organizados pelos próprios tribunais. Não dá para aguardar eventualmente que instituições, ainda não bem definidas, venham a ser credenciadas para formar conciliadores e mediadores.

Há algum tempo que o CNJ tem estimulado que os próprios tribunais – ou diretamente ou por suas escolas judiciais ou de magistratura – ofertem cursos de capacitação de conciliadores e mediadores. É o que percebemos da leitura do art. 12 da Resolução n. 125/2010 e seu Anexo I, ao prescrever que somente serão admitidos conciliadores e mediadores após capacitação pelos tribunais ou mediante parcerias. Apresenta até mesmo a elogiável ideia de reciclagem permanente e avaliação do usuário. É recomendável, no âmbito jurídico, que escolas de advocacia, escolas judiciais e de magistratura, do Ministério Público, de notários e registradores, entre outras, possam ofertar cursos destinados a preparar conciliadores e mediadores judiciais.

---

* O próprio Código de Ética do advogado, com algumas adaptações, já será suficiente para regular a atuação do mediador.

Após a formação, essas escolas ou entidades credenciadas (pela Enfam) deverão emitir um certificado de capacitação. Esse certificado deve ser de aproveitamento e, só assim, habilitará os mediadores e os conciliadores a requerer inscrição no cadastro nacional e no cadastro de tribunal de justiça (ou de tribunal regional federal).

Efetivado o registro, o tribunal remeterá ao diretor do foro da comarca, da seção ou da subseção judiciária na qual atuará o conciliador ou o mediador os dados para que seu nome passe a constar da lista a ser observada na distribuição aleatória, respeitada a igualdade dentro da mesma área de atuação profissional.

São novas ideias destinadas a viabilizar, no sistema judiciário brasileiro, uma prestação jurisdicional adequada e de qualidade.

3.6 A lentidão da Justiça na percepção dos usuários

Historicamente, fizemos um exame de pesquisas, análises e levantamentos e um deles, realizado pelo Instituto de Estudos Econômicos, Sociais e Políticos de São Paulo (Idesp, 1996) em cinco estados brasileiros (assim retratando uma abordagem nacional), confirmou o que já se sabia no sentido de apontar a lentidão do sistema como a principal causa do descrédito da Justiça, relacionando, entre seus motivos (Sadek, 1995, p. 11), os destacados a seguir:

a. Há um excesso de formalidades processuais e de recursos protelatórios permitidos pela legislação, constatando-se que 90% das decisões de segunda instância confirmam sentenças proferidas em primeira instância.

b. Há um número insuficiente de juízes, algumas vezes não por falta de candidatos, mas porque as vagas não são preenchidas em virtude do baixo nível dos concorrentes. A pesquisa indicou um número ainda mais preocupante: do há, no Brasil, 1 juiz para cada 29.542 habitantes; na Alemanha, essa relação é de 1 magistrado para 3.448 habitantes; na Itália, é de 1 juiz para 7.500 habitantes; e, na França, de 1 para 7.142 habitantes. Hoje, o cálculo é feito considerando-se o número de juízes por 100 mil habitantes.

A situação continua crítica e, ainda hoje, novos levantamentos confirmam a mesma percepção. Todos reclamam da demora nas decisões, e os juízes – julgando acima de suas capacidades – não mais suportam o demasiado volume de processos. Ainda que trabalhem muito, os magistrados não conseguem cumprir as metas de julgar os casos em quantidade suficiente para superar os tantos outros que dão entrada nos juízos brasileiros e diminuir o estoque de processos acumulados.

Para efeito de análises comparativas, notamos que os magistrados julgaram mais processos em 2012 do que nos anos anteriores. Cada magistrado sentenciou, em média, 1.450 processos em 2012, 1,4% a mais do que em 2011. A cada ano, os magistrados julgam mais processos e, ainda assim, o aumento do total de sentenças (1 milhão) foi inferior ao aumento dos novos casos (2,2 milhões), o que resultou em julgamento de 12% a menos de processos do que o total ingressado (CNJ, 2013, p. 299).

Como ressaltou Sadek (2001, p. 15, 30), o serviço prestado pelo Poder Judiciário conta com uma extraordinária demanda e, ao que tudo indica, com uma procura crescente. É alta a defasagem, porém, entre o número de processos entrados e o de julgados, o que igualmente se confirmou pelo CNJ (CNJ, 2014). Por isso a importância de estudar, pesquisar e planejar a Administração Judiciária.

É conveniente lembrar a advertência de Bentham (citado por Bacellar, 2013): a **imperfeição da Justiça** gera, a princípio, o terror; depois, a corrupção; e, por fim, a queda de qualquer regime. Muito embora – em termos gerais, em vista do sistema romanista

Civil Law adotado pelo Brasil – o número de magistrados ainda não seja o ideal, a reestruturação no quadro de auxiliares da Justiça em primeiro grau e o avanço na informatização são medidas que produzirão bons resultados operacionais para o Poder Judiciário.

Se não é possível aumentar o número dos juízes, é necessário investir em avanços tecnológicos, tecnologia da informação e comunicação, programas como o Processo Judicial Digital (Projudi) e o Processo Judicial Eletrônico (PJe), além de aumentar o assessoramento aos juízes por servidores capacitados. Essa tem sido uma das alternativas menos custosas e mais efetivas: melhorar a estrutura de trabalho para os magistrados – fundamentalmente, os que trabalham em primeiro grau, local em que se encontra o maior número de demandas pendentes.

A maior insatisfação dos usuários dos serviços judiciários, há muitos anos, tem sido a **demora** em receber uma resposta do sistema judiciário às suas pretensões. No Brasil, há um sistema processual bem estruturado, a fim de que ocorra **maior segurança jurídica**. O sistema judiciário criou um significativo número de possibilidades de impugnação das decisões judiciais, destinado a corrigir eventuais erros e injustiças que possam ocorrer no curso do processo e ao final, com a decisão definitiva da causa.

> Em outras palavras, há recursos para órgãos superiores não só das decisões definitivas (sentenças), mas também de decisões dos tribunais (acórdãos), além de serem permitidos recursos das decisões interlocutórias que ocorrem no curso do processo em primeiro e segundo graus, tomadas tanto pelos juízes quanto pelos desembargadores (tribunais estaduais e regionais federais) e pelos ministros (tribunais superiores).

O grande número de recursos e a previsão de outras formas de impugnação das decisões são fatores que influenciam no tempo de duração dos processos.

3.7 A morosidade na prestação jurisdicional e suas causas

Não há uma só causa para justificar a questão da morosidade da justiça. Sabemos serem muitos os fatores e intrincadas as causas que influenciam a demora na aplicação da lei pelo Poder Judiciário. Em face da complexidade e das variadas situações que a influenciam, a morosidade da justiça tem sido encarada como uma situação crônica e, portanto, muito difícil de ser atenuada.

Todavia, a demora na prestação jurisdicional **não é** um privilégio brasileiro, na medida em que em outros países e em todos os continentes tem ocorrido a morosidade. Algumas sugestões conciliatórias têm sido adotadas em outros países, além da criação de juízos específicos para determinadas causas (de menor valor ou menor complexidade), como ocorreu no Brasil com os juizados especiais.

Entre os problemas brasileiros que afetam o Poder Judiciário, a morosidade é um dos que mais comprometem a boa aplicação da Justiça, hoje abarcando até mesmo os próprios juizados especiais criados exatamente para resolver essa questão. Em 1912, Rui Barbosa já fazia críticas exatamente sobre a demora na prestação jurisdicional e teria afirmado que justiça atrasada não é justiça, mas **injustiça qualificada e manifesta** (Barbosa, 1989).

> *A demora na prestação jurisdicional não é um privilégio brasileiro, na medida em que em outros países e em todos os continentes tem ocorrido a morosidade.*

Percebemos que, aos olhos do principal destinatário e usuário da prestação jurisdicional (população), a busca pela segurança jurídica tão só em razão da ampliação das possibilidades de revisar decisões não mais se justifica.

Ocorre hoje a ideia de se considerarem outros aspectos e valores que interessam diretamente ao povo para alcançar a celeridade (rapidez), diminuir o custo, melhorar o atendimento, buscar a clareza e a efetividade – esses valores, sim, mais representativos, para ele, cidadão, da verdadeira justiça. A Ordem dos Advogados do Brasil (OAB) e parte dos processualistas que participaram da comissão que elaborou o CPC/2015 manifestaram, nas audiências públicas, uma grande preocupação com a busca por agilidade a qualquer custo.

O duplo grau de jurisdição é fundamental para o alcance da segurança jurídica. Isso evita arbitrariedades e permite, como vimos, que sempre seja possível rever – pelo menos uma vez – a decisão de um juiz.

Tecnicamente, só existem dois graus de jurisdição; entretanto, ironicamente se faz uma crítica de que, no Brasil, existiria uma espécie de triplo grau de jurisdição perante o Superior Tribunal de Justiça (STJ) e um quádruplo perante o Supremo Tribunal Fedral (STF). Essas expressões (*terceiro e quarto grau de jurisdição*), embora tecnicamente não tenham existência jurídica, são comumente utilizadas com certa dose de ironia para retratar exatamente as várias possibilidades de reexame de uma mesma causa.

3.8 Dinâmica processual

Vejamos parte da dinâmica no andamento de uma ação cível que tramite pelo procedimento previsto no novo CPC. Observemos a fase inicial, o julgamento em primeiro grau (sentença) e a forma legal de impugnar (por recursos ou outras formas) as decisões proferidas no curso do processo.

Hoje o procedimento comum previsto no CPC/2015 é único (não existe mais procedimento comum sumário e comum ordinário). Entre suas características, temos que o único procedimento comum é a base dos demais procedimentos especiais, sendo até mesmo referência para o processo de execução. Assim, os procedimentos especiais e o processo de execução dele se socorrem subsidiariamente.

O juiz, em primeiro grau ao ser acessado, pode determinar a emenda da petição inicial. Se ela não for emendada ou corrigida, poderá indeferi-la (art. 321, parágrafo único, do CPC/2015). A petição inicial deve atender aos requisitos dos arts. 319 e 320 do CPC/2015, e o juiz indeferirá a petição inicial nos casos previstos no art. 330, quando: I – ela for inepta (lhe faltar pedido ou causa de pedir; o pedido for indeterminado, ressalvadas as hipóteses legais em que se permite o pedido genérico; da narração dos fatos não decorrer logicamente a conclusão; e quando contiver pedidos incompatíveis entre si); II – quando a parte for manifestamente ilegítima; III – quando o autor carecer de interesse processual; IV – quando não são atendidas as prescrições do art. 160 e do art. 321.

Conforme o texto do art. 332, nas causas que dispensarem a fase instrutória, independentemente da citação do réu, o juiz poderá julgar liminarmente improcedente o pedido: I – que contrariar enunciado de súmula do STF ou do STJ; II – que contrariar acórdão do STF ou do STJ em julgamento de recursos repetitivos; III – que contrariar entendimento firmado em incidente de resolução de demandas repetitivas ou de assunção de competência; IV – que contrariar enunciado de súmula de tribunal de justiça sobre direito local. Poderá, ainda, julgar liminarmente improcedente o pedido quando verificar a ocorrência de decadência ou de prescrição.

Se a petição inicial atender a todos os requisitos essenciais e não for caso de improcedência liminar do pedido, o juiz designará audiência de conciliação ou de mediação, conforme o art. 334. Abre-se, aqui, um itinerário próprio com a finalidade de alcançar uma solução consensual que possa satisfazer os interesses das partes, ainda antes da apresentação de contestação pelo réu.

Quando não se admitir autocomposição ou quando houver desinteresse manifestado por ambas as partes pela solução consensual, a audiência não será realizada (§ 4º do art. 334 do CPC/2015). Nos casos em que houver a designação de audiência de conciliação, caberá ao conciliador ou mediador nela atuar necessariamente. A audiência poderá ser desdobrada em outras sessões ou reuniões intencionalmente dirigidas ao alcance da composição do conflito.

Não havendo possibilidade dessa solução consensual, há de seguir o processo. Se a citação já ocorreu para a audiência de conciliação, ela não será repetida.

Examinada a petição inicial e todos os seus requisitos, pode o juiz, desde logo, determinar ou não (a pedido da parte) a antecipação da tutela pretendida. Dessa decisão sobre tutela provisória (inc. I do art. 1.015 do CPC/2015 e demais incisos, II a XIII, do art. 1.015 do CPC/2015) cabe o recurso de agravo de instrumento, agora restrito às hipóteses previstas no art. 1.015.

Caso já não tenha sido citado (para audiência de conciliação), será determinada a citação do réu (pessoa contra quem se propõe a ação judicial), a fim de que, em vista do princípio da ampla defesa e do contraditório, ele possa se defender e apresentar sua contestação (resposta).

Após a resposta (art. 335 do CPC/2015) – se houver a juntada de documentos, alegações de fatos (extintivos, modificativos ou impeditivos – art. 350) ou alegação de determinadas matérias (art. 351) –, deverá o juiz de permitir a manifestação do autor da causa para se manifestar (réplica), permitindo-lhe a produção de prova. Se o autor juntar prova – por exemplo, um documento –, o juiz ouvirá o réu (tréplica), sempre assegurando a bilateralidade de audiência (contraditório).

Poderá o juiz, a qualquer tempo, designar uma nova audiência de conciliação se perceber que é possível uma solução consensual. Verificando a existência de irregularidades ou de vícios sanáveis, o juiz determinará sua correção (art. 352); não havendo providências preliminares, poderá o juiz proferir julgamento conforme o estado do processo (art. 353).

Se não ocorrerem quaisquer hipóteses anteriores, haverá o saneamento e os pronunciamentos de organização do processo nos termos do art. 357 do CPC/2015, ocasião em que o juiz poderá homologar questões de fato e de direito que vierem a ser delimitadas consensualmente pelas partes. Se a causa for complexa, o saneamento será feito em cooperação com as partes, em audiência em que poderão integrar e esclarecer as questões de fato e de direito que as partes pretenderem demonstrar. Realizado o saneamento, as partes poderão pedir esclarecimentos ou solicitar ajustes no prazo de cinco dias, ao fim do qual a decisão se tornará estável.

Em casos menos complexos e nos que não houver essa cooperação, caberá ao juiz, havendo necessidade de instrução, proferir a decisão saneadora que resolverá questões pendentes, fixará os pontos controvertidos, deferirá as provas a serem produzidas e designará audiência de instrução e julgamento (art. 353 do CPC/2015). A partir daí vem a própria audiência de instrução e julgamento – que, como o nome já indica, serve exatamente para instruir o processo e julgar a causa.

Sempre no início da audiência há uma nova tentativa de conciliação, independentemente de audiências, reuniões e sessões anteriores ou do emprego de outros métodos de solução consensual do conflito.

Há previsão de outras possíveis contingências, adiamentos, impedimentos, não comparecimento. Porém, se tudo transcorrer bem, haverá instrução com a ouvida das partes, colheita de provas, razões finais e sentença em audiência ou no prazo de 30 dias. Desde a citação (conhecimento que se oferece ao réu sobre a ação proposta e de que poderá contestar), **todos esses atos são fundamentais** para que se assegurem a **ampla defesa** e o **contraditório** e se **evitem nulidades**.

Notemos que, até chegar o dia da instrução e do julgamento, pode haver outros incidentes e variáveis aqui não descritos em relação aos pronunciamentos do magistrado em designar ou não a audiência conciliatória, a forma de saneamento, o deferimento ou não da ouvida de testemunhas, as provas, a designação de audiência de instrução e julgamento, a sinalização de que vai julgar porque entende que a questão é de direito e não há necessidade de outras provas. A cada decisão, abre-se sempre a possibilidade de que a parte requeira esclarecimentos, supressão de omissão ou integração da decisão por meio de embargos declaratórios.

É possível também, como vimos, a interposição do recurso de agravo de instrumento em face de algumas das decisões proferidas no curso do processo e elencadas no art. 1.015 do CPC/2015.

Para melhor contextualização, lembramos que, vencidos os recursos contra as decisões interlocutórias sujeitas ao recurso de agravo nos termos do art. 1.015 do CPC/2015 (recebidos, rejeitados, encaminhados, acolhidos – já que, de regra, eles não devem atrapalhar a continuidade do processo), o magistrado verificará se há elementos suficientes para julgar a causa. Todas as demais questões (que não são as elencadas no art. 1.015 do CPC/2015), decididas no curso do processo, não precluem e poderão ser reexaminadas ao final previamente ao recurso de apelação.

Muitos casos de julgamentos antecipados, entre outras hipóteses, dizem respeito às situações em que a questão é apenas de direito e não há necessidade de outras provas. São situações em que poderá o juiz julgar de imediato – desde que isso não implique prejuízo para as partes (cerceamento de defesa, por exemplo). Poderá haver cerceamento de defesa na hipótese de ser deferida pelo juiz a produção de prova testemunhal e, depois de deferi-la, o juiz resolver julgar de imediato a causa (julgamento conforme o estado do processo). Deferida a prova testemunhal, deverá o juiz, necessariamente, designar audiência de instrução e julgamento para ouvir as testemunhas – sob pena de nulidade.

Em outras palavras, é bom reafirmar que, havendo necessidade da produção de outras provas, como a prova pericial ou testemunhal, por exemplo, o juiz deverá designar a audiência de instrução e julgamento, sob pena de efetivamente causar prejuízo às partes e ao processo, uma vez que o tribunal, verificando isso, declarará a nulidade do processo, cassará a sentença e determinará a realização das provas conforme foram requeridas. Após a produção probatória, ou sem essas provas (de acordo com as circunstâncias do caso ou os requerimentos das partes), de forma monocrática (sozinho), o juiz sentenciará (decidirá a causa). Ao julgar o processo, dará, por exemplo, ganho de causa a uma das partes por meio de uma sentença.

Esse juiz, que julga monocraticamente e profere sua sentença, é o **juiz de primeiro grau** ou **juiz de primeira instância**. Havendo insatisfação com a decisão (sentença que apreciou a causa), a parte perdedora (sucumbente), em nome da segurança jurídica, tem direito ao reexame da matéria decidida e, por meio do recurso de apelação, pode requerer a modificação do julgamento (essa é a essência do duplo grau de jurisdição).

Por meio do recurso da parte insatisfeita, a sentença do juiz será submetida a novo julgamento pelo tribunal (em regra, três desembargadores reexaminarão a causa). Ao julgar o recurso, o tribunal o faz por meio de um **acórdão**.

> Segundo De Plácido e Silva, *acórdão*, presente do plural do verbo *acordar*, substantivado, refere-se à resolução ou à decisão tomada coletivamente pelos tribunais (Silva, 1984, p. 77). Em outras palavras, acórdão é a forma pela qual se apresenta a decisão do tribunal.

Como as decisões são tomadas por maioria de votos dos desembargadores, pode haver julgamento por unanimidade (todos os votos no mesmo sentido) ou por maioria. Se a decisão não for unânime, criou o CPC/2015 uma técnica de julgamento (em substituição ao antigo recurso de embargos infringentes) que amplia o quórum com o prosseguimento da sessão, sendo convocados outros julgadores, em número suficiente para garantir a possibilidade de inversão do resultado inicial.

Essa nova técnica está prevista no art. 942 do CPC/2015 e tem aplicação nos julgamentos de apelação, nos termos do seu § 3º, incs. I e II, em ação rescisória (só nos casos em que tenha havido a rescisão da sentença) e em agravo de instrumento (só quando houver reforma de decisão que julgar parcialmente o mérito).

Como substitutivo do recurso de embargos infringentes, essa técnica de julgamento, entretanto, na apelação, acabou por ampliar as hipóteses de reapreciação das causas e desconsiderou a decisão do juiz em primeiro grau. Explicamos: no recurso de embargos infringentes, previsto no CPC/1973, a decisão do juiz de primeiro grau era considerada e só havia a possibilidade de reexame se o tribunal – com três julgadores – proferisse duas decisões contrárias à do juiz. Vejamos alguns exemplos:

> **Exemplo 1**: o juiz julgou a causa procedente (1 voto); dois desembargadores julgaram procedente também (+ 2 votos) = 3 × 1. Não caberiam embargos infringentes.
>
> **Exemplo 2**: o juiz julgou procedente (1 voto); dois desembargadores julgaram improcedente a causa de forma diferente do juiz (2 votos); o terceiro desembargador concorda com o juiz e também julga procedente (2 votos) = 2 × 2. Caberiam os embargos infringentes para desempatar, sempre considerado o voto do juiz em primeiro grau.

Hoje, pelo CPC/2015, em qualquer decisão não unânime (na apelação), mesmo naquelas do primeiro exemplo, em que três magistrados tenham o mesmo posicionamento, cabe essa técnica de julgamento.

Enfim, o trâmite processual efetivamente é longo, conta com muitas variáveis, mas tem por finalidade garantir aos litigantes a possibilidade de discutir a causa com segurança e sem afrontar as garantias da ampla defesa, do contraditório e da igualdade.

Muito mais pode acontecer no curso do processo e, como mencionamos, algumas causas, após passarem pelo exame de recursos especiais pelo STJ, ainda são levadas a julgamento de recursos extraordinários no STF. Isso pode efetivamente demorar uma década ou mais.

Pense a respeito
A sucessiva possibilidade de revisão das decisões (como justificativa de segurança para o alcance de uma justiça melhor) tem sido entendida como um desprestígio aos magistrados de primeiro grau. É como se a decisão do juiz nunca tivesse valor e precisasse sempre ser confirmada pelos tribunais.

A expressão popular é a de que "O juiz que julgue logo que eu vou recorrer mesmo": o que vale é a decisão do tribunal. A cada passo procedimental, são abertas oportunidades para que as partes apresentem seus recursos, suas exceções ou suas impugnações, o que tem sido apontado como motivo da demora para que se realize a efetiva prestação jurisdicional.

Grosso modo, podemos enumerar algumas **formas de exceção, impugnação e recursos**: a) embargos declaratórios; b) exceção de incompetência, impedimento ou suspeição; c) impugnação ao valor da causa; d) agravo de instrumento; e) apelação; f) agravo interno e agravinho (recursos regimentais); g) ação rescisória; h) recurso especial; i) recurso extraordinário. Ressaltamos que a ação rescisória não é recurso, mas uma forma autônoma de impugnação de julgamentos de mérito transitados em julgado. A justificativa dos processualistas é a de que, na ausência de recurso (mecanismo de impugnação das decisões), seria possível eternizar erros e prejudicar, de maneira irreversível, o direito da parte.

Nessa linha, portanto, considerando a necessidade de garantir a segurança jurídica, muitos doutrinadores, processualistas, não aceitam a diminuição do número de recursos judiciais. Forças políticas se confrontam: a Associação dos Magistrados Brasileiros (AMB), na representação dos magistrados brasileiros, defende, em campanhas institucionais, a eliminação de recursos judiciais como forma de alcançar a celeridade desejada. A OAB, por seu Conselho Federal, há alguns anos tem defendido a manutenção do sistema recursal que garante o devido processo legal e a segurança jurídica.

A dificuldade de propiciar reformas que diminuam o número de recursos, de certa maneira, contribui para a morosidade dos julgamentos e a insatisfação das pessoas. A população, que necessita dos serviços judiciários, está insatisfeita com o atendimento prestado pelo Poder Judiciário. O CPC anterior – embora buscasse segurança e justiça nos julgamentos e, por isso, assegurasse a possibilidade de vários recursos e outras formas de impugnação –, muitas vezes, não permitia que os casos fossem julgados em tempo razoável (Bacellar, 2013).

A expectativa com o CPC/2015 é a de que ele produza melhores resultados. O código aprovado, ainda que de maneira sutil, optou por eliminar recursos sem prejudicar a segurança jurídica, como fez com a **eliminação do agravo retido** e a nova técnica (art. 942) para a complementação do quórum de julgamento (o que só era possível no CPC antigo por meio do recurso de embargos infringentes). Não esperamos que essas alterações produzam resultados significativos em relação ao tempo do processo e a alguns pontos do CPC/2015, como o substitutivo do recurso de embargos infringentes, que ampliou as hipóteses para reapreciação das causas (desconsiderando a decisão do juiz em primeiro grau), o que poderá aumentar ainda mais a morosidade do sistema judiciário.

A chegada de um processo para reexame nos tribunais superiores deveria ser efetivamente uma exceção, e os números demonstram que não é isso o que tem ocorrido. Consideremos, por exemplo, o caso do STJ, que somou o quantitativo de 613 mil processos, dos quais mais da metade (51,3%) permanecia pendente desde o início de 2013, com 299 mil casos novos no decorrer do ano (CNJ, 2014, p. 374).

A maior preocupação é a de saber que muitas causas não são reexaminadas apenas mais uma vez, mas várias vezes por um grande número de recursos que tramitam, como já mencionamos, por décadas e muitas vezes passam pelos tribunais estaduais ou regionais, depois pelo STJ e chegam até o STF. Independentemente do número de recursos, a isso tecnicamente denominamos *duplo grau de jurisdição*.

Embora não tenhamos a esperança de que as alterações acabem com a morosidade, imaginamos que o CPC/2015 efetivamente possa fazer cumprir os bons propósitos destinados à busca de um processo de resultados que, se não for célere, pelo menos tramite dentro de padrões de razoabilidade em relação à sua duração.

3.9 A promessa de razoável duração do processo

Com base na CR e também no CPC/2015 (art. 4º), há uma promessa legal no sentido de que as partes têm o **direito** de obter, em **prazo razoável**, a **solução integral dos conflitos**.

Em conversa com um amigo, ele dizia ter conhecimento de que desde a época de seu bisavô a Justiça já era morosa. E você, já se perguntou a mesma coisa? Como era a Justiça na época de seu avô ou bisavô? Parece que temos um problema de morosidade muito antigo. Todavia, a presente geração está sendo responsabilizada por ele e, por meios legais, tem trazido algumas alterações com vistas a solucioná-lo (Bacellar, 2013).

Assim, temos de pensar em o que é possível projetar, com base nas previsões legais, como **efetivas soluções** para fazer cumprir a promessa constitucional da **razoável duração do processo**. Longe de querer trazer à análise questões de direitos humanos, lembramos que convenções internacionais, as quais têm o Brasil como um dos países signatários – a exemplo do Pacto de San José da Costa Rica, de 1969 (Convenção Americana sobre Direitos Humanos) –, consagram o direito dos cidadãos de resolver conflitos em prazo razoável.

Nesses documentos, há previsão de que toda pessoa tem o direito de ser ouvida com as garantias legais e dentro de um prazo razoável. A CR, com a Emenda Constitucional n. 45, de 30 de dezembro, de 2004, em seu art. 5º, inc. LXXVIII (Brasil, 2004a), adequando-se a algumas normas internacionais, consagra o direito à razoável duração do processo. Portanto, **todos têm direito à duração do processo em tempo razoável**.

> O art. 4º do CPC/2015 igualmente destaca que as partes têm o direito de obter, **em prazo razoável**, a solução integral do mérito, incluída a atividade satisfativa. Há um rol de variáveis, entre as quais: a) complexidade ou simplicidade da causa; b) valor da causa; c) número de partes (de autores ou réus); d) lealdade ou deslealdade no comportamento processual (das partes e dos advogados); e) atuação do juiz como bom ou mau gestor do processo; f) adequada ou inadequada condução dos trabalhos decorrentes da serventia (servidores públicos e auxiliares da Justiça); g) complexidade das provas a serem produzidas; h) quantidade de exceções, impugnações ou recursos interpostos.

De nada adianta, entretanto, sem considerar essas variáveis, haver a previsão de que a todos sejam assegurados a razoável duração do processo e os meios que garantam a celeridade de sua tramitação (Bacellar, 2012b). Os números da Justiça no ano de 2013 revelam que os processos pendentes de julgamento continuaram crescendo no último quinquênio, com aumento de 58,9 milhões em 2009 para 66,8 milhões de processos em 2013 (CNJ, 2014, p. 392). Isso significa que os estoques de processos se ampliaram, mesmo tendo havido redução do ritmo da litigiosidade com o inédito percentual de 1,2% entre 2012 e 2013. Para termos ideia do que isso significa, basta considerarmos que, em anos anteriores, o crescimento do número de casos novos já alcançou os 9% (de 2010 para 2011).

É preciso que sejam projetadas metas e ações efetivas para vencer a demanda de processos e concretizar a celeridade desejada. Teresa Arruda Alvim Wambier et al. esclarecem que existem várias opções previstas no CPC/2015:

> No NCPC, percebe-se ter havido opções, como, por exemplo, concentrar a **defesa numa só peça**, evitando-se assim exceções e os incidentes, cuja potencialidade de gerar um processo mais fluído e mais célere é evidente; a criação de institutos, como o **incidente de resolução de demandas repetitivas**, que também tem o condão de economizar tempo na atividade do Judiciário, garantindo a concretização da **isonomia**; e aprimoramento de figuras já existentes, como a **assunção de competência** ou o **julgamento de recurso especial e extraordinário repetitivos**, tudo com vistas a se imprimir maior eficiência à "performance" do judiciário, e, correlatamente, mais **celeridade** aos processos. (Wambier et al., 2015, p. 61, grifo do original)

> **Pense a respeito**
>
> A CR (em seu art. 5º, inc. LXXVIII) prevê o direito à razoável duração do processo. A Constituição, como dizia Lassale (citado por Hesse, 1991, p. 5), não significa um pedaço de papel, e existem pressupostos realizáveis que precisam ser cumpridos para que ela encontre sua força normativa.
>
> Não há dúvidas de que, na consciência geral, existe a percepção de que a morosidade é um problema que precisa ser enfrentado. Por isso, necessário se faz transformar em força ativa a ordem estabelecida na CR.

A resolução adequada de conflitos para produzir justiça só será efetivamente adequada quando (considerado o conflito e suas variáveis) for prestada em tempo razoável.

Síntese

Há uma tendência cultural brasileira de levar quase a integralidade dos conflitos ao Poder Judiciário para serem resolvidos pelo método adversarial, com solução imposta pelo julgamento da causa (solução heterocompositiva). Prevalece aqui a denominada *cultura do litígio*. Vimos que, de forma geral, a administração dos tribunais é insatisfatória. A partir dessa avaliação, constatamos que os índices de conciliação no Brasil poderiam ser melhores e que é preciso aderir à política pública dos tribunais e do próprio CNJ, orientando a aplicação de métodos consensuais de resolução de conflitos. O programa Conciliar é Legal, do CNJ, até hoje é um estímulo para melhorar a conciliação/mediação, aumentar seus índices e satisfazer os interesses dos jurisdicionados.

A criação dos Cejuscs – inicialmente, pela Resolução n. 125/2010 (CNJ) e, hoje, com previsão no CPC/2015 e na Lei de Mediação –, inclusive para desenvolver práticas restaurativas, poderá ser um caminho para o alcance de uma melhor administração da Justiça e de uma nova concepção de acesso (acesso à Justiça como acesso à solução adequada de conflitos).

Destacamos a previsão constitucional que assegura o direito de acesso ao Poder Judiciário denominado *indeclinabilidade* ou *inafastabilidade* (art. 5º, inc. XXXV, da CR). Convém notar que o direito de buscar a prestação jurisdicional estampado nesse princípio não é uma recomendação de que as pessoas procurem o Judiciário. É apenas a garantia de que o Poder Judiciário está à disposição para agir sempre que provocado, sendo sua principal recomendação a de que nenhuma lei afaste a possibilidade de acesso a esse poder.

Há uma exceção prevista na própria Constituição, que consta no art. 217, inc. IV, § 1º, e estabelece que o Poder Judiciário só admitirá ações relativas à disciplina e às competições desportivas após se esgotarem as instâncias da Justiça Desportiva, regulada em lei (como vimos, a Justiça Desportiva não faz parte do Poder Judiciário).

Como a procura pelo sistema judiciário vem aumentando a cada ano (CNJ, 2014) e a atual configuração organizacional da Administração Judiciária não tem dado conta de vencer a demanda, devemos explorar novas possibilidades. Os juizados especiais representam, ainda hoje, um microssistema que, com informalidade, simplicidade, economia processual e celeridade, tem viabilizado o acesso à Justiça em grande parte dos litígios, de forma gratuita e sem necessidade de advogado (nas causas de até 20 salários mínimos). São órgãos de grande visibilidade e que prestam relevantes serviços à sociedade.

As limitações de acesso à Justiça ainda são motivo de grande preocupação em todos os sentidos. A reflexão sobre um caso real de falta de acesso à Justiça por limitações antropológicas, no qual um pescador descalço foi impedido de ingressar em um órgão do Poder

Judiciário, é algo que precisa ser analisado de forma crítica. Outro problema é o da demora nos julgamentos.

Há ainda convenções internacionais, que têm o Brasil como um dos países signatários (por exemplo, o Pacto de San José da Costa Rica, de 1969), que recomendam a razoável duração do processo. Trouxemos a reflexão de que a Constituição não pode ser apenas um pedaço de papel e tem de representar efetividade para ser respeitada.

Como encontrar um meio termo que permita cumprir a Constituição, agilizar os processos com segurança jurídica e, ao mesmo tempo, atender aos interesses dos jurisdicionados foram aspectos abordados neste capítulo. As distinções entre conciliação e mediação foram discutidas e enfatizamos alguns parâmetros de semelhanças e diferenças presentes no CPC/2015.

A dinâmica processual brasileira teve uma profunda alteração com o novo CPC e, de maneira rápida, foram descritas algumas dessas fases procedimentais. Apresentamos, novamente, a ideia do acesso à Justiça como acesso à resolução adequada de conflitos, dentro ou fora do Judiciário. É possível que, com o estímulo às soluções extrajudiciais, seja alcançada a promessa de razoável duração do processo – em relação aos casos que necessariamente forem submetidos ao crivo do Poder Judiciário.

Questões para revisão

1) Enumere, no mínimo, três razões que justificaram a política nacional de tratamento adequado de conflitos pelo Conselho Nacional de Justiça – CNJ (Resolução n. 125/2010).

2) Assinale a alternativa **incorreta**:
   a. Se os conciliadores ou mediadores forem advogados, estarão impedidos de advogar nos juízos em que desempenharem suas funções (de mediador e conciliador).

b. A Lei de Mediação estabelece, como um dos requisitos para ser mediador judicial, a graduação em curso de ensino superior de instituição reconhecida pelo Ministério da Educação há, pelo menos, dois anos.

c. Se a petição inicial preencher os requisitos essenciais e não for o caso de improcedência liminar do pedido, o juiz designará audiência de conciliação ou mediação.

d. *Sentença* é a denominação da decisão proferida por um tribunal.

3) Quais são as variáveis que podem influenciar e prejudicar a razoável duração do processo (art. 5º, inc. LXXVIII, da Constituição)?

4) Assinale a alternativa **incorreta**:
   a. A conciliação integra o método consensual e é adequada para causas em que não tenha havido relacionamento anterior entre as partes.
   b. A mediação é adequada para causas em que há vínculo anterior entre as partes e integra o método adversarial juntamente com a arbitragem.
   c. Os Centros Judiciários de Solução de Conflitos e Cidadania (Cejuscs) foram inicialmente previstos na Resolução n. 125/2010 do Conselho Nacional de Justiça (CNJ) e, hoje, também estão previstos no Código de Processo Civil de 2015 e na Lei de Mediação.
   d. Nos métodos adversariais, a partir da lide, a busca da verdade ocorre por meio de instrumentos probatórios para o alcance da solução adjudicada.

5) Assinale a alternativa **incorreta**:
   a. Nos juizados especiais, não há necessidade de assistência por advogado e não há cobrança de custas, sendo aplicados

os princípios da informalidade, da celeridade, da economia processual, da simplicidade e da oralidade.

b. A descrição legal de que nenhuma lesão ou ameaça de direito será subtraída da apreciação do Poder Judiciário não significa dizer que todos os casos devam ser encaminhados a ele.

c. A Constituição prevê que os serviços de cartório poderão ser prestados e as audiências poderão ser realizadas fora da sede da comarca, em bairros ou cidades a ela pertencentes, ocupando instalações de prédios públicos, de acordo com audiências previamente anunciadas.

d. As leis do país, a começar pela mais importante delas – a Constituição da República –, asseguram vários direitos aos cidadãos e, para que alguns deles, quando não são respeitados, possam ser exercidos é preciso que haja o auxílio do Poder Judiciário. Entre outras razões, e também por isso, é importante facilitar o acesso da população à Justiça.

Questões para reflexão

1) De que forma você, como cidadão, vê a questão da morosidade e quais providências poderiam ser tomadas, na sua opinião, para diminuir a lentidão da Justiça?

2) A limitação do número de recursos pode ser considerada uma alternativa para resolver a questão da morosidade? Explique os riscos possíveis dessa medida.

Consultando a legislação

A **Constituição**, no contexto do que vimos neste capítulo, assegura alguns direitos e garantias fundamentais em seu **art. 5º**, estabelece a organização do Poder Judiciário e também prevê que os tratados e convenções internacionais sobre direitos humanos aprovados pelo Congresso Nacional serão equiparados às emendas constitucionais. Algumas leis, como a dos juizados especiais (**Lei n. 9.099/1995**), a de mediação (**Lei n. 13.140/2015**) e o novo Código de Processo Civil (**Lei n. 13.105/2015**) procuram assegurar no Brasil o efetivo acesso à Justiça.

BRASIL. Constituição (1988). **Diário Oficial da União**, Brasília, 5 out. 1988. Disponível em: <http://www.planalto.gov.br/ccivil_03/Constituicao/Constituicao.htm>. Acesso em: 30 jan. 2016.

BRASIL. Lei n. 9.099, de 26 de setembro de 1995. **Diário Oficial da União**, Poder Legislativo, Brasília, 27 set. 1995. Disponível em: <http://www.planalto.gov.br/ccivil_03/leis/L9099.htm>. Acesso em: 31 jan. 2016.

_____. Lei n. 13.105, de 16 de março de 2015. **Diário Oficial da União**, Poder Legislativo, Brasília, 17 mar. 2015. Disponível em: <http://www.planalto.gov.br/ccivil_03/_ato2015-2018/2015/lei/l13105.htm>. Acesso em: 31 jan. 2016.

_____. Lei n. 13.140, de 26 de junho de 2015. **Diário Oficial da União**, Poder Legislativo, Brasília, 29 jun. 2015. Disponível em: <http://www.planalto.gov.br/ccivil_03/_Ato2015-2018/2015/Lei/L13140.htm>. Acesso em: 31 jan. 2016.

IV

Conteúdos do capítulo:

» Estrutura organizacional e partes básicas das organizações.
» Profissionalização dos serviços na administração de tribunais.
» A linguagem na Administração Judiciária.

Neste capítulo, analisaremos, no contexto da Constituição da República (CR), algumas questões básicas relativas à estrutura organizacional, as cinco partes básicas das organizações e especialmente: a) o modelo organizacional da Administração Judiciária, que tem sido configurado como uma burocracia mecanizada; b) a necessária profissionalização dos serviços na administração de tribunais; c) a necessidade de melhorar a linguagem na Administração Judiciária; d) a importância de maior informação e esclarecimentos sobre o Poder Judiciário a fim de que ele possa, sendo conhecido, legitimar-se perante a sociedade.

Configurações organizacionais da Administração Judiciária

4.1 Deficiência organizacional da Administração Judiciária

Não há controvérsias em relação à deficiência organizacional da Administração Judiciária. As informações colhidas com base em pesquisas e na imprensa só confirmaram o que já era conhecido. São notórias a morosidade do Poder Judiciário e a insatisfação do povo com os órgãos que o compõem, os quais, responsáveis pela prestação jurisdicional, entregam-na com atraso – muitas vezes de anos, para não dizer lustros ou décadas (Bacellar, 2013).

Outra forma de insegurança jurídica é aquela que resulta de decisões totalmente diferentes em casos essencialmente iguais, o que é causa de insatisfação e incompreensão da população. Hoje, o novo Código de Processo Civil (CPC/2015) promete solucionar esse grave problema brasileiro com a estabilização da jurisprudência dos tribunais.

No aspecto jurisdicional, a diversidade de entendimento dos juízes e tribunais para situações semelhantes colabora com a percepção de insegurança e até ineficiência do sistema (casos iguais decididos de formas diferentes não são compreendidos pela população).

A análise organizacional nos aspectos relativos à administração do Poder Judiciário informa (Bacellar, 2013):

a. **Baixa qualidade no atendimento operacional** – Entre outras medidas, para suprir essa deficiência, é imprescindível a capacitação específica dos servidores aptos a produzir as competências de relacionamento necessárias.

b. **Ausência de informatização adequada (e padronizada) e falta de controle dos procedimentos nas áreas operacionais** – Para corrigir essa deficiência, é necessário investir em tecnologia da informação (TI) com um mesmo programa ou sistema que permita a comunicação entre vários programas e o acompanhamento, a fiscalização, o controle e as correções nas atividades exercidas pela área operacional.

c. **Centralização dos poderes de gestão nas mãos de magistrados presidentes de tribunais ou diretores** – Isso requer trabalhar com pesquisas de clima e cultura organizacional e, depois, no contexto do resultado das pesquisas, promover o desenvolvimento de competências em *empowerment*.

d. **Ausência de tecnoestrutura** – É preciso avaliar as áreas de maior deficiência técnica que possam recomendar a necessidade de contratação de especialistas para orientar as atividades não só da cúpula estratégica, mas também das áreas da linha intermediária e até mesmo do núcleo operacional.

e. **Falta de conhecimento de administração pela cúpula estratégica, com prejuízo da liderança perante as diretorias e assessorias da linha intermediária** – Aqui a recomendação seria por capacitação. Na prática, temos de reconhecer que é muito difícil o atendimento a essa recomendação.

f. **Juízes sobrecarregados de processos judiciais, sem disponibilidade de tempo ou condições para dar a devida atenção às atividades administrativas (muitas das quais podem ser desenvolvidas por servidores do quadro ou por outros profissionais específicos e qualificados)** – A delegação de atividades, o *empowerment* e a abertura para a resolução de conflitos por métodos adequados (dentro ou fora do sistema judiciário) podem ser instrumentos acertados para atender a essas dificuldades.

> *Outra forma de insegurança jurídica é aquela que resulta de decisões totalmente diferentes em casos essencialmente iguais, o que é causa de insatisfação e incompreensão da população.*

Esses tópicos tratam da análise organizacional geral. Entretanto, registramos a existência de experiências pontuais nas quais são registrados exemplos de bom atendimento: há presidentes de tribunais e magistrados com conhecimento em administração e boa utilização de especialistas por meio de implementação de tecnoestrutura e assessorias especializadas.

Há instrumentos de reconhecimento de boas práticas que, quando adotadas em situações semelhantes, produzem melhores resultados. Elas dão base aos processos sistemáticos e contínuos de *benchmarking**. A Resolução n. 198, de 1º de julho de 2014, do Conselho Nacional de Justiça – CNJ (Brasil, 2014c), que complementou o planejamento estratégico promovido pela revogada Resolução n. 70/2009, criou o Banco de Boas Práticas e Ideias para o Judiciário (BPIJus), o que permitirá um grande avanço aos processos de *benchmarking*.

4.2 Sobrecarga dos juízes e suas causas

Destacamos a importância de termos, no Brasil, juízes integrais com conhecimentos interdisciplinares (e até transdisciplinares) para atuar como verdadeiros servidores do povo, administradores, gestores e mediadores. Isso não afasta a preocupação que temos com a sobrecarga de atividades do juiz, algumas delas que não guardam congruência com sua posição na estrutura judiciária.

---

* **Benchmarking**: consiste em buscar pelas melhores práticas de uma organização reconhecida como a melhor de seu ramo, verificando-se o que pode ser modificado para melhorar em comparação com a organização referencial que foi objeto da investigação (Figueiredo, 2014, p. 163).

O sistema judiciário, para ser administrado com eficiência, precisa conhecer os mecanismos de coordenação das atividades e implementar a gestão de pessoas por competências, para regular com clareza o que cabe a cada uma das peças que compõem o quadro de servidores e auxiliares dos tribunais. Conhecendo-se essas peças, cabe promover capacitação para cada uma das atividades profissionais a fim de que possam transformar-se em competências para o trabalho.

Os juízes têm assumido, em geral, responsabilidades por várias atribuições de pessoal, cartoriais e até de simples impulso processual, que os retiram de suas atividades principais e que deveriam ser de dedicação exclusiva, para as quais foram preparados – como **julgar os casos**. A estrutura da Justiça Federal, nesse aspecto, está mais adequada aos modelos gerenciais, se comparada com a estrutura da Justiça Estadual. De regra, o planejamento estrutural da Justiça Federal conta com colaboradores para atividades cartoriais, de pessoal e de impulso processual.

Com base na Constituição da República (CR), é possível que os servidores recebam a delegação para a prática de atos de administração e atos de mero expediente sem caráter decisório (art. 93, inc. XIV). Os atos meramente ordinatórios (juntada e vista obrigatória, por exemplo) independem de despacho e devem ser praticados de ofício pelo servidor, devendo ser, sempre que necessário, revisados pelo juiz (art. 203, § 4º, do CPC/2015).

A falta de assessoria, notadamente nos juízos estaduais de primeiro grau, em muitos tribunais brasileiros, transforma o juiz em um operário que faz tudo: atendimento de telefone, arquivamento de documentos, gerenciamento de processos, controle de provimentos jurisdicionais, organização da pauta de audiências, redação de ofícios, formulação de pedidos de material, expedição de portarias, orientação aos servidores, inspeção permanente nas secretarias. Quando se chega às atividades típicas e fundamentais de presidência das audiências, atendimento aos advogados e julgamento dos processos, percebemos que foi investido muito tempo em outras atividades não essenciais e que poderiam ter sido desempenhadas por outros servidores.

Embora a cúpula estratégica e o magistrado diretor devam ter uma visão transdisciplinar e precisem conhecer as técnicas e ferramentas de gestão administrativa, isso não significa que devam ser os responsáveis pelas atividades exercidas na linha operacional. De todas essas atividades, a presidência das audiências, o atendimento aos advogados e o julgamento dos processos são de sua **exclusiva atribuição**.

Dependendo da causa ou do procedimento, é recomendável que algumas sessões, reuniões ou audiências sejam dirigidas por conciliador/mediador. Essa recomendação está expressa no CPC/2015, ao prever (no § 1º do art. 334) que o conciliador ou mediador, onde houver, atuará necessariamente na audiência de conciliação ou de mediação. Essas atividades administrativas atípicas (que podem ser praticadas por auxiliares ou servidores), frequentemente, quando são praticadas pelos magistrados, até por falta de conhecimentos específicos, geram desinteresse e desmotivação.

Os juízes do trabalho, no Brasil, em sua grande maioria, realizam pessoalmente as audiências conciliatórias e, em face das peculiaridades das relações de trabalho, consideram essencial essa providência a fim de ter melhores condições de avaliar eventuais desequilíbrios de poder. Conforme essa óptica, há efetivamente razões sustentáveis que justificam que o juiz do trabalho presida pessoalmente todas as audiências conciliatórias.

O problema que tem sido apontado a partir desse enfoque é o de que, muitas vezes, o juiz do trabalho (por ter um excesso de atividades) não destina tempo suficiente para as audiências de conciliação. Caso houvesse uma adequada coordenação das atividades e a audiência de conciliação ou de mediação fosse dirigida por um servidor ou por outro auxiliar da Justiça (conciliador ou mediador), as partes teriam mais tempo para conversar e, talvez, encontrar uma solução consensual mais adequada para o caso.

Voltando ao foco da gestão judiciária, sabemos que uma mudança de cultura é imprescindível, a fim de que se priorizem **ferramentas de administração**. Uma dessas ferramentas é a delegação de atividades relativas a assuntos administrativos pelos magistrados (sem que deixem de ser responsáveis pela gestão). Essa iniciativa de delegar atividades precisa ser planejada e desenvolvida, sendo evidente que, para isso, é necessário um assessoramento adequado em primeira instância.

> **Pense a respeito**
>
> Parece uma afirmação pesada, mas há de se registrar que, como membro de poder, o juiz é, entre os prestadores de serviço público, um "servidor" muito caro para desempenhar atividades administrativas comuns, corriqueiras e para as quais não se exige alta qualificação técnico-jurídica e humanista. Portanto, mais do que aumentar o número de juízes no Brasil, é imperioso que se ofereçam aos magistrados em atividade assessoria de apoio e tecnoestrutura necessária para o melhor exercício de suas funções.

4.3 Mecanismos de coordenação das atividades

Por meio da alternância de mecanismos administrativos de coordenação das atividades (por desenvolvimento ou ajustamento mútuo, supervisão direta, padronização dos resultados e das entregas, padronização de habilidades e padronização dos processos de trabalho) e com uma gestão participativa, os administradores judiciais, depois de definirem os parâmetros, poderão desenvolver habilidades para delegar, "empoderar" e distribuir recursos para alcançar os melhores resultados. A descentralização e a coordenação das atividades (tarefas) são, nesse contexto, passos de suma importância.

Como descrito anteriormente, o juiz é muito caro para desempenhar atividades administrativas corriqueiras, assim como é um desperdício centralizar nas mãos dos presidentes de tribunais todas as questões funcionais, de orçamento, de planejamento estratégico, de técnica legislativa, de *marketing* e de monitoramento de projetos, entre outras, para as quais eles não foram preparados. Em uma gestão centralizadora, quando um presidente de tribunal ou um juiz administrador "faz tudo", desempenha várias tarefas diversificadas e assume sozinho a responsabilidade de sua execução, não há necessidade de se implementarem os mecanismos de coordenação das atividades.

Henry Mintzberg (1995), ao descrever os fundamentos da planificação organizacional, relata a história da senhora Raku, que fabricava cerâmicas no porão de sua casa. Isso envolvia certo número de tarefas distintas, como amontoar a argila, dar-lhe a forma de um vaso, modelar, preparar, depois aplicar o esmalte e, por fim, cozer os vasos no forno. A coordenação de todas essas tarefas não apresentava problemas, pois ela própria as executava. O autor citado esclarece que toda a atividade humana organizada – desde fazer vasos até enviar um homem à Lua – dá origem a **duas exigências fundamentais e opostas** (Mintzberg, 1995):

> *O caminho do aperfeiçoamento recomenda a divisão de trabalho, descentralização, contratação e qualificação de pessoas para o desempenho de atividades segundo as suas habilidades operacionais e seus níveis técnicos.*

1. a **divisão do trabalho** em várias tarefas a serem executadas; e
2. a **coordenação dessas tarefas** para se obterem resultados.

Ao final, o autor conclui que a estrutura de uma organização pode ser simplesmente definida como a soma total das maneiras pelas quais o trabalho é dividido em tarefas distintas e como é feita a coordenação entre essas tarefas (Mintzberg, 1995, p. 10). O caminho do aperfeiçoamento recomenda **divisão de trabalho, descentralização, contratação** e **qualificação de pessoas** para o desempenho de atividades segundo suas habilidades operacionais e seus níveis técnicos.

Questão para reflexão

1) Como é que você se organiza para a execução de suas tarefas no ambiente de estudo e de trabalho? Pense em que você poderia melhorar.

Os mecanismos de coordenação das atividades, do fluxo de trabalho, exigem mudanças, e a racionalização na distribuição das tarefas deve ocorrer a partir da orientação da cúpula diretiva (estratégica) responsável pelas diretrizes. A orientação da cúpula estratégica é repassada para a linha intermediária (diretores de departamentos, secretários executivos, gerentes, chefes de divisões e coordenadorias) até chegar ao quadro funcional básico ou núcleo operacional composto pela massa de servidores (Bacellar, 2013).

Ney Wiedemann Neto (2010, p. 41) em análise ao Tribunal de Justiça do Rio Grande do Sul (TJRS), destaca que a **estrutura de uma organização é a divisão do trabalho e sua coordenação** e indica vários **mecanismos**, sendo eles: de **ajustamento mútuo** (comunicação informal entre os participantes no processo de coordenação do trabalho); **supervisão direta** (um servidor tem a responsabilidade pelo trabalho dos demais, cabendo a ele a instrução e o monitoramento); **padronização dos processos** (os resultados do trabalho são especificados); **padronização das habilidades** (o tipo de treinamento necessário pra executar a tarefa é especificado). O autor afirma que, no tribunal, estão presentes essas formas de coordenação e a complexidade do trabalho é que determinará a mudança: de uma situação de ajustamento mútuo, aumentando a complexidade, passa-se para uma supervisão direta, depois para a padronização e assim por diante.

Voltando aos ensinamentos de Mintzberg (1995), com as adequações e transposições necessárias, definimos as partes básicas da organização judiciária em:

a. **Cúpula estratégica** – Aqui podemos nos voltar para os serviços judiciários e imaginar a cúpula estratégica formada (a) pelos órgãos que compõem a cúpula diretiva dos tribunais – tribunal pleno (composto por todos os membros do tribunal); órgão especial (composto por no mínimo 11 e no máximo 25 julgadores), previsto no art. 93, inc. XI, da CR, podendo ser constituído nos tribunais com mais de 25 julgadores; (b) pelas funções de cúpula integrada pelo presidente do tribunal, pelo vice-presidente e pelos corregedores, auxiliados todos eles pelo secretário do tribunal (equivalente a secretário de estado no Poder Executivo). Há tribunais com um número maior de vice-presidentes e corregedores, cabendo denominações como 1º, 2º, 3º vice-presidente e assim por diante; relativamente às funções de corregedor, alguns tribunais dividem a competência de atuação por área (por exemplo, corregedor do foro extrajudicial) e outros contam com um corregedor-geral da justiça, sendo os demais apenas corregedores ou de corregedores adjuntos; outros tribunais convocam de primeiro grau como juízes auxiliares que funcionam como juízes corregedores.

O sistema judiciário permite uma parcial autonomia administrativa aos juízes e, assim, em uma unidade jurisdicional de primeiro grau, a cúpula estratégica (no microambiente administrativo do foro ou do fórum, que deverá desenvolver atividades alinhadas com as da cúpula do tribunal) pode ser composta pelo juiz diretor do foro; pelo juiz diretor do fórum; pelo juiz supervisor dos juizados especiais; pelo juiz coordenador de um centro de solução consensual de conflitos; pelo juiz diretor do tribunal do júri; pelo coordenador da Vara da Infância e da Adolescência, entre outros.

b. **Linha intermediária** – Imaginamos que possa ser, no ambiente judiciário, (a) dos tribunais, formada por alguns órgãos e funções, como alguns conselhos, núcleos, comissões, grupos de trabalho, secretário executivo (onde houver), diretor geral e de departamentos, gerentes, coordenadores de assessorias, chefes de divisão; (b) em uma unidade jurisdicional de primeiro grau (no microambiente administrativo do foro ou do fórum), por escrivães, diretores ou chefes de secretaria, analistas, entre outros.

c. **Núcleo operacional** – "Coração" de todas as organizações, é formado pelos servidores em geral de primeiro e segundo graus; o núcleo está situado na base da pirâmide organizacional; é a parte que produz os resultados essenciais e é composta pela grande massa de servidores e técnicos que perfazem os trabalhos básicos que mantêm viva a organização.

Além dessas três partes, há ainda mais duas, que são **a tecnoestrutura** e **a assessoria de apoio**. Vejamos na Figura 4.1, conforme Mintzberg (1995), o desenho das **cinco partes básicas da organização**.

Figura 4.1 – As cinco partes básicas da organização

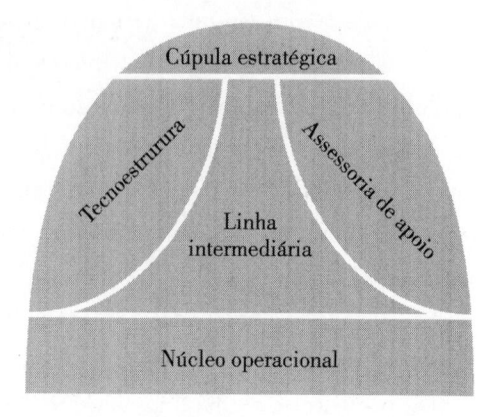

[Diagrama: Cúpula estratégica no topo; Tecnoestrutura à esquerda; Assessoria de apoio à direita; Linha intermediária no centro; Núcleo operacional na base]

Fonte: Adaptado de Mintzberg, 1995, p 19.

Notemos que a tecnoestrutura e a assessoria de apoio se destinam a auxiliar não só a cúpula estratégica, mas também a linha intermediária. Como regra, ficam fora do quadro funcional operacional (são externas), mas nada impede que possam ser internas – de acordo com a configuração específica de algum tribunal. Assim, a importante estrutura de apoio (à cúpula e à linha intermediária) tem características próprias e funções que se distinguem em (Bacellar, 2013):

a. **Assessoria** – Consiste na definição de serviços especiais, como assessorias de imprensa, de comunicação, de planejamento, de recursos, assessorias jurídicas, legislativas, entre outras que, nos tribunais em geral, integram ou compõem atividades internas; há alguns tribunais, a exemplo dos tribunais regionais eleitorais, com um grau de especialização muito grande, situação em que prepondera uma significativa influência dessas assessorias na padronização dos processos de trabalho e nas decisões da cúpula estratégica.

b. **Tecnoestrutura** – É a parte da organização em que se encontram os analistas altamente treinados, que prestam serviços de treinamento e atuam em todos os níveis para tornar, por exemplo, mais eficaz o fluxo do trabalho operacional.

Esses analistas, consultores e estrategistas estão fora do quadro operacional e devem analisar a estrutura de acordo com as necessidades apontadas pelos tribunais, desde a base (viabilizando a qualificação e a padronização de atividades operacionais) até a cúpula diretiva (delineando sistemas de planejamento estratégico, de qualidade, de análise de valor, desenvolvendo sistemas financeiros de controle e consecução das metas estabelecidas para cada uma das unidades administrativas e jurisdicionais). Em cada uma dessas partes, há um padrão adequado de coordenação das atividades voltado ao melhor desempenho das atividades judiciárias e a forma como a figura se apresenta (desenho) pode significar adequação ou inadequação do tribunal.

Em outras palavras, os contornos da Figura 4.1 retratam e representam uma organização equilibrada. Consoante os regimentos normativos e as formas de administração, é possível aferir (de acordo com a figura), por novas representações gráficas, a adequação – ou não – do tribunal aos padrões de equilíbrio de uma organização.

Se a cúpula estratégica centraliza todos os poderes, pouco ou quase nada, delegando à linha intermediária, podemos ter a representação ilustrada na Figura 4.2:

Figura 4.2 – Preponderância de poder na cúpula

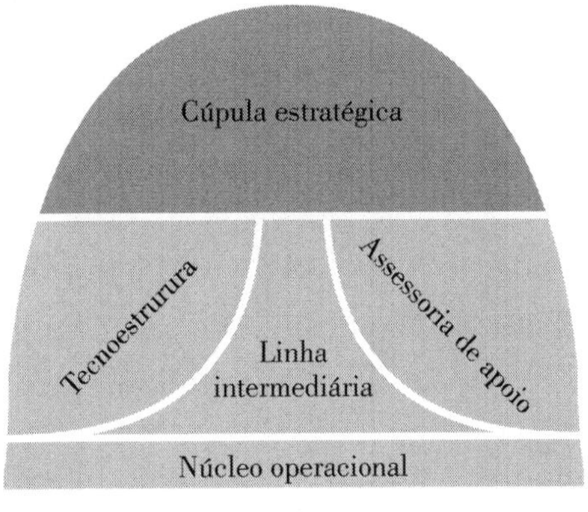

Fonte: Adaptado de Mintzberg, 1995, p. 19.

Se a linha intermediária concentra a maior parte das atividades e não conta com estrutura de apoio, podemos encontrar as representações ilustradas nas Figuras 4.3 e 4.4:

Figura 4.3 – Preponderância de poder na linha intermediária

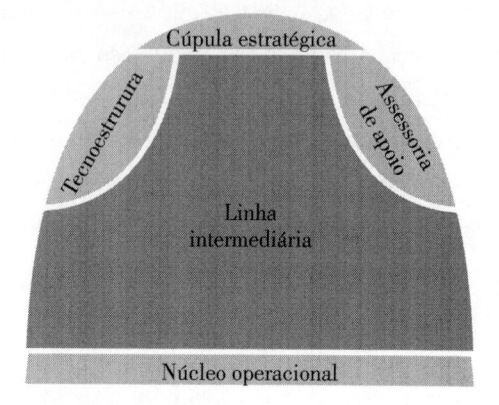

Fonte: Adaptado de Mintzberg, 1995, p. 19.

Figura 4.4 – Preponderância de poder no núcleo operacional

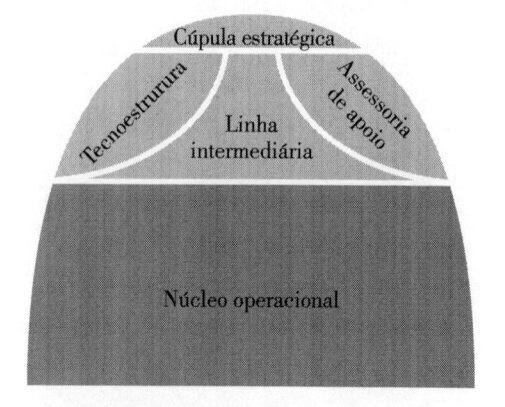

Fonte: Adaptado de Mintzberg, 1995, p. 19.

4.4 Burocracia mecanizada na Administração Judiciária

As organizações podem ser descritas de acordo com suas configurações preponderantes. Para isso, consideramos a preponderância de força que algumas vezes é centrada na linha intermediária (gerência); em outras, no núcleo operacional e também nos técnicos, especialistas e profissionais que integram a tecnoestrutura.

No que diz respeito à estrutura do Poder Judiciário, em face da diversidade de órgãos que o compõem, ela sofre influência de todas as solicitações: ora se apresenta com uma **estrutura simples**, ora se identifica com a configuração estrutural de uma **burocracia mecanizada**. Em outras situações, lembra a **burocracia profissional**, sendo possível visualizar, em alguns tribunais, a **forma divisional** e, em outros, a **adhocracia**, das quais trataremos a seguir. Devemos extrair as vantagens decorrentes de cada uma das configurações e afastar os vícios e as deficiências que, corriqueiramente, brotam em cada um desses cenários (Bacellar, 2012a).

Efetivamente, percebemos que muitas organizações sofrem com as **cinco solicitações** descritas a seguir na análise de Mintzberg (1995), na proporção em que as condições favorecem uma em prejuízo das demais, sendo a organização levada a se estruturar de acordo com as configurações que se apresentam. Conforme Mintzberg (1995, p. 155), são elas: estrutura simples, burocracia mecanizada, burocracia profissional, forma divisional e adhocracia.

Vejamos, em resumo, cada uma dessas cinco configurações (Bacellar, 2012a).

1. **Estrutura simples** – A cúpula estratégica exerce uma tração para a centralização, por meio da qual pode manter o controle sobre a tomada da decisão. É baseada na **supervisão direta** e a cúpula estratégica é componente-chave. Quando as condições

favorecem essa tração para a centralização, a organização se identifica como *estrutura simples*. Wiedemann Neto (2010), em análise da estrutura do TJRS, concluiu preponderar naquele tribunal a burocracia profissional – configuração que veremos em seguida. Entretanto, ele também destaca que, dentro dos gabinetes dos magistrados, prepondera, conforme Mintzberg (1995), as características de estrutura simples com pequena ou nenhuma tecnoestrutura, poucos assessores de apoio, reduzida divisão do trabalho, diferenciação mínima entre suas unidades e pequena hierarquia administrativa, o que leva à centralização (Wiedemann Neto, 2010, p. 42-43).

2. **Burocracia mecanizada** – Técnicas componentes da tecnoestrutura exercem sua tração para a **padronização dos processos de trabalho**. Quando as condições favorecem essa tração na qual a tecnoestrutura é componente-chave, a organização se estrutura como *burocracia mecanizada*. No ambiente da Administração Judiciária, a implantação de um único sistema (ou de sistemas compatíveis e integrados para todos os tribunais estaduais e federais) representa vantagens dessa configuração (burocracia mecanizada), as quais devem ser exploradas. O CNJ recomenda o sistema denominado *processo judicial eletrônico* (PJe).

3. **Burocracia profissional** – Os membros no núcleo operacional procuram minimizar a influência dos administradores (gerentes e analistas) sobre seus trabalhos. Quando eles conseguem, trabalham com relativa autonomia, obtendo tudo aquilo que é necessário para a coordenação pela **padronização de habilidades**. Na burocracia profissional, o núcleo operacional é componente-chave. Dessa forma, os operadores exercem uma tração para a profissionalização, isto é, para o apoio do treinamento externo, que amplia suas habilidades. Quando as

condições favorecem essa tração, a organização se estrutura como *burocracia profissional*.

4. **Forma divisional** – Os gerentes da linha intermediária também procuram autonomia. Todavia, eles devem obtê-la de forma muito diferente, retirando poder da centralização da cúpula estratégica para baixo e, se necessário, do núcleo operacional para cima, com o objetivo de concentrá-la em suas unidades. Baseia-se na padronização de saídas ou entregas e é a **linha intermediária** que prepondera. Quando as condições favorecem essa tração, configura-se a chamada *forma divisional*.

5. **Adhocracia** – Ocorre nas ocasiões em que a **assessoria de apoio** consegue mais influência na organização e sua colaboração é solicitada para a tomada de decisão, em virtude de sua perícia. É baseada no **ajustamento mútuo** e o componente-chave é a assessoria de apoio. Quando se favorece essa tração para colaborar, a organização se estrutura como *adhocracia*.

Em análise da administração da justiça, em geral, com a precariedade e a falta de uniformidade nos sistemas de informatização (são várias ilhas incomunicáveis), percebemos (nossa posição) uma administração de estrutura simples preponderantemente burocrática, com as ações e decisões vindas de cima para baixo. Sem conhecer e explorar o que cada um desses mecanismos pode oferecer, no plano de gestão dos tribunais, o resultado acaba sendo inadequado e desconhecido da cúpula diretiva.

Esse desconhecimento nos remete, por exemplo, ao caso da rainha descrita pelo escritor Antoine de Saint-Exupéry (citado por Calanzani, 1999), a qual, desejando conhecer seus súditos e saber se eles gostavam de seu reinado, orientada por seus cortesãos, saiu dos limites do palácio para conhecê-los. Ela vislumbrou pessoas felizes, bem alimentadas, saudáveis, tudo cuidadosamente preparado pelos cortesãos, que, ao longo da estrada, ergueram um cenário maravilhoso e contrataram artistas para que dançassem ali. Fora daquele estreito caminho, ela sequer entreviu alguma coisa e não soube que, pelos campos adentro, seu nome era amaldiçoado pelos que morriam de fome (Calanzani, 1999, p. 29).

As gestões administrativas dos tribunais são periodicamente renovadas (a cada dois anos) e normalmente permanece a mesma estrutura simples de baixa aprendizagem, burocrática, centralizada e sem padronização dos sistemas de TI. A despeito de a Resolução n. 12, de 14 de fevereiro de 2006 (Brasil, 2006a), do CNJ, ter buscado uniformidade e padrão de identificadores no lançamento de dados, não há, em geral, padronização interna dos sistemas entre os órgãos da própria estrutura (muito menos entre os demais operadores do direito – advogados, promotores de justiça, delegados de polícia, procuradores, defensores públicos, entre outros). Isso contribui com a demora, facilita o erro e gera deficiência na prestação do serviço jurisdicional. Hoje há um caminho a ser percorrido para a unificação dos programas, e o CNJ tem procurado vencer as adversidades e diversidades entre os tribunais, recomendando um único sistema para todos (Bacellar, 2013).

O sistema PJe, recomendado pelo CNJ para todos os tribunais brasileiros, está em gradativa implantação, com ajustes, adequações e também com algumas resistências naturais que decorrem do funcionamento em alguns tribunais de programas específicos, mais bem desenvolvidos e com recursos próprios para atender às necessidades locais.

Para avançar na padronização operacional mais racional dos processos de trabalho e dos serviços, a Administração Judiciária poderá servir-se de consultores, analistas, estrategistas e administradores, entre outros profissionais, que integrarão as assessorias de apoio e a tecnoestrutura (mecanismos de coordenação das atividades). É isso o que se percebe no CNJ, que, com apoio técnico, assessoramento e comprometimento dos servidores, tem conseguido dar passos em direção à qualidade na gestão.

4.5 Necessária profissionalização dos serviços na administração de tribunais

Os servidores dos tribunais, em vista da configuração estrutural existente e da falta de mecanismos de coordenação das atividades, de regra estão acomodados, carregando as características culturais brasileiras do personalismo, do protecionismo, do "jeitinho" e da aversão à sistematização e padronização objetiva do trabalho. Aqui, não se trata de generalização: ressaltamos os bons exemplos de profissionais e servidores públicos vocacionados, dedicados, responsáveis e competentes.

> Não incluímos aqui a honestidade no rol das qualidades. **A honestidade não é mérito**: é dever e obrigação de todos.

O foco na gestão de pessoas e na humanização da administração eleva o servidor ao elemento de maior valor na estrutura interna da organização. Para obter eficiência no atendimento ao povo, é preciso que o Estado valorize seus servidores, pois muitos esperam oportunidade para realizar grandes projetos. É o que se quer com as novas ideias oriundas da gestão de pessoas, se necessário com capacitação para atividades que possam ser transformadas em competências para o trabalho (Bacellar, 2013).

Os dedicados servidores, vocacionados ao atendimento público, não têm merecido a atenção devida. Os próprios magistrados – notadamente os de juizados especiais (de maior visibilidade), que defendem a Justiça democrática, conciliatória, simples, informal, célere e econômica – constantemente são tratados pelos tribunais como magistrados de segunda categoria. A conciliação e a mediação, que têm sido carros-chefes para o alcance da celeridade (com bons resultados) em outros países, no Brasil, ainda são vistas como perda de tempo por parte de alguns tribunais. O CPC/2015 e a Lei de Mediação traçam novas diretrizes que propõem mudar essa situação.

Pense a respeito

Nos dados nacionais colhidos de pesquisas e noticiados nos órgãos de imprensa, encontramos a assertiva de que os servidores dos tribunais (no sistema com contornos de estrutura simples e burocracia mecanizada) estão acomodados e viciados no **personalismo** e no **protecionismo**. Essa afirmação é ratificada pela percepção do jurisdicionado, como principal consumidor dos serviços judiciários, de que é preciso conhecer alguém dentro da estrutura para conseguir que o processo seja distribuído com eficiência e tramite mais rápido ou mais devagar.

Ponto para reflexão: como você vê a situação?
Não mais se justifica a manutenção de vícios oriundos da estrutura simples e da burocracia mecanizada. A Administração Judiciária deve extrair dessas configurações estruturais apenas suas vantagens e, mais do que isso, deve buscar uma visão estratégica. Precisamos perceber as desvantagens das configurações existentes e corrigi-las – se necessário, com a mescla de novas e criativas maneiras de inovar em modelos de serviço.

Uma das **vantagens** da estrutura simples é a da rapidez nas decisões, o que, em determinados momentos, é fundamental para avançar e desenvolver novas ideias. Por isso, reafirmamos que é necessário extrair o que possa haver de melhor nessas configurações estruturais, nunca se desprezando os pontos positivos de quaisquer delas (Bacellar, 2013).

Podem ser extraídas desvantagens da adhocracia. Entre elas, pode estar a total dependência da cúpula estratégica em relação à assessoria de apoio para a tomada de decisão. Em virtude do grau de conhecimento e perícia da assessoria, a cúpula só poderá decidir de forma segura se contar com seus conhecimentos.

Prever e regulamentar a possibilidade de que, em circunstâncias determinadas, o administrador possa decidir com rapidez é muito importante. Vemos isso em alguns regimentos internos dos tribunais, que autorizam a decisão que depois é referendada pelo órgão colegiado competente (conselho da magistratura, órgão especial, tribunal pleno do respectivo tribunal).

Os regimentos internos dos tribunais podem ser um bom instrumento e, somados a outras ações de inovação, podem propiciar uma Administração Judiciária mais eficiente.

4.6 Treinamento e capacitação permanente

Para a adequada profissionalização dos serviços na Administração Judiciária, são necessários programas de treinamento e capacitação permanentes. Como enfatiza Bergue (2010), quando se fala em *treinamento* em sentido amplo, devemos imaginar, desde logo, três elementos: formação profissional, desenvolvimento profissional e treinamento.

1. **Formação profissional** – É o processo destinado a preparar uma pessoa para o exercício de uma profissão e, em geral, essa formação é de médio e longo prazo de maturação. Pode envolver desde a aquisição de conhecimentos afetos a uma

área específica do conhecimento humano e estruturada como profissão regulamentada (economista, contador, administrador, engenheiro) até atividades profissionais cujos contornos de atuação são definidos em órbitas normativas mais restritas (fiscal de tributos, tesoureiro, operador de máquinas, motorista).

2. **Desenvolvimento profissional** – Caracteriza-se pelo esforço de potencialização da formação profissional, ou seja, a ampliação da educação profissional e o preparo do agente para transcender os limites de atuação de seu cargo, envolvendo funções de natureza mais complexa (funções diretivas, assessoramento superior, coordenação qualificada). Trata-se de empreendimento cuja maturação se processa em um horizonte temporal de médio prazo, com cursos de especialização, mestrado (profissionalizante) ou doutorado relacionados à atividade.

3. **Treinamento** – É a atividade de curto prazo orientada para a preparação do agente, com vistas a desempenhar atribuições pertencentes à esfera de competência ou órbita de influência do cargo (casos de transformações, subdivisões, reorganização dos processos de trabalho, introdução de nova tecnologia, incorporação de novo serviço). Nas escolas judiciais e da magistratura, são realizados cursos de aperfeiçoamento de magistrados (CAM) com finalidades muito próximas das definidas para treinamento.

Há uma boa tendência de se instituírem, na iniciativa privada, universidades corporativas, centros de treinamento e, no Poder Público, escolas de Administração Pública. Para juízes e servidores, surgem escolas específicas e com um foco na formação e aperfeiçoamento (desenvolvimento e treinamento) profissional.

Ressaltamos que, nas universidades de forma geral, não há a preocupação com o desenvolvimento de competências profissionais; os estágios são básicos e não englobam a diversidade necessária ao melhor preparo para o trabalho.

O CNJ, por meio da Resolução n. 192, de 8 de maio de 2014 (Brasil, 2014a), em seu art. 2º, apresentou a seguinte descrição: (a) "formação: processo de desenvolvimento de um conjunto de conhecimentos e habilidades específicos a um determinado campo de atividade profissional"; (b) "aperfeiçoamento: processo de desenvolvimento profissional contínuo e de competências estratégicas e essenciais para a melhoria da prestação jurisdicional".

Nas escolas judiciais e da magistratura, há projetos específicos de **formação** com a intencionalidade definida de desenvolver competências profissionais, tanto na formação inicial e continuada quanto em ações de **aperfeiçoamento** – aqui podemos inserir os projetos de desenvolvimento profissional, de treinamento e de atualização.

Sempre que houver desenvolvimento profissional, existirá desenvolvimento organizacional.

Cada vez mais, as organizações precisam de pessoas habilitadas, motivadas e com competências específicas. No caso dos tribunais, isso também se aplica, pois, dentro dos quadros internos dos antigos planos de cargos e salários já existentes ou de novas prospecções, o objetivo é alcançar maior eficiência perante o jurisdicionado – a partir do **desenvolvimento de competências** voltadas para o trabalho.

Para alcançar essa eficiência, é preciso que os magistrados e os servidores sejam sempre aperfeiçoados, treinados, atualizados e, algumas vezes, estimulados para novas experiências de formação e desenvolvimento profissional. O investimento no capital humano retorna para a organização, tendo em vista o melhor desempenho das atividades e a maior produtividade que será apresentada pelos colaboradores.

Não devemos nos esquecer de que, sempre que houver desenvolvimento profissional, existirá desenvolvimento organizacional.

4.7 Linguagem na Administração Judiciária

No contexto geral administrativo e jurisdicional, as demandas aumentam em número significativo e, cada vez mais, agravam-se as críticas. Não tem havido, por parte dos juízes e dos tribunais, a implementação de políticas estratégicas de **comunicação** ou de **gestão** eficazes para alcançar a qualidade no atendimento à população (Bacellar, 2013). A linguagem interna do sistema judiciário, além de técnica, é de difícil compreensão, daí o desafio de alterar e adequar a cultura linguística do direito, para que, do ponto de vista dos destinatários (linguagem externa), ela possa ser mais bem trabalhada para ser compreendida.

É preciso dedicação, treinamento, preparo e também um pouco de "gostar do que faz". Há notícias de que servidores vocacionados ao atendimento se encontram, muitas vezes, lotados em funções burocráticas e aos atendentes faltam algumas competências específicas de comunicação.

> *A limpidez que se pretende não é apenas a do caráter do juiz, de quem depende a remoção de parte das iniquidades presentes no mundo. Mas é também a clareza de sua linguagem. A ponto de o destinatário entender o que aconteceu com a pretensão levada por seu advogado à apreciação judicial. A única ferramenta com que o juiz trabalha é a palavra. Com ela ele devolve o filho à mãe desesperada, a liberdade ao encarcerado, o patrimônio ao lesado, a honra ao depauperado. Por isso é inconcebível que o julgador tenha dificuldade em lidar com essa ferramenta.* (Nalini, 2011, p. 63)

> A **linguagem externa** utilizada no mundo judiciário do direito é incongruente com a possibilidade de entendimento e compreensão da maioria da população. O atendimento nos fóruns é precário, e os erros dos servidores são comuns, constantes e não geram aprendizagem. Dessa situação resulta um **número grande de reclamações** vindas de todos os lados.

"Dada sua amplitude e abrangência, a comunicação estabelece o diálogo da organização em âmbito interno e externo. Em âmbito interno, o diálogo se configura em consonância com a cultura organizacional" (Kunsch, 1997, p. 41).

A linguagem externa da Administração Judiciária não é compreendida pelo povo, como usuário dos serviços judiciários, tampouco pelos auxiliares (testemunhas, peritos, informantes, entre outros). Os erros e as falhas no atendimento proporcionam críticas, inclusive dos colaboradores diretos, como advogados, promotores de justiça, procuradores, delegados de polícia, só para posicionar a abrangência e os indicativos de insatisfação com a Administração Judiciária (Bacellar, 2013).

Questão para reflexão

2) Você já ponderou sobre as diferenças que existem entre a comunicação interna (linguagem interna) e a comunicação externa (linguagem externa)? Pense sobre isso!

"O mundo está cada vez mais complexo e requisita as pessoas sem cessar e sem hesitar. Viver é cada vez mais complicado e poucos se recordam de que Leonardo da Vinci afirmou um dia que

simplicidade é a **forma final da sofisticação**" (Nalini, 2008, p. 67, grifo do original). Como atender a esses reclamos é o desafio estratégico que se impõe a administradores de tribunais, juízes diretores de foro e de fórum, juízes supervisores, instrutores, coordenadores de projetos, corregedores e juízes auxiliares convocados pelos tribunais para atividades administrativas.

4.8 Falta de legitimação social do Poder Judiciário

É notável que, em alguns momentos da história, o Poder Judiciário surgiu com notável legitimação. Isso pode ser claramente percebido no momento atual, com a atuação dos juízes em temas como *combate à corrupção e à improbidade administrativa* e *aprimoramento da gestão da justiça criminal*. Nos atos de proteção da coisa pública, no controle da lisura dos processos eleitorais, na preservação da probidade administrativa e na persecução efetiva dos crimes, resulta naturalmente um grande respeito da sociedade. Nenhum juiz ou servidor está a fazer nada mais do que cumprir com suas responsabilidades e seus deveres profissionais; ainda assim, a sociedade os legitima e agradece. Ao lado dessa natural legitimação que ocorre de tempo em tempo e em relação a casos mais significativos ou de grande repercussão, a **situação de normalidade**, infelizmente, é outra.

As reclamações e a falta de respeito ao jurisdicionado prejudicam a **legitimação social** do Poder Judiciário e autorizam, em face de uma omissão para resolver seus problemas internamente, intromissões externas e propostas de reformas – por vezes, totalmente distanciadas da realidade. Percebemos hoje discussões sobre propostas de reformas (claramente inconstitucionais), inclusive com quebra de princípios, como o da separação dos Poderes, entre outras medidas que não ocorreriam se tivesse havido investimento em atividades de gestão estratégica, gestão de comunicação e ações de responsabilidade social.

O CNJ tem sido chamado a intervir, muitas vezes, em face da inaptidão de alguns administradores de tribunais locais e regionais e da falta de atuação (omissão) de corregedorias locais e regionais na orientação e correção de magistrados.

> **Pense a respeito**
>
> Houve tempo em que esse **mau atendimento** fazia parte da própria **ideia de acesso à Justiça**. Conta-se que, no século VII, um imperador chinês teria expedido o seguinte decreto:
>
> Ordeno que todos aqueles que se dirigirem aos tribunais sejam tratados sem nenhuma piedade, sem nenhuma consideração, de tal forma que se desgostem tanto da ideia do direito quanto se apavorem da perspectiva de comparecerem perante um magistrado. Assim o desejo para evitar que os processos se multipliquem assombrosamente. O que ocorreria se inexistisse o temor de ir aos tribunais? O que ocorreria se os homens concebessem a falsa ideia de terem à sua disposição uma Justiça acessível e rápida? O que ocorreria se pensassem que os juízes são sérios e competentes? Se essa falsa ideia se formar, os litígios ocorrerão em número infinito e a metade da população será insuficiente para julgar os litígios da outra metade. (Figueira Júnior, 1997, p. 78-79)
>
> Segundo o entendimento do jurista Joel Dias Figueira Júnior (1997), o que todos, em toda parte do mundo civilizado, objetivam é – justamente – o inverso do que objetivava o imperador chinês. É necessário **prestigiar** e **enfatizar** o lado oposto, isto é, extirpar todas essas causas avessas à solução dos litígios por meio de uma nova mentalidade que privilegie o processo social de resultados (processo efetivo e efetivado) e as novas tendências e meios de superação dos conflitos.

Os poderes constituídos, aí incluído o Judiciário, por força impositiva do art. 74, inc. II, da CR, deveriam manter, de forma integrada, sistemas efetivos de aferição de qualidade no atendimento, de controle interno (corregedorias), com a finalidade de manter a legalidade de seus atos, prever indicadores e avaliar os resultados. Deveria o Poder Judiciário fazer isso, até mesmo, quanto à eficácia e eficiência das gestões cartorária e de pessoas, orçamentária, financeira e patrimonial (Bacellar, 2013).

Esse controle interno, no Poder Judiciário, tem sido feito pelas corregedorias da Justiça em relação aos juízes (só em primeiro grau) e, mesmo assim, algumas vezes de forma insatisfatória, o que tem motivado a intervenção cada vez maior do CNJ nos tribunais. Poucos tribunais preveem ações correcionais no âmbito do segundo grau. Como destaca Vladimir Passos de Freitas, (2003, p. 35), "não faz parte da tradição jurídica brasileira este tipo de controle. Em verdade, as disposições regimentais às vezes são mínimas ou até mesmo inexistentes. O problema se agrava quando o quadro de magistrados de segunda instância atinge, atualmente, cerca de mil pessoas".

Quando um bom controle interno local ocorre com eficiência, com orientação e esclarecimento, pode ser transformado (sem exposições desnecessárias) em argumento positivo ou força propulsora na gestão estratégica e de comunicação dos tribunais. Há bons trabalhos de auxílio ao estilo força-tarefa que funcionam nas corregedorias para orientar e vencer a demanda em gabinetes que estejam sobrecarregados de processos (em primeiro e segundo graus de jurisdição).

O Poder Judiciário tem argumentos significativos que o planejamento estratégico de *marketing* pode potencializar. Não há, em geral, qualquer trabalho eficiente de *marketing* nos órgãos do Poder Judiciário, e a falta de legitimação social dos órgãos judiciários não tem sido objeto de análise séria pelos gestores (Bacellar, 2013).

Em segundo grau, a atuação do CNJ, cooperativamente com os tribunais, desde que se estabeleça nos limites da Constituição e sem exposições desnecessárias, pode ser um bom caminho para o aperfeiçoamento do sistema de Administração Judiciária brasileiro. A legitimação é assunto que precisará ainda de muitas reflexões. Entretanto, desde logo, fica evidente a necessidade de serem desenvolvidas ações para que, com transparência, o Poder Judiciário se aproxime da sociedade e resgate sua legitimação tão importante para atuar na defesa dos direitos dos cidadãos.

Síntese

Vimos, neste capítulo, que muitos são os desafios que enfrenta o Poder Judiciário para superar a insatisfação da sociedade com o atraso na prestação jurisdicional. É preciso solucionar um de seus maiores problemas: a lentidão. Em torno da lentidão e para enfrentá-la, temos um portfólio de ferramentas de gestão e mecanismos de coordenação das atividades ou tarefas.

Além da análise das configurações organizacionais, é necessário repensar a própria oferta de métodos de resolução de conflitos e instrumentos processuais, como os previstos no CPC/2015 e na Lei de Mediação. Em face da sobrecarga de trabalho nas unidades jurisdicionais, temos de pensar seriamente sobre a possibilidade de muitas causas serem resolvidas fora do ambiente do Poder Judiciário, sem ofensa à CR e por métodos consensuais, com solução autocompositiva (como a conciliação, a mediação e a negociação) ou mesmo por métodos adversariais (arbitragem).

Analisamos as cinco partes básicas que compõem uma organização: cúpula estratégica, linha intermediária, núcleo operacional, assessoria de apoio e tecnoestrutura. Transportamos esse conhecimento desenvolvido na iniciativa privada para a Administração Judiciária e discorremos sobre como devem ser distribuídos os poderes, os graus de influência e de atuação entre essas configurações.

Ao lado das propostas de gestão e Administração Judiciária, da profissionalização dos serviços na administração dos tribunais e do necessário treinamento e capacitação dos servidores e magistrados (até mesmo para aperfeiçoar a linguagem utilizada para atender à sociedade), surgem, de tempo em tempo, sugestões de reforma processual. Algumas reformas legais se apresentam destinadas a eliminar alguns recursos judiciais e, com isso, alcançar a promessa constitucional da razoável duração do processo.

Temos hoje os exemplos do CPC/2015 e da Lei de Mediação, cada um trazendo inovações, estimulando soluções consensuais, retirando do magistrado algumas responsabilidades – permitindo o empoderamento de auxiliares da Justiça para dirigir mediações e conciliações para qualificar o atendimento ao jurisdicionado. São medidas que vêm ao encontro da proposta de celeridade e efetividade.

O CPC/2015 e a Lei de Mediação são legislações com características inovadoras necessárias à resolução adequada de conflitos. Eliminou-se o agravo retido, e a integração do julgamento, que ocorria pelo recurso de embargos infringentes, ganhou nova forma mais adequada com a promessa de alcançar a celeridade.

Também vimos ser uma questão complexa e que exige muita reflexão a necessidade de encontrar um equilíbrio entre segurança jurídica e celeridade nos julgamentos. Há sérios prejuízos que decorrem da falta de legitimação social do Poder Judiciário – que precisa melhorar sua imagem perante a população e, para isso, pode fazer mais do que tem feito, inclusive estabelecendo programas de responsabilidade social.

Para saber mais

Os leitores interessados em aprofundar seus estudos podem consultar as seguintes obras:

BACELLAR, R. P. Juiz **servidor, gestor e mediador**. Brasília: Enfam, 2013. Disponível em: <http://www.enfam.jus.br/wp-content/uploads/2014/08/Juiz_Gestor.pdf>. Acesso em: 30 jan. 2016.

_____. **Mediação e arbitragem**. São Paulo: Saraiva, 2012. (Coleção Saberes do Direito, v. 53).

FREITAS, V. P. de. **Curso de direito**: antes, durante e depois. Campinas: Millennium, 2012.

FREITAS, V. P. de; FREITAS, D. A. P. de (Coord.). **Direito e administração da justiça**. Curitiba: Juruá, 2006.

HOLLEY, G.; SAUNDERS, J. A.; PIERCY, N. F. **Estratégia de marketing e posicionamento competitivo**. 2. ed. São Paulo: Prentice Hall, 2001.

MINTZBERG, H. **Criando organizações eficazes**: estruturas em cinco configurações. São Paulo: Atlas, 1995.

Questões para revisão

1) Henry Mintzberg descreve configurações que se apresentam em algumas organizações e que podem ser estruturadas como: estrutura simples, burocracia mecanizada, burocracia profissional, forma divisional adhocracia. Descreva algumas vantagens que se pode obter com a estrutura simples.

2) Assinale a alternativa **incorreta**:
   a. Uma organização é composta das seguintes partes: cúpula estratégica, linha intermediária e núcleo operacional. Conta ainda com assessoria de apoio e tecnoestrutura.

b. A cúpula estratégica, nos serviços judiciários, é formada pela cúpula diretiva dos tribunais – tribunal pleno, órgão especial, presidente, vice-presidente(s), corregedor(es) e secretário. Em outros níveis, pode, por exemplo, ser composta pelo juiz diretor do foro ou pelo juiz diretor do fórum, pelo juiz coordenador de um centro de solução consensual de conflitos, pelo juiz diretor do tribunal do júri, pelo juiz supervisor dos juizados especiais, pelo coordenador da Vara de Infância e Adolescência.

c. A linha intermediária é o coração de todas as organizações, formado pelos servidores que produzem os efetivos resultados essenciais para qualquer organização.

d. O treinamento é a atividade de curto prazo orientada para a preparação do agente, com vistas a desempenhar atribuições permanentes à esfera de competência ou à órbita de influência do cargo.

3) Assinale (V) verdadeiro ou (F) falso e, depois, escolha a alternativa correta:

( ) O foco na gestão de pessoas e na humanização da administração eleva o servidor ao elemento de maior valor na estrutura interna da organização.

( ) Com base na Constituição, é possível que os servidores recebam a delegação para a prática de atos de administração e atos de mero expediente sem caráter decisório (art. 93, inc. XIV).

( ) O Código de Processo Civil de 2015 e a Lei de Mediação estimulam soluções consensuais.

( ) A formação profissional é o processo destinado a preparar uma pessoa para o exercício de profissão e, em geral, essa formação é de médio e longo prazo de maturação.

a. F, F, F, F.
b. V, V, F, V.
c. V, V, V, V.
d. V, F, V, V.

4) Assinale a alternativa **incorreta**:
   a. A estrutura de uma organização pode ser simplesmente definida como a soma total das maneiras pelas quais o trabalho é dividido em tarefas distintas e como é feita a coordenação entre essas tarefas.
   b. Para avançar na padronização operacional mais racional dos processos de trabalho e dos serviços, a Administração Judiciária poderá servir-se de consultores, analistas, estrategistas e administradores, entre outros profissionais, que integrarão as assessorias de apoio e a tecnoestrutura (mecanismos de coordenação das atividades).
   c. Os juízes do trabalho, no Brasil, em sua grande maioria, realizam pessoalmente as audiências conciliatórias e, em face das peculiaridades das relações de trabalho, consideram essencial essa providência, para terem melhores condições de avaliar eventuais desequilíbrios de poder.
   d. Temos, hoje, os exemplos do Código de Processo de Civil de 2015 e da Lei de Mediação, cada um trazendo inovações, estimulando soluções adversariais, retirando do magistrado algumas responsabilidades.

5) Quem é responsável por fazer o controle interno no Poder Judiciário e a que ele se destina?

Consultando a legislação

A Constituição, além de prever a razoável duração dos processos no inc. LXXVIII de seu art. 5º, do ponto de vista dos controles, prevê, em seu art. 74, que todos os poderes (Judiciário, Legislativo e Executivo) devem manter sistemas (de controle interno) para avaliar o cumprimento de metas e comprovar a legalidade de seus atos.

BRASIL. Constituição (1988). **Diário Oficial da União**, Brasília, 5 out. 1988. Disponível em: <http://www.planalto.gov.br/ccivil_03/Constituicao/Constituicao.htm>. Acesso em: 30 jan. 2016.

V

Teoria do conhecimento, aprendizagem e inovações nos tribunais

Conteúdos do capítulo:

» O erro como aprendizagem.
» A assunção de responsabilidade para busca de soluções.
» Influência do ambiente na resolução de conflitos.
» Algumas inovações, como as práticas restaurativas.

Neste capítulo, sobre a teoria do conhecimento e a baixa aprendizagem nos tribunais, analisaremos: a) a importância de considerar o erro como parte da aprendizagem; b) a necessidade de assumir responsabilidade pelos problemas como o primeiro passo para encontrar soluções; c) o fato de que os tribunais, que julgam muitos casos, aumentam sua produtividade e, ainda assim, não há divulgação dos argumentos nem informação para o povo sobre o Poder Judiciário; d) as influências do ambiente na resolução de conflitos; e) algumas inovações da pós-modernidade, como as práticas restaurativas.

5.1 Aprendizagem em tribunais abarrotados de processos

Os erros, ao serem constatados, não geram correção e se repetem há anos, demonstrando um **perfil administrativo de baixa aprendizagem** nos órgãos do Poder Judiciário. Conhecendo-se o erro, é possível disseminar a inteligência e estabelecer instrumentos de maior controle e previsibilidade.

Na maioria das empresas que vão à falência, os indícios de problemas já haviam se manifestado anteriormente. Porém, por negligência dos administradores, as evidências não foram consideradas.

No ambiente do Poder Judiciário, os juízes (AMB, 2005, 2006), os servidores, os auxiliares diretos e a própria população, quando ouvida, têm denunciado sintomaticamente que a situação não está bem, como já havia sido constatado (Idesp, 1996). As deficiências não são novas nem se originaram de eventos súbitos, repentinos, mas de processos lentos e graduais. Não é de hoje que a Administração Judiciária vai mal (Ibope, 2014).

O Poder Judiciário, em sua história, ao não aprender com a experiência do passado e não prevenir o futuro, foi negligentemente surpreendido pela crise e continua "apagando incêndios", sem solucionar os problemas de fundo ou projetar ações para minorá-los (Bacellar, 2013).

Pense a respeito	Em linguagem figurada, em face de sua baixa aprendizagem, ocorreu que o tribunal não foi mais capaz de "ver a floresta por causa das árvores".

A maneira como os tribunais são estruturados e administrados cria enormes deficiências de aprendizagem. O juiz de primeiro grau avisa que está sobrecarregado de processos, precisa de assessoramento e auxílio e não tem mais como "dar conta do serviço", mesmo que trabalhe nos feriados, nos fins de semana e à noite. Apresentam-se os argumentos de que cabe ao Poder Executivo atribuir mais verbas e ao Poder Legislativo criar os cargos necessários por lei e, portanto, nada pode ser feito. Resposta: "não há auxiliares, não há assessoria disponível nem outro juiz para auxiliá-lo, vire-se". São comuns casos de estresse, depressão, irritabilidade e baixa produtividade decorrente de fatores emocionais. Na maioria das corregedorias dos tribunais, tem preponderado o caráter de controle e punição; em outras, com visão mais ampla dos reais problemas da Administração Judiciária, há o predomínio da característica de apoio às unidades jurisdicionais assoberbadas tanto em primeiro quanto em segundo graus.

O acúmulo de processos em alguns juízos é conhecido há décadas e não gerou correção, tampouco se converteu em aprendizagem para os tribunais. Sabemos de alguns programas emergenciais no estilo "mutirão", que apresentam soluções paliativas. Há também situações (agora totalmente opostas) de unidades/varas com número de processos insuficiente e que, igualmente, exigem correções (Bacellar, 2013). Em algumas unidades há muito serviço e, em outras, há pouco. Além da necessária correção, é preciso que se estabeleça, no acompanhamento dessas unidades, na organização judiciária, um gatilho que permita rápidas mudanças e adequações quando a disparidade for verificada. O problema é interno, exige análise das atividades da unidade, de suas características, de sua complexidade, para considerar todos os fatores e não só os dados numéricos. Algumas dessas unidades (varas), por desenvolverem atividades mais complexas, exigirão maior estrutura, mesmo que, numericamente, tenham menor volume de casos ingressados.

Esses problemas, até hoje, nunca foram assumidos como inerentes à Administração Judiciária. O inimigo sempre está fora. Existe uma propensão a procurar alguém ou alguma coisa para culpar quando as coisas não dão certo. Os fatores externos (exógenos), por evidente, não devem ser desconsiderados, até porque muitos deles são significativos. Os fatores externos não podem, entretanto, inibir as ações necessárias no âmbito interno da Administração Judiciária (Bacellar, 2013).

> *Independentemente dos fatores externos, a demora dos processos, a falta de acesso à Justiça, a falta de efetividade e o mau atendimento ao usuário são fatores endógenos de responsabilidade do Poder Judiciário.*

Ao discorrer sobre as novas direções para o aprendizado estratégico, Mintzberg lembra a distinção de Argyris e Schön (1978) entre o aprendizado de laço simples e o aprendizado de laço duplo. O de **laço simples** é mais conservador e sua finalidade principal é detectar erros e manter as atividades organizacionais "nos trilhos". O de **laço duplo** constitui-se em aprender a respeito do aprendizado de laço simples, aprender a respeito de como aprender. Vejamos um exemplo:

> *Um termostato que liga automaticamente o aquecedor sempre que a temperatura numa sala cai abaixo de 20 graus Celsius é um bom exemplo de aprendizado simples. Um termostato que pudesse perguntar "por que estou regulado para 20°C?" e então explorar se alguma outra temperatura poderia ou não atingir, de forma mais econômica, a meta de aquecer ou resfriar a sala, estaria se empenhando em aprendizado de laço duplo.* (Mintzberg; Ahlstrand; Lampel, 2000, p. 157)

Independentemente dos fatores externos, a demora dos processos, a falta de acesso à Justiça, a falta de efetividade e o mau atendimento ao usuário são fatores endógenos de responsabilidade do Poder Judiciário. Assumir a responsabilidade pelas falhas é passo fundamental para a aprendizagem. Tal circunstância foi reconhecida pelas cortes norte-americanas como o primeiro passo (traremos mais detalhes no Apêndice – "Administração das cortes norte-americanas").

Devemos refletir sobre a seguinte constatação: sempre que se culpa o outro, nada se faz para melhorar. Sempre se aguarda que o outro (o culpado) faça e, se ele não faz, a culpa é dele. Não se pode esquecer que a resolução desses problemas é de responsabilidade dos tribunais. Assumir a responsabilidade pela crise e difundir essa percepção para buscar alternativas é aprender.

O conhecimento (o saber) por si só não se justifica; tanto do ponto de vista individual quanto pela perspectiva da instituição, ele precisa ser exercitado e difundido: **saber e não difundir é perder o próprio conhecimento e a inteligência da instituição.**

Ter o conhecimento e não desenvolver habilidades e atitudes a partir dele, igualmente, é perder o conhecimento. Tanto o conhecimento informal quanto o formal são fundamentais e cabe aos administradores orientar a documentação/digitalização e o registro (por quaisquer meios, inclusive os eletrônicos) desse conhecimento na memória do tribunal (cultura corporativa).

Como sugestão para promover a eficiência operacional do Poder Judiciário, o Conselho Nacional de Justiça (CNJ) registra a necessidade de fomentar a política de gestão documental com foco na modernização de arquivos e na preservação da memória do Judiciário (Silveira, 2009, p. 413). A memória de todo o conhecimento adquirido (interno ou externo), registrado formalmente ou não, é muito importante para se estabelecer qualquer planejamento projetivo ou corretivo na Administração Judiciária.

A Administração Judiciária pós-moderna será aquela com capacidade de se adaptar às mudanças que ocorrem no contexto tempo-cultural (ambiente) e reagir às lições trazidas pelas experiências negativas, projetando, passo a passo, as alterações em sua estrutura e em seu comportamento organizacional. Se o primeiro passo para sanar as deficiências é identificá-las, isso já foi feito. A responsabilidade é do Poder Judiciário.

Os dados históricos, as experiências e as críticas são grandes e apenas precisam ser estrategicamente analisados, com os olhos no futuro. Há expressões populares que ensinam: "Errar é humano, persistir no erro é burrice". Em outras palavras, o erro pode servir de aprendizado e, uma vez cometido, não deve ser repetido.

> A Administração Judiciária deve extrair aprendizagem dos erros e projetar uma visão estratégica voltada ao conhecimento. A partir do erro (aspecto aparentemente negativo) e de boas iniciativas verificadas na administração e na jurisdição por ocasião das inspeções e correições realizadas pelas corregedorias da justiça, é preciso manter uma base de dados que registre o ocorrido e as recomendações. Essa base informacional, na gestão do conhecimento (tanto do erro quanto do acerto), servirá de instrumento de aprendizagem para a correção e, também, de multiplicação de boas práticas (*benchmarking*).

O Poder Judiciário, há anos, tem convivido com a multiplicação de entrada de novos processos. Convém lembrar que, em 1988, data da promulgação da Constituição da República (CR), segundo o banco de dados do Judiciário, havia 350 mil processos tramitando na Justiça; dez anos mais tarde, já eram 17,5 milhões. Esses fatores externos são importantes e, com o quadro reduzido de magistrados, o Brasil amargou uma triste média: a de um juiz para atender a demandas de um grupo de 18,3 mil pessoas. Caso todos os cargos de juiz que estavam vagos fossem preenchidos, essa média seria a de um juiz para cada 16,9 mil pessoas, de acordo com Sadek (2001, p. 36).

Notemos que, com base nesses levantamentos históricos, apesar do grande volume de processos, ainda assim só 30% dos indivíduos envolvidos em disputas procuravam a Justiça, conforme dados do Instituto Brasileiro de Geografia e Estatística (IBGE, 2012). O número de juízes apenas dobrou, de 4.900, em 1988, para 10 mil, em 1998. Como veremos, há dados colhidos de outras pesquisas que apontam, em relação à proporção juiz por habitante, um quadro mais grave.

A estrutura de trabalho dos magistrados brasileiros, com maior ênfase ao primeiro grau, não é adequada (CNJ, 2013) e, de acordo com o relatório, 90% dos processos em tramitação no Poder Judiciário estão nas unidades judiciárias de primeiro grau, ensejando taxa de congestionamento média de 72%, 26 pontos percentuais acima da taxa existente no segundo grau. A partir do levantamento dos dados, o CNJ apresentou metas de valorização da primeira instância, inclusive editando, em 2014, as Resoluções n. 194 e n. 195, com políticas de atenção prioritária ao primeiro grau de jurisdição.

O Brasil conta com 17.077 magistrados; 14.410 deles (84%) atuam na primeira instância, e só 2.379 (14%) são desembargadores. Temos mais 82 ministros atuantes nos quatro tribunais superiores (STJ, TST, TSE e STM), além dos juízes de turmas recursais e turmas regionais de uniformização (CNJ, 2013, p. 298).

Vimos que, em primeiro grau, estão os juízes que se estendem por todas as comarcas (pode abranger um ou mais municípios) do país. Hoje, o estoque de processos em andamento (segundo a terminologia utilizada pelo CNJ) no sistema judiciário brasileiro como um todo está em torno de 95 milhões. Ainda assim, a cada ano, ingressam nos juízos brasileiros mais 28 milhões de novos casos.

5.2 Falta de divulgação dos argumentos e falta de conhecimento do povo sobre o Poder Judiciário

Há alguns anos, integramos um grupo de trabalho, na condição de vice-presidente da Associação dos Magistrados Brasileiros (AMB), que desenvolveu uma campanha de valorização do Poder Judiciário denominada *O Judiciário ao alcance de todos: noções básicas de juridiquês*. Ela começava com uma palavra de ordem: "Ninguém valoriza o que não conhece"! Trabalhamos em universidades debatendo com alunos universitários dos cursos de Direito, Comunicação Social e Psicologia e com jornalistas, além dos demais operadores do direito sobre a importância da simplificação da linguagem jurídica (AMB, 2005).

Sem que o Poder Judiciário seja conhecido pela população, ele não pode pretender ser valorizado por ela. A publicação do livro de apoio, até hoje, é solicitada para a AMB e, de tempos em tempos, os magistrados associados são chamados para esclarecer as dúvidas que se estabelecem na relação com a mídia (AMB, 2005).

Percebemos um criticismo e um denuncismo exagerado dirigido ao Poder Judiciário. De outro lado, percebemos claramente que o Poder Judiciário não apresenta, em geral, uma relação transparente e confiável com a sociedade ou não apresenta justificativas claras de seus atos nem para seus subsídios.

Há desconhecimento sobre as peculiaridades da carreira da magistratura, desde o ingresso por meio de um complexo concurso público até a nomeação para comarcas, seções ou unidades do interior, os limites, os poderes e as restrições na forma de atuação dos juízes em diferentes casos ou situações. É evidente que as condutas dos magistrados éticos, independentes e produtivos não devem ser exaltadas. Não fazem mais do que **cumprir**

os deveres decorrentes de suas próprias competências profissionais. Transparecem, entretanto, sempre os casos de desvios de conduta extremos, excepcionais, midiáticos – sem que o Poder Judiciário apresente esclarecimentos adequados sobre cada situação. Classificações, diferenças profissionais, estruturação escalonada de carreiras, funções, prerrogativas, garantias, atividades são necessárias e recomendáveis.

A Consolidação das Leis do Trabalho (CLT), a partir do seu art. 224, prevê diversas variações na prescrição de direitos e deveres de cada uma das profissões. Descreve quase de maneira exaustiva a atividade de bancários, empregados de portaria e limpeza, empregados de telefonia, frigoríficos, mineradores, jornalistas (art. 302), professores (art. 317), motoristas, entre outros.

Percebemos, nas legislações em geral, cargas horárias diferenciadas, ampliadas, reduzidas, descansos diferenciados, auxílios, férias adequadas às peculiaridades do serviço e da profissão e até mesmo regras específicas e próprias para aposentadorias especiais para algumas categorias que atuam em situações insalubres ou atividades de risco. A maioria da população desconhece que os juízes, obrigatoriamente, trabalham com dedicação exclusiva, em geral com plantões, não podem desempenhar outras atividades (exceto a de professor) e que, obrigatoriamente, têm o dever de residir na comarca.

> *É evidente que as condutas dos magistrados éticos, independentes e produtivos não devem ser exaltadas. Não fazem mais do que cumprir os deveres decorrentes de suas próprias competências profissionais.*

Há vedação para assumirem quaisquer outras funções – mesmo as de síndico do prédio onde residem –, não podem ter vínculo político e, muito menos, filiar-se a partidos políticos. Além disso, devem manter conduta irrepreensível na vida pública e particular.

Há limitações pessoais impostas aos magistrados, o que impossibilita os juízes de se ausentarem da comarca sem autorização dos tribunais, discutindo-se até mesmo a constitucionalidade de limitações, como as previstas na Lei Orgânica da Magistratura Nacional (Loman). As limitações, as garantias e as prerrogativas são destinadas ao próprio cidadão, que precisa de magistrados independentes.

O perfil desejado ao magistrado brasileiro é que seja **humanista, ético, independente** e com **visão transdisciplinar** – com vistas sempre à prestação de um melhor serviço à população.

> **Pense a respeito**
> Qual juiz você gostaria que julgasse um caso de seu interesse?

Há juízos com mais de 20 mil processos em andamento e apenas um magistrado para dirigi-los. Isso exige mais de 12 horas para atendimento às partes e aos advogados, audiências, inspeções, despachos, decisões e sentenças. Em todos os pronunciamentos judiciais incide a aplicação do **princípio da publicidade**, e todos eles (sentenças, decisões, despachos) devem ser devidamente fundamentados, sob pena de nulidade.

A produtividade dos tribunais e dos juízes tem aumentado a cada ano, segundo levantamentos do CNJ. Cada magistrado baixou, individualmente, no ano de 2012, 1.628 processos (CNJ, 2013, p. 299).

Tem sido excepcional o número de casos resolvidos por tribunais. Individualmente, o número de casos julgados pelos magistrados supera – em muito – a capacidade média de outros países. Com as metas de nivelamento implantadas pelo CNJ e replicadas em todos os tribunais brasileiros, houve um crescimento ainda maior da produtividade numérica atribuída aos magistrados (Bacellar, 2013).

Questões para reflexão

1) O que fazer para mostrar os pontos positivos do sistema para a sociedade?
2) Como fazer para se aproximar da sociedade (buscar legitimação social)?

A diversidade existente no "continente" brasileiro exige metas diferenciadas que possam atender às necessidades e às peculiaridades de cada segmento da Justiça. Essa realidade local, por segmento, por características de atividade, precisa ser apresentada de forma clara e transparente à sociedade.

É importante a reflexão de que, além de "matar processos", é preciso solucionar conflitos e, ainda mais, é preciso **satisfazer os jurisdicionados**. Tratar de casos que envolvam pessoas, sua liberdade, seu patrimônio e sua saúde requer que não sejam analisados apenas pela quantidade (Bacellar, 2013).

Hoje, exemplos de estímulo à mediação e a práticas restaurativas retratam muito bem essa preocupação com qualidade no atendimento e satisfação das partes na resolução de conflitos.

Devemos assumir a responsabilidade pelas deficiências e seguir em frente. Todos esses problemas não justificam a apatia e a inércia do Poder Judiciário. Cada um desses fatos (forças restritivas) enseja a possibilidade de eleição de meta específica a ser alcançada em curto, médio e longo prazos.

5.3 Ambiente físico e as inovações da pós-modernidade

Os ambientes cultural, político, histórico, social, em um aspecto macro, certamente interferem na forma de abordagem e na própria evolução do processo de resolução de conflitos. Conforme destaca Ricardo Alvarez Vianna (2011, p. 148),

> *Pós-modernidade consiste em movimento filosófico-sócio-cultural que evidencia uma crise do modo de viver do homem contemporâneo em sociedade. Não se trata de movimento linear e uniforme surgido em data certa ou formatado por pensador específico. Ao contrário, decorre de diversas formas de expressão em épocas diferentes e em várias áreas do conhecimento.*

Ao lado dessa realidade macro e no contexto do pensamento transdisciplinar que busca uma visão sistêmica para compreender a Administração Judiciária, há uma preocupação ambiental local.

O foco que pretendemos estabelecer aqui é o relativo ao **ambiente local** (micro) e à **noção de integralidade do atendimento** destinado a recepcionar as partes, os auxiliares, os interessados e os advogados, para viabilizar a resolução de conflitos em espaço adequado, no qual se manifeste o respeito e se utilize comunicação clara. Esses fatores permitirão aos interessados uma melhor percepção de que estão em **ambiente de paz, seguro** e **adequado** para a **melhor solução** de suas diferenças, embora estejam em uma situação conflituosa e de regra adversarial.

Como destaca José Osmir Fiorelli, a **privacidade**, o **conforto** e a **funcionalidade** são palavras-chaves para o planejamento dos espaços, e a estrutura do atendimento deve gerar ainda mais três percepções que mutuamente se reforçam: **confiança, credibilidade** e **segurança** (Fiorelli; Fiorelli; Malhadas Júnior, 2008). Ressaltamos que esses atributos emocionais podem ser estimulados por meio de organização, decoração e *layout* adequados.

As condições físicas dos órgãos do Poder Judiciário são, em regra, inadequadas ao bom atendimento dos destinatários finais (jurisdicionados) e dos indispensáveis colaboradores (advogados, promotores de justiça, defensores públicos, procuradores, entre outros). É necessário um planejamento estrutural e ambiental mais propício ao atendimento do usuário, ao aprendizado permanente e ao crescimento contínuo.

A antiga visão de que o sistema judiciário só deveria se preocupar com a legalidade e a subsunção – aplicação da lei aos casos concretos – não mais é acolhida em ambiente do Poder Judiciário da pós-modernidade. A preparação do ambiente adequado para a resolução de conflitos é um dos valiosos instrumentos no alcance da melhor solução.

A resolução de conflitos, conforme já destacamos, pode ocorrer em (Bacellar, 2012b):

a. **Ambiente informal** – Compreendido como o ambiente mais simples, sem pré-requisitos sociais pessoais (como a exigência de adequação de roupas) ou mesmo materiais (exigência de sala, de mesa ou posicionamento fixo das pessoas no local).

b. **Ambiente formal** – Quase sempre consiste em uma sala com mesas e cadeiras, posições corretas das pessoas em seus lugares, recomendando-se também a observância de algumas regras de vestimenta (por exemplo, a proibição de comparecer de bermudas ou a obrigação de se apresentar usando sapatos).

Em análise por observação direta do funcionamento de tribunais de variados países (Canadá, Estados Unidos, Costa Rica, Equador, Argentina, Paraguai, Peru, entre outros), constatamos que os ambientes formais e informais destinados à resolução de conflitos buscam certa adequação com a causa, o objetivo e as peculiaridades das partes.

Isso não significa dizer que, nesses países, os ambientes sejam mais adequados do que os existentes no Brasil. Alguns, efetivamente, são melhores e, em todos esses países, em maior ou menor grau, manifesta-se uma preocupação com o aspecto ambiental.

Em um trabalho comparativo realizado por alunos de um grupo de extensão e estudos coordenado por este autor (na qualidade de professor da Pontifícia Universidade Católica do Paraná – PUCPR, em São José dos Pinhais, no ano de 1998), foi possível perceber que as condições físicas dos órgãos do Poder Judiciário, no Brasil, em regra, são inadequadas (Bacellar, 2013, p. 59). Os estudos iniciais demonstraram não haver qualquer adequação do ambiente relativamente ao tipo de causa, complexidade, objetivo a ser alcançado ou com atenção às peculiaridades das partes a fim de prestar um bom atendimento dos destinatários finais (jurisdicionados). Para todas as causas, na época dos estudos, eram aplicadas as mesmas regras, no mesmo ambiente, com as mesmas formalidades, com o mesmo procedimento.

Setores de engenharia dos tribunais, no período dos estudos, tinham projetos padronizados de mobiliário e de adequação dos espaços que consideravam o número de servidores, bem como equipamentos necessários para o serviço judiciário. Isso, aliás, era descrito pelos setores de engenharia dos tribunais como algo positivo (Bacellar, 2012b).

Há a percepção, hoje, de que vários fatores podem ser considerados, de modo a colaborar significativamente na resolução de conflitos:

a. cor e luz (cromoterapia e iluminação);

b. posição das pessoas na sala (sociometria, proxêmica);

c. forma de comunicação (escuta ativa, circularidade da comunicação e comunicação não violenta);

d. sala de espera (percepção de acolhimento e tranquilidade);

e. conforto e informação (percepção de respeito e segurança);

f. ambientação musical, entretenimento e ventilação (comunicação do tempo de espera, equilíbrio), entre outros.

Desde 1997, este autor tem aplicado modificações ambientais, que começaram nos juizados especiais de Curitiba, com o uso da cor verde e de móveis em madeira clara, bem como com a atenção à luz e à ventilação. A experiência foi tratada pela imprensa brasileira como "Tribunal Zen" (Bacellar, 2012b).

As cores já são estudadas na arquitetura, na educação, no comércio, na indústria, na pecuária e no esporte, entre outras áreas, e ainda não havia estudos na área da resolução de conflitos perante os tribunais. Foi isso o que motivou a experiência. A utilização da Justiça *New Age* (denominação dada à experiência por revistas e jornais de outros países) fez com que o índice das conciliações subisse (Bacellar, 2012b).

De acordo com a reportagem, a experiência da Justiça *New Age*, em três anos, propiciou o aumento significativo nos índices de conciliações, os quais subiram de 60% para 80%. Além disso, a aplicação tem tido tanto sucesso que mesmo a parte perdedora invariavelmente acaba agradecendo (O "juiz zen"..., 2001, p. 29).

Foram muitas as situações gratificantes que decorreram desse estudo e, em todas as respostas, os jurisdicionados mostravam avaliar os serviços judiciários em sua integralidade, e não só o resultado final da demanda. Registravam perceber respeito no atendimento, na linguagem clara e acessível, na comunicação do tempo de espera e na condução das sessões e audiências.

A **arquitetura judiciária**, portanto, deve ser pensada pelas relações sociais estabelecidas no âmbito da Justiça – dentro de uma sala de audiência, no colegiado de um tribunal, nas consultas de advogados e na busca por informações feita pelo público. O significado social dessas relações é materializado pelos espaços que as abrigam, pelos prédios destinados à Justiça, incorporando a importância simbólica e cívica dessas edificações (Patterson, citado por Freitas; Freitas, 2006).

As disciplinas passam a se comunicar e, mais do que isso, a se integrar e a transpor os limites estreitos das especialidades – sem fronteiras ou divisas. Teremos de "voltar a ver as árvores, mas também a floresta" como um todo.

Após a ideia de **multidisciplinaridade**, acolheu-se a **interdisciplinaridade**, convidando, hoje, os profissionais da pós-modernidade para uma visão mais ampla, exlética* e transdisciplinar. Assim, física quântica, antropologia, filosofia, psicologia, engenharia e administração ingressam no sistema judiciário e o aperfeiçoam. Para melhores conciliações e mediações, mesas-redondas são mais adequadas e dão plano de igualdade, despolarizando a estrutura física encontrada tradicionalmente.

Unidades judiciárias, secretarias, cartórios e salas de julgamento podem e devem ser planejados de acordo com os fluxos de circulação de processos, número de partes, complexidade da causa e peculiaridades concretas das pessoas. Constatamos, hoje, que condições de cor, luz, posição das pessoas na sala de julgamento, formas de comunicação, tempo de espera e sua percepção (cronêmica**), ambientação musical (musicoterapia) e até mesmo aromática

---

* **Exlética:** do inglês *exlectics* (sem uma tradução precisa na língua portuguesa), refere-se a um método de conhecimento que permite, com visão sistêmica, considerar todos os argumentos e tirar de uma situação o que ela tem de válido (não disputa dialeticamente). Quando necessária, a palavra será utilizada em outros momentos deste livro com mais detalhes e com descrições de outros doutrinadores.

** **Cronêmica:** refere-se à percepção do tempo e sua influência nas relações entre as pessoas; como forma de comunicação, pode informar a valorização ou não que se dá às pessoas em face das manifestações do tempo (pontualidade, impontualidade, pressa, tranquilidade, escuta).

(aromaterapia) são instrumentos para trazer o equilíbrio dos contendores e a sintonia do ambiente.

A **programação neurolinguística (PNL)** é uma ciência que descreve formas para direcionar a atuação do próprio cérebro, fazendo com que ele atue favoravelmente, trazendo os resultados desejados. No ensinamento de Anthony Robbins, a PNL é a ciência que estuda como dirigir o cérebro de forma favorável para conseguir os resultados desejados (O poder..., 1993, p. 120).

Um dos prismas do que se entende por *modelagem* consiste na tarefa de estudar as condutas realizadas por pessoas que atingiram a excelência em suas atividades, a fim de colocá-las em prática na própria vida, fazendo com que os estudiosos também possam atingir essa excelência. Com esse método, podem ser conduzidos os próprios estados e comportamentos, bem como os estados e comportamentos dos outros.

Depois da descoberta da modelagem ou, como denominam alguns estudiosos, da *modelagem da excelência humana*, foi notada a possibilidade de programação do cérebro na busca dos comportamentos adequados em face das diversas situações, fazendo com que as pessoas atinjam níveis de excelência, imitando atitudes vencedoras de pessoas excepcionais. O nome *programação neurolinguística* traz a ideia do objeto de que trata a ciência: modelagem (programação) do cérebro (neuro) por meio da linguagem (linguística).

Esses conhecimentos adquiridos com a PNL são muito utilizados nos campos profissionais e educacionais, além do terapêutico. Também podem ser utilizados nos tribunais, na Administração Judiciária e, para melhores resultados de autocomposição, nas conciliações e nas mediações, com reflexo positivo no atendimento do jurisdicionado. Anthony Robbins propõe maneiras de conduzir a comunicação, emoldurando objetivos e formulando as perguntas certas. Afirma ele que "na PNL, referimo-nos a elas como perguntas objetivas: O que eu quero? Qual é o objetivo? Para que estou aqui? O que quero para você? O que quero para mim?" (Robbins, 2013, p. 215). O autor recomenda ainda que se substitua o *por que*, que alcançará justificações e desculpas, por *como*, que lhe trará informações úteis.

A **cromoterapia** é uma forma de terapia alternativa reconhecida pela Organização Mundial de Saúde (OMS). Ela prega a harmonização do corpo pela utilização das cores. Essa técnica já era desenvolvida por civilizações antigas, como a grega, a egípcia e a chinesa. Definida como uma ciência que utiliza as sete cores do espectro solar – ou seja, o vermelho, o laranja, o amarelo, o verde, o azul, o anil e o violeta –, a cromoterapia busca atingir a harmonização e o equilíbrio não só das pessoas, mas também do ambiente em torno delas.

É nesse aspecto que a cromoterapia pode ser utilizada como auxiliar da Justiça, pois, pelo uso adequado das cores no ambiente e, consequentemente, do efeito que causa nos contendores, é possível chegar à tranquilidade desejada, buscando-se sempre a paz social pela resolução harmônica dos conflitos. A cromoterapia é auxiliar principalmente nas ações em que a resolução pacífica pode depender da conciliação. No dizer da Ministra do Superior Tribunal de Justiça Fátima Nancy Andrighi (2007, citada por Bacellar, 2013, p. 61),

> *Repita-se que esta é a Justiça do Terceiro Milênio, portanto, só se pode concebê-la informatizada, adequadamente instalada e compatível com o uso de métodos modernos, até da cromoterapia, que deve ser usada como instrumento eficiente de desarmamento dos espíritos, predispondo os jurisdicionados em litígio para a conciliação.*

A **sociometria** é uma ferramenta utilizada na análise das interações humanas. Foi desenvolvida por Jacob Levy Moreno, que a define como instrumento que estuda as estruturas sociais em função das atrações e repulsas manifestadas no seio do grupo. Suas técnicas são utilizadas na verificação de como estão as relações em ambientes coletivos. É representada por sociogramas, que se formam após entrevistas com as pessoas do grupo com quem se relacionam, com as quais têm mais afinidade (Moreno, 2008).

As questões formuladas nas entrevistas dão origem a esse esquema, denominado *sociograma*, que demonstrará as redes sociais. As questões podem ter diferentes configurações, podendo se apresentar da seguinte forma: Quais são as pessoas que gostaria de ter em seu grupo? Quais são as que não gostaria de ter em seu grupo? Quais são as que gostariam de pertencer ao seu grupo? Quais são as que não gostariam de pertencer ao seu grupo?

Essas pesquisas podem ser realizadas para a verificação de como se comporta o ambiente de trabalho nos fóruns. A própria arquitetura dos prédios pode estimular positivamente projetos que estabeleçam, com base nesse conhecimento, o melhor posicionamento das pessoas na sala de audiências, no saguão, na sala de espera, nos gabinetes de trabalho e nos tribunais (Bacellar, 2013).

Allan e Barbara Pease (2005, p. 132) explicam que

> *toda pessoa que reivindica um espaço ou lugar em meio a estranhos, como uma cadeira no cinema, um lugar na mesa de reunião ou um armário no vestiário da academia, o faz de um modo previsível. Geralmente a pessoa procura o espaço mais amplo disponível entre duas outras pessoas e ocupa o lugar intermediário.*

Esses estudos retratam as percepções do ser humano em relação ao ambiente e, por isso, conhecendo como se estabelecem essas percepções, podemos projetar os espaços de modo a dar mais conforto e equilíbrio às partes e melhorar a qualidade nos serviços judiciários.

5.4 Práticas restaurativas e inovações em modelos de serviço

Toda inovação enfrenta resistências, e as mais significativas decorrem de valores culturais, que, ao se formarem e se fixarem, acabam por não permitir discussão livre de novas ideias. "A cultura se compõe de tudo aquilo que resulta das experiências simbólicas compartilhadas e de tudo que é capaz de mantê-las" (Jaeger; Selznick, 1964, p. 5).

É tão amplo, múltiplo e aberto o conceito de cultura que o direito não consegue apreender senão fragmentos de cultura. Quando se fala em cultura jurídica, é importante buscar luz na pesquisa de Wolkmer (2003, p. 2), que enfatiza a reprodução pelas instituições jurídicas, ideologicamente, "em cada época e em cada lugar, de fragmentos parcelados, montagens e representações míticas que revelam a retórica normativa, o senso comum legislativo e o ritualismo dos procedimentos judiciais".

Os profissionais do direito, desde a graduação, aprendem sempre a raciocinar pelo sistema da contradição (dialético), que forma guerreiros. O curso ensina a interpretação das leis, o uso da doutrina e da jurisprudência, de forma a prepará-los para uma guerra, para uma batalha jurídica em torno de uma lide (visão estrita do conflito), disputa de interesses qualificada por uma pretensão resistida (Carnelutti, 1958), em que duas forças opostas lutam entre si e só pode haver um vencedor. Todo caso tem dois lados polarizados. Quando um lado ganha, necessariamente o outro tem de perder. Assim também se dá, guardadas as devidas proporções, no ensinamento do direito criminal (Bacellar, 2003).

A **legislação penal brasileira**, desde as Ordenações Filipinas (1603), o Código Criminal do Império (1830) e o Código Penal de 1890 até o Código Penal de 1940, sempre transmitiu a ideia de **prevenção geral** por meio de penas privativas de liberdade (cadeia) destinadas a intimidar a sociedade. Com isso, amedrontaria a sociedade e evitaria o surgimento de novos delinquentes. Trabalhou também com a ideia de **prevenção especial** dirigida ao criminoso, paradoxalmente determinando que o "elemento" deve ser afastado da sociedade para ser ressocializado.

Já se afirmou que a legislação, na verdade, representa um conjunto retórico de boas intenções sem nenhuma efetividade. Dentro desse contexto cultural, os operadores profissionais do direito (policiais, promotores, juízes, advogados, defensores públicos) e mesmo os órgãos superiores de decisão (tribunais) só aprenderam a atuar de acordo com o modelo repressivo-punitivo.

Esses valores retributivos foram sendo repassados de geração a geração, e a concepção repressivo-punitiva é muito forte. Faz parte de uma concepção geral, quase equiparada à opinião pública, a falsa ideia de que estabelecer prisão (cadeia) como única pena ao infrator fará a sociedade, como um todo, vencedora.

Ocorrem hoje profundas transformações políticas, sociais, ambientais, econômicas e tecnológicas que indicam a necessidade de uma análise sistêmica, a fim de compreender a complexidade que informa o ser humano. Se, no passado, aprendemos (os operadores do direito) que "o que não está nos autos de processo não está no mundo", sabemos, hoje, que o valor da justiça muitas vezes não se encontra limitado aos autos de processo.

> *Percebemos que a simples subsunção do fato tido por criminoso e a norma (com aplicação de pena) não modificam a atitude das pessoas.*

Essa visão de holofote restrita apenas à questão jurídica de subsunção da ocorrência aos ditames da lei, apequenada aos autos de processo, conformada aos limites da ocorrência policial, não enxerga, porém, os verdadeiros problemas e interesses que podem estar por trás de uma infração penal. Percebemos que a simples subsunção do fato tido por criminoso e a norma (com aplicação de pena) não modificam a atitude das pessoas.

As pessoas (em causa) muito pouco participam do processo judicial tradicional. Assim, ocorre que o Estado-juiz substitui a vontade das pessoas e aplica a lei, sem perguntar para as pessoas o que efetivamente elas pretendem. A vítima de regra é ouvida como uma testemunha e é obrigada a reviver todo o incômodo e até os traumas decorrentes do crime (revitimização).

Por isso, em bom momento, adveio a Resolução n. 225, de 31 de maio de 2016, do CNJ (Brasil, 2016b), a qual contém diretrizes para implementação e difusão da prática da **justiça restaurativa** no Poder Judiciário. A norma estabelece que os tribunais de justiça dos estados e do Distrito Federal implementarão programas de justiça restaurativa. A iniciativa será aplicada, no que couber, na Justiça Federal.

A resolução é resultado de minuta desenvolvida, desde agosto de 2015, por um grupo de trabalho instituído pelo presidente do CNJ, Ministro Ricardo Lewandowski, por meio da Portaria n. 74, de 12 de agosto de 2015 (Brasil, 2015d), da qual o autor foi integrante e que, no ano de 2016, encaminhou o resultado do trabalho à Comissão Permanente de Acesso à Justiça e Cidadania do CNJ. Apresentado em plenário, o trabalho foi aprovado com a edição e publicação da referida resolução.

A justiça restaurativa busca a conscientização quanto aos fatores e às dinâmicas relacionais, institucionais, sociais violentos e desumanos, que se apresentam como motivadores de insatisfações e de outras violências. Mediante o uso de métodos consensuais de resolução de conflitos, a justiça restaurativa pode, em variadas situações, promover aproximação entre a vítima, o agressor, suas famílias, a comunidade, a sociedade e a Rede de Garantia de Direitos. Por meio de círculos restaurativos, da escuta ativa (dinâmica) e da compreensão das responsabilidades, buscam-se a reparação dos danos decorrentes da transgressão e o atendimento das necessidades de todos os envolvidos, construindo novos caminhos de convivência em busca da pacificação social.

Nesse novo movimento de aplicação restaurativa do direito, agora estimulado pela Resolução n. 215, de 16 de dezembro de 2016, do CNJ (Brasil, 2016a), há uma valorização da vítima, e o trabalho dos profissionais (agora não mais só policiais, juízes, advogados, defensores e promotores de justiça) e da sociedade destina-se a buscar a visão de futuro com o desenvolvimento de uma compreensão sistêmica, global e transdisciplinar. Isso deve abranger todos os prismas relacionais, a fim de que – após conversar sobre o conflito – possam resultar apenas vencedores (ganha/ganha).

O termo "transdisciplinar [...]" foi forjado por Jean Piaget [...], num encontro sobre a interdisciplinaridade promovido pela Organização da Comunidade Europeia (OCDE), em 1970. Nesse conclave, Piaget definiu a transdisciplinaridade do seguinte modo:

> "Enfim, na etapa das relações interdisciplinares, pode-se esperar que se suceda uma fase superior que seria 'transdisciplinar', a qual não se contentaria em atingir interações ou reciprocidades entre pesquisas especializadas, mas situaria tais ligações no interior de um sistema total, sem fronteiras estáveis entre as disciplinas".

Fonte: Weil; D'Ambrosio; Crema, 1993, p. 39.

Já afirmamos em outras oportunidades a nossa posição de que a verdadeira justiça só se alcança quando os casos "se solucionam" mediante consenso. Os conhecimentos e as ferramentas de mediação, comunicação, círculos restaurativos aplicados por profissionais com formações diferenciadas, com uma atuação integrada aos valores locais e aos interesses da sociedade, permitirão que a justiça restaurativa promova a verdadeira pacificação social, finalidade da lei, do direito e da própria existência do Poder Judiciário. Sabemos, hoje, que o modelo de amedrontamento, base da prevenção geral e especial, não mais se justifica.

O modelo jurídico do juiz que manda, ordena e condena, por certo, não conseguiu operacionalizar nenhuma mudança de atitude na cabeça do ser humano que recebe o mandamento, a ordem ou a condenação. Algumas vezes exigimos do apenado (comparecer em juízo para justificar suas atividades, não ingerir bebidas alcoólicas etc.) que não fazem nenhum sentido para ele.

O trabalho voltado ao saber ser da gestão de pessoas por competências poderá auxiliar nesse processo de desenvolvimento de atitudes. Transparece a percepção de que alguns condenados se consideram vítimas e passam, nessa nova condição, a justificar intimamente suas condutas violentas.

Pense a respeito	"A pedagogia, a medicina, a psicologia, a economia, a política, se não a própria moral, já não admitem discussão sobre a monstruosidade antinatural, anti-individual e anti-social de prender, isolar, segregar" (Lyra, 1957, citado por Silva, 2001).

Para o alcance da pacificação, o raciocínio deve ser exlético e o conflito deve ser analisado sempre na sua integralidade, agora com foco amplificado dirigido ao ser humano. Segundo Howard Zehr (2008), a justiça restaurativa é um encontro entre as pessoas diretamente envolvidas em uma situação de violência ou conflito, seus familiares, amigos e comunidades. O encontro é orientado por um coordenador e segue um roteiro predefinido, proporcionando um espaço seguro e protegido para as pessoas abordarem o problema e construírem soluções para o futuro. A abordagem tem foco nas necessidades determinantes e emergentes do conflito, de forma a aproximar e corresponsabilizar todos os participantes com um plano de ações que visa restaurar laços sociais e compensar danos, bem como gerar compromissos de comportamentos futuros mais harmônicos.

A proposta é de que, com essas novas lentes reveladas por Zehr (2008), passemos a ter uma visão transdisciplinar para definir ações sistêmicas (em conjunto com vítima, ofensor e sociedade), adequadas à complexidade do ser humano e de sua própria espiritualidade. As práticas restaurativas podem ser desenvolvidas por vários processos, como mediação, conciliação, conferências, audiências e círculos.

Da mesma forma, essas práticas podem ter variadas aplicações em diversas matérias e em vários contextos, utilizando-se, entre outras, de mais algumas técnicas ou processos, como: a) comunicação não violenta – encontros entre vítima e ofensor (Rosenberg, 2006); b) conferências familiares; c) círculos de construção de paz (Zehr, 2012, p. 54); d) mediação comunitária.

Além disso, podem incidir sobre questões relacionadas a atos infracionais praticados por adolescentes (juizados de infância e adolescência), podendo ser aplicadas em medidas despenalizadoras em questões criminais de menor ou médio potencial ofensivo (no âmbito dos juizados especiais criminais, na composição civil dos danos, na transação penal, na suspensão condicional do processo, após a pena), questões de família (varas de família), homicídios dolosos (aplicação no tribunal do júri), crimes de trânsito (varas de delitos de trânsito), após a condenação e a aplicação da pena (varas de execução penal) e em todos as unidades judiciárias em que se perceba que a resolução por meio da aplicação de pena (por si só) não é adequada ou suficiente.

O marco inaugural da regulamentação da justiça restaurativa pela Organização das Nações Unidas (ONU) foi a Resolução n. 199/26, de 28 de julho de 1999, que dispôs sobre o "Desenvolvimento e

Implementação de Medidas de Mediação e de Justiça Restaurativa na Justiça Criminal. A seguir houve uma reformulação implementada pela Resolução n. 2000/14, de 27.07.2000, reafirmando a importância dessa tarefa" (ONU, 1999, citada por Santos; Gomide, 2014, p. 33).

A ONU, depois disso, fixou alguns princípios básicos dos programas de justiça restaurativa em matéria criminal e o fez pela Resolução n. 2002/12, de 13 de agosto de 2002, do Conselho Econômico e Social das Nações Unidas, recomendando a aplicação da justiça restaurativa para todos os países. Define a ONU *programa restaurativo* como qualquer programa que utilize processos restaurativos voltados para resultados restaurativos. Afirma ser *processo restaurativo* aquele que ocorre geralmente com o auxílio de um facilitador e do qual participam ativamente na resolução dos problemas: a vítima, o infrator e, quando apropriado, outras pessoas ou membros da comunidade afetados pelo crime (ONU, 2002, citada por Santos; Gomide, 2014).

Ressaltamos que o processo restaurativo abrange mediação, conciliação, audiências e círculos de sentença. *Resultado restaurativo* significa um acordo alcançado devido a um processo restaurativo, incluindo responsabilidades e programas, como reparação, restituição e prestação de serviços comunitários, objetivando suprir as necessidades individuais e coletivas das partes e logrando a reintegração da vítima e do infrator.

Desde 2004, a Escola Superior da Magistratura da Associação dos Juízes do Rio Grande do Sul (Ajuris) estimula e difunde as práticas restaurativas por meio do Núcleo de Estudos e Pesquisas em Justiça Restaurativa, sob a coordenação do magistrado Leoberto Brancher. Naquele espaço de aprendizagem e de reflexão teórica, nas suas palavras, nasceu o Projeto Justiça para o Século 21 (Brancher, 2014).

Em São Paulo, Egberto de Almeida Penido e Monica Mumme, com base nas dimensões relacional, institucional e social, igualmente desenvolvem programas surpreendentes. Contemplam esses programas um conjunto de ações divididas em três eixos:

> *Um primeiro eixo se refere à aprendizagem (formação) dos procedimentos restaurativos por parte de facilitadores para que possam realizar práticas restaurativas em todos os espaços, tanto com um viés preventivo como resolutivo. Um segundo eixo tem seu foco na mudança institucional. [...] [É o que denominam mudança ou transformação da ambiência institucional], a fim de que a própria estrutura e cultura reinante (invariavelmente hierárquica e excludente) não retroalimente a situação de violência, bem como não manipule os procedimentos restaurativos para manter as relações de poder na instituição [...].*
> *Por fim o terceiro eixo se ocupa da criação ou do fortalecimento da "Rede de Apoio" [articulação entre as entidades de atendimento local ou regional e a implementação dos procedimentos restaurativos].* (Mumme; Penido, 2014, p. 77)

A justiça restaurativa representa um novo paradigma que está a se disseminar por todos os estados brasileiros. Destinado a restaurar pessoas e relações conflituosas com a participação ativa da vítima (quando isso é possível), do infrator, da sociedade, de familiares e de demais interessados em um espaço dialógico de respeito (com fala e escuta ordenadas), esse instituto tem alcançado resultados significativos.

A justiça restaurativa tem vencido muitos traumas e perdas causados pelo crime, pelo conflito ou pelo ato infracional, permitindo às pessoas que retomem sua vida com projeção e visualização do futuro. As práticas restaurativas não pretendem substituir ou disputar espaço com o modelo retributivo-punitivo. Buscam ressignificar o papel do Estado com paralelo atendimento às necessidades da vítima – de regra, não identificadas e, por isso, não atendidas pelo Poder Judiciário.

A justiça restaurativa pode, por meio da ampliação de redes, do diálogo, da fala e escuta ordenadas, da decisão informada, resolver o problema de fundo do conflito. Para isso, trabalha um processo cooperativo e integrado, em forma de rede, empoderando a vítima e a sociedade para receberem de volta a responsabilidade que sempre tiveram – mas que foi delegada ao Estado – de resolver conflitos, ou, pelo menos, participar ativamente de sua resolução. Há muito que avançar e muitas ainda são as preocupações relativas à aplicação generalizada da justiça restaurativa em crimes mais graves.

Algumas vezes (nossa posição), ainda que o sistema faça previsão da aplicação de pena de forma impositiva, a exemplo do que ocorre com a Lei Maria da Penha, a questão de fundo dos conflitos e os vários aspectos que integram a complexidade das relações adversariais precisam ser tratados. Não se propõe afastar as medidas punitivas, mas, além delas, tratar restaurativamente questões complexas – relacionais e comportamentais.

No que concerne ainda à Lei Maria da Penha, depois de cumprido o desafio inicial de proteger a mulher, aplicando-se o necessário rigor da lei ao agressor, no caso concreto, a missão avança para tratar das demais questões que ainda vinculam, algumas vezes de maneira permanente, aquele casal em conflito. Em nossa visão, isso poderá ser alcançado por meio de práticas restaurativas, sem tirar a firmeza nem se afastar do foco primordial da lei que foi a proteção da mulher. Até mesmo a participação em processos restaurativos com outras vítimas e outros ofensores (restauração indireta) poderá ser aplicada, com o objetivo de restaurar as relações e melhor compreender os fatos a partir das dimensões culturais, sociais, institucionais, políticas, comportamentais e espirituais nos quais estão inseridos.

Com propriedade, John Paul Lederach (2012) afirma que as lentes da transformação de conflitos, diferentemente da abordagem resolutiva, permitem aproveitar o potencial de mudança construtiva inerente ao conflito. A principal vantagem dessa estrutura transformativa, segundo Lederach, é a capacidade para considerar múltiplas vias de resposta.

Aqui ressaltamos uma nova visão mais ampla, que não tem foco apenas na lide criminal e abrange todas as questões, relações, sentimentos, percepções e necessidades dos participantes e da sociedade. Essa visão sistêmica que faz composições (não disputa dialeticamente) tem sido denominada *exlética*.

> A palavra *exlética* apareceu pela primeira vez em 1977, na obra *The Happiness Purpose* (O propósito da felicidade), de Edward de Bono. A exlética permitiria, segundo De Bono, tirar de uma situação o que ela tem de válido – não importa de que lado se encontre. Maury Rodrigues da Cruz e Nádia Bevilaqua Martins igualmente descrevem aplicações e composições exléticas. Maury Rodrigues da Cruz prefere a grafia *eslético* ou *eslética* (Martins, 2006, p. 59-65). Consulte também a obra *Da obsolescência disjuntiva dialética para a construção conjuntiva exlética*, de Nádia Bevilaqua Martins.

A aplicação resolutiva (punitivo-retributiva), em alguns casos, é necessária, rápida e até pode cumprir seu papel com efetividade (resolver a lide). Entretanto, nos casos em que existem relações perenes de vários vínculos, relacionamentos passados, sentimentos, necessidades, percepções, histórico significativo comum, o foco limitado e estreito da abordagem resolutiva (punitivo-retributiva) pode desperdiçar o grande potencial das mudanças construtivas (resolver o conflito em sua integralidade).

5.5 Insuficiência de pesquisas internas e deficiência na análise de dados em arquivo

Poucos tribunais trabalham com pesquisas internas para avaliar o clima organizacional ou têm à sua disposição dados estatísticos confiáveis. Quando os têm, não os analisam adequadamente, muito menos os acompanham ou monitoram.

É significativo o exemplo de algumas corregedorias gerais de justiça que fiscalizam com rigor os prazos para as remessas dos relatórios mensais pelos magistrados e, depois de recebê-los, os depositam em arquivos que jamais são analisados.

As pesquisas externas (Dakolias, 1996; Castro, 2003, p. 62) para avaliar o nível de satisfação dos jurisdicionados, realizadas em unidades jurisdicionais brasileiras, informam uma insatisfação de mais de 60% em relação às atividades-meio (atendimento, ambiente, informação, linguagem etc.) e à atividade-fim (baixa qualidade e demora nas decisões). Quando se analisa o caminho administrativo, ou seja, a gestão administrativa dos tribunais, encontramos o **amadorismo como regra**. Excepcionalmente, somente em alguns tribunais são utilizadas técnicas e instrumentos estratégicos de administração.

Em 2008, este autor, na qualidade de juiz-coordenador-geral da Operação Litoral*, promovida pelo Tribunal de Justiça do Paraná, que amplia a estrutura das comarcas litorâneas no período de verão, desenvolveu pesquisas internas e externas. Foi surpreendente a

---

* Este autor, como juiz, já havia coordenado a operação ocorrida nos anos de 1997 e 1998 e, nas respostas à enquete com 13 itens de avaliação, percebeu resultados semelhantes indicativos de que destinar um pouco de atenção ao jurisdicionado pode aumentar a legitimação social do Poder Judiciário.

facilidade de agradar o jurisdicionado quando, de um lado, são conhecidas suas angústias e, de outro lado, as expectativas estão baixas em relação aos serviços judiciários. Percebemos, do resultado integral da enquete, que o usuário esperava muito pouco dos serviços judiciários e por isso foi mais fácil satisfazê-lo. A relação entre qualidade esperada e qualidade experimentada pendeu positivamente para esta última, o que definiu os serviços lá prestados no quadrante "ótimo" e "bom".

Um dos itens da pesquisa que tratava do atendimento teve uma aprovação igual ou superior a 90% na enquete de 2008, enquanto, na pesquisa realizada em 1997, 60% dos entrevistados responderam terem "bem" ou "muito bem" atendidos e só 11% disseram terem sido "mal" atendidos; 29% responderam que o atendimento foi "mais ou menos", como demonstra o Gráfico 5.1.

Gráfico 5.1 – Parte da enquete para avaliação de reação – atendimento do jurisdicionado, com a pergunta 11: "Como você foi atendido?"

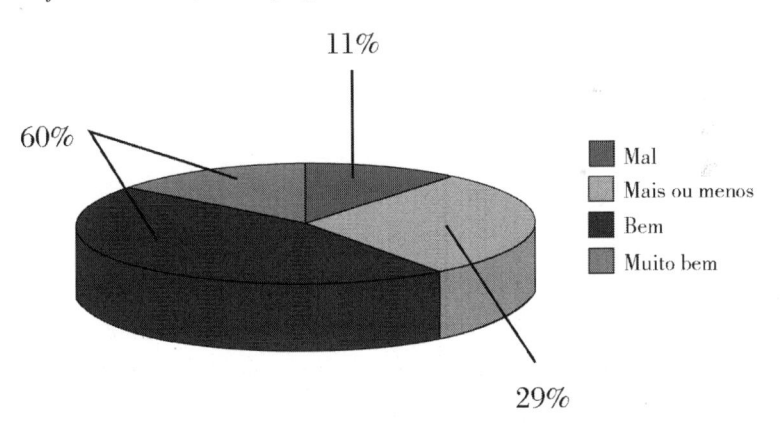

11%
60%
29%

- Mal
- Mais ou menos
- Bem
- Muito bem

Moniz de Aragão, sentindo-se um pregador em pleno deserto, há muitos anos manifestou a necessidade de que o Poder Judiciário, no Brasil, possa ser analisado com pesquisas estatísticas a respeito de seu funcionamento (Aragão, 2005).

O CNJ, com publicações anuais dos dados de todos os tribunais brasileiros, busca modificar essa ausência de pesquisas ao estimular e premiar os que melhor trabalham com informações. Também apresenta a ideia de uma **cultura de informação qualificada** mais do que mero instrumento de gestão.

Os dados colhidos e as informações produzidas pelo CNJ, de forma padronizada e uniforme, em todos os tribunais brasileiros, representam seguros vetores (condutores de conhecimento) para planejamento estratégico voltado à qualificação da Administração Judiciária brasileira.

Os indicadores globais constantes do relatório *Justiça em números* demonstram os dados de forma abrangente, o que permite a análise comparada entre tribunais do mesmo ramo de justiça (*benchmarking*) em relação à litigância, à produtividade e ao atendimento à demanda. Os resultados são apresentados com o objetivo de facilitar a rápida visualização desses importantes indicadores – como os casos novos por magistrado, o Índice de Produtividade dos Magistrados (IPM) e a taxa de congestionamento, de acordo com o porte e o segmento judicial em questão (CNJ, 2014, p. 16).

5.6 Magistratura: vocação e desafios

José Renato Nalini, ao discorrer sobre o descompasso entre as promessas e suas concretizações, destaca ser a magistratura uma carreira em baixa. A alternativa seria acreditar que, nestes dias, somente acorrem à carreira de juiz aqueles interessados em emprego, os que são moldados para o imobilismo e a burocracia, os incapazes de pressentir as promessas de uma instituição que está submetida a um doloroso repensar e se vê forçada a um inadiável *aggiornamento*. De um lado, há o oportunismo; de outro, há a acomodação. Em ambos, ocorre tanto a falta de idealismo quanto a de vocação (Nalini, 2008, p. 25).

O desafio de buscar os bons profissionais para integrar a carreira da magistratura, estudiosos, entusiastas, com correção de caráter, idealistas e vocacionados precisa ser analisado por vários prismas. Muitos elogiam a busca pela forma democrática de selecionar magistrados por voto popular, processo do qual viria a grande legitimação democrática do sistema norte-americano. Lá, na Justiça Estadual, em grande parte dos estados-membros, há a eleição de juízes. Isso, além dos aspectos positivos que decorrem da forma democrática da escolha, carrega também aspectos negativos. Percebemos enormes pontos de vulnerabilidade em relação ao preparo dos candidatos e à própria independência dos juízes eleitos.

No Brasil, como se sabe, os juízes não são eleitos e, portanto, não contam com a mesma legitimação política e democrática (decorrente do voto popular). O recrutamento e a escolha dos juízes por concurso público de provas e títulos têm sido difíceis. Há períodos em que resulta sobra de, aproximadamente, 2 mil vagas para o cargo de juiz em todo o país, segundo pesquisa do Banco Nacional de Dados do Poder Judiciário (Brasil, 2004b). Há dificuldade para preencher as vagas porque a grande maioria dos candidatos não consegue aprovação nos concursos e existem aprovados que desistem da carreira. Há, na verdade, muitos concurseiros, com poucos anos de formado (bacharelado em Direito), que pretendem

> *Nestes dias, somente acorrem à carreira de juiz aqueles interessados em emprego, os que são moldados para o imobilismo e a burocracia, os incapazes de pressentir as promessas de uma instituição que está submetida a um doloroso repensar e se vê forçada a um inadiável aggiornamento. De um lado, há o oportunismo; de outro, há a acomodação. Em ambos, ocorre tanto a falta de idealismo quanto a de vocação (Nalini, 2008, p. 25).*

estabilidade, não havendo interesse de profissionais mais experientes pela carreira da magistratura. Para ingresso como juiz substituto, há requisito de que o candidato tenha, no mínimo, três anos de atividade jurídica e, se aprovado (no concurso de provas e títulos para ingresso), há dois anos de estágio probatório até que ocorra o vitaliciamento. Embora sejam poucos os casos em que, depois de aprovado, o juiz substituto seja exonerado, o profissional da advocacia que exerce a profissão por mais tempo e que resolve optar pela magistratura tem, necessariamente, de fechar seu escritório e ficar nos dois anos do vitaliciamento sujeito a ser confirmado ou não. Essa é uma das muitas dificuldades de motivar interessados e, entre eles, selecionar os verdadeiramente vocacionados.

A exigência de três anos de comprovação de atividade jurídica, após a Emenda Constitucional n. 45, de 30 de dezembro de 2004 (Brasil, 2004a), também é um fator inicialmente restritivo ao processo de seleção de magistrados. A opção do legislador, entretanto, é uma palavra de ordem no sentido de que quer juízes mais experientes, vocacionados e que efetivamente tenham condições de suportar as grandes pressões decorrentes da responsabilidade de decidir. Decidir é muito difícil e nem todos têm vocação para isso. Opinar é fácil.

Em longo prazo, com base nas diretrizes da Escola Nacional de Formação e Aperfeiçoamento de Magistrados (Enfam), pensamos que as escolas judiciais e da magistratura do país poderão dar contribuição fundamental ao melhor recrutamento de magistrados. O alto índice de reprovação nos concursos para juiz é igualmente uma das principais causas para o não preenchimento das vagas, mas há ainda o desestímulo com a carreira, em razão de desestímulos estruturais (Bacellar, 2013). Houve tempo em que a remuneração dos magistrados brasileiros se tornava incompatível com a responsabilidade e a importância de um juiz na sociedade. Hoje, busca-se um padrão de remuneração uniforme, com subsídios nacionais. Em vários tribunais do país, é possível, pelo acesso ao *site* do respectivo tribunal, ter todos os dados relativos aos subsídios.

No contexto econômico e social brasileiro, a remuneração é compatível. Há muitas limitações profissionais impostas ao magistrado e que não se exigem em outras carreiras com a mesma remuneração. Já vimos, na Seção 5.2, quais são essas limitações.

Alcançou-se, em face de se tratar de uma carreira de estado, por norma constitucional (prevista no art. 93, inc. V, da CR), a correspondência remuneratória do juiz tomando por base o subsídio do ministro do Supremo Tribunal Federal (STF), escalonando-se da seguinte maneira: os ministros dos tribunais superiores poderão perceber até 95% do subsídio mensal fixado para os ministros do STF, e os dos demais magistrados serão fixados em lei e escalonados, conforme as respectivas categorias da estrutura judiciária nacional; a diferença entre uma e outra não pode ser inferior a 5% nem exceder a 95% do subsídio dos ministros dos tribunais superiores.

Mesmo com uma remuneração uniforme e subsídios de padrão nacional, isso é insuficiente se não houver a reposição inflacionária periódica garantidora da integralidade; na prática, os reajustes inflacionários demoram a ocorrer e, quando são implementados, geram um desgaste desnecessário perante a mídia nacional. Dificuldades se estabelecem ao se utilizar o subsídio dos magistrados como parâmetro de outras profissões, na medida em que, a cada reajuste para os ministros do STF, opera-se o efeito cascata e impacta-se significativamente o orçamento da União e dos estados (Bacellar, 2013).

Atualmente, há uma grande discussão sobre a conveniência de equiparação de todas as carreiras jurídicas, tomando-se por base os subsídios dos ministros do STF. A nosso juízo, cada profissão deve ser tratada com suas especificidades.

A **desvinculação** é uma das propostas que pode ser imaginada para preservar não só a independência dos poderes da República, mas também a garantia da integralidade dos subsídios dos magistrados. Essa proposta depende de emenda constitucional e, longe de pretender desprestigiar outras carreiras, intenciona a adequação de cada profissão às suas peculiaridades (Bacellar, 2013).

Na busca por candidatos vocacionados à magistratura, a Enfam tem procurado regulamentar, ainda de forma facultativa para os tribunais, cursos de formação como etapa do próprio concurso público. Destaca a Instrução Normativa n. 8, de 16 de março de 2015 (Brasil, 2015e), em seu art. 3º, inc. I, que compõe o programa de formação inicial o curso oficial para ingresso na carreira da magistratura, destinado à seleção e realizado como etapa final do concurso para juiz. É um passo importante, já que o atual processo de seleção por concurso público tem prestigiado (na primeira etapa do concurso) apenas a memorização.

Um curso oficial para ingresso como uma das etapas do concurso poderia efetivamente, por meio de uma avaliação formativa, aplicar atividades com base em casos da realidade que, vivenciados pelo candidato, acompanhados e validados pelos formadores e membros da banca do concurso, em ambiente seguro, certamente permitiriam selecionar os melhores. Haveria o desenvolvimento de capacidades e habilidades no ambiente de formação que seria acompanhado pelos formadores, para que, ao final, tivéssemos magistrados éticos, humanistas, com visão interdisciplinar voltada à prestação de um melhor serviço para a sociedade (competência profissional). Como há uma necessidade de juízes, a regra é ser aprovado no concurso e, desde logo, ser nomeado para judicar – sem limitação – em todos os casos, o que prejudica o desenvolvimento adequado de suas competências profissionais e, pior do que isso, dá grande margem para o cometimento de erros no conhecimento e julgamento dos casos. A proposta em discussão é a de que o próprio concurso, fundamentalmente nessa etapa final, faria com que as atividades desenvolvidas se transformassem – por meio de métodos ativos – em competências profissionais do magistrado quando de sua nomeação.

5.7 A importância da crise e da experiência da crise

Apresentamos aqui uma análise inicial comparativa daquilo que se verifica na iniciativa privada (nas empresas) e das preocupações que se manifestam na gestão empresarial para conter ou prevenir crises.

É significativa a lição de John Ramée (1987) no prisma de que a administração de uma empresa sempre deve avaliar as ações que empreendeu durante a crise. Entre as questões mais importantes nas quais a empresa deve se pautar, relacionam-se:

a. O que a empresa fez para evitar a crise?

b. Que ações foram tomadas pela empresa, se e quando percebeu os sinais de que a crise era iminente?

c. Os dirigentes da empresa ajudaram ou atrapalharam os esforços para debelar a crise?

d. As decisões tomadas para resolver a crise foram efetivas?

Marco Antonio Oliveira vai mais além e recomenda que as empresas provoquem, elas mesmas, sua próxima "crise", estabelecendo um clima de alerta suficientemente perceptível para que todos percebam os sinais de que algo deve ser feito, bem antes que a empresa seja novamente atingida (Oliveira, 1994).

No ambiente da Justiça, não será necessário provocá-la, uma vez que a situação de crise tem se manifestado constantemente, sem que se tenha aproveitado a experiência dela decorrente. Em sua história, vimos que o Poder Judiciário, ao não aprender com a experiência do passado e não prevenir o futuro, foi surpreendido pela crise e continua a "apagar incêndios", além de não solucionar os verdadeiros problemas, deixando de projetar ações para minorá-los (Bacellar, 2013).

Repetimos: o tribunal, afastando-se da visão sistêmica, não foi mais capaz de "ver a floresta por causa das árvores".

5.8 Alta aprendizagem nas organizações

A alta aprendizagem nas organizações se manifesta quando, nos planejamentos e nas decisões, a liderança se apresenta de forma altamente envolvida e os planejamentos são flexíveis e interativos. A estratégia é de construção permanente. A dependência dos setores diretivos, normalmente, apresenta-se como baixa, ao contrário das organizações de baixa aprendizagem, nas quais essa dependência é alta (Bacellar, 2013).

Nas organizações de alta aprendizagem, o grau de difusão das informações e de acessibilidade a elas é amplo. Já o grau de centralização da comunicação é baixo. As organizações que têm alta aprendizagem buscam interpretar seus "erros" de forma legítima e institucionalizada, nunca de forma puramente punitiva, como ocorre nas organizações de baixa aprendizagem.

Figura 5.1 – Ciclo da gestão do conhecimento

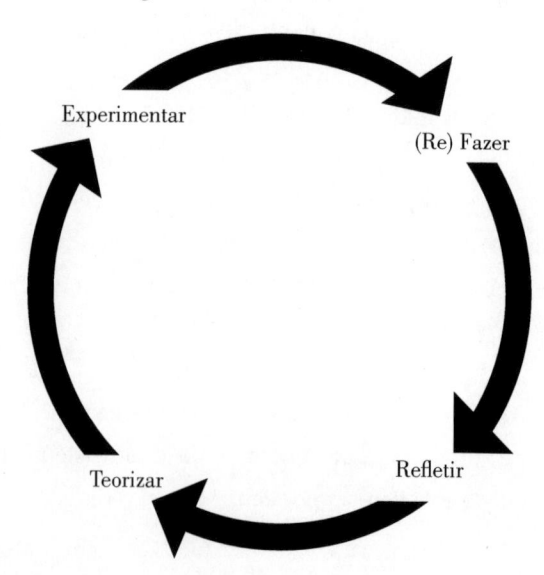

Experimentar → (Re) Fazer → Refletir → Teorizar

Para que uma organização possa gerir seus conhecimentos, ela deve tratá-los como um ciclo no qual, após iniciar sua atividade, reflete e teoriza sobre ela e experimenta novos caminhos, para, a partir daí, reiniciar sua atividade, aplicando a experiência anterior.

5.9 O modelo gerencial hierarquizado dos tribunais e a necessidade de *empowerment*

O Poder Judiciário tem sido administrado por magistrados em geral, com pouco ou nenhum conhecimento nas áreas de administração e que, em regra, afirmam não ter tempo a perder com administração. Pelo mecanismo de coordenação (por supervisão direta), alguns administradores de tribunais confundem a função jurisdicional (que se impõe pela força) com aquelas destinadas a viabilizá-la (Bacellar, 2013).

No exercício da jurisdição, algumas vezes é necessário e fundamental que o poder de império, de coerção, imponha-se para viabilizar o cumprimento das decisões. Há situações em que só a força da lei não é suficiente, razão pela qual o Estado-juiz tem de agir para fazer cumprir a determinação legal ou judicial. Se não o fizer e se permitir o descumprimento da lei, transmitirá a todos os demais cidadãos, cumpridores de seu dever, uma mensagem de que o cumprimento da lei não é importante e que todos também poderão não mais cumprir com seus deveres legais. Conforme Dinamarco (1987, p. 77), *jurisdição* é atividade pública e exclusiva, com a qual o Estado substitui a atividade das pessoas interessadas e propicia a atuação da vontade do direito em casos concretos, "seja revelando-a mediante uma declaração (processo de conhecimento), seja promovendo com meios práticos os resultados por ela apontados (execução forçada). A jurisdição é, pois, manifestação do poder".

Imagine-se a situação de um juiz que precisasse pedir ao inquilino (que não paga o aluguel há muitos meses) o favor de desocupar a casa de seu senhorio. Será que esse pedido seria atendido?

O sistema judiciário, ao ser acionado em face do descumprimento da lei ou de ordem judicial, deve, desde logo, em homenagem aos cidadãos cumpridores de seus deveres e à convivência pacífica entre as pessoas, impor – se necessário, pela força – o cumprimento de suas decisões.

> *Pode-se dizer, consequentemente, que de nada valeria o Direito, do ponto de vista prático, se não previsse uma instrumentalização adequada, a tornar realidade, a atuar e concretizar praticamente o direito que já foi reconhecido ao seu titular. Esse instrumento existe e se denomina execução do direito.*
> (Arruda Alvim, 1990, p. 54)

Na condição de juiz (que determina, manda, executa, prende, decide, sem discussão), o administrador não pode carregar para a gestão administrativa seus superpoderes, que só se justificam para fazer cumprir a lei com a intencionalidade de preservar a convivência pacífica entre as pessoas. Não deveriam, também, os administradores, presidentes de tribunais, centralizar e concentrar todas as atividades de gestão e administração.

Apenas para efeito de exemplificação, há tribunais estaduais em que ficam sob a responsabilidade do presidente até mesmo a concessão de férias dos servidores e a compra de materiais de expediente. A terceirização de algumas atividades – com a contratação de serviços externos – já é uma realidade em alguns tribunais brasileiros (Bacellar, 2013).

É importante reconhecer que, em alguns tribunais, a exemplo dos tribunais federais, tem havido uma evolução, nos últimos anos, com a descentralização e delegação de funções (aplicação de *empowerment*), o estabelecimento de uma política de treinamento aos novos servidores e estudos de aperfeiçoamento contínuo. Tais providências melhoraram o atendimento das varas federais e aperfeiçoaram a comunicação do Poder Judiciário com a população.

Temos percebido que a Justiça Federal, com uma estrutura mais adequada e com qualificação permanente e valorização de seus servidores, com certa autonomia, acaba recebendo algumas incumbências administrativas por delegação dos administradores judiciais. O funcionamento da Justiça Federal tem sido elogiado pelos advogados e demais operadores do direito.

O *empowerment* é uma ferramenta para exercer o poder sem perdê-lo, para delegar motivando, energizando, liberando no empregado aquele potencial oculto de realizar e alcançar resultados (Bacellar, 2013). É importante compartilhar poder e desencadear o "querer fazer" como potencial humano represado nos corações dos subordinados, que, motivados, assumirão a responsabilidade de fazer acontecer. Em tradução livre, é o que se tem denominado *empoderamento*.

Se você está sem tempo de realizar todas as suas importantes atividades e, desejando que elas sejam concretizadas sem perda de tempo, transfere as incumbências/responsabilidades, "empodera" alguém (ou um grupo de pessoas) para cumpri-las, lembre-se de que continua sendo corresponsável por sua realização. Um conceito básico de *empowerment* determina delegar uma ou algumas dessas muitas missões sem, contudo, perder o controle, o interesse e o poder de também realizá-las. O presidente do tribunal continua sendo ele próprio o gestor, mas pode indicar como gestor geral das metas um desembargador de sua confiança ou o próprio corregedor-geral da justiça, por exemplo (Bacellar, 2013).

Há um campo no qual impera a liberdade do administrador para atuar dentro da legalidade de diversas formas criativas, dinâmicas e inovadoras já desenvolvidas na iniciativa privada e que podem ser adaptadas à realidade dos serviços judiciários. Alguns modelos de *empowerment*, como o da pirâmide do poder, fazem do administrador um líder de sucesso. Com base na confiança, no respeito e na permissão para errar, administradores estimulam seus subordinados de acordo com os seguintes princípios (Bacellar, 2013):

a. Diga às pessoas quais são suas responsabilidades.
b. Dê-lhes autoridade correspondente às suas responsabilidades.
c. Estabeleça padrões de excelência.
d. Ofereça aos subordinados o treinamento necessário à satisfação dos padrões.
e. Forneça-lhes conhecimento e informação.
f. Dê-lhes *feedback* sobre seu desempenho.
g. Reconheça as pessoas pelas suas realizações.
h. Confie nas pessoas.
i. Dê a seus subordinados permissão para errar.
j. Trate as pessoas com dignidade e respeito.

Ao aplicar o modelo a todos que trabalham para você, sem dúvida, você alcançará o sucesso como administrador (Tracy, 1994).

Síntese

Neste capítulo, vimos a importância da alta aprendizagem e de assumir a responsabilidade pelos erros internos (endógenos) na medida em que os tribunais estão abarrotados de processos.

É preciso mostrar para a sociedade os pontos positivos, como uma ação de gestão em busca da legitimação social do Poder Judiciário. O ambiente, a forma de comunicação e a demonstração de acolhimento no atendimento podem estimular a melhor resolução de conflitos.

Apresentamos a justiça restaurativa, que se contrapõe à justiça retributiva. Essas práticas restaurativas, não pretendem substituir o modelo retributivo-punitivo existente. Entretanto, buscam resolver o problema de fundo do conflito de forma cooperativa e integrada, em forma de rede, empoderando a sociedade para receber de volta a responsabilidade que sempre teve – mas delegou ao Estado – de resolver conflitos. A justiça restaurativa representa um novo paradigma destinado a restaurar relações conflituosas por meio do consenso e com a participação da comunidade, visando vencer os traumas e as perdas causados pelo crime, pelo conflito ou pelo ato infracional.

Boas ideias, como inovações ambientais (cor, luz, música, acolhimento), justiça restaurativa e programação neurolinguística com uma visão transdisciplinar, podem integrar o ciclo da alta aprendizagem e melhorar a qualidade do Poder Judiciário brasileiro. Para isso, os administradores não podem confundir suas atividades jurisdicionais de mando e coerção com as atividades de gestão.

A Administração Judiciária, para que possa gerir seus conhecimentos, deve tratá-los como um ciclo (gestão do conhecimento – Figura 5.1) em que, após iniciar sua atividade, reflete e teoriza sobre ela e experimenta novos caminhos, para, a partir daí, reiniciar sua atividade, aplicando a experiência anterior.

Há 17.077 magistrados, no Brasil; 14.410 (84%) atuam na primeira instância e só 2.379 (14%) são desembargadores (CNJ, 2013, p. 298). Em primeiro grau, estão os juízes que se estendem por todas as comarcas (pode abranger um ou mais municípios) do país.

Hoje, o estoque de processos em andamento no sistema judiciário brasileiro como um todo está em torno de 95 milhões. Ainda assim, a cada ano têm ingressado nos juízos brasileiros mais 28 milhões de novos casos.

Se o Poder Judiciário pretende cumprir suas metas e, um dia, ser reconhecido pela sociedade, ele precisa urgentemente se aproximar dela e encontrar formas de promover a divulgação de seus argumentos.

A imagem que o Poder Judiciário passa para a sociedade, como vimos, é negativa. Se há falta de conhecimento do povo sobre o Poder Judiciário, faltam, em contrapartida, programas de esclarecimento e divulgação dos resultados positivos alcançados. As respostas que o cidadão forneceu às indagações tomaram por base aquilo que percebeu retratado pela imprensa (Ibope, 2014). O que tem sido divulgado com maior incidência na mídia são falhas do sistema, como se todo ele estivesse contaminado pelo mau atendimento, o que não é verdadeiro.

Para saber mais

Os leitores interessados em aprofundar seus estudos podem consultar as seguintes obras:

AGUIAR, C. Z. B. **Mediação e justiça restaurativa**: a humanização do sistema processual como forma de realização dos princípios constitucionais. São Paulo: Quartier Latin, 2009.

BACELLAR, R. P. **Mediação e arbitragem**. São Paulo: Saraiva, 2012. (Coleção Saberes do Direito, v. 53).

CNJ – Conselho Nacional de Justiça. **Justiça em números 2012**: ano-base 2011. Brasília, 2012. Disponível em: <https://docs.google.com/uc?export=download&confirm=no_antivirus&id=0BxR2dZ_NKZKSR1oOVE9rUDhVTU0>. Acesso em: 30 jan. 2016.

CNJ – Conselho Nacional de Justiça. **Justiça em números 2013:** ano-base 2012. Brasília, 2013. Disponível em: <http://www.cnj.jus.br/images/pesquisas-judiciarias/Publicacoes/relatorio_jn2013.pdf>. Acesso em: 30 jan. 2016.

_____. **Justiça em números 2014:** ano-base 2013. Brasília, 2014. Disponível em: <ftp://ftp.cnj.jus.br/Justica_em_Numeros/relatorio_jn2014.pdf>. Acesso em: 30 jan. 2016.

MINTZBERG, H.; AHLSTRAND, B.; LAMPEL, J. **Safári de estratégia:** um roteiro pela selva do planejamento estratégico. Porto Alegre: Bookman, 2000.

NALINI, J. R. **A rebelião da toga.** 2. ed. Campinas: Millennium, 2008.

O PODER da PNL. Porto Alegre: M. Claret, 1993. (Coleção O Poder do Poder, 28).

PRANIS, K. **Processos circulares.** São Paulo: Palas Athena, 2010.

ROBBINS, A. **Poder sem limites:** o caminho do sucesso pessoal pela programação neurolinguística. Rio de Janeiro: Best Seller, 2013.

SICA, L. **Justiça restaurativa e mediação penal:** o novo modelo de justiça criminal e de gestão do crime. Rio de Janeiro: Lumen Juris, 2007.

Questões para revisão

1) Segundo sua percepção, a pena privativa de liberdade (reclusão em regime fechado) ressocializa o condenado? Discorra sobre outras alternativas possíveis, além da pena de prisão (privativa de liberdade).

2) Assinale a alternativa **incorreta**:
   a. *Empowerment* é uma ferramenta para exercer poder sem perdê-lo, para delegar motivando, energizando, liberando no empregado aquele potencial oculto de realizar e alcançar resultados.

b. *Empoderamento* é como foi traduzido o *empowerment* no Brasil, e há alguns princípios que o informam, como aquele que determina que você deve fiscalizar a pessoa que recebeu o poder, exigindo excelência para que os subordinados não cometam erros.

c. Tratar as pessoas com dignidade e respeito, confiar nas pessoas, estabelecer padrões de excelência, dar *feedback* aos colaboradores sobre seu desempenho são princípios do empoderamento.

d. Para bem desenvolver o *empowerment*, o administrador, como um líder de sucesso, deve oferecer aos subordinados o treinamento necessário à satisfação dos padrões e dar a eles permissão para errar.

3) Cite alguns fatores que poderiam ser considerados na engenharia (espaços físicos, estrutura) dos tribunais.

4) Assinale (V) verdadeiro ou (F) falso e, depois, escolha a alternativa correta:

( ) No Brasil, 84% dos juízes atuam em 1ª instância e só 14% são desembargadores.

( ) O sistema judiciário, ao ser acionado em face do descumprimento da lei ou de ordem judicial, deve buscar sempre a solução consensual, jamais impondo, pela força, o cumprimento de suas decisões.

( ) O subsídio dos magistrados (juízes, desembargadores, ministros dos tribunais) é escalonado e a diferença entre as remunerações não pode ser inferior a 5% nem exceder a 95% do subsídio dos ministros dos tribunais superiores.

( ) A justiça restaurativa destina-se a restaurar pessoas e relações conflituosas com a participação ativa da vítima (quando isso é possível), do infrator, da sociedade, de familiares em um espaço dialógico de respeito.

a. V, F, V, V.
b. F, V, F, F.
c. V, F, F, V.
d. F, V, F, V.

5) Assinale (V) verdadeiro ou (F) e, depois, escolha a alternativa correta:

( ) O nome *programação neurolinguística* (PNL) traz a ideia do objeto de que trata a ciência: modelagem (programação) do cérebro (neuro) por meio da linguagem (linguística).

( ) Ter o conhecimento e não desenvolver habilidades e atitudes a partir dele é perder o conhecimento.

( ) Como uma sugestão para promover a eficiência operacional do Poder Judiciário, o Conselho Nacional de Justiça (CNJ) registra a necessidade de fomentar a política de gestão documental com foco na modernização de arquivos e na preservação da memória do Judiciário.

( ) Na gestão do conhecimento, o erro só servirá de instrumento de aprendizagem se puder representar correção e multiplicação de boas práticas (*benchmarking*).

a. F, V, F, V.
b. V, V, F, V.
c. V, V, V, V.
d. V, V, V, F.

Consultando a legislação

A Constituição, em seu art. 93, ressalta alguns princípios que devem ser observados no Estatuto da Magistratura (Lei Complementar n. 35/1979), entre eles o ingresso na carreira, mediante concurso público, com a participação da Ordem dos Advogados do Brasil (OAB), sendo exigidos do bacharel, pelo menos, três anos de atividade jurídica. Aos que já são juízes, o art. 95 da Constituição estabelece as garantias da vitaliciedade, da inamovibilidade e da irredutibilidade de subsídios e, seu parágrafo único, as vedações de exercer quaisquer outros cargos ou funções (salvo uma de magistério), de se dedicar a atividade político-partidária, entre outras.

Outras profissões igualmente têm suas características preservadas e, por isso, a Consolidação das Leis do Trabalho (CLT), nos arts. 224 e seguintes (Decreto-lei n. 5.452/1943), trata dessas particularidades, descrevendo duração do trabalho, regime especial, remunerações diferenciadas, turnos de descanso, entre outras previsões.

BRASIL. Constituição (1988). **Diário Oficial da União**, Brasília, 5 out. 1988. Disponível em: <http://www.planalto.gov.br/ccivil_03/Constituicao/Constituicao.htm>. Acesso em: 30 jan. 2016.

BRASIL. Decreto-Lei n. 5.452, de 1º de maio de 1943. **Diário Oficial da União**, Rio de Janeiro, 9 ago. 1943. Disponível em: <http://www.planalto.gov.br/ccivil_03/decreto-lei/Del5452.htm>. Acesso em: 30 jan. 2016.

_____. Lei Complementar n. 35, de 14 de março de 1979. **Diário Oficial da União**, Poder Legislativo, Brasília, 14 mar. 1979. Disponível em: <http://www.planalto.gov.br/ccivil_03/leis/LCP/Lcp35.htm>. Acesso em: 31 jan. 2016.

VI

Conteúdos do capítulo:

» A Resolução n. 70/2009 do Conselho Nacional de Justiça (CNJ) e sua importância.
» Missão e visão do Poder Judiciário.
» A Resolução n. 198/2014 e os macrodesafios do Poder Judiciário.
» Mapa estratégico do Poder Judiciário.

Veremos, neste capítulo, um importante marco para definir as atividades de gestão pelo CNJ que foi a Resolução n. 70/1979. Ela resgatou e relembrou a missão e a visão do Poder Judiciário e apresentou desafios de curto, médio e longo prazos. Sua importância histórica é inegável e, para entender o sistema judiciário brasileiro, é preciso considerar esse marco. Constataremos, entretanto, que houve a necessidade de redefinição de algumas providências e o estabelecimento de macrodesafios do Poder Judiciário para o sexênio 2015-2020, razão pela qual a Resolução n. 70/2009 foi expressamente revogada pela Resolução n. 198/2014, remanescendo,

O CNJ e a gestão estratégica do Poder Judiciário

porém, seus fundamentos – entre eles os que foram sintetizados no mapa estratégico que compõe este capítulo. Veremos outros fundamentos: a) o estímulo à aplicação de ferramentas de gestão; b) a necessidade de alinhamento e integração dos tribunais com o CNJ para o cumprimento das metas (respeitando-se as particularidades locais); c) a ideia da gestão de pessoas por competências, inovações, orçamento, infraestrutura e tecnologia. Ilustrativamente e como síntese das ideias que embasam todo o planejamento estratégico neste capítulo, serão apresentados o mapa estratégico, com base na Resolução n. 70/2009, e os macrodesafios definidos pela Resolução n. 198/2014.

6.1 As bases da Resolução n. 70/2009 e os macrodesafios da Resolução n. 198/2014 do CNJ

Parte do planejamento estratégico do Poder Judiciário nacional só foi possível com a padronização de informações em um mesmo banco de dados e a uniformização de denominações relativas a projetos e programas existentes nos tribunais brasileiros. Como ferramentas de gestão, o Conselho Nacional de Justiça (CNJ) promoveu o estabelecimento de metas desafiadoras de curto, médio e longo prazos, com os respectivos indicadores para mensuração de seu alcance (Silveira, 2009, p. 417).

O alinhamento das ações, com uma mesma base de dados e com a colheita mensal de informações em todos os tribunais brasileiros, foi um marco nas atividades do CNJ, inaugurado com o Sistemas de Estatísticas do Poder Juriciário (Siespj). Hoje as informações disponibilizadas (anualmente) permitem apresentar os tribunais de acordo com seu porte (pequeno, médio ou grande), suas dimensões, as despesas, a força de trabalho e a litigiosidade. O relatório *Justiça em números* compara tribunais com igual porte, faz perceber as falhas, orienta e permite corrigir os rumos da Administração Judiciária brasileira.

Era inegável a falta de informações sobre o Poder Judiciário como um todo e, por isso, o Brasil precisava que um órgão nacional como o CNJ pudesse adquirir respeitabilidade para promover, a partir de exigência rigorosa de informações, um adequado acompanhamento sistêmico da atuação dos tribunais. Alguns indicadores estatísticos passaram a ser colhidos, medindo carga de trabalho, taxa de congestionamento e perfil das demandas.

Notemos que, sem dados, não seria possível analisar os problemas do sistema judiciário brasileiro que, em maior ou menor grau, de forma mais ampla ou restrita, não são novos, e o decurso do tempo só estava agravando seus efeitos. Com uma visão mais ampla de todos os tribunais, com a implantação de um Índice de Produtividade Comparada da Justiça (IPC-Jus), imaginamos ser possível implementar sistemas eficazes de planejamento, execução e controle da administração para atenuar ou resolver o que se costumou denominar *crise da Justiça* ou *crise do Poder Judiciário*.

Os valores **justiça**, **celeridade** (rapidez), **modernidade**, **segurança jurídica**, **acessibilidade**, **transparência**, **imparcialidade**, **probidade**, **ética**, **responsabilidade** (social e ambiental) e **efetividade** são alguns que compõem o "pacote" de ideais que o Poder Judiciário promete, formalmente, oferecer ao cidadão e que, efetivamente, são atributos de valor para a sociedade.

Com a **missão** de realizar justiça e a **visão** de ser reconhecido pela sociedade como instrumento efetivo de justiça, equidade e paz social (incluídos em uma área denominada sociedade), foram 15 os objetivos estratégicos estabelecidos para o Poder Judiciário. Esses objetivos foram estabelecidos em outras duas áreas (processos internos e recursos); 10 deles integram a área dos processos internos e outros 5 a área de recursos.

Os objetivos componentes dos **processos internos** foram organizados em **cinco temas** (eficiência operacional, acesso ao sistema de Justiça, responsabilidade social, alinhamento e integração e atuação institucional) e, como integrante dos cinco temas, foram definidos os **dez** primeiros objetivos, com os seguintes verbos:
1. garantir agilidade nos trâmites judiciais e administrativos;
2. buscar a excelência na gestão de custos operacionais;
3. facilitar o acesso à Justiça;
4. promover a efetividade no cumprimento das decisões;
5. promover a cidadania;
6. garantir o alinhamento estratégico em todas as unidades do Judiciário;
7. fomentar a interação e a troca de experiências entre tribunais (nacional e internacional);
8. fortalecer e harmonizar as relações entre os poderes, os setores e as instituições;
9. disseminar valores éticos e morais por meio de atuação institucional efetiva;
10. aprimorar a comunicação com públicos externos.

Os **objetivos** componentes dos **recursos** foram igualmente organizados em outros temas (gestão de pessoas, infraestrutura e tecnologia e orçamento) e, integrando cada um desses três temas, foram definidos os últimos **cinco** objetivos, com os seguintes verbos:
11. desenvolver conhecimentos, habilidades e atitudes dos magistrados e dos servidores;
12. motivar e comprometer magistrados e servidores com a execução da estratégia;
13. garantir a infraestrutura apropriada às atividades administrativas e judiciais;
14. garantir a disponibilidade de sistemas essenciais de tecnologia da informação (TI);

15. assegurar recursos orçamentários necessários para a execução da estratégia.

Todas essas áreas, temas e objetivos foram sintetizados no mapa estratégico e, com a Resolução n. 70, de 18 de março de 2009 (Brasil, 2009b), passaram a fazer parte da estruturação da Administração Judiciária nacional destinada a todos os tribunais e segmentos da Justiça brasileira.

Havia, no Brasil, várias ilhas incomunicáveis sem que fosse possível visualizar o sistema judiciário no contexto nacional. Não havia definição de objetivos nacionais nem planejamento estratégico adequado e específico ao ambiente do Poder Judiciário. Muito se falava dos exemplos positivos da gestão privada, empresarial, comercial, mas tudo parecia muito distante, desconectado e fora da realidade dos serviços judiciários (Bacellar, 2013). Com a indicação de objetivos estratégicos nacionais e o levantamento de alguns parâmetros, houve a colheita, pelo CNJ, em todos os tribunais, de uma única e consistente base informacional, que passou a ser divulgada em relatórios anuais. Parafraseando Moniz de Aragão (2005), podemos afirmar que os índices divulgados nesses meritórios relatórios do CNJ encerram significativas revelações, que espicaçam a curiosidade de quem é atraído pelo assunto.

De posse desses dados estatísticos e para fazer a travessia e a adequação entre os métodos (de gestão) aplicados na iniciativa privada e na Administração Pública, é preciso motivar uma mudança de cultura capaz de viabilizar o início de um ciclo empreendedor alicerçado na profissionalização da administração dos tribunais (e, por consequência, de seus diversos órgãos).

Muito há a se fazer para cumprir as promessas de acesso ao sistema de Justiça com efetividade e, para isso, é preciso eficiência operacional com dinamismo e criatividade. Além de assegurar o acesso ao Poder Judiciário, verificamos a necessidade de se ofertarem instrumentos públicos e privados não só de entrada (acesso), mas de prevenção de conflitos e de saída da Justiça.

Com a implementação de diretrizes nacionais pelo CNJ, é preciso aproveitar a oportunidade e buscar luz nos estudos de gestão empresarial (com as adequações necessárias), para retomar o foco na missão do Poder Judiciário de **realizar justiça** e, a partir daí, com esteio nos problemas (forças restritivas), buscar o cumprimento das metas nacionais e, mais que isso, planejar as metas específicas e os objetivos dos serviços judiciários brasileiros, garantindo o alinhamento estratégico em cada um dos tribunais e em cada uma das unidades judiciárias do país.

Embora já tenhamos os dados e as informações necessárias, ainda são poucos os trabalhos científicos e muito restritas as pesquisas específicas dirigidas à administração dos órgãos do Poder Judiciário. Muitas pesquisas existentes, sem conhecimento das complexas atividades judiciárias, tomam por base apenas modelos empresariais, sem trabalhar a redefinição de seus conceitos, os quais – sem adequação – pouco ou nada se identificam com as linhas gerenciais e administrativas dos tribunais. Esses modelos empresariais precisam ser adequadamente ajustados às características da Administração Judiciária, sob pena de mais afastar do que aproximar os magistrados. Há obras específicas sobre gestão judiciária que começam a proceder a esses ajustes de linguagem. São referenciais duas obras específicas, às quais tivemos acesso e conhecimento: (a) *Coleção Administração Judiciária*, do Tribunal de Justiça do Estado do Rio Grande do Sul; (b) *Coleção Selo Enfam* (da Escola Nacional de Formação e Aperfeiçoamento de Magistrados), com boas publicações – específicas sobre gestão cartorária, gestão de pessoas, ética, repercussões econômicas e sociais das decisões judiciais, que animam os estudiosos do tema.

Com outra perspectiva promissora e também com referência específica à administração de tribunais, agregamos em apêndice a esta obra a descrição e a evolução do sistema nos Estados Unidos da América, onde este autor esteve em observação direta aos tribunais, indicado pela Enfam e a convite da Embaixada dos Estados Unidos. Isso reforçou nossa convicção de que é possível fazer melhor, conforme se destaca no referido apêndice.

O CNJ, em sua fundamental função de pensar o Poder Judiciário como um todo e definir diretrizes nacionais, por meio da Resolução n. 70/2009, estruturou um **planejamento nacional** e definiu os parâmetros para a implementação da gestão estratégica no âmbito do Poder Judiciário brasileiro. Essa resolução teve um papel fundamental e, com padronizações de linguagem e definição da missão e da visão do Poder Judiciário, produziu a reflexão, em todos os tribunais brasileiros, sobre a necessidade de uma mentalidade para o sistema. A despeito da revogação da Resolução n. 70/2009 (pela Resolução n. 198, de 1º de julho de 2014 – Brasil 2014c), ela ainda representa a base do planejamento estratégico judiciário brasileiro e, por meio dela, foi possível a produção de relatórios anuais pelo CNJ. Por esse motivo, na sua base, continuará a ser estudada.

A publicação do relatório *Justiça em números* fornece à sociedade um retrato sólido de toda a complexa estrutura judicial brasileira, que começa a consolidar dados e informações de todos os tribunais e segmentos da justiça brasileira, permite fomentar a interação, a troca de experiências e de boas práticas entre os tribunais e, com isso, possibilita o planejamento de políticas judiciárias nacionais.

A fim alinhar as ações relativas aos serviços em todos os tribunais brasileiros, o CNJ definiu objetivos estratégicos e rememorou a missão e a visão do Poder Judiciário para, em seguida, apresentar macrodesafios, o que era imprescindível para o aperfeiçoamento, a melhora na qualidade e a modernização dos serviços administrativos e jurisdicionais. Dar mais alguns passos com a criação do Banco de Boas Práticas e Ideias para o Judiciário (BPIJus), com o intuito de promover a divulgação e o compartilhamento de práticas e ideias inovadoras, visando ao aperfeiçoamento dos serviços judiciais (Resolução n. 198/2014 do CNJ, arts. 13, 14 e 15).

6.2 A missão e a visão do Poder Judiciário em prol da sociedade

Ao alinhar as ações e estabelecer diretrizes nacionais, relembrou o CNJ algo que parecia esquecido há anos pelos gestores de tribunais, que é a missão do Poder Judiciário de **realizar justiça**.

A missão é descrita como apta a fortalecer o Estado democrático e fomentar a construção de uma sociedade livre, justa e solidária, por meio de uma efetiva prestação jurisdicional (conforme anexo da Resolução n. 198/2014). O incremento dessa missão (realizar justiça) pelo Poder Judiciário passa por uma análise de múltiplos fatores, entre os quais a própria concepção de justiça como valor, como sentimento e como percepção.

France Farago (2004, p. 322-323) lembra o caminho criativo e intuitivo que determinou a histórica decisão do rei (e juiz) Salomão:

> *O paradigma da intuição de justiça é o julgamento de Salomão que se pronuncia sobre a identidade de uma criança no contexto de uma provável substituição em seu berço. Seu julgamento, lapidar, sacrifica uma vítima inocente: que cada mãe tenha uma metade da criança dividida pelo gládio da justiça! Esta partilha autoritária pode ilustrar a força da intuição no raciocínio do juiz. Salomão simulando propor uma solução sacrificial ao conflito para fazer apelo ao amor materno, monta uma armadilha na qual cai a falsa mãe. A verdadeira mãe, que recusa a morte da criança, é orientada em direção ao próximo e em direção à vida. Em compensação, a outra mulher, aceitando a proposta do rei Salomão, parece querer, por uma espécie de espírito mimético, possuir o que a outra possui. Esta dimensão, até certo ponto divinatória da decisão, concebe-se na medida em que a justiça pôde ser na sua origem intuição, sentimento comum.*

Vimos que a estrutura atual do Poder Judiciário está centrada em modelos e métodos tipicamente adversariais, com soluções impostas, heterocompositivas. Há um tratamento apenas superficial da conflitualidade social. Dirimem-se controvérsias, mas nem sempre se resolvem os conflitos. Essa visão de holofote (restrita aos limites do pedido) não enxerga os verdadeiros interesses e, por isso, afasta-se do postulado maior, princípio e finalidade do direito, do processo e do próprio Poder Judiciário, que é a realização da justiça com pacificação social (Bacellar, 2013). O holofote, ao iluminar a lide processual, deixa de iluminar fatos, argumentos, justificativas e razões que, na perspectiva do jurisdicionado, representariam a realização da verdadeira Justiça (essa, sim, considerada a justa composição do conflito).

São múltiplas as dificuldades para promover a missão de realizar justiça, já que se trabalha com método e modelo adversariais, em que o raciocínio jurídico é puramente dialético. De um conflito entre pessoas, analisado sob o prisma da lide em disputa, resultam sempre vencedores e vencidos (ganha/perde). Por isso, o juiz fica adstrito aos limites da petição inicial e da contestação. O novo Código de Processo Civil (CPC/2015) informa, em seu art. 141, que o juiz só pode decidir o mérito nos limites propostos pelas partes e lhe é vedado conhecer de questões não suscitadas a cujo respeito a lei exige iniciativa da parte.

Nas soluções heterocompositivas, como as que ocorrem no método adversarial, o juiz só pode decidir a partir de premissas inafastáveis, entre as quais é possível citar as que envolvem os estreitos limites da lide processual, o procedimento legal e os princípios informativos do processo. Não pode, por exemplo, decidir *citra*, *extra* ou *ultra petita* (nem menos, nem fora, nem mais do que o pedido); deve decidir a lide nos limites em que foi proposta (verdade formal dos autos), não podendo proferir decisão diversa mesmo que perceba, no caso, o efetivo interesse das partes de ampliar o conhecimento da matéria (verdade real dos fatos).

Para satisfazer integralmente os interesses dos jurisdicionados e realizar justiça, é preciso investir na adoção de um modelo consensual que amplie o foco, busque visão sistêmica com raciocínio exlético. No modelo adversarial, no qual se pautou a estrutura processual brasileira, efetivamente o raciocínio é só jurídico e puramente dialético.

Assim, em parcela significativa dos casos, o Poder Judiciário não soluciona o conflito real, não resolve ou não dá atenção aos verdadeiros interesses das partes, mas apenas extingue, com ou sem julgamento de mérito, a lide processual (aquela descrita no processo judicial e materializada na petição inicial e na contestação).

Distingue-se, portanto, aquilo que é levado pelas partes ao conhecimento do Poder Judiciário; entende-se a solução jurídica na forma heterocompositiva deve focar aquilo que efetivamente é interesse das partes (verdade real dos fatos) e que a solução autocompositiva pode ampliar – além dos limites jurídicos.

Durante muitos anos, talvez inspirados por Carnelutti, Chiovenda, Calamandrei, Liebman, Zanzucchi, na Itália, e Schönke, Rosenberg, Goldschmidt, na Alemanha, afirmamos que o objetivo do processo ou da própria jurisdição é satisfazer o interesse público de realizar o direito objetivo e assegurar a paz jurídica (Santos, 2004, p. 22).

Cabe ao processo a justa composição da lide – aquela porção circunscrita do conflito que a demanda polarizada evidencia. Descabe ao magistrado, na técnica jurídico-processual, conhecer qualquer fato, argumento, justificativa ou razão que não constituam objeto do pedido, competindo-lhe apenas decidir a lide nos limites em que foi proposta. Assim, continuamos a repetir "o que não está nos autos de processo não está no mundo"!

Se isso representa a forma correta de aplicar o direito em relação aos métodos adversariais com soluções heterocompositivas, em que é preciso se ater a uma verdade formal dos autos, não é adequado para os métodos consensuais com soluções autocompositivas, em que a maior preocupação deve ser dirigida à verdade real dos fatos. Enquanto nos métodos adversariais e nos processos heterocompositivos (arbitragem e julgamento) há sempre vencedores e vencidos (ganha/perde), nos métodos consensuais e nos processos autocompositivos (negociação, mediação e conciliação) são buscadas soluções vencedoras (ganha/ganha).

Se mantivermos o raciocínio adversarial, puramente jurídico e dialético, e mantivermos a análise do conflito circunscrita aos limites da lide processual, continuaremos a ter perdedores.

A finalidade do Poder Judiciário é a realização da justiça – se possível – com pacificação social. Se esse é um valor a ser buscado, independentemente do processo e do procedimento desenvolvidos para a resolução dos conflitos no âmbito do que se denomina *monopólio jurisdicional*, cabe a esse poder incentivar processos e métodos consensuais e formas autocompositivas que mais aproximem o cidadão da verdadeira justiça.

A verdadeira justiça se alcança, muitas vezes, quando os casos "se solucionam" mediante consenso. Não se alcança a paz resolvendo-se apenas uma parcela do problema (controvérsia jurídica); o que se busca é a pacificação do conflito, com a solução de todas as questões que envolvam o relacionamento entre os interessados.

Para o alcance da pacificação, o pensamento deve ser sistêmico, o raciocínio deve ser exlético e o conflito deve ser analisado sempre em sua integralidade, com visão global e transdisciplinar, abrangendo todos os prismas relacionais, a fim de que possam resultar apenas vencedores (ganha/ganha). Para satisfazer integralmente os interesses dos jurisdicionados e realizar justiça, é preciso investir na adoção de um modelo sistêmico que amplie o foco, busque visão consensual com raciocínio exlético – global.

Analisando-se apenas os limites jurídicos da lide processual, na maioria das vezes, não há satisfação dos verdadeiros interesses do jurisdicionado. Em outras palavras, podemos dizer que somente a resolução integral do conflito (lide sociológica – verdadeiros interesses) conduz à pacificação social. Não basta resolver a lide processual – aquilo que foi levado (ao Poder Judiciário) pelos advogados ao processo – se os verdadeiros interesses que motivaram as partes a litigar não forem identificados e resolvidos.

É possível, entretanto, do ponto de vista da gestão administrativa, realizar justiça e satisfazer o usuário, propiciando um atendimento de qualidade (justiça procedimental). A satisfação possível do usuário pode ser alcançada a partir de sua percepção de que recebeu um atendimento adequado, foi respeitado, ouvido, recebeu todas as informações necessárias de maneira clara, a duração do processo foi razoável e o juiz atuou com imparcialidade – independentemente do ganho da causa perante a outra parte. Do ponto de vista da administração, é por meio do processo justo que se concretiza a missão de realizar justiça.

A busca da paz é a razão da existência do Poder Judiciário. A pacificação social é o resultado que se almeja quando se procura o Estado-juiz, e a pacificação implica o valor *justiça*. Quando a pacificação não é alcançada diretamente pelas partes em uma negociação, conciliação ou mediação, é necessário realizar justiça pela atividade final do juiz no processo, que é a sentença (a decisão da causa).

Todos os incentivos devem ser dirigidos à pacificação. Os conflitos crescem a cada dia, e uma solução autocompositiva pelo método consensual é a que terá melhores condições de alcançar a pacificação dos contendores, o que foi percebido pelo legislador com a edição do CPC/2015 e da Lei de Mediação – normas de plena aplicação, estímulo e de grande repercussão no momento histórico brasileiro.

Por fim, se o atendimento for de qualidade e o Poder Judiciário conseguir, ainda mais, uma solução autocompositiva por meio da conciliação ou da mediação, então a **missão de realizar justiça** terá sido verdadeiramente alcançada com a máxima satisfação dos jurisdicionados (todos saem satisfeitos: solução ganha/ganha).

Ninguém duvida das dificuldades no alcance dessa fundamental missão. O valor *justiça* é efetivamente muito complexo para ser acionado apenas do ponto de vista do direito ou da solução técnico-jurídica. De qualquer sorte, são relevantes essas reflexões, já que vários fatores podem concorrer para o alcance dessa missão. Ressaltamos também, daqui para a frente, a projeção da visão do Poder Judiciário. Rubens Curado Silveira, quando foi secretário-geral do CNJ, apresentou, com base nos anexos da Resolução n. 70/2009*, descrições e atributos que podem auxiliar o gestor que pretenda não só alcançar a missão, mas também consolidar a visão de ter um Poder Judiciário reconhecido pela sociedade como instrumento efetivo de justiça, equidade e paz social (Silveira, 2009).

Mediante classificação tópica (sociedade, processos internos e recursos), alguns temas e, dentro deles, seus objetivos estratégicos (descritos por verbos), linhas de atuação e ações sugeridas, os anexos das resoluções apresentam uma síntese da estratégia do Poder Judiciário, a partir de planejamento que define 8 temas e 15 objetivos estratégicos a serem alcançados. Além destes, no glossário dos macrodesafios do Poder Judiciário 2015-2010, no tópico *Sociedade* foram incluídos dois temas de fundamental importância: (a) **efetividade** na prestação jurisdicional e (b) **garantia** dos direitos de cidadania. Ações específicas deverão ser tomadas pelos tribunais para fazer cumprir essas novas perspectivas visualizadas pelo CNJ.

---

* A despeito da revogação da Resolução n. 70/2009 pela Resolução n. 198/2014, a primeira representou um marco no planejamento e na gestão estratégica no âmbito do Poder Judiciário brasileiro e, por isso, continua sendo estudada. A nova resolução amplia a descrição da missão e da visão do Judiciário, cria o BPIJus e estabelece macrodesafios para seis anos: 2015-2020.

Administração Judiciária – com justiça

Figura 6.1 – Mapa estratégico do Poder Judiciário – CNJ

Mapa Estratégico do Poder Judiciário

Missão: Realizar Justiça

Visão de Futuro:
Ser reconhecido pela Sociedade como instrumento efetivo de Justiça, Equidade e Paz Social

Atributos de Valor para a Sociedade
- Celeridade
- Modernidade
- Acessibilidade
- Transparência
- Responsabilidade Social e Ambiental
- Imparcialidade
- Ética
- Probidade

Credibilidade

Sociedade

Responsabilidade Social
- Promover a cidadania
  - Inclusão Social e Desenvolvimento
  - Conscientização de Direitos, Deveres e Valores

Processos Internos

Acesso ao Sistema de Justiça

- Facilitar o acesso à Justiça
  - Capilaridade
  - Democratização do Acesso

- Promover a efetividade no cumprimento das decisões
  - Execução das Decisões

- Fortalecer e harmonizar as relações entre os Poderes, setores e instituições
  - Prevenção de Litígios Judiciais
  - Parcerias/Convênios
  - Solução Coletiva de Demandas

Atuação Institucional

- Disseminar valores éticos e morais por meio de atuação Institucional efetiva
  - Unidades do Judiciário
  - Universidades
  - Organizações

- Aprimorar a comunicação com públicos externos
  - Papel e Iniciativas do Judiciário
  - Informações Processuais e Administrativas
  - Transparência e Linguagem Clara

Eficiência Operacional

- Garantir a agilidade nos trâmites judiciais e administrativos
  - Tecnologia
  - Alocação de Pessoas
  - Otimização de Rotinas

- Buscar a excelência na gestão de custos operacionais
  - Economicidade
  - Gestão Ambiental

Alinhamento e Integração

- Garantir o alinhamento estratégico em todas as unidades do Judiciário
  - Desdobramento da Estratégia
  - Comunicação das Ações

- Fomentar a interação e a troca de experiências entre Tribunais (nacional e internacional)
  - Conhecimentos e Práticas Jurídicas e Administrativas

Recursos

Infraestrutura e Tecnologia

- Garantir a infra-estrutura apropriada às atividades administrativas e judiciais
  - Segurança Física Institucional
  - Segurança das Pessoas

- Garantir a disponibilidade de sistemas essenciais de TI
  - Suporte à Estratégia
  - Segurança da Informação

Orçamento

- Assegurar recursos orçamentários necessários para a execução da Estratégia

Gestão de Pessoas

- Desenvolver conhecimentos, habilidades e atitudes dos magistrados e servidores
  - Gestão e Execução da Estratégia
  - Gestão Administrativa
  - Gestão de Projetos

- Motivar e comprometer magistrados e servidores com a execução da Estratégia
  - Comunicação Interna
  - Cultura orientada a Resultados
  - Qualidade de Vida/Clima Organizacional

CNJ - CONSELHO NACIONAL DE JUSTIÇA

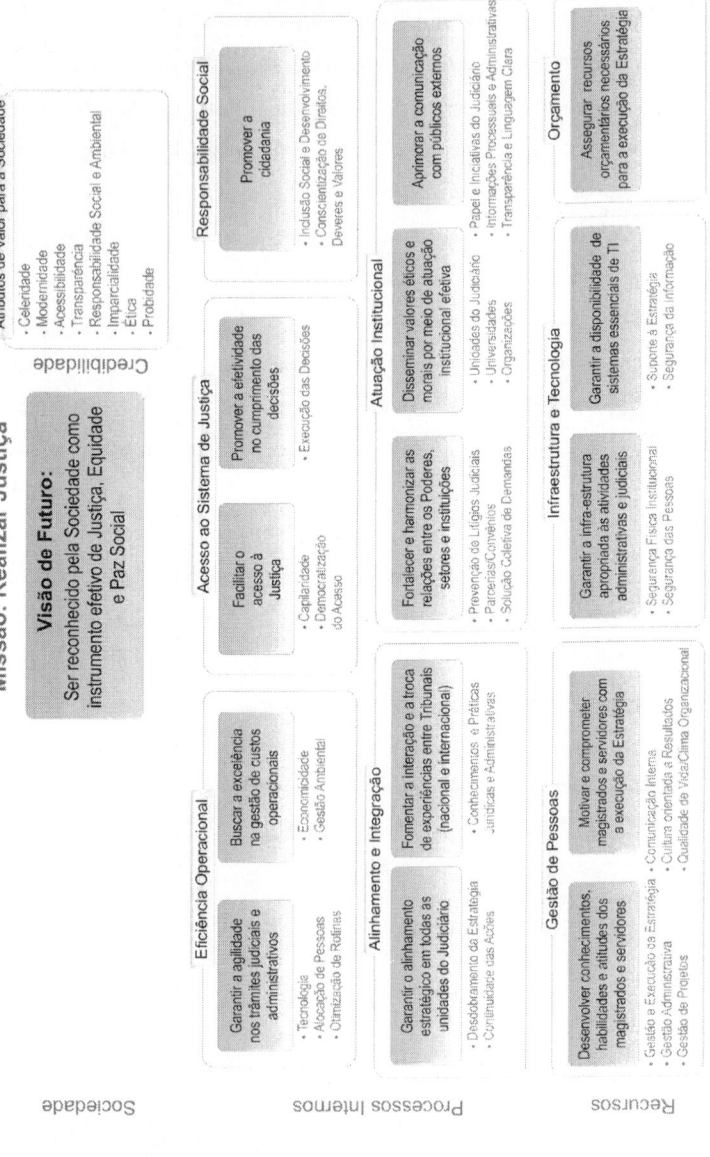

Fonte: Brasil, 2009b.

"Uma visão sem ação não passa de um sonho. Ação sem visão é só um passatempo. Visão com ação pode mudar o mundo" (Joel Barker, citado por Resende, 2001, p. 212).

Muitas serão as ações necessárias à mudança no mundo da Administração Judiciária. Notemos que, entre as ações que integram os processos internos, está a agilidade dos trâmites judiciais e a efetividade no cumprimento das decisões.

O mapa sintetiza o planejamento estratégico nacional e permite deduzir que várias ações coordenadas precisarão ser desenvolvidas para conquistar ou resgatar a credibilidade do Poder Judiciário, para que se reconheça, nos serviços judiciários, a prestação de um serviço público necessário, relevante, indispensável, célere, acessível, responsável, imparcial, efetivo e justo. São os desafios que se apresentam. Os serviços judiciários deverão ser vistos pela sociedade como aqueles dirigidos à busca do ideal democrático e da promoção da paz social, garantindo o exercício pleno dos direitos de cidadania de forma igualitária para todos.

Para alcançar a eficiência operacional com percepção de acessibilidade ao sistema de Justiça, o Poder Judiciário deve centrar suas ações nos interesses do jurisdicionado. Atributos de valor para a sociedade, como celeridade, efetividade, modernidade, acessibilidade, decisão informada, transparência, percepção de processo justo, atendimento adequado, responsabilidades social e ambiental, imparcialidade, ética, segurança jurídica e probidade, terão de ser trabalhados e aferidos para – com ações concretas – realizar a visão. Ela é descrita como necessária ao Poder Judiciário para "ter credibilidade e ser reconhecido como um Poder célere, acessível, responsável, imparcial, efetivo e justo, que busca o ideal democrático e promove a paz social, garantindo o exercício pleno dos direitos de cidadania" (anexo da Resolução n. 198/2014).

Vejamos: a visão é a idealização do sonho do Poder Judiciário, que deseja ser reconhecido pela sociedade como instrumento de justiça, equidade e paz social. Complementa ainda essa visão o desejo do Poder Judiciário de ser respeitado por suas qualidades éticas e pela indistinta, imparcial, transparente e igualitária aplicação do direito.

O alcance dessa visão, de ser reconhecido como instrumento de justiça, será viável com o resgate da legitimação social, possível com ações efetivas de transparência, imparcialidade, ética, probidade, rapidez no atendimento, modernidade, acessibilidade e responsabilidade social, além da construção de políticas voltadas ao melhor atendimento do jurisdicionado.

Por muitos anos, o Poder Judiciário não se preocupou com sua imagem, pois fechou-se em um casulo de tecnicismo, hermetismo e complexidade formal com pouca ou nenhuma comunicação com a sociedade. Perdeu grandes oportunidades de justificar suas boas ações e atuou muito no gerenciamento de crises "apagando incêndios" em relação às matérias negativas que eram divulgadas pela imprensa no que se refere aos serviços judiciários (Bacellar, 2013).

Exigem-se linguagem clara, transparência, ética, responsabilidade social, facilitação do acesso à Justiça com celeridade e atuação institucional harmônica com os demais poderes e, ao mesmo tempo, independente. São muitos os desafios que se apresentam para fazer cumprir a missão de realizar justiça.

Com base nas premissas estabelecidas em 2009 – e em propostas apresentadas por todos os segmentos de justiça para atualização da estratégia nacional –, o CNJ aprovou a Resolução n. 198/2014 (que revogou a Resolução n. 70/2009) com essas muitas inovações. Além daquilo que já estava previsto na Resolução n. 70/2009, consistente na missão, na visão e nos atributos de valor para a sociedade, a nova resolução incluiu os macrodesafios do Poder Judiciário brasileiro para seis anos: de 2015 até 2020.

Figura 6.2 – (a) Macrodesafios do Poder Judiciário – 2015-2020 – CNJ

CENÁRIO DESEJADO (2020)
- Justiça mais acessível
- Desjudicialização
- Descongestionamento do Poder Judiciário
- Probidade pública
- Justiça tempestiva
- Garantia da legitimidade do sistema eleitoral
- Maior racionalização do sistema judicial
- Melhoria do sistema de segurança pública
- Valorização profissional
- Melhoria da qualidade do gasto público
- Equalização das estruturas de 1º e 2º Grau de Jurisdição
- Disseminação da "Justiça Eletrônica"

Efetividade na Prestação Jurisdicional:
- Garantia dos direitos de cidadania
- Gestão das demandas repetitivas e dos grandes litigantes
- Adoção de soluções alternativas de conflito
- Fortalecimento da segurança do processo eleitoral
- Melhoria da infraestrutura e governança de TIC
- Celeridade e produtividade na prestação jurisdicional
- Aprimoramento da gestão da Justiça criminal
- Instituição da governança judiciária
- Impulso às Execuções fiscais, cíveis e trabalhistas
- Aperfeiçoamento da gestão de custos
- Combate à corrupção e à improbidade administrativa
- Melhoria da gestão de pessoas

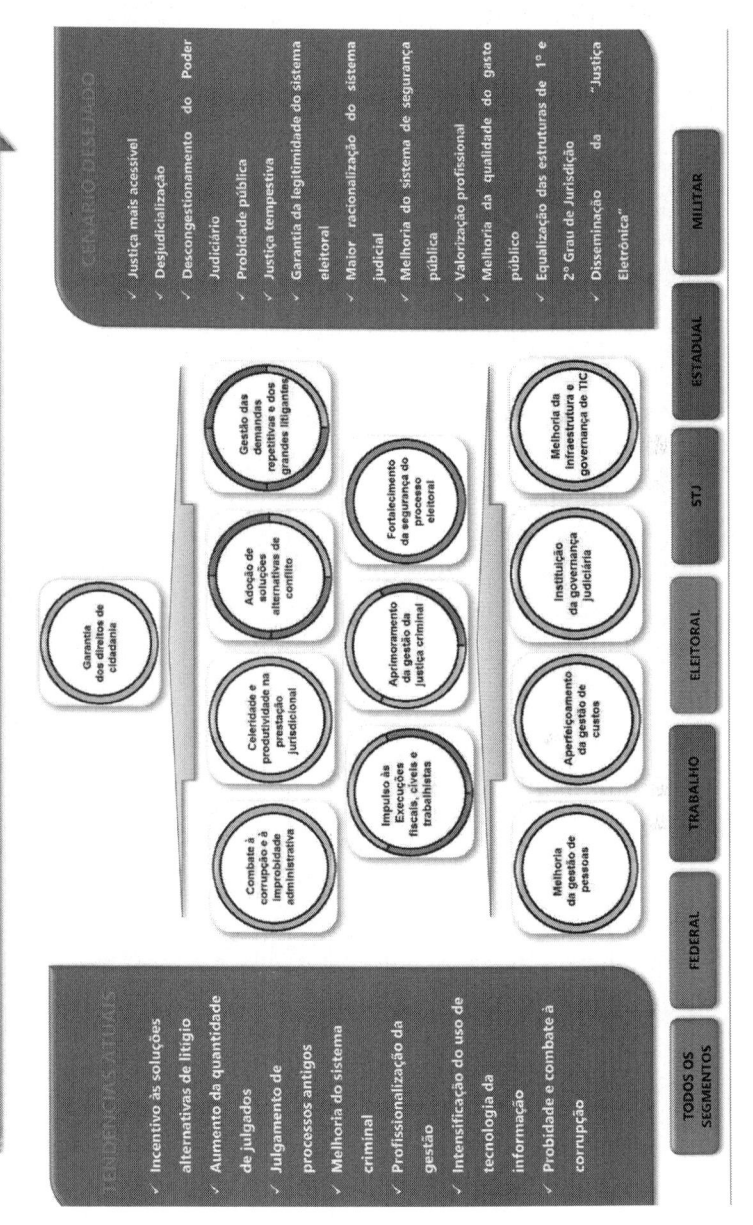

TENDÊNCIAS ATUAIS (2015)
- Incentivo às soluções alternativas de litígio
- Aumento da quantidade de julgados
- Julgamento de processos antigos
- Melhoria do sistema criminal
- Profissionalização da gestão
- Intensificação do uso de tecnologia da informação
- Probidade e combate à corrupção

Segmentos: TODOS OS SEGMENTOS, FEDERAL, TRABALHO, ELETORAL, STJ, ESTADUAL, MILITAR

Fonte: Brasil, 2014c.

Figura 6.2 – (b) Glossário – Macrodesafios do Poder Judiciário – 2015-2020 – CNJ

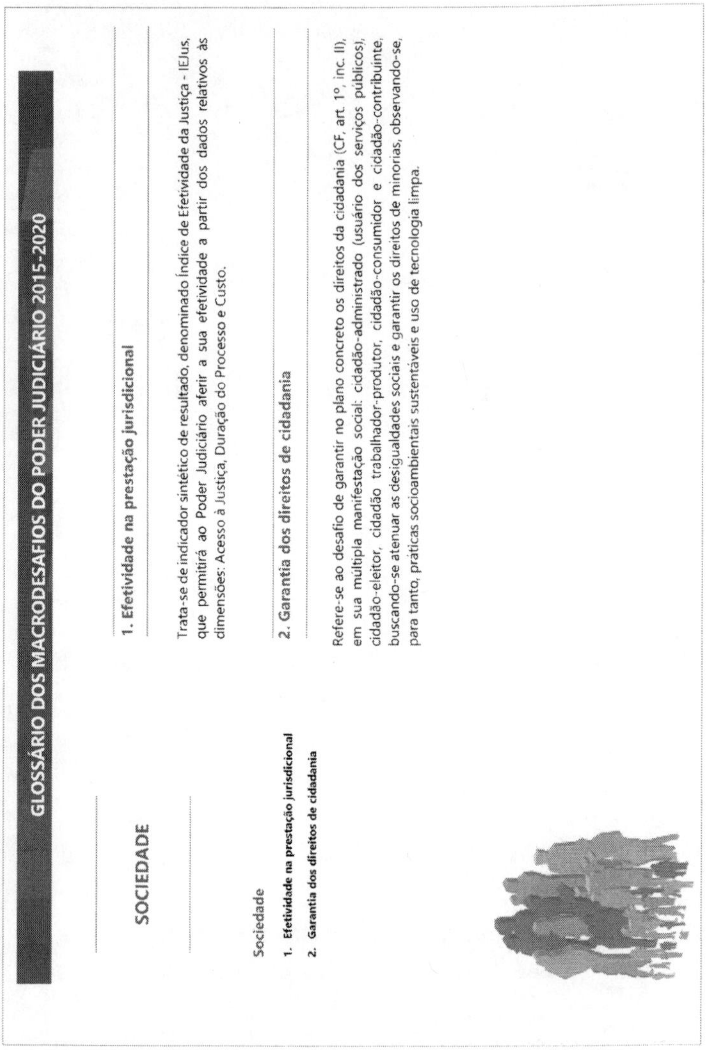

GLOSSÁRIO DOS MACRODESAFIOS DO PODER JUDICIÁRIO 2015-2020

SOCIEDADE

1. Efetividade na prestação jurisdicional

Trata-se de indicador sintético de resultado, denominado Índice de Efetividade da Justiça - IEJus, que permitirá ao Poder Judiciário aferir a sua efetividade a partir dos dados relativos às dimensões: Acesso à Justiça, Duração do Processo e Custo.

2. Garantia dos direitos de cidadania

Refere-se ao desafio de garantir no plano concreto os direitos da cidadania (CF, art. 1º, inc. II), em sua múltipla manifestação social: cidadão-administrado (usuário dos serviços públicos), cidadão-eleitor, cidadão trabalhador-produtor, cidadão-consumidor e cidadão-contribuinte, buscando-se atenuar as desigualdades sociais e garantir os direitos de minorias, observando-se, para tanto, práticas socioambientais sustentáveis e uso de tecnologia limpa.

Sociedade
1. Efetividade na prestação jurisdicional
2. Garantia dos direitos de cidadania

Fonte: Brasil, 2014c.

Em face do princípio da continuidade que informa a gestão, a Resolução n. 198/2014 amplia de maneira adequada a definição, a organização e a qualificação dos temas e dos objetivos além daquilo que já havia sido previsto na Resolução n. 70/2009.

Uma das significativas complementações foi a disponibilidade de portal para registro do BPIJus, o qual deverá ser continuamente atualizado, para promover a divulgação e o compartilhamento de práticas e ideias inovadoras, visando ao aperfeiçoamento dos serviços judiciais.

A nova resolução, ao abordar a missão do Poder Judiciário de **realizar justiça**, a descreve com a ação de **fortalecer o Estado democrático e fomentar a construção de uma sociedade livre justa e solidária, por meio de uma efetiva prestação jurisdicional**. Ao abordar a visão do Poder Judiciário – ser reconhecido pela sociedade como instrumento efetivo de justiça, equidade e paz social – descreve a seguinte necessidade: **ter credibilidade e ser reconhecido como um poder célere, responsável, imparcial, efetivo e justo**, que busca o ideal democrático e promove a paz social, garantindo o exercício pleno dos **direitos de cidadania**.

Notamos o registro das **tendências atuais** (incentivo às soluções alternativas, aumento da quantidade de julgados, julgamento de processos antigos, melhoria do sistema criminal, profissionalização da gestão, intensificação do uso da TI, probidade e combate à corrupção) e do **cenário desejado** (Justiça mais acessível, desjudicialização e consequente descongestionamento, probidade pública, justiça tempestiva, garantia da legitimidade do sistema eleitoral, maior racionalização do sistema judicial, melhoria do sistema de segurança pública, valorização profissional, melhoria da qualidade do gasto público, equalização das estruturas de 1º e 2º graus de jurisdição e disseminação da justiça eletrônica).

Com a descrição das tendências atuais e a projeção do cenário desejado, há um evidente refinamento dos temas e uma ampliação dos objetivos, com uma prospecção realista do que se almeja no futuro como desejável para que a Administração Judiciária brasileira alcance e mantenha um melhor padrão de qualidade.

6.3 Eficiência operacional e acesso ao sistema de Justiça

Uma das maiores críticas que se faz ao Poder Judiciário diz respeito à **morosidade**. Esse é um atributo de valor para a sociedade, que deseja a solução do conflito em tempo razoável.

A despeito de ter previsão constitucional no sentido da razoável duração do processo, **ainda não se garantiu agilidade** na tramitação dos processos judiciais e administrativos. Tampouco se promoveu o **efetivo acesso** ao Poder Judiciário, hoje entendido como acesso à ordem jurídica justa e à resolução adequada do conflito. Ainda que não se tenha, até agora, dado efetivo acesso à Justiça ao cidadão, o Judiciário está abarrotado de processos. No âmbito do tema *celeridade e produtividade na prestação jurisdicional*, é notável a preocupação com a materialização, na prática, do comando constitucional da razoável duração do processo, garantindo-se uma prestação jurisdicional efetiva e ágil (elevando-se a produtividade dos servidores e magistrados), ainda assim com segurança jurídica e procedimental na tramitação dos processos (conforme consta no "Glossário dos macrodesafios do Poder Judiciário 2015-2020" – anexo da Resolução n. 198/2014).

Para a busca da **eficiência**, estão se tornando conhecidos os instrumentos e os indicadores criados pelo CNJ para aferir a taxa de congestionamento dos tribunais e identificar os respectivos gargalos. No ano de 2009, de tantos comentários que se fez ao estabelecimento de metas pelo Poder Judiciário, algumas ficaram conhecidas até mesmo pela população: só se falava, naquele ano, em "Meta 2" (que foi a primeira a desafiar e apontar como objetivo julgar todos os processos que haviam sido distribuídos até 31 de dezembro de 2005), inclusive fora do ambiente judiciário. Todos os tribunais se empenharam em cumprir a desafiadora meta e ocorreu uma legitimação positiva do CNJ, reconhecido pela população como o mentor (responsável) da agilização dos processos judiciais.

Aqui resulta a preocupação de que o CNJ deve, além de se autopromover como nova instituição (posicionamento competitivo), estimular também a valorização, a promoção e o comprometimento dos juízes e dos tribunais, que também devem ser reconhecidos pela sociedade como responsáveis pelos avanços verificados (posicionamento de liderança, com atuação cooperativa).

Se o CNJ for só "amado" pela sociedade, mas "odiado" por juízes e tribunais, sua verdadeira missão não será alcançada. É necessário conquistar a credibilidade com a liderança que se exercerá juntamente com os juízes e os tribunais (posicionamento cooperativo), e não sobre os juízes e os tribunais.

> *Ao CNJ é necessário conquistar a credibilidade com a liderança que se exercerá juntamente com os juízes e os tribunais (posicionamento cooperativo), e não sobre os juízes e os tribunais.*

Sugerem-se, ainda, ações consistentes na implantação de processos eletrônicos e outras ferramentas de TI, da gestão por competências, no estímulo a soluções coletivas das demandas em massa, no investimento na estrutura dos juizados especiais, no incentivo à conciliação e à mediação, entre outros (Bacellar, 2013). Há um forte indicativo do CNJ em avançar nessas questões e observamos esse interesse quando da descrição dos macrodesafios na área de **recursos**, ao se destacarem os seguintes temas, conforme a numeração que consta no glossário: (1) melhoria da gestão de pessoas e (4) melhoria da infraestrutura e governança de TIC (tecnologia da informação e comunicação). O mesmo se aplica à área de **processos internos**, ao se apontarem os seguintes temas, conforme a numeração do glossário: (2) celeridade e produtividade na prestação jurisdicional; (3) adoção de soluções alternativas de conflito e (4) gestão das demandas repetitivas e dos grandes litigantes (anexo da Resolução n. 198/2014).

De certa forma, a Lei de Mediação e o CPC/2015 são leis inovadoras com princípios de efetividade e de estímulo à resolução adequada de conflitos e integram tanto os temas concernentes à celeridade e produtividade na prestação jurisdicional quanto os relativos à adoção de soluções alternativas de conflito.

Como ressalta Kazuo Watanabe, o direito de acesso à Justiça é, fundamentalmente, o direito de acesso à ordem jurídica justa. Ele enumera alguns de seus dados elementares (Watanabe,1988):

» direito à informação e ao perfeito conhecimento do direito substancial e à organização de pesquisa permanente, a cargo de especialistas, e orientada à aferição constante da adequação entre a ordem jurídica e a realidade socioeconômica do país;

» direito de acesso à Justiça adequadamente organizada e formada por juízes inseridos na realidade social e comprometidos com o objetivo de realização da ordem jurídica justa;

» direito preordenado dos instrumentos processuais capazes de promover a efetiva tutela de direitos;

» direito à remoção de todos os obstáculos que se anteponham ao acesso efetivo à Justiça com tais características.

Todos esses aspectos integram a ideia – hoje corrente – de que o Poder Judiciário, mais bem organizado e estruturado, deve propiciar ao cidadão efetivo acesso à ordem jurídica justa. É preciso promover meios que garantam acessibilidade real do cidadão aos serviços judiciários, mediante a redução das distâncias físicas aos órgãos e serviços judiciários por meio de parcerias e ações itinerantes que aumentem a capilaridade do atendimento e com mutirões de conciliação e carcerário, balcões de atendimento, programas de justiça comunitária. Além disso, devem ser utilizados sistemas que promovam efetividade no cumprimento das decisões judiciais, como os convênios que autorizaram acesso a dados bancários e outros por meio dos sistemas Bacenjud, Infojud e Renajud, da penhora eletrônica de imóveis, entre outras providências.

Ainda assim, o Poder Judiciário não tem conseguido cumprir, com rapidez e efetividade, o seu papel – e não conseguirá cumpri-lo se continuar a fazer "mais do mesmo". Explicamos: lamenta-se sempre a mesma falta de estrutura e pede-se como única solução o aumento do número de servidores e de juízes (Bacellar, 2013).

Ao se conhecerem os problemas, é preciso fazer o necessário para resolvê-los a despeito da falta de estrutura e do número insuficiente de servidores e magistrados. O conhecimento só tem sentido quando posto em prática: saber e não difundir (saber-fazer) é perder o conhecimento e a inteligência adquiridos.

Tanto o conhecimento informal quanto o formal são fundamentais e cabe aos administradores orientar a armazenagem, a documentação por digitalização, a microfilmagem ou outros meios idôneos que venham a surgir para o registro desse conhecimento na memória do tribunal (cultura corporativa). A memória de todo o conhecimento adquirido (interno ou externo), documentado ou não documentado formalmente, é muito importante para estabelecer qualquer planejamento projetivo ou corretivo na Administração Judiciária.

> A Administração Judiciária pós-moderna será aquela com capacidade de se adaptar às mudanças que ocorrem no contexto tempo-cultural (ambiente) e reagir às lições trazidas pelas experiências negativas, projetando, passo a passo, as alterações na sua estrutura e no seu comportamento organizacional.

Nesse contexto de acesso à Justiça como acesso à resolução adequada de conflitos, verificamos discussões atuais, inovações em modelos de serviço e propostas diferentes que pretendem tirar o maior proveito possível da estrutura existente, com redução de custos e aproveitamento dos avanços tecnológicos. Novas formas e novos métodos de resolução de conflitos precisam ser estimulados para garantir, dentro ou fora do Poder Judiciário, a resolução eficaz e adequada das controvérsias em todos os seus aspectos (Bacellar, 2013).

6.4 Alinhamento e integração

Para o alinhamento das políticas e a integração dos tribunais, o CNJ tem promovido anualmente encontros com todos os presidentes de tribunais brasileiros. Foi possível ao CNJ, inicialmente, recomendar a implantação de núcleos de gestão estratégica e, depois, estabelecer algumas diretrizes comuns e metas estratégicas de curto, médio e longo prazos, incorporadas internamente nos tribunais pela aprovação, em linhas gerais, de planejamentos específicos por seus órgãos plenários ou órgãos especiais respectivos. Para isso, foi fundamental a previsão, no planejamento estratégico, do tema *alinhamento*, bem como, para alcançá-lo, a descrição dos objetivos destinados a permitir o desdobramento da estratégia em todas as unidades do Judiciário e do tema *integração*, com o objetivo de fomentar a interação e a troca de experiências entre os tribunais.

Com isso, deu-se o passo primordial para que todos os tribunais buscassem **integração ao plano estratégico nacional**. Ao CNJ resta ainda o fundamental desafio de motivar, cobrar, integrar e acompanhar a promoção do alinhamento e da adequação das estratégias locais ao planejamento estratégico nacional e seus indicadores.

Respeitadas as peculiaridades locais, são necessárias a unicidade e a integração das políticas nacionais com as políticas regionais e os planejamentos plurianuais, alinhados em suas metas e respectivos indicadores e adequados para permitir a mensuração de resultados. Com isso, será possível compartilhar conhecimentos e integrar o Poder Judiciário nacional, por meio da troca de experiências, de boas práticas (judiciárias e administrativas), do *benchmarking*, entre outros indicadores integrantes da gestão do conhecimento e de níveis de aprendizagem (Bacellar, 2013).

> *São necessárias a unicidade e a integração das políticas nacionais com as políticas regionais e os planejamentos plurianuais, alinhados em suas metas e respectivos indicadores e adequados para permitir a mensuração de resultados.*

Vários comitês estão sendo criados por estímulo do CNJ nos tribunais brasileiros, inclusive para valorização do primeiro grau de jurisdição. A realidade dos Centros Judiciários de Solução de Conflitos e Cidadania (Cejuscs) igualmente tem representado portas de acesso adequado à resolução de conflitos no Brasil, ainda mais agora fortalecidos pelo CPC/2015 e pela Lei de Mediação.

O alinhamento das políticas públicas voltadas ao sistema judiciário e aos tribunais é uma necessidade. O objetivo é que tenhamos um Poder Judiciário mais ativo e próximo da sociedade.

6.5 Atuação institucional do Poder Judiciário perante os demais poderes

O Poder Judiciário brasileiro permaneceu, durante muitos anos, enclausurado, fechado e pouco receptivo ao relacionamento com a sociedade. O Poder Judiciário não conversava com o povo, o que constituiu um dos fatores mais negativos para que a instituição tivesse avanços em sua eficiência e em seu funcionamento (Araújo, 1996, p. 501).

Mesmo quanto aos demais poderes, as relações se restringiam às necessidades internas e aos contatos formais destinados ao ajuste de percentuais do orçamento para atender a suas necessidades. Com o passar do tempo, as atribuições do Judiciário foram crescendo e o fizeram ter maior influência no controle da legalidade dos atos dos Poderes Legislativo e Executivo.

A judicialização da política, embora tenha seus pontos positivos e seja em parte reconhecida como necessária, tem propiciado algumas investidas abertas contra o Poder Judiciário. Isso ocorre exatamente em vista do argumento de que poderia haver **afronta** à separação dos poderes.

Tem sido chamado o Poder Judiciário, com base em direitos fundamentais previstos na Constituição, a determinar a abertura de vagas em creches e a internação de doentes com risco de morte, bem como a garantir aos cidadãos o direito a remédios que assegurem suas vidas. Esses direitos, previstos na Constituição da República (CR), o próprio Poder Executivo já deveria ter atendido.

Há uma crítica que se faz ao ativismo judiciário, que acaba por interferir em questões políticas. Percebemos que o Poder Judiciário só age quando acionado. Portanto, quando acionado, é obrigado a decidir – e, se o faz, não deve haver ativismo. Há o cumprimento de seu dever constitucional de fazer valer aquelas normas que foram aprovadas pelo Poder Legislativo.

O Poder Judiciário existe e se justifica quando aplica com independência a lei, impondo sua observância indistinta, inclusive – se necessário – contra o Poder Executivo, o qual, por tradição, historicamente, costumava agir tiranicamente contra os cidadãos (Bacellar, 2012b).

As garantias atribuídas ao Judiciário lhe foram outorgadas como prerrogativas para o imparcial, independente e seguro cumprimento das normas básicas da sociedade. Eventuais desvios de conduta individual de alguns não podem comprometer o Poder Judiciário como um todo.

> *O Poder Judiciário deve se manter no seu papel de guardião dos direitos dos cidadãos, mesmo que, algumas vezes, o poder condicionante da mídia possa fazer afirmações desfocadas em relação às suas decisões.*

O Poder Judiciário tem vivenciado uma crise que pode comprometer institucionalmente sua reputação (Maccalóz, 2002, p. 33). Atos pontuais e positivos de alguns juízes que atuam em ações que tratam de crimes de corrupção propiciam, de regra, um foco apenas personalista. O próprio magistrado passa a ser visto como "herói nacional". Podem essas ações influenciar a opinião pública e aumentar a credibilidade do próprio Poder Judiciário.

Ações negativas, entretanto, propiciam generalizações dirigidas a todos os juízes, e isso não tem recebido resposta institucional adequada do Poder Judiciário. Passam a ser verdade aos olhos da população. Quaisquer desvios de conduta devem ser punidos sempre de maneira exemplar.

Preocupam as interpretações que, por vezes, a mídia faz a respeito dos pronunciamentos judiciais. Ao aplicar com independência a Constituição, o magistrado cumpre seu papel e não deve, nesses casos, aceitar as críticas. A resposta institucional pelo Poder Judiciário deve ser apresentada. As normas constitucionais existem para serem cumpridas, e o Poder Judiciário deve se manter no seu papel de guardião dos direitos dos cidadãos, mesmo que, algumas vezes, o poder condicionante da mídia possa fazer afirmações desfocadas em relação às suas decisões. É necessário esclarecer os equívocos, corrigir as informações e apresentar maior número de dados, de forma a fazer transparecer a verdade e a integralidade na comunicação.

Planta-se uma macieira e coloca-se uma tabuleta: "Esta árvore é uma figueira". Todos os que por ali passarem, por anos e mais anos, vão achar que se trata de uma figueira. Só muito mais tarde, talvez quando vierem os frutos, o engodo será descoberto (Lassale, 1987).

Independentemente de críticas, a posição do Poder Judiciário como guardião das liberdades no Estado democrático de direito só poderá ser preservada por meio de sua autonomia, independência e imparcialidade. Seria necessário, aqui, planejar campanhas de esclarecimento para melhor informar a sociedade sobre essas características do Poder Judiciário.

Por isso, é de primordial importância, no estudo do Poder Judiciário, a análise das **garantias** que a Constituição institui para **salvaguardar** aquela **imparcialidade** e aquela **independência**. Algumas dessas garantias dizem respeito ao Poder Judiciário como um todo, servindo para resguardá-lo da influência de outros poderes, enquanto outras são concernentes a seus juízes (Cintra; Grinover; Dinamarco, 1995).

O Poder Judiciário parece desconhecer a força de sua autoridade, a qual, correta e honestamente trabalhada, será proporcional ao conceito moral que lhe atribuir a sociedade. Para viabilizar o cumprimento dos objetivos estratégicos, o Poder Judiciário precisa se comunicar melhor com a sociedade, a partir do principal destinatário dos serviços, que é o cidadão brasileiro. Para isso, a comunicação deve fluir de maneira simples, rápida e de forma articulada, por meio de planos de comunicação social, cartilhas informativas e *sites* interativos que, além de esclarecer, divulguem as iniciativas do Poder Judiciário em prol de um melhor serviço à sociedade.

A implantação de ouvidorias, para recebimento de críticas e sugestões, integra ferramentas que, na gestão do conhecimento, geram contínuo aprendizado. Audiências públicas locais, promovidas por magistrados em relação a assuntos de interesse da sociedade, fazem da atuação institucional o instrumento de valorização, legitimação e reconhecimento do Poder Judiciário pelo jurisdicionado.

A realização de eventos que tratem da integração entre os membros do Poder Judiciário, advogados, defensores, servidores, notários, delegados, imprensa, universidades e promotores de justiça destaca as percepções construtivas de um relacionamento que pode avançar, também, de forma harmoniosa e construtiva (Bacellar, 2013). Há, hoje, uma percepção clara da **interdependência** entre os poderes, o Poder Judiciário e os integrantes das funções essenciais à função jurisdicional, como são os membros do Ministério Público e os advogados.

6.6 Gestão de pessoas por competências

Se, no passado, havia uma grande preocupação com os produtos e pouca preocupação com as pessoas, houve uma significativa modificação nesse estado de coisas. As **pessoas** são o **principal valor** de uma organização, fundamentalmente naquelas voltadas à prestação de serviços, como são os tribunais.

A **gestão de pessoas** tem sido o foco em todas as instituições, buscando-se capacitá-las e motivá-las a promover a entrega de um serviço de qualidade – o que exige conhecimento, habilidade e atitude. Em um primeiro momento, é esse o conceito básico que se tem estabelecido sobre gestão de pessoas por competências: conhecimento, habilidade, atitude. Como afirma com propriedade Rogério Leme, **o conhecimento é o saber**, é o que aprendemos nas escolas, nas universidades, nos livros, no trabalho, na escola da vida; a **habilidade é o saber fazer**, é tudo o que utilizamos dos nossos conhecimentos no dia a dia; já **a atitude é o que nos leva a exercitar nossa habilidade relacionado a determinado conhecimento**, pois ela é o querer fazer (Leme, 2011, p. 3).

A partir do conhecimento que possa ser transmitido e adquirido pelas pessoas, é necessário igualmente o desenvolvimento de habilidades e atitudes para que possam prestar um melhor serviço à população. Didaticamente, de maneira superficial, o conceito de *gestão de pessoas por competências* (para uma compreensão básica) se identifica pelas iniciais *CHA* (conhecimento, habilidade, atitude). Veremos que é muito mais do que isso.

O conhecimento é técnico; entretanto, hoje, no Poder Judiciário, mais do que técnico-jurídico, é um conhecimento que precisa se inter-relacionar com as demais disciplinas de forma interdisciplinar. Precisa mais, deve ser até mesmo transdisciplinar – deve ele transitar pelas disciplinas sem divisas ou fronteiras. Onde o conhecimento puder ser encontrado e puder ser ressignificado em outra ciência, com as adaptações necessárias, isso deve ser feito. Habilidades e atitudes revelam competências comportamentais que precisam ser desenvolvidas e compreendidas para o alcance de uma melhor atuação profissional. Na compreensão de gestão de pessoas, deve ser integrada a percepção de que, para seu sucesso, é preciso motivar e comprometer magistrados e servidores com a execução da estratégia.

Houve, durante alguns anos, a afirmação de que magistrados não deveriam perder tempo com gestão, visão estratégica ou com os conhecimentos da ciência da administração. No entanto, percebemos que – queiramos ou não, gostemos ou não – o magistrado administrador judiciário precisa ter, além do conhecimento técnico-jurídico, conhecimentos básicos de gestão, até porque, além da gestão dos conflitos jurisdicionais, no relacionamento com os servidores, será visto como quem deverá orientar e gerir o funcionamento do juízo a que responde.

Questões envolvendo análise do clima organizacional, qualidade de vida, motivação, liderança, relacionamento interpessoal, comunicação, estímulo ao desempenho e à inovação (orientada a resultados) fazem parte da atividade do magistrado e dos servidores da pós-modernidade. A nova teoria humanista da administração valoriza a pessoa humana como valor fundamental de qualquer instituição que queira prestar um serviço de qualidade.

A necessidade de capacitação contínua de magistrados e servidores, a fim de que desenvolvam conhecimentos, habilidades e atitudes para melhor atender ao jurisdicionado, para superar preconceitos e perceber a importância da visão transdisciplinar, é, hoje, uma realidade. O Poder Judiciário deve buscar o conhecimento identificado nos pilares da educação como o **saber**. A busca desse saber deve acontecer onde quer que ele se encontre (psicologia, administração, engenharia, antropologia, filosofia, sociologia, matemática, economia).

É preciso buscar a habilidade, como a do **saber fazer**, consistente na aplicação prática dos conhecimentos, dos saberes por meio do exercício, de aplicação, problematização, treinamento, dinâmicas e capacitação: busca-se aqui um saber fazer teoricamente sustentado.

Além disso, é fundamental a busca do **saber ser**, o qual representa a atitude que se revela na ação juntamente com os outros. Representa um fazer consciente que cada indivíduo deve compreender dentro de sua formação cultural e que para ele faça sentido e encontre coerência com sua forma de ser e pensar. Deve a pessoa estar implicada com seus atos, acreditar, crer e realizar querendo fazer porque é como sente que deva ser feito.

É o que Guy Le Boterf chama de *competência em ação* – que implica saber mobilizar-se, integrar e transferir recursos em dado contexto (Le Boterf, 2003; Davel, 2007, p. 66). Mais que isso, é a capacidade que se desenvolve para, em determinado contexto, solucionar problemas complexos – e, quando isso acontece no ambiente do trabalho, ocorrem o exercício e a aquisição da competência.

Enquanto o **saber** (conhecimento) e o **saber fazer** (habilidade) são mais fáceis de assimilar com treinamento, o **saber ser** (atitude) precisa ser sentido/vivenciado e, por isso, dizemos que se revela juntamente com os outros.

Há autores que recomendam – como um despertar do saber ser – inserir a pessoa na realidade. Destaca W. Chan Kim a liderança no ponto de desequilíbrio: explora essa ideia para inspirar mudanças de mentalidade rápidas, que sejam impulsionadas internamente pelas próprias percepções pessoais. Em vez de recorrer a números para desequilibrar e derrubar o obstáculo cognitivo, a liderança no ponto de desequilíbrio leva as pessoas a experimentar a necessidade da mudança (Kim; Mauborgne, 2005, p. 151).

> **Pense a respeito**
>
> Para facilitar a compreensão sobre a importância dessa percepção pessoal que conduz ao *saber ser*, apresentamos para análise duas situações hipotéticas, colhidas de monitoramento eletrônico realizado em salas de trabalho distintas: (a) no ambiente de trabalho C, há uma xícara quebrada e o servidor é filmado limpando os cacos e deixando o ambiente em ordem; (b) no ambiente de trabalho A, há uma xícara quebrada e outro servidor é filmado limpando os cacos e deixando o ambiente em ordem. Qual é a **diferença** entre as duas situações? Neste momento, antes de prosseguir na leitura, pare e pense!
>
> Objetivamente, vemos duas situações iguais: alguém limpando cacos de uma xícara. Entretanto, há um aspecto subjetivo que as câmeras não conseguem captar:
>
> - O servidor no ambiente C limpa a xícara quebrada porque sabe que, se não o fizer, será demitido. Seu comportamento, portanto, tem por justificação a necessidade e o medo de perder seu emprego.
> - O servidor no ambiente A se preocupa com a possibilidade de que alguém possa se machucar com os cacos e gosta de seu ambiente de trabalho seguro e organizado. Limpa tudo e justifica seu comportamento ao assumir uma verdadeira *atitude*, baseada em seu senso de responsabilidade e gosto pelo trabalho.

A busca do saber ser, mais do que só um comportamento, retrata um querer fazer consciente (atitude) que se revela na compreensão de situações que se verificam juntamente com o outro e a partir de um acontecimento da realidade. Consiste em um comportamento aliado a uma **atitude consciente** da pessoa de ser o que é e querer fazer. A pessoa, por ela mesma, acredita no que faz, realiza, executa e age.

Costumamos dizer que é fácil exigir comportamento no ambiente jurisdicional criminal quando os juízes ordenam que: o réu deve comparecer em juízo todos os meses para justificar suas atividades, deve adquirir uma cesta básica e entregar a uma instituição de caridade, deve prestar serviços por tantas horas etc.

Howard Gardner destaca que nossa mente muda ou porque nós queremos mudá-la ou porque acontece algo em nossa vida mental que justifica uma mudança. A mudança pode ocorrer em nossas crenças políticas e científicas, nosso credo pessoal, nossa visão de nós mesmos. Às vezes, a mudança mental é tranquila e congenial, mas pode ser especialmente pungente quando altera nosso espaço de vida de maneira fundamental (Gardner, 2005, p. 173).

Exigir comportamento é fácil. O difícil é fazer com que o réu acredite que isso faz sentido para ele! Atitude é algo subjetivo, pessoal, cognitivo, é o "saber ser", com um "querer ser" e "querer fazer". Isso indicará uma conduta desenvolvida porque alguém que verdadeiramente acredita no que faz está implicado com seus atos e vê sentido no que realiza. Esse é o desafio!

Saindo da esfera da atuação jurisdicional, esse modelo de administração é trabalhado na iniciativa privada em programas de gestão de pessoas por competências. É a **gestão de pessoas por competências** um processo **empreendedor** e de **alta aprendizagem**. Será um precioso instrumento a ser aplicado na Administração Judiciária dos tribunais brasileiros.

É preciso gerar nos magistrados e servidores a percepção da importância da gestão de pessoas (por competências), da gestão de processos, da gestão do conhecimento, do pensamento, dos níveis de aprendizagem e da valorização do ser humano como maior valor da organização. Há, hoje, recomendações do CNJ para que já se tenha iniciado o processo de implantação da gestão de pessoas por competências.

Fazer com que os magistrados, os servidores e os auxiliares da Justiça tenham orgulho de ser o que são: isso é **atitude**! Todas as demais ferramentas indicadas a partir das diretrizes do CNJ terão contato direto e enfoque/ênfase na gestão de pessoas por competências, sejam de gestão do conhecimento, sejam de gestão estratégica de serviços (internos, externos ou estendidos).

Graham J. Hooley, com base em uma definição de G. S. Day, classifica as **competências** como de fora para dentro (a habilidade de identificar as necessidades do cliente e de construir relações com clientes-chave), de dentro para fora (capacidades técnicas e processuais, tais como controle financeiro, o qual pode trazer vantagens, como custo menor), e capacidades estendidas, que são as que requerem foco externo e interno (Day, citado por Holley; Saunders; Piercy, 2001, p. 68).

A análise dos níveis de aprendizagem, da planificação organizacional (mecanismos de coordenação das tarefas), da legitimação social e das estratégias de *marketing* de serviços, dos padrões de qualidade e satisfação do usuário, o *benchmarking*, o *empowerment* e as demais ferramentas, como já mencionamos, terão sempre foco no maior valor a ser considerado: a pessoa e suas competências.

A gestão de pessoas por competências do ponto de vista **interno** (gestão, planificação, mecanismos de coordenação das atividades), do ponto de vista **externo** (*stakeholders*, relatórios de ouvidorias, atendimento e pesquisa de satisfação do usuário) e do ponto de vista **estendido** (gestão integral com foco interno e externo) é a base de todas as formas de administração atuais.

6.7 Orçamento, infraestrutura e tecnologia

Como destacou Edgard de Moura Bittencourt sobre a situação descrita pelo porta-voz do Tribunal de Justiça de São Paulo, na década de 1960, a "sorte dos serviços judiciários foi largada ao abandono, por parte dos órgãos governamentais" (Bittencourt, 1982, p. 78).

Durante anos, os administradores de tribunais se queixaram de que, por não terem a "chave do cofre" (que está com o Poder Executivo), nada poderiam fazer para melhorar a Justiça. José Renato Nalini (2008, p. 2) destaca essa realidade:

> A cada função corresponde a um dos poderes da República. Eles devem funcionar com independência e harmonia e entre os três não existe grau hierárquico. Na prática, o braço inerme do Estado – não tem cofre, não tem a força das armas, não estabelece as regras do jogo – parece situado numa situação ancilar. O reforço técnico-formal na categoria de poder não encontra eco na sensação comunitária. Ou seja, a justiça brasileira longe está de viver seus melhores dias.

Era forte a reclamação de que cabe ao Poder Legislativo fazer as leis e a culpa é da lei ou do Estado. Portanto, "observe o juiz que se o tempo lhe é escasso e, por isso, a decisão não pode ser esmerada, a culpa será da lei ou do Estado; daquela por lhe dar prazos exíguos e deste por acumulá-lo de tarefas" (Bittencourt, 1982, p. 180).

O Poder Judiciário, conforme esse discurso, fazia o possível – mas não o suficiente – para cumprir a fundamental atividade de prestar um serviço judiciário adequado, ágil, rápido, eficaz e de qualidade.

Joaquim Falcão destacou a constatação de que

> *durante décadas esse necessário limite do julgar contaminou uma grande parte do Judiciário e a inércia democrática se transbordou inadequadamente como imobilismo administrativo. Transbordou como um passivismo gerencial a espera que os outros poderes lhe fizessem a reforma que o país reclamava, lhe arrumassem sua própria casa e lhe determinassem suas eficiências.* (Grangeia, 2011, p. 7-8)

Como ressalta Luis Lezcano Claude, "a independência política não alcança uma plena efetividade se não vem acompanhada por independência econômica. Caso contrário, a independência se torna meramente retórica, aparece como algo ilusório. De maneira que é indispensável que exista independência econômica" (Freitas; Freitas, 2006, p. 145).

Passou a ser uma necessidade não só buscar os recursos orçamentários necessários do Poder Executivo, mas também conhecer a gestão orçamentária com o objetivo de entender o que é receita corrente líquida e o que a integra por ocasião do repasse do duodécimo (percentual do orçamento que é repassado pelo Poder Executivo) destinado ao Judiciário. O repasse de um percentual mínimo (mas necessário) que integre o orçamento do Poder Judiciário é também uma das formas de garantir a independência dos poderes e a liberdade nos julgamentos. Depois, com o repasse dos recursos, é fundamental aos tribunais, como forma de adequação ao plano estratégico nacional, maximizar a utilização dos sempre limitados recursos públicos, como forma de demonstrar eficiência na gestão orçamentária (Bacellar, 2013).

De outro lado, os objetivos estratégicos precisam estar perfeitamente alinhados ao planejamento orçamentário e, se não for possível aumentar a receita, os recursos devem ser otimizados para se alcançarem melhores resultados com os mesmos meios. É um desafio difícil, mas, agora sim, em outros termos, possível.

Comungamos da posição de Wanderlei José dos Reis (2010, p. 62):

> *Entendemos que a gestão é apta sim a transformar o juiz-juiz em juiz-gestor e é este o modelo de magistrado que o Judiciário carece hodiernamente, um juiz conhecedor de técnicas de gestão que busque a eficiência em tudo que faz e que saiba se valer, por exemplo, da utilização de indicadores e metas de desempenho no exercício do seu mister diário – daí Aristóteles afirmar que "a busca da excelência não deve ser um objetivo, sim um hábito".*

Sob outro enfoque, houve tempo, muito recente, em que não havia qualquer participação dos magistrados e servidores na definição do planejamento orçamentário e muitas necessidades não eram atendidas exatamente pela falta de conhecimento e informação sobre sua existência. Luiz Werneck Vianna (citado por Maccalóz, 2002, p. 194) aponta, nos magistrados,

> *um perfil de tipo reformista no âmbito específico de atuação jurisdicional e da democratização do Poder Judiciário. A partir dos anos 80, as eleições para os quadros administrativos (juízes que ocupam cargos na administração judiciária), Conselho da Magistratura e Órgãos Especiais, são um desejo da maior parte; desejo porque até hoje só os diretores de foro passaram por esse processo.*

Hoje, os magistrados brasileiros querem mais e pleiteiam inclusive eleger os presidentes dos tribunais. Isso depende, a princípio, de emenda constitucional e é uma luta permanente da Associação dos Magistrados Brasileiros (AMB, 2016).

Nesse contexto de democratização interna e de maior participação, o CNJ recomendou aos tribunais a participação efetiva de servidores e de magistrados na elaboração e na execução das propostas orçamentárias e nos planejamentos estratégicos, o que permite uma visão real das urgências e necessidades, evitando-se investimentos inúteis e dispensáveis. Além disso, o uso da tecnologia deve ser disponibilizado a todos esses partícipes da gestão para melhor avaliar necessidades e disseminar os fundamentos da gestão.

O avanço tecnológico, por meio da TI, da certificação digital, dos programas de informática e da segurança da informação, servirá ao cumprimento das metas estratégicas estabelecidas pelos tribunais. Com a participação de magistrados e servidores, o tribunal poderá buscar subsídios para promover um alinhamento congruente entre a gestão orçamentária e a aquisição dos equipamentos mais avançados de automatização, controle, geração de dados estatísticos, informação, peticionamento eletrônico, digitalização documental e armazenamento, entre outros.

De igual forma, a democratização da gestão orçamentária pelo Poder Judiciário contribuirá para a garantia de infraestrutura apropriada às atividades administrativas e judiciais.

De outro lado, no que se refere à questão relativa ao ambiente físico no qual funcionam as unidades, recomendamos a padronização de projetos arquitetônicos já testados, de mobiliário com foco na economicidade, na funcionalidade, no desenvolvimento sustentável e na ergonomia. A busca por maior capacidade produtiva, economicidade e funcionalidade faz parte dessa nova fase, que se inicia na gestão estratégica do Poder Judiciário nacional. A troca de experiências e o denominado *benchmarking* permitirão que a melhor prática, a melhor adequação de espaço e o melhor projeto possam ser compartilhados e exportados para o alcance da melhor prestação jurisdicional.

O exemplo dos tribunais paradigmas – que atingem percentuais maiores de eficiência – pode contribuir para incentivar a melhoria da produtividade dos demais tribunais que não conseguem atingir resultados semelhantes (CNJ, 2013, p. 305). Mais do que imitar, é preciso procurar aprender com os outros, compreender a funcionalidade, os processos adotados, as operações e as ideias que alcançaram melhores resultados na satisfação dos jurisdicionados e no estímulo ao trabalho dos servidores. São exemplos práticos da aplicação da teoria do conhecimento e da gestão da aprendizagem.

A problematização, a partir da coleta de dados, pode ser um bom método para demonstrar a aplicação de algumas das muitas ferramentas da administração.

6.8 Os mandamentos do juiz

Os magistrados, tanto na função jurisdicional, quando julgam os casos que lhes são submetidos, como quando administram, precisam ser estudiosos, independentes e imparciais. A liberdade é a essência que alimenta a condição de juiz e garante que nenhuma influência política possa demover seu espírito.

A **honestidade** é um **dever essencial**: no dia em que "ser amigo" do juiz signifique ganhar uma causa, não haverá mais justificativa para a existência do Poder Judiciário, cuja autoridade moral depende da decência de seus juízes (Bacellar, 2003, p. 103).

Vladimir Passos de Freitas enumera e descreve, em síntese, os **dez mandamentos do juiz administrador**. Vejamos:

1. O juiz, nas funções de administrador, deve saber que a liderança moderna se exerce com base na habilidade de conquistar as pessoas, e não mais em razão do cargo, perdendo a hierarquia seu caráter vertical para assumir uma posição mais de conquista do que de mando.

2. Ao administrar, cumpre-lhe deixar a toga de lado, devendo: a) obrigação à lei e não à jurisprudência; b) inteirar-se das técnicas modernas de administração pública e empresarial; c) adaptar-se aos recursos tecnológicos; d) decidir, de maneira ágil e direta, sem a burocracia dos processos judiciais; d) manter o bom e corrigir o ruim; d) delegar, se tiver confiança; f) atender à imprensa; g) lembrar que não existe unidade judiciária ruim, mas, sim, mal administrada.
3. No âmbito externo, deve prestigiar as atividades da comunidade jurídica e dos órgãos da administração dos três Poderes, participando de solenidades, estabelecendo parcerias em projetos culturais e alianças que possam diminuir os gastos públicos. No âmbito interno, deve visitar periodicamente os setores administrativos, ouvindo os funcionários, demonstrando o seu interesse em conhecer os serviços e atender às necessidades, quando possível.
4. Ter em mente que suas palavras e ações estão sendo observadas por todos e que elas transmitem mensagens explícitas ou implícitas que podem melhorar ou piorar a Justiça. Por isso, devem ser evitadas críticas públicas a outros magistrados de qualquer Justiça ou instância, ou a autoridades de outros Poderes, atitudes estas que nada constroem e que podem resultar em respostas públicas de igual ou maior intensidade.
5. Manter a vaidade encarcerada dentro dos limites do tolerável, evitando a busca de homenagens, medalhas, retratos em jornais institucionais, vinganças contra os que presumidamente não lhe deram tratamento adequado, longos discursos enaltecendo a si próprio ou o afago dos bajuladores, ciente de que estes desaparecerão no dia seguinte ao da posse de seu sucessor.

6. O presidente – e os demais administradores, no que for compatível – deve(m) manter um ambiente de cordialidade com os colegas do Tribunal, ouvindo-os nas reivindicações, explicando-lhes quando negá-las e não estimulando os conflitos. Com os juízes de primeiro grau, é necessário lembrar que o respeito será conquistado pelo exemplo e não pelo cargo, que eles pertencem a gerações diferentes, que devem ser estimulados na criatividade, apoiados nos momentos difíceis e tratados sem favorecimento. Nas infrações administrativas praticadas por magistrados, cumprir o dever de apurar, com firmeza, coragem e lealdade.

7. No relacionamento com o Ministério Público e a OAB, deve atender às reivindicações que aprimorem a Justiça, não criar empecilhos burocráticos que dificultem as atividades desses profissionais e, quando não atender a um pedido, explicar os motivos de maneira profissional evitando torná-lo um caso pessoal.

8. No relacionamento com os sindicatos, manter um diálogo respeitoso, baseado na transparência administrativa. Quanto aos servidores, motivá-los, promover cursos de capacitação, divulgar as suas boas iniciativas, promover concursos sobre exemplos de vida, envolvê-los na prática da responsabilidade social e da gestão ambiental. Com relação aos trabalhadores indiretos (terceirizados), promover, dentro do possível, sua inclusão social.

9. Nos requerimentos administrativos, quando negar uma pretensão, seja de magistrados ou de servidores, fazê-lo de forma clara e fundamentada, não cedendo à tentação de concedê-la para alcançar popularidade, pois sempre haverá reflexos em relação a terceiros e novos problemas.

> 10. Ter presente que administrar significa assumir uma escolha e um risco e que aquele que nada arrisca passará o tempo do seu mandato em atividades rotineiras, limitando-se, ao fim, por colocar um retrato na galeria de fotografias, passando à história sem ter dado qualquer contribuição à sociedade, ao Poder Judiciário ou ao Brasil.

Fonte: Freitas, 2006, p. 275-276.

A gestão estratégica do Poder Judiciário depende não só do CNJ e da atuação técnica dos tribunais, mas também – e fundamentalmente – da conduta transparente, honesta e independente de seus juízes, obedientes à lei e à sua própria consciência (Bacellar, 2003, p. 107).

Síntese

Tem sido fundamental o estabelecimento pelo CNJ de diretrizes nacionais com vistas a resgatar o foco na missão do Poder Judiciário de realizar justiça. Vimos a importância de estimular o cumprimento das metas nacionais e, mais do que isso, de planejar as metas específicas e os objetivos dos serviços judiciários brasileiros em cada um dos tribunais e em cada uma nas unidades judiciárias do país. O CNJ, por meio da Resolução n. 70/2009 (revogada posteriormente pela Resolução n. 198/2014), estabeleceu maior rigor do planejamento estratégico do sistema judiciário brasileiro, inclusive com os macrodesafios de 2015-2020.

O Poder Judiciário, mais bem organizado e estruturado, deve propiciar ao cidadão efetivo acesso à ordem jurídica justa, promovendo os meios que garantam a acessibilidade real do cidadão aos serviços judiciários, mediante a redução das distâncias físicas aos órgãos e serviços judiciários por meio de parcerias e ações itinerantes que aumentem a capilaridade do atendimento, com mutirões de conciliação e carcerário.

Vimos que o aumento da demanda decorre também da judicialização da política, que, embora tenha seus pontos positivos e seja em parte reconhecida como necessária, tem propiciado algumas investidas abertas contra o Poder Judiciário, que tem sido provocado para assegurar vagas em creches, internação de doentes com risco de morte, entre outras questões. Nessas situações, os cidadãos já deveriam ter recebido o atendimento pelo próprio Poder Executivo. Apresentamos, ainda, uma primeira abordagem sobre a gestão de pessoas por competências com a sigla CHA: conhecimento, habilidade e atitude.

Sobre o conhecimento, hoje ele é mais do que técnico-jurídico, é um conhecimento que precisa se inter-relacionar com as demais disciplinas de forma interdisciplinar e até mesmo transdisciplinar. Habilidades e atitudes, quando aplicadas à atividade profissional, promovem o desenvolvimento de competências para o alcance de uma melhor atuação jurisdicional voltada ao cidadão.

Destacamos que conhecer gestão orçamentária passou a ser uma necessidade para melhor se comunicar com os demais poderes e buscar a destinação de recursos para um atendimento mais eficaz da população.

Ao final, asseveramos que a gestão não depende só dos tribunais ou do CNJ, mas também – e fundamentalmente – de juízes humanistas, independentes, honestos, com forte comprometimento ético, imparciais, estudiosos, com visão transdisciplinar e só obedientes à lei e à própria consciência.

Para saber mais

Os leitores interessados em aprofundar seus estudos podem consultar as seguintes obras:

BACELLAR, R. P. **Mediação e arbitragem**. São Paulo: Saraiva, 2012. (Coleção Saberes do Direito, v. 53).

CNJ – Conselho Nacional de Justiça. **Justiça em números 2013**: ano-base 2012. Brasília, 2013. Disponível em: <http://www.cnj.jus.br/images/pesquisas-judiciarias/Publicacoes/relatorio_jn2013.pdf>. Acesso em: 30 jan. 2016.

LEME, R. **Gestão por competência no setor público**. Rio de Janeiro: Qualitymark, 2011.

MACCALÓZ, S. **O Poder Judiciário, os meios de comunicação e opinião pública**. Rio de Janeiro: Lumen Juris, 2002.

NALINI, J. R. **A rebelião da toga**. 2. ed. Campinas: Millennium, 2008.

WATANABE, K. Acesso à Justiça e a sociedade moderna. In: GRINOVER, A. P.; DINAMARCO, C. R.; WATANABE, K. (Coord.). **Participação e processo**. São Paulo: Revista dos Tribunais, 1988. p. 128-135.

Questões para revisão

1) Qual é a missão do Poder Judiciário e quais são os dois objetivos de alinhamento e integração que foram sintetizados no mapa estratégico?

2) Qual é a visão do Poder Judiciário e quais são os atributos de valor (credibilidade) para a sociedade?

3) Assinale V (verdadeiro) ou F (falso) e, depois, escolha a alternativa correta:
   ( ) O "saber" (conhecimento) e o "saber fazer" (habilidade) são mais fáceis de assimilar com treinamento.
   ( ) A busca do "saber ser", mais do que um comportamento, retrata um "querer fazer" consciente (atitude) e, por isso, dizemos que se revela juntamente com os outros.
   ( ) Responsabilidade social é fazer mais, fazer além do que se faz de habitual e utilizar conhecimentos, habilidades e atitudes para promover ações em benefício da sociedade.
   ( ) A Resolução n. 70/2009 foi um importante marco para definir as atividades estratégicas e de gestão do Poder Judiciário pelo Conselho Nacional de Justiça (CNJ); hoje ela está revogada pela Resolução n. 198/2014.
   a. V, V, V, V.
   b. V, V, F, V.
   c. F, V, V, V.
   d. V, V, V, F.

4) Assinale a alternativa **incorreta**:
   a. Nas soluções heterocompositivas (método adversarial), o juiz só pode decidir com base em premissas inafastáveis e nos estreitos limites da lide processual. Não pode decidir nem menos, nem fora, nem mais do que o pedido.
   b. O Conselho Nacional de Justiça (CNJ) tem a fundamental função de pensar o Poder Judiciário como um todo e definir diretrizes nacionais.
   c. As soluções autocompositivas são aptas a satisfazer o interesse das partes e podem ocorrer pela mediação, pela conciliação, pela arbitragem e pelo julgamento da causa pelo juiz.
   d. O direito de acesso à Justiça, como acesso à ordem jurídica justa, tem como um de seus dados elementares o

direito à informação e ao perfeito conhecimento do direito substancial.

5) Assinale V (verdadeiro) ou F (falso) e, depois, escolha a alternativa correta:

( ) O exemplo dos tribunais paradigmas – que atingem percentuais maiores de eficiência – pode contribuir para incentivar a melhoria da produtividade dos demais tribunais.

( ) Os objetivos estratégicos precisam estar perfeitamente alinhados ao planejamento orçamentário e, se não for possível aumentar a receita, os recursos devem ser otimizados, para se alcançarem melhores resultados com os mesmos meios.

( ) A nova teoria humanista da administração valoriza o salário da pessoa humana como valor fundamental e, em relação a ele, aplica-se a irredutibilidade de vencimentos.

( ) São necessárias a unicidade e a integração das políticas nacionais com as políticas regionais e os planejamentos plurianuais alinhados em suas metas e respectivos indicadores.

a. V, V, V, V.
b. F, V, V, V.
c. V, V, V, F.
d. V, V, F, V.

Questões para reflexão

1) Uma macieira é plantada e é colocada uma tabuleta: "Esta árvore é uma figueira". Todos os que passarem por ali, por anos e mais anos, acharão que se trata de uma figueira. Só muito

mais tarde, talvez quando vierem os frutos, é que o engodo será descoberto (Lassale, 1987). Com base nessa ideia, reflita sobre como você tem agido em relação às informações que ouve e lê em jornais, revistas, periódicos.

2) "O que não está nos autos de processo não está no mundo!" Analise até que ponto há verdade nessa afirmação em relação aos métodos de resolução de conflitos.

Consultando a legislação

Conheça a **Resolução n. 198/2014** do CNJ. Essa resolução revogou a Resolução n. 70/2009 e estabeleceu macrodesafios para o Poder Judiciário para um período de seis anos, compreendido de 2015 até 2020.

BRASIL. Poder Judiciário. Conselho Nacional de Justiça. Resolução n. 198, de 1º de julho de 2014. Relator: Joaquim Barbosa. **Diário da Justiça Eletrônico**, Brasília, 3 jul. 2014. Disponível em: <http://www.cnj.jus.br/busca-atos-adm?documento=2733>. Acesso em: 30 jan. 2016.

VII

Diagnóstico, objetivos e propostas para a qualificação da Administração Judiciária

Conteúdos do capítulo:

» Eficiência na administração de tribunais.
» Atendimento da população e *marketing* de serviços.
» Qualidade e integralidade dos serviços.
» Estudo de caso sobre a pressa da Justiça.
» Meios complementares de resolução de conflitos.
» Princípio da eficiência.

Neste capítulo, com base em alguns dados iniciais tomados por diagnóstico, analisaremos: a) a importância de buscar eficiência na administração de tribunais; b) as estratégias voltadas ao atendimento da população e ao *marketing* de serviços; c) a importância da qualidade na integralidade dos serviços; d) a questão da insatisfação em relação à celeridade da Justiça, com base em um estudo de caso, retratando um interessante paradoxo com destaque à percepção das pessoas sobre o atendimento que recebem do Poder Judiciário; e) o acesso à Justiça e os meios complementares de resolução de conflitos, com métodos e técnicas autocompositivas; f) a importância do princípio da eficiência.

7.1 Busca de eficiência na administração de tribunais a partir da apresentação de argumentos e da problematização

Com base na análise de casos da realidade que ocorrem nas unidades judiciárias brasileiras, devemos levantar os pontos críticos e problematizar a situação. O objetivo é encontrar as respostas de que a Administração Judiciária tanto precisa para o alcance da eficiência.

Joaquim Falcão (1996, p. 271) destaca que

> *tal qual na medicina, o médico só receita o remédio depois de identificado o problema, isso é, a doença, através das técnicas da anamnese e diagnóstico. O que, por sua vez, permite identificar as causas. E então, tratar... Na verdade, não nos faltam remédios, mesmo grave sendo a doença. Falta é uma estratégia, digamos, uma política de mudanças. Daí inclusive nossa opção por, antes de prescrever remédios, delinear as possíveis estratégias de tratamento.*

Assim, considerando a definição de *diagnóstico* – originária da medicina –, passaremos a descortinar, a partir dos sintomas, as doenças e, com base no conhecimento sobre elas, ministrar os respectivos remédios (construir planos estratégicos para combater os problemas da Administração Judiciária brasileira).

Muito embora fosse notório o agravamento dos problemas, o ambiente organizacional dos tribunais sempre foi desfavorável às mudanças, conduzindo os administradores, mesmo em situações de crise, a seguir a tendência natural de acomodação. Permaneciam na denominada *zona de conforto*, em que importa manter as coisas como estão e continuar a fazer "mais do mesmo".

Segundo Falcão (1996, p. 278-279), para o Poder Judiciário, a crise

> *se lhes parece como algo externo. O que causa a paralisia é a estruturação do Judiciário a partir de monopólios profissionais que não se acreditam partes da doença, e que no entanto seriam inevitavelmente atingidos pelo tratamento. É difícil tratar do doente que não se acredita responsável pela doença.*

José Eduardo Faria (citado por Schmidt, 2008, p. 43) observa que

> *a ineficiência do sistema de Justiça decorre, em grande parte, da incompatibilidade entre sua arquitetura e a realidade socioeconômica sobre a qual deve atuar. Historicamente organizado de modo formal e burocrático, concebido para exercer as funções instrumentais e políticas simbólicas no âmbito de uma sociedade que se pretendia igualitária e justa, não tem o Judiciário logrado fazer frente a uma distinta realidade social.*

Em face da constatação do desajuste administrativo em relação à coordenação das atividades do Poder Judiciário, impõe-se a adoção de mecanismos para ativar a organização das atividades a partir da cúpula estratégica (nos campos institucional e estrutural). O objetivo é alcançar uma nova visão estratégica voltada à efetividade.

Vanderlei Deolindo (2011, p. 31) destaca que a efetividade judicial se constitui na missão maior da Justiça brasileira e que

> *não basta produzir mais e com menores custos, utilizando-se de meios mais eficientes. É necessário que sejam dirimidos os conflitos sociais, norteando-se pela redução dos custos, mas também com eficácia, focada em resultados positivos sem se desprezar a qualidade na realização da Justiça em cada caso, no menor espaço de tempo possível.*

Ricardo Pippi Schimidt (2008, p. 43) constata serem

> muitas e complexas as causas da chamada crise do sistema judicial, algumas de difícil solução, afetas que estão a instâncias outras, que não o próprio Judiciário; outras todavia, como a ineficiência e a falta de uma visão gerencial mais moderna, dependem fundamentalmente de medidas a cargo do próprio Poder. Nessa perspectiva é que os desafios inerentes ao Judiciário devem ser compreendidos e discutidos, sempre presente a ideia de que o seu aperfeiçoamento, e do sistema judicial como um todo, passa, muito, pela transformação do modo como é administrado.

Se há necessidade de mudanças, o objetivo geral é estabelecer bases estratégicas para que elas, uma vez implementadas, solucionem os mais graves e notórios problemas que atingem o Poder Judiciário, como a morosidade (demora) e a ineficiência (falta de efetividade). Ao final, com adequada distribuição de serviços e atividades judiciárias, importa que sejam alcançados os interesses da população (objetivo específico). Espera-se que a própria população possa ser ouvida, possa avaliar os serviços judiciários e possa reconhecê-los como adequados.

No que concerne à legitimação social, além da análise da integralidade dos serviços judiciários, há de se mostrar a importância da atividade-fim (julgar os conflitos, conciliar, restaurar relações, pacificar) e ressaltar a imprescindibilidade do juiz no regime democrático brasileiro. A conclusão de Deolindo é a de que "portanto, não somente o aperfeiçoamento da atividade-meio é necessário, assim como não somente o da atividade-fim, pois prestação jurisdicional, em verdade, é o produto do bom, ou do mau, funcionamento de ambas" (Deolindo, 2011, p. 31).

A apresentação adequada desses argumentos em cada passo do processo (tanto nas atividades-meio quanto nas atividades-fim) integrará uma ação de resgate ou conquista de credibilidade. Aqui ressaltamos a evidente necessidade de apresentar, com clareza, os argumentos que justificam a importância do Poder Judiciário como um dos poderes do Estado e sua principal finalidade de fazer valer os direitos, impor os deveres, coordenar os interesses dos cidadãos em busca da pacificação social.

A visão de futuro do Poder Judiciário, estabelecida pelo Conselho Nacional de Justiça (CNJ), de ser reconhecido pela sociedade como instrumento efetivo de justiça, equidade e paz social, além da atitude de cada um dos magistrados, servidores e auxiliares, depende fundamentalmente do aprimoramento da comunicação com o público externo. Investimentos em *marketing* e comunicação institucional – sem confundir esses investimentos com promoções pessoais – são instrumentos que produzirão bons resultados.

As experiências passadas formam uma rica estrutura de referência (dados já colhidos) para futuros processos de alta aprendizagem e gestão do conhecimento. A análise dos erros do passado ampara a definição dos objetivos específicos a serem alcançados em benefício do jurisdicionado. A problematização faz parte do processo de aprendizagem em busca da eficiência na administração.

Cada vez que desvendamos as primeiras respostas, nascem novas indagações e novos problemas – e isso é positivo.

Questões para reflexão

Problematizar, indagar e estabelecer novos parâmetros para a eficiência na Administração Judiciária depende, ainda, da resposta a mais algumas perguntas:

1) Quais mudanças de estrutura, profissionalização e padrões de qualidade são necessárias para se alcançar a eficiência dos órgãos do Poder Judiciário?

2) O que fazer para melhor instrumentalizar os órgãos de cúpula do Poder Judiciário, responsáveis pela administração da Justiça (tribunais)?

Para auxiliar na reflexão, Alvacir Correa dos Santos (2003), ao tratar das mudanças no ambiente empresarial, enfatiza ser importante ao administrador contemporâneo desenvolver algumas habilidades, tais como:
a. capacidade para prever mudanças e antecipar-se a elas;
b. capacidade para liderar e formar líderes avessos à acomodação e à inércia e que tenham espírito empreendedor e também receptividade às mudanças.

Santos (2003) ressalta, ao concluir, que as instituições que se destacarão nos próximos anos serão aquelas cujos gestores apresentem habilidades para liderar, estimulando a capacidade de criação por parte dos empregados, proporcionando-lhes treinamento e reciclagem adequados e fazendo-os se sentir realizados e gratificados. Em regra, quase a integralidade do poder dentro dos tribunais está com a cúpula e concentrada na pessoa do presidente.

Notemos que, de forma geral, tem ficado sob o encargo de muitos presidentes de tribunais a coordenação ou supervisão direta, bem como a chefia de todos os departamentos, além das atribuições naturais de comando, planejamento e execução do orçamento. As cúpulas e, especialmente, os presidentes precisam dar poder aos outros, delegar responsabilidades, empoderar, para fazer mais. Essas são algumas mudanças estruturais, de profissionalização, treinamento e reciclagem que podem contribuir para se alcançar a eficiência dos órgãos do Poder Judiciário.

James C. Hunter (2006), ao descrever algumas qualidades da liderança, como a humildade, a gentileza, o altruísmo, o respeito, a honestidade e a dedicação, lembra que, na Bíblia (Coríntios 13), encontramos as mesmas qualidades para descrever o amor.

Em nova reflexão, afirma que o poder também funciona sob o mesmo princípio que o amor: "quanto mais a pessoa dá aos outros, mais recebe em troca. Infelizmente, muitos administradores julgam haver um estoque limitado de poder; que dar poder a outra pessoa significa diminuir o seu próprio poder" (Hunter, 2006, p. 50). O segredo para alcançar o sucesso como administrador consiste em aprender a liberar o potencial oculto das pessoas e ajudá-las a sentir seu próprio poder. Não existem limites para o sucesso dos administradores que dominam essa arte (Tracy, 1994).

Hunter (2006, p. 49) define o amor no contexto da liderança como "o ato de se pôr à disposição dos outros, identificando e atendendo suas reais necessidades, sempre procurando o bem maior". Colocar-se à disposição dos outros não significa centralizar. São tantas as metas estratégicas do Poder Judiciário que a centralização pode impedir a implementação de uma gestão empreendedora. Uma das formas de instrumentalizar os órgãos de cúpula do Poder Judiciário é por meio do estímulo à delegação pelo presidente e pelos administradores.

Motivados pelo CNJ, muitos presidentes de tribunais têm constituído comitês, grupos de trabalho específicos, formados por magistrados e servidores, destinados a auxiliar e até coordenar o cumprimento de metas específicas. Alguns administradores também estão trabalhando conceitos de delegação, de forma a compartilhar os deveres, as responsabilidades, as ações e os projetos com todos os membros da cúpula. Estes passam a constituir iguais grupos de trabalho, destinados ao auxílio no cumprimento dos objetivos estratégicos e das metas. É uma forma de trabalhar o denominado *empowerment* (tratado no Capítulo 5).

7.2 Estratégias voltadas ao atendimento da população e à qualidade de serviços

Stephen Kanitz (2004) ressalta que o mundo empresarial é o mundo dos serviços e que a grande maioria das empresas ainda não percebeu esse fato, ou ainda não está preparada para essa nova era. Poucas estão organizadas e treinadas para servir o outro – nesse caso, o cliente. As companhias de sucesso serão as empresas que ele denominaria *preparadas para servir*.

Transformar as empresas para servir é um grande desafio e, por razões históricas, administradores e profissionais terão de promover uma mudança cultural de enormes proporções. No que diz respeito aos serviços judiciários, é preciso buscar a máxima satisfação possível do jurisdicionado, considerando-se sua percepção de que, se não lhe for assegurado o ganho da causa, pode se decepcionar.

Os serviços judiciários sofrem, portanto, um reflexo das promessas legais. As leis, formalmente, são maravilhosas, as promessas são muitas, e o jurisdicionado cria uma falsa expectativa que gradativamente é abalada e desconstituída em cada uma das fases da prestação dos serviços judiciários. A percepção de qualidade decorre de todo o itinerário da prestação do serviço, e não só do resultado final.

O processo judicial é dialético e, como tal (da forma como se apresenta no direito), depende da força dos argumentos em uma visão parcial e significativamente restrita à lide (pequena parcela do conflito levada à apreciação do Poder Judiciário), que será julgada de acordo com as provas apresentadas ao juiz. Nem sempre as pessoas entendem a circunstância de perder uma ação porque imaginam que o juiz deveria ter "bola de cristal" e saber mais do que a visão de holofote trazida aos autos de processo. Além disso, a qualidade é afetada pela própria deficiência na comunicação, que deve ser mais clara e precisa para não gerar expectativas impossíveis de serem alcançadas.

Como veremos a seguir, a pesquisa de satisfação e a busca pela máxima satisfação possível por parte do jurisdicionado não incluem sua satisfação ou insatisfação pessoal de ganhar ou perder um pleito judicial. Embora essa informação possa ser exteriorizada pelos cidadãos ("ganhei" ou "perdi a causa"), ela não retrata o componente de qualidade na Administração Judiciária.

As pesquisas buscam saber se o usuário recebeu do Poder Judiciário um adequado serviço de atendimento com respeito, imparcialidade, eficiência, rapidez e efetividade. Há de se prestigiarem as necessidades, os interesses e os valores do jurisdicionado, que é o principal destinatário dos serviços judiciários.

Tem ocorrido a coisificação das relações humanas, e é preciso enxergar que, para aprimorar relacionamentos profissionais, a comunicação com os clientes (no nosso caso, o jurisdicionado) deve ser ressignificada. Cláudio Queiroz, ao tratar da competência das pessoas, lembra atitudes que favorecem essa expressão: "cortesia, dinamismo, disponibilidade, empatia, ética, flexibilidade, iniciativa, persistência, pró-atividade, resiliência, respeito, responsabilidade, segurança, sensibilidade e transparência" (Queiroz, 2013, p. 65).

A celeridade esperada pelo jurisdicionado, como vimos, não é a que decorre de julgamentos apressados ou a que determina produtividade quantitativa. É evidente, portanto, a importância de prestigiar as necessidades, os interesses e os valores do jurisdicionado.

É interessante o relato de um gerente de restaurante que, no contexto de seus processos internos, considerou a rapidez (velocidade no atendimento) como valor de maior importância (importantíssimo) e, com muito esforço, após comprometer toda a sua equipe no cumprimento dessa meta, orgulhoso de reduzir o tempo de atendimento conforme os níveis que entendia adequados, ironicamente começou a receber reclamações de clientes que se sentiam "enxotados" do restaurante (Gianesi; Corrêa, 1996).

> **Administração Judiciária com justiça** significa mais do que cumprir metas. Implica analisar, de fora para dentro, o que verdadeiramente importa ao jurisdicionado – quem necessita dos serviços judiciários.

Para chegar mais além, há necessidade de um esforço no sentido de prestigiar o jurisdicionado, dando ao caso atenção e destinando a esse cliente o tempo necessário à sua percepção de satisfação com a celeridade. A proposta é a de que o atendimento presencial seja qualificado por todos os magistrados, servidores, auxiliares, colaboradores, entendendo-se que não se deve pretender compensar a morosidade com pressa no dia do atendimento às partes e em desatenção à necessidade de serem ouvidas.

A pressa é inimiga da celeridade. A agilidade deve ocorrer com planejamento e foco no jurisdicionado, principalmente em atenção aos órgãos de maior visibilidade.

Marshall Rosenberg (2006), ao capacitar pessoas em comunicação não violenta (CNV), ensina com precisão formas de melhor identificar as necessidades das pessoas e aprimorar relacionamentos pessoais e profissionais. Sobre a CNV, destaca:

> *ela nos ajuda a nos ligarmos uns aos outros e a nós mesmos, possibilitando que nossa compaixão natural floresça. Ela nos guia no processo de reformular a maneira pela qual nos expressamos e escutamos os outros, mediante a concentração em quatro áreas: o que observamos, o que sentimos, do que necessitamos e o que pedimos para enriquecer nossa vida.* (Rosenberg, 2006, p. 32)

Uma comunicação mediadora, atenta e conectada com a sociedade precisa ser desenvolvida na Administração Judiciária – se necessário, com a capacitação e o treinamento de magistrados e servidores. Um meio de enfrentar o problema do atendimento que prestigie as necessidades, os interesses e os valores do jurisdicionado é a **capacitação permanente** dos servidores. O objetivo é reformular a maneira como a Administração Judiciária se comunica e, principalmente, a forma como tem ouvido a sociedade.

Há órgãos populares, no ambiente do Poder Judiciário, a exemplo dos juizados especiais, das varas de família, das varas criminais, das varas de execução penal, do tribunal do júri, das varas da infância e da adolescência, das justiças eleitoral e do trabalho, nos quais se verificam pontos de contato permanente com o usuário. O CPC/2015 e a Lei de Mediação, como já ocorria com a Resolução n. 125, de 29 de novembro de 2010 (Brasil, 2010), do CNJ, determinam a implantação dos Centros Judiciários de Solução Consensual de Conflitos e Cidadania (Cejuscs), que darão atendimento às partes com orientação e estímulo ao diálogo e à solução autocompositiva pela conciliação, pela mediação e também por meio de práticas restaurativas. O CPC/2015, ao tratar do tema no art. 165, destaca o forte viés da **cidadania** ao afirmar caber aos Cejuscs a responsabilidade de desenvolver programas destinados a auxiliar, orientar e estimular a autocomposição.

O usuário dos serviços judiciários (jurisdicionado) – nesses casos, como um verdadeiro consumidor dos serviços judiciários – tem participação direta em quase todas as fases processuais administrativas

> *A pressa é inimiga da celeridade. A agilidade deve ocorrer com planejamento e foco no jurisdicionado, principalmente em atenção aos órgãos de maior visibilidade.*

ou jurisdicionais. Pode o jurisdicionado, nesses verdadeiros juízos de pacificação, falar, ser ouvido e, com autonomia de vontade, decidir como dar encaminhamento à mais adequada solução para seu conflito. É por isso que se destacam, no CPC/2015, os princípios da informalidade, da autonomia de vontade, da independência, da oralidade, da confidencialidade, da imparcialidade e da decisão informada (art. 166 do CPC/2015).

Esses órgãos de maior visibilidade são os que necessitam de maior investimento em *marketing* de serviços, justamente por exigirem atuação direta dos usuários e por estarem na linha de visibilidade, o que faz com que sejam o cartão de visitas do Poder Judiciário ao povo.

No atendimento aos processos nos tribunais e nos demais juízos de primeiro grau (como as varas cíveis), de regra, há pouca visibilidade popular – realizam-se mais nos bastidores do que na linha de frente. Ainda que, com o CPC/2015, nesses juízos também devam ser realizadas audiências de conciliação ou mediação (no início do procedimento), suas atividades normalmente são mais valorizadas pelo resultado final.

Excepcionalmente, há casos criminais que despertam a atenção de todos – em face da grande exploração desses fatos pela imprensa – ou ocorrem casos de grande repercussão e que também despertam interesse da população e recebem grande estímulo da imprensa. Isso ocorreu com o julgamento do denominado *Mensalão* (Ação Penal n. 470) pelo Supremo Tribunal Federal (STF), e hoje se percebe algo parecido no julgamento pela Justiça Federal dos processos criminais da Operação Lava a Jato e de outras operações semelhantes em andamento.

Há de se implementar uma boa comunicação social dos resultados encontrados com rapidez, e os casos mais significativos, como alguns destes, efetivamente devem ser objeto dos noticiários.

7.3 A importância da qualidade na integralidade dos serviços

"A qualidade deve ser construída ao longo do processo e não apenas verificada ao final" (Gianesi, 1996 p. 198). É fundamental a percepção de que a busca pela máxima satisfação, por parte do jurisdicionado, passa por seu atendimento no curso do todo e em cada uma das fases e etapas do processo (recepção, serviço de informação, cumprimento dos horários, tempo, acolhimento, agilidade nas respostas, adequação à linguagem, receptividade). Essa percepção de atendimento é tão importante quanto o resultado final.

Ao surgirem falhas, em quaisquer das fases administrativas ou jurisdicionais do serviço, as boas qualidades são esquecidas. Por exemplo, no serviço de transporte aéreo: setor de atendimento ao público, máquinas de autoatendimento, emissão de bilhete, cartão de embarque, horários e atendimento na sala de espera, serviço de embarque, alimentação, bagagem e, ao final, o próprio serviço de transporte – todas as etapas devem ser estrategicamente planejadas e organizadas. Qualquer uma delas que falhe compromete a qualidade total do serviço.

No serviço judiciário não é diferente. Imaginemo-nos na condição do usuário. Se o atendimento no balcão no fórum for excelente e o resultado, maravilhoso, o usuário não esquecerá se a tramitação processual for péssima – com erros, falta de comunicação no atendimento, descumprimento aos horários de audiência e atraso na prestação do serviço jurisdicional. Notemos que, embora a maior parte do serviço tenha sido muito boa, ainda assim, na percepção do usuário – havendo formulário de satisfação do jurisdicionado –, o serviço será avaliado em uma escala mais próxima de ruim ou razoável.

Figura 7.1 – Tabela ilustrada para aferir grau de satisfação com a prestação de serviços

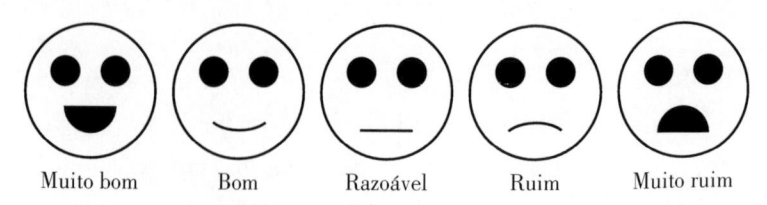

| Muito bom | Bom | Razoável | Ruim | Muito ruim |

Ainda para exemplificar, basta que nos lembremos da loja que nos vende um bom produto: a instalação é péssima e, ao final, o resultado é maravilhoso; ainda assim, a avaliação do consumidor será a de um serviço razoável. O processo, na sua integralidade, portanto, é tão importante quanto o resultado.

Por isso, pesquisas de satisfação do jurisdicionado devem ser implementadas em todos os juízos brasileiros.

Há várias formas de aferir as percepções dos usuários, com a recomendação de que se evitem respostas polarizadas de apenas duas alternativas na forma "sim" ou "não", "gostei" ou "não gostei", "bom" ou "ruim". Com base em uma escala que pode ser de "muito bom" até "muito ruim", de "maravilhoso" a "péssimo", é possível aferir com maior exatidão a percepção do jurisdicionado.

Uma das formas é a estabelecida pela escala denominada *Likert* – nome de um acadêmico a quem se atribuiu o desenvolvimento do instrumento –, a qual pode ter 3, 5, 7, 9 ou mais pontos, que representam um contínuo dentro do qual o usuário pode expressar sua percepção sobre o atendimento.

7.4 Estudo de caso: a pressa da justiça morosa e uma análise da insatisfação pela celeridade

Desde o ano de 1997, este autor, como magistrado em primeiro grau, começou a utilizar em seus juízos enquetes e formulários previamente impressos de avaliação de satisfação dos jurisdicionados, que servem de instrumentos de aprendizagem.

Inicialmente, nas primeiras pesquisas, os formulários representavam os extremos desse contínuo numericamente, sem ilustrações. De cada 100 formulários, retornavam 30. Após a utilização das ilustrações que retratam os extremos de felicidade (rosto alegre) ou tristeza (rosto triste), de cada 100 enquetes, retornam 90.

A prática demonstrou que os formulários ilustrados produzem melhor resultado e, por isso, não mais foram utilizadas enquetes com padrões apenas numéricos (Bacellar, 2013). Outra observação importante é a de que, embora a Escala Likert tenha previsão inicial de avaliação contínua de três pontos, é pouco recomendável sua utilização, pois a experiência mostra que os respondentes tendem a evitar os extremos da escala e optam, invariavelmente, pela coluna do meio.

Em um caso referencial, que descrevemos sumariamente como *a pressa da justiça morosa* (Bacellar, 2012b), o jurisdicionado, nos juizados especiais cíveis de Curitiba, aproveitou a oportunidade e, na resposta ao formulário, anexou o relato reproduzido a seguir.

Recebi a intimação de que meu processo teria audiência de conciliação, instrução e julgamento. Pensei: finalmente meu caso vai ser julgado; como ainda tinha um ano e meio até o dia designado, preparei-me muito para falar com o juiz. Dias antes da audiência, não pude nem dormir e minha cabeça rememorava cada uma das melhores formas que eu já tinha planejado para contar o caso para o juiz. No dia, já pulei da cama bem cedinho, revisei tudo, fiz anotações e, uma hora antes, já estava no *fórum esperando meu advogado. Meu coração estava agitado e esperar com calma era difícil no ambiente do fórum, que estava uma correria.*

Uma coisa eu estranhei: demorou tanto para chegar o dia do julgamento e, *lá no fórum*, parecia que todo mundo estava com pressa. A audiência estava marcada para 14 horas e já eram mais de 15 horas, e ninguém falava nada; meu advogado confirmou que o caso ia ser julgado, mas ia atrasar mais um pouco. Começou com quase duas horas de atraso e o juiz estava com muita pressa: ele entrou na sala, nem se apresentou e já foi falando sobre o caso. Também percebi que ele estava com pressa porque, quando eu comecei a contar o ocorrido, ele enfiou a cabeça dentro daquele monte de papel do processo e ficou virando as páginas para frente e para trás. Parei de falar por um instante e ele disse: "pode falar que eu estou ouvindo!". Comecei novamente a falar sobre o que eu queria e ele disse que era para chegar logo no ponto; continuei um pouco inseguro e ele esclareceu que eu estava falando sobre coisas que não eram "objeto da lide". Não entendi muito bem, mas avancei falando e, definitivamente, fui interrompido porque o ponto que eu deveria falar era aquele do processo: era para falar do valor que o advogado pediu.

Quando eu comecei a falar do dinheiro, ele começou a ler "de novo" o caso; capotou o processo para um lado e para o outro, sem prestar atenção no que eu estava falando. Percebi que ele realmente estava com pressa e não ia me ouvir. Parei de falar. Eu havia me preparado muito e tinha todo o tempo do mundo para contar o caso e buscar uma solução. No fundo, eu até entendi que, para o juiz, eu era só mais um número. Para mim, resolver o caso com meu vizinho era realmente muito importante.

Lembro que houve um momento, na audiência, em que começamos a conversar – meu vizinho (a outra parte) e eu – e parecia que as coisas iam se encaminhar; *já tínhamos algumas possibilidades de acordo e quase chegamos lá. Mas o juiz disse que, infelizmente, não teria mais tempo para* a conversa e tinha de começar a instrução. Eu argumentei que a conversa estava boa e poderia nos levar a uma conciliação. Ainda assim, o caso foi *instruído* – como eles dizem. Ouviram testemunhas, minha fala não foi registrada porque, quando eu tentei falar novamente, disseram que os advogados não tinham pedido depoimento. Meio difícil de entender: eu estava ali e poderia esclarecer algumas coisas para ajudar a resolver a questão.

Saiu a decisão na hora. Condenaram o vizinho a me pagar 7 mil. Eu tentei falar com o juiz sobre a sentença e ele disse que agora só podia mudar alguma coisa se eu recorresse. Eu ia dizer apenas que eu sei que ele não tem como pagar e, por isso, queria muito contar para o juiz que não era bem isso que eu queria: eu queria era resolver o caso mesmo. Fazer o quê? Tinha muita vontade de voltar o caso e aproveitar aquele momento e continuar conversando até achar uma solução. Agora, a coisa ficou pior e o relacionamento está péssimo. Eu tinha todo o tempo do mundo, mas depois de tantos anos de espera, o juiz estava com muita pressa de julgar rápido o processo naquele dia.

Fonte: Bacellar, 2012b, p. 152-155.

Já se disse que o desafio de satisfazer os interesses do jurisdicionado não é tarefa fácil. Os resultados que o usuário espera e avalia como de maior importância (rapidez, bom atendimento, qualidade, clareza, informalidade e efetividade) geram uma expectativa.

A relação entre o que o cidadão (jurisdicionado) espera do processo e aquilo que o juiz faz (decidindo ou não o mérito da causa) é o que determina a qualidade do serviço – segundo a perspectiva dele, jurisdicionado.

Se, no passado, atender apenas ao pedido imediato do jurisdicionado, dirigido ao Estado-juiz, de condenação, de constituição ou de declaração, era suficiente para determinar a eficiência formal do Poder Judiciário, hoje a exigência é por uma tutela de resultados que produza efeitos práticos efetivos e proporcione atendimento à expectativa integrante da missão de realizar justiça. A isso, como resultado, temos denominado *tutela jurisdicional justa*.

Se, antes, prometer acesso formal à Justiça era suficiente, esse acesso hoje é chamado de *acesso à ordem jurídica justa*, o que inclui um processamento adequado e célere. A celeridade, entretanto, não mais pode ser analisada apenas na perspectiva do Estado; antes deve ser tomada a partir dos interesses do principal destinatário da Justiça, que é o jurisdicionado. A celeridade só se impõe e se justifica tendo em vista o interesse do jurisdicionado.

7.5 Rapidez, adequação no atendimento e capacitação necessária

O acesso à Justiça deve ser encarado como acesso à resolução adequada de conflitos (Bacellar, 2012b), e essa resposta do Poder Judiciário é medida pela correspondência mais próxima entre a qualidade esperada do Poder Judiciário e a experimentada pelo cidadão. Essa relação vai determinar a satisfação – ou não – do jurisdicionado e a realização – ou não – da nova promessa de acesso à Justiça como acesso à solução adequada de conflitos.

O estudo de caso anteriormente mencionado retrata a evidência corrente de que muitos valores e expectativas do cidadão devem ser respeitados, ouvidos e valorizados pelo Poder Judiciário, mas isso não tem acontecido. Mesmo no plano operacional dos tribunais, valoriza-se mais a celeridade numérica, quantitativa e as soluções que resultam na extinção de processos. Esse tecnicismo, embora elogiável para parcela das demandas e necessário para vencer o índice de congestionamento dos tribunais, não pode desconsiderar o jurisdicionado como ser humano (art. 1º, III, da Constituição da República – CR).

Os fatos narrados pelo usuário do sistema judiciário, na seção anterior, indicam haver algumas soluções técnico-jurídicas que acabam sendo inadequadas: na perspectiva do tribunal, a celeridade de extinguir processos na própria audiência é mais produtiva, a despeito e até contra a vontade do jurisdicionado (desconsiderando totalmente sua perspectiva). Aos olhos do principal destinatário e usuário da prestação jurisdicional, a celeridade desejada no atendimento de seu caso (rapidez) não se confunde com a pressa que ele percebe (da parte do Poder Judiciário) no dia do julgamento de seu caso. Nesse dia, ele quer ser ouvido, quer atenção, quer ser respeitado e valorizado. Para o jurisdicionado, qualidade depende de um serviço atencioso, que será célere ainda que demore todo o tempo necessário à satisfação de seus interesses.

O acesso à ordem jurídica justa como concretização da realidade dos fatos exige uma nova percepção de celeridade voltada a analisar o tempo, tendo em vista a importância que o jurisdicionado a ele destina. Todos os entraves já conhecidos, que determinam a demora na prestação da tutela jurisdicional, não justificam o atraso no atendimento ao jurisdicionado.

O **tempo social** é estudado pela cronêmica. Trata-se da percepção, estruturação e reação ao tempo social, assim como às mensagens que interpretamos por meio de seu uso. O conceito de tempo é parte essencial da forma como vemos o mundo e interagimos com ele (Rector, 2003, p. 78).

Hoje, a unidade "hora" deixou de ser o referencial da rapidez, porque os cronômetros estão preparados para os milionésimos de segundo. Essa nova modalidade de viver tem como referencial a instantaneidade (Maccalóz, 2002, p. 162).

A exigência de rapidez assusta porque sabemos que, em alguns casos, a demora na prestação da tutela jurisdicional é necessária ao alcance de uma solução justa. Há situações, entretanto, em que, independentemente do tempo de espera, é preciso valorizar o atendimento. A falta de respeito ao jurisdicionado e a percepção dele de que foi mal atendido ou atendido com pressa prejudicam a imagem e a legitimação social do Poder Judiciário.

Não interessa e é irrelevante para o jurisdicionado, por exemplo, se o índice de congestionamento dos tribunais diminuiu ou se os juízes são trabalhadores e têm boa produtividade em suas (belas e bem fundamentadas) sentenças de mérito. Esses são fatores internos de grande significação para o tribunal do ponto de vista de suas competências internas (de dentro para fora) e voltadas ao serviço burocrático. Interessa, sim, a esse consumidor (de justiça) que ele seja bem atendido, receba as informações necessárias em linguagem acessível (competências de fora para dentro). Claro que a ele também interessa que a solução final de seu caso seja rápida, eficaz e, segundo sua perspectiva, justa. Quer o cidadão que as capacidades do Poder Judiciário sejam constituídas de um portfólio de competências – estendidas com foco interno e externo (Holley; Saunders; Piercy, 2001, p. 68).

Além do conhecimento técnico-jurídico, o desenvolvimento de habilidades sociais e humanistas pelos magistrados e servidores é uma necessidade voltada ao melhor atendimento do jurisdicionado. Capacitações permanentes, a partir da definição de políticas públicas, podem ser estimuladas ainda mais pela Escola Nacional de Formação e Aperfeiçoamento de Magistrados (Enfam), aplicadas e multiplicadas em todos os tribunais brasileiros, como tem sido feito nas parcerias com o CNJ.

O próprio CNJ, como gestor de políticas gerenciais de uma magistratura nacional, a partir da visão de que o Poder Judiciário seja reconhecido pela sociedade como instrumento efetivo de justiça, equidade e paz social, tem formulado recomendações e baixado resoluções dirigidas aos tribunais que indicam ser necessária uma formação interdisciplinar voltada a preparar, capacitar e aperfeiçoar continuamente os magistrados e servidores para, no cumprimento das metas estabelecidas, atender, no contexto de programas de qualidade, às expectativas do jurisdicionado como cidadão.

Algumas metas para o ano de 2010, estabelecidas pelo CNJ – entre elas a Meta 8, que consiste na promoção de cursos de capacitação em Administração Judiciária com, no mínimo, 40 horas, para 50% dos magistrados, priorizando-se o ensino a distância –, até hoje ainda estão em vigor e são ratificadas a cada ano.

7.6 Acesso à Justiça, monopólio jurisdicional e meios complementares de resolução de conflitos

O **monopólio jurisdicional** – ou a exclusiva função, atividade e poder do Estado de aplicar a lei ao caso concreto, representa uma conquista histórica de garantia da imparcialidade, da independência para o alcance da segurança jurídica e da manutenção do Estado de direito. Entretanto, para dar vazão ao volume de litígios familiares, empresariais, de vizinhança, ambientais, condominiais, previdenciários, comerciais, trabalhistas, eleitorais, criminais, entre outros que afloram diariamente pelo país, é preciso complementar a atividade jurisdicional típica.

Destacamos aqui a necessidade de se trabalhar com **meios complementares e consensuais** para a solução desse grande número de controvérsias. Essas alternativas, que melhor se ajustam à ideia de complementos à atividade jurisdicional, podem ser exercitadas mediante métodos consensuais praticados dentro ou fora do processo.

Conforme relatam Mauro Cappelletti e Bryant Garth (1988, p. 75), "o enfoque do acesso à Justiça tem um número imenso de implicações. Poder-se-ia dizer que ele exige nada menos que o estudo crítico e reforma de todo o aparelho judicial".

Ao lado da profissionalização da gestão dos tribunais, em relação à atividade-fim, igualmente são necessárias algumas reflexões iniciais sobre as ondas de acesso à Justiça. Vivenciamos, nos países ocidentais, a partir de 1965, quatro ondas de reforma nesse movimento de acesso à Justiça:

1. **Primeira** – Havia a preocupação em dar advogado aos pobres e com a efetiva implementação de serviços de assistência judiciária gratuita ou em valores compatíveis com as condições das pessoas menos favorecidas.
2. **Segunda** – Buscou-se a proteção dos interesses difusos (principalmente meio ambiente e consumidor), na medida em que apenas a proteção de interesses individuais e o processo judicial como assunto entre duas partes não mais atendiam à realidade dos conflitos em sociedade.
3. **Terceira** – Era relativa a um novo enfoque de acesso à Justiça, com múltiplas alternativas e uma tentativa de atacar diretamente as barreiras, em geral, que impediam esse acesso de modo mais articulado e compreensivo (Cappelletti; Garth, 1988).

4. **Quarta** – Pretende trabalhar a percepção e a crença na justiça pelos próprios profissionais que atuam no sistema, expondo dimensões éticas desses profissionais que se empenham em viabilizar o acesso à Justiça (Economides, 1998).

> É necessário que os administradores judiciais brasileiros tenham o conhecimento de que a satisfação dos usuários com o devido processo legal depende fortemente da percepção de que o procedimento foi justo. Outra importante conclusão é a de que alguma participação do usuário na seleção dos processos a serem utilizados para dirimir suas questões aumenta significativamente essa percepção de justiça (Rhode, 2000).

W. Chan Kim e Renée Mauborgne (2005, p. 172-174) destacam o poder do processo justo e o que leva as pessoas, envolvidas com a estratégia, esclarecidas sobre o itinerário, a confiar no sistema legal de modo a cumprirem as leis sem coerção. Quanto mais as pessoas são ouvidas, esclarecidas, informadas e participam do processo, mais elas aceitam o processo como justo. Quanto mais as pessoas são chamadas a colaborar com o próprio mérito do conflito, mais elas aceitam o resultado de mérito como justo. Se a proposta é a de construir um sistema que permita soluções adequadas, é fundamental permitir e estimular a maior participação possível dos usuários tanto em relação ao procedimento quanto em relação ao mérito (Bacellar, 2012b, p. 142).

7.7 Onda de acesso e saída da Justiça

No Brasil da pós-modernidade, em face do grande número de processos litigiosos existentes e do surpreendente índice de congestionamento dos tribunais, surge o que qualificamos como uma *quinta onda* (nossa posição), voltada ao desenvolvimento de ações em dois aspectos (Bacellar, 2012b):

1. de saída da Justiça (em relação aos conflitos judicializados);
2. de oferta de métodos ou meios adequados à resolução de conflitos, dentro ou fora do Estado, no contexto do que temos denominado (nossa posição) *acesso à Justiça como acesso à resolução adequada de conflitos*.

Aqui devemos distinguir questões de massa e que podem gerar padronização daquelas que exigem um trabalho verdadeiramente artesanal. É importante, como componente dessa quinta onda, perceber a complexidade das relações entre as pessoas e ampliar o conhecimento de forma interdisciplinar, agregando algumas técnicas, ferramentas, mecanismos e instrumentos para enfrentar, tecnicamente (não intuitivamente), o problema social presente em qualquer conflito.

O primeiro aspecto (saída da Justiça em relação aos conflitos judicializados) foi objeto de prioritária preocupação, no Brasil, pelo CNJ, que, com a originária Resolução n. 70, de 18 de março de 2009 (Brasil, 2009b)*, na sua fundamental função de pensar e estabelecer diretrizes ao Poder Judiciário (como um todo), passou a defini-las para dar conta da crescente e abundante demanda existente. Com o estabelecimento de metas de nivelamento, o CNJ exigiu maior produtividade quantitativa dos tribunais e está reduzindo, ano a ano, em percentual significativo, os índices de congestionamento até então existentes.

A denominada *Meta 2* do CNJ, consistente em identificar e julgar todos os processos distribuídos até 31 de dezembro de 2005, ocupou o cenário da mídia, alinhou ações dos tribunais às diretrizes traçadas e conseguiu vencer (em todos os segmentos da Justiça – Estadual

---

* Hoje revogada pela Resolução n. 198, de 1º de julho de 2014 (Brasil, 2014c).

e Federal, da Justiça Comum e da Justiça Especial) o primeiro desafio. O estoque de causas antigas somava, no início do programa, em 2009, mais de 70 milhões e, pela primeira vez, esses números começaram a ser revelados. Percebeu-se que o maior volume de causas estava, como ainda está, em primeiro grau e que este contava com estrutura insuficiente e até menor do que a existente no segundo grau (tribunais de justiça, tribunais regionais federais, tribunais regionais do trabalho, entre outros).

A cada ano são lançadas novas metas, com numerações aleatórias mais bem especificadas na Resolução n. 198/2014, como: (a) Metas de Medição Continuada (MMC), aplicáveis aos órgãos do Poder Judiciário e acompanhadas pelo CNJ durante o período de vigência da Estratégia Nacional; (b) Metas de Medição Periódica (MMP), que são metas aplicáveis aos órgãos do Poder Judiciário e acompanhadas pelo CNJ para períodos predefinidos durante a vigência da Estratégia Nacional; e (c) Metas Nacionais (MN), um conjunto de metas formado pelas MMC e pelas MMP.

O estabelecimento de algumas dessas metas é destinado a superar as tantas dificuldades, fundamentalmente em relação ao volume de causas e à celeridade. Há no CNJ a diretriz de valorização, incentivo e priorização estrutural do primeiro grau de jurisdição, no qual se encontram 90% dos processos em tramitação no Judiciário, de acordo com o relatório *Justiça em números* de 2013 (CNJ, 2013). Para consolidar essa ideia, foi editada a Resolução n. 194, de 26 de maio de 2014, do CNJ (Brasil, 2014b).

> *O projeto com uma quinta onda de saída da Justiça tem como desafio inicial eliminar o estoque de casos antigos e, como desafio permanente, ampliar e manter um leque de opções colocadas à disposição do cidadão para solucionar seus conflitos na forma alternativa adequada.*

Relativamente ao segundo aspecto, relativo ao acesso à Justiça, em nossa posição ele deve ser visto como aquele acesso que propicia a oferta de métodos e meios adequados à resolução de conflitos dentro ou fora do Estado.

Com esse grande volume de casos que já ingressaram nos órgãos do Poder Judiciário (e que compõem um estoque que ainda não encontrou solução adequada), planejar a saída da Justiça no Brasil é uma necessidade (Bacellar, 2003). O projeto com uma quinta onda de saída da Justiça tem como desafio inicial eliminar o estoque de casos antigos e, como desafio permanente, ampliar e manter um leque de opções colocadas à disposição do cidadão para solucionar seus conflitos na forma alternativa adequada (sistema de múltiplas portas – ou multiportas).

Para demandas de massa, a solução rápida atende ao jurisdicionado; para demandas multiplexas – relação de vários vínculos –, talvez só a mediação ou as práticas restaurativas possam, com mais vagar, dar solução adequada. Essa quinta onda de saída da Justiça (Bacellar, 2012b), para cumprir seus desafios (nossa posição), pode utilizar dois métodos que se manifestam com as seguintes configurações: (1) métodos adversariais e (2) métodos consensuais (ou métodos não adversariais).

Vejamos cada um deles:

1. **Métodos adversariais** – São aquelas em que, a partir de uma demanda, de uma disputa, um terceiro imparcial (juiz ou árbitro) colhe as informações sobre a lide, viabiliza a produção das provas, analisa os argumentos apresentados (de parte a parte) e, como resultado, produz um veredicto, que adjudica o ganho da causa para uma das partes (solução ganha/perde). Os métodos adversariais permitem a apresentação de posições polarizadas (partes), o que faz com que o acolhimento de uma implique a rejeição da outra. Não há cooperação, não há espaço para expressar sentimentos, emoções, tampouco

preocupação com a manutenção de relacionamentos. As partes querem ganhar e, para isso, produzem provas que incidem sobre os limites da controvérsia (lide) para convencer o juiz ou árbitro de que estão com a razão.

A solução de mérito é adjudicada – vem de fora para dentro – e o julgamento que toma foco nas posições importa no seguinte resultado: o que uma parte ganha é exatamente o que a outra parte perde. O foco nas posições (argumentos, justificativas etc.) muitas vezes esconde os verdadeiros interesses das partes (que é o que elas realmente querem e desejam).

2. **Métodos consensuais** – São também denominados *não adversariais* e definem-se pelo feitio voluntário em que um terceiro imparcial colhe informações sobre o conflito, relaciona de forma ampla todas as questões apresentadas pelos interessados, investiga (por meio de perguntas) as necessidades, os sentimentos, as posições e os interesses, estimulando-os a encontrar, como resultado, por eles mesmos, as soluções desejadas (solução ganha/ganha).

Nos métodos consensuais, quando o terceiro (mediador/conciliador) se depara com posições, considera que estas são relativas (posições aparentes) e segue com indagações, perguntas e abordagens criativas em busca dos interesses. Permite-se, no método consensual, a expressão de emoções, sentimentos, e o terceiro procura estabelecer um ambiente seguro para, juntamente com os interessados, relativizar posições e identificar os verdadeiros interesses.

Há cooperação sem produção de provas ou necessidade de que os interessados convençam o terceiro (conciliador ou mediador) de que estão com a razão, pois a solução será construída pelos interessados a partir de suas próprias razões, sem quaisquer imposições: o resultado é que, pelo método consensual, na forma autocompositiva, todos ganham.

Cada um dos métodos (consensuais ou adversariais) e meios alternativos (extrajudiciais ou judiciais) tem características próprias, que podem melhor servir ao caso ou à situação, e, por isso, todos devem ser disponibilizados ao usuário para que ele tenha acesso à resolução adequada do conflito. Um método não é melhor ou pior do que outro, mas diferente, e deverá ter indicação técnica mais adequada para o caso em análise.

Há a possibilidade de que a escolha e a aplicação dos métodos se alternem: a) não havendo solução consensual, o método adversarial deve ser acionado; b) no curso do processo adversarial, é possível, desde que seja do interesse das partes, suspender o feito para que se aplique o método consensual.

> Em outras palavras, temos dois pilares: um **autocompositivo**, inserido nos métodos consensuais, e outro **heterocompositivo**, afinado com os métodos adversariais. Nem todos os casos são conciliáveis/mediáveis e, se não puderem ser submetidos ao método consensual, deverão, evidentemente, sofrer intervenção do método adversarial.

Para alguns casos, é bom que se diga, teremos o próprio sistema judicial (adversarial típico) como o mais adequado e, talvez, o único com melhores indicações para administrar a situação objeto do conflito; para outros, teremos a arbitragem ou a mediação (extrajudicial) como as melhores e mais adequadas opções para a resolução do conflito.

A oferta de meios adequados à resolução de conflitos (processual e pré-processual, dentro e fora do Estado) e sua estruturação no Brasil foram objeto da Resolução n. 125/2010 do CNJ – que dispôs sobre a Política Judiciária Nacional de tratamento adequado dos conflitos de interesses. A resolução passou por algumas alterações em 2013 e 2016, que refinaram sua aplicação no tratamento dos conflitos e, hoje, com sua nova redação, está plenamente adequada ao

CPC/2015 e à Lei de Mediação. Nesse contexto, a resolução, o novo CPC e a Lei de Mediação são marcos legais que estimulam a resolução adequada dos conflitos inseridos ou não no sistema judiciário.

7.8 Técnicas para realizar a mediação e a conciliação

Considerando-se o diagnóstico de congestionamento – no qual mais de 90 milhões de causas aguardam julgamento (CNJ, 2013) –, uma das propostas reais para qualificação da Administração Judiciária reside no melhor desenvolvimento de **técnicas autocompositivas**. Vejamos algumas técnicas que podem ser utilizadas para realizar a **mediação** e a **conciliação** e, com isso, qualificar a resolução de conflitos.

No contexto dos métodos consensuais, para bem aplicar a conciliação e a mediação, como processos técnicos (autocompositivos), é indispensável uma boa preparação por parte dos auxiliares – conciliadores e mediadores. Trataremos indistintamente de técnicas aplicadas na conciliação, na negociação e na mediação, fazendo as distinções apenas quando isso for estritamente necessário.

Ensina Christopher W. Moore (1998, p. 88), relativamente ao terceiro (juiz, conciliador, mediador, negociador):

> *a credibilidade pessoal, institucional e processual é apenas o ponto de partida para a entrada de um mediador em uma disputa. O maior fator na aceitação de um interventor é provavelmente o* rapport *que ele estabelece com os disputantes. O* rapport *se refere ao grau de liberdade experimentado na comunicação, o nível de conforto das partes, o grau de precisão naquilo que é comunicado e a qualidade do contato humano.*

Destaca André Gomma de Azevedo (2012, p. 116) ser o *rapport* um conceito muito utilizado na mediação, que "consiste no relacionamento harmonioso ou estado de compreensão recíproca no qual por simpatia, empatia ou outros fatores se gera confiança e comprometimento recíproco – no caso da mediação com o processo em si, suas regras e objetivos". Afirma, ainda, haver autores, como Daniel Goleman, que sustentam que o *rapport* "sempre envolve três elementos: atenção mútua, sentimento positivo compartilhado e um dueto não verbal bem coordenado. Quando esses três fatores coexistem, catalisamos o *rapport*" (Azevedo, 2012, p. 116).

Certa vez tentamos traduzir a expressão *rapport* e percebemos que ela não tem tradução na língua portuguesa, embora seja muito utilizada pelos psicólogos. É mais ou menos como aquela tentativa de traduzir *animus*, no âmbito do direito civil. Buscamos as palavras *intenção, vontade, percepção, concepção* e concluímos que nenhuma delas tem o alcance desejado (Bacellar, 2012b, p. 140).

Rapport é um relacionamento que se constrói para o bem ou para o mal, de forma positiva ou de forma negativa, respeitosa ou desrespeitosa. Pode representar uma total empatia ou a ausência de empatia, dependendo da forma como é construído.

Embora seja difícil definir *rapport*, na medida em que o relacionamento pode ser bom ou ruim, positivo ou negativo, e esse resultado, muitas vezes, dependa da maneira como foi construída a relação entre as pessoas, é possível apresentar alguns de seus contornos. A partir de uma boa apresentação, pode ser trabalhada a construção de um relacionamento respeitoso para que o mediador, o conciliador e o próprio magistrado consigam, de forma positiva e respeitosa, gerar a percepção de imparcialidade, dedicação e grau de confiabilidade e, assim, conduzir o processo consensual.

Uma vez que o terceiro se apresente para as partes, aos interessados é importante, para o estabelecimento de um relacionamento de confiança, que se passe a trabalhar o *rapport*. Feita a apresentação, portanto, é essencial construir o *rapport*: uma relação respeitosa de confiança ou com qualidade no relacionamento. A partir disso, o mediador terá todas as condições de conquistar os mediados, melhorar o grau e o respeito no relacionamento e, com isso, obterá deles uma postura cooperativa no sentido de desejar a solução do problema. Como o *rapport* precisa ser construído, a postura atenta, educada e socialmente adequada do terceiro é fundamental. Lembra Moore (1998) que o *rapport* é claramente influenciado pelo estilo pessoal, pela maneira de falar, de se vestir e pela origem social do mediador; pelos interesses, amigos ou sócios comuns; pela quantidade de comunicação entre o mediador e os disputantes.

> *Os mediadores frequentemente falam sobre a necessidade de desenvolver alguma forma de ligação com as partes. Isto pode ser realizado no início da mediação identificando-se as experiências pessoais comuns, como lazer, viagens, filhos e conhecidos; conversando sobre valores comuns; reconhecendo genuinamente um ou mais atributos ou atividades do disputante; ou demonstrando a sua sinceridade através do seu comportamento.* (Moore, 1998, p. 88)

Alguns desses fatores que influenciam o *rapport* não dependem do terceiro; outros, entretanto, são de exclusiva atitude do terceiro. Cada juiz, mediador/conciliador acabará criando seu próprio estilo de apresentação pessoal e, a partir desse primeiro contato, construirá o respeito no relacionamento com os interessados, o que consistirá em um *rapport* positivo. O desafio do mediador/conciliador será o de preservar na comunicação, em todo o tempo, a imparcialidade, a clareza, a sinceridade e, assim, construirá um relacionamento efetivamente adequado.

A apresentação deve sempre anteceder o início do processo consensual propriamente dito e deve conter uma breve explicação sobre as formas e os métodos consensuais destinados à resolução dos conflitos, como a mediação e a conciliação. É necessário, assim, contar com um bom conciliador/mediador, que deve apresentar-se de maneira adequada, ouvir a posição dos interessados e intervir com criatividade na conciliação/mediação, mostrando os riscos e as consequências do litígio, sugerindo opções de acordo e incentivando concessões mútuas. Desde logo já se destacam algumas diferenças entre conciliação e mediação, e a primeira delas é a de que o mediador não sugere soluções, pois apenas amplia a discussão para que os interessados as encontrem por eles mesmos.

Na conciliação, é de muita valia que o juiz e o conciliador mostrem aos interessados os riscos e as consequências do litígio, como a dificuldade de produzir provas, a possibilidade concreta de que, na decisão, ocorra a perda "de tudo", a demora natural que decorre da apreciação litigiosa de uma causa, entre outras delongas. Até mesmo os incômodos de deslocamento e o custo material e emocional que decorrem da pendência devem ser enfatizados como forma de desestimular a litigiosidade e alcançar o acordo por meio da conciliação.

Para dirimir questões de um único vínculo, a conciliação é o meio adequado. O importante é que se possa, observadas as garantias do devido processo legal, utilizar todo o instrumental técnico disponível para solução de controvérsias: conciliação, mediação, arbitragem (quando ela é cabível) e, se necessário, o julgamento em um espaço de tempo razoável.

Luiz Fernando Tomasi Keppen (1996) sugere algumas técnicas de conciliação e, no que diz respeito à exortação para o acordo, afirma que, quando iniciava sua carreira, ao abrir a audiência, costumava perguntar às partes se havia possibilidade de conciliação e, se uma delas dissesse não, encerrava a fase conciliatória. Hoje, recomenda que, antes da tradicional pergunta, a melhor técnica exige uma breve exortação sobre a conciliação e suas vantagens.

Entre suas várias lições, recomenda, ainda, o esclarecimento de que o processo civil se baseia em provas, que nem sempre se realizam do modo como as partes desejam e que a conciliação põe fim ao litígio, com pacificação, o que raramente é alcançado pela sentença, sempre fonte de mais acirramento de posições entre as partes. Destaca também a necessidade de trabalhar a conciliação, mesmo que seja com acordos parciais, diluindo as questões litigiosas, o que parece ser uma técnica fantástica para o alcance da pacificação: partir-se-ia de uma tentativa de solução geral para a busca de conciliações parciais, até mesmo sobre pontos controvertidos ou preliminares processuais. Havendo a desistência dos réus, por exemplo, em relação às preliminares articuladas na contestação (carência de ação, inépcia da inicial, entre outras), o processo pode ter curso mais rápido e forma menos onerosa (Keppen, 1996).

No que diz respeito ao juiz conciliador, haverá ele de conversar com as partes para conhecer os motivos que originaram o conflito, sem se comprometer nem perder a necessária imparcialidade, o que nem sempre é fácil. Deve avançar com cautela na conciliação, só propondo soluções quando perceber que poderá fazê-lo, sem antecipar o julgamento. São muitas as polêmicas em torno das vantagens e desvantagens de que o juiz conduza pessoalmente as conciliações.

É certo que o juiz, muitas vezes, haverá de desempenhar, no curso do processo, seu papel de conciliador e dele não poderá eximir-se – até porque muitas vezes terá de intervir para ajustar amistosamente pontuais conflitos. Calmon de Passos (1995, p. 98) ressalta a dificuldade quase intransponível de ser juiz que **tenta conciliar** e juiz que **julgará a disputa**, se conciliação não houver. Adverte que, para conciliar bem, tem o conciliador de se envolver e, para julgar bem, tem o julgador de se preservar.

O impasse existe, mas pode ser transposto. Para isso, basta que os magistrados tenham humildade para aprender, aceitar e exercitar técnicas de conciliação e mediação, sabendo que, muitas vezes, outros profissionais serão mais bem preparados e mais adequados para mediar e conciliar do que eles próprios.

Aqui é salutar fazer a referência de que, na conciliação, a simbologia que decorre do poder do juiz pode ser instrumental para o alcance do acordo. A Lei Básica dos Juizados Especiais (Lei n. 9.099, de 26 de setembro de 1995 – Brasil, 1995), em seu art. 21, recomenda que o magistrado ou o juiz leigo esclareçam às partes as vantagens da conciliação, mostrando-lhes os riscos e as consequências do litígio. A análise das partes, no sentido de que o juiz tem o poder de decidir e em vista do risco do julgamento, poderá levá-las ao acordo. As questões que transparecem a partir dessa afirmação são: Será que as partes aceitaram o acordo pressionadas? Teriam as partes chegado a uma conciliação exitosa por vontade própria? Depois que deixarem o fórum será que ainda manterão a percepção de que fizeram um acordo por vontade própria?

O CPC/2015 estabelece expressamente que, na conciliação, não se podem utilizar quaisquer tipos de intimidação ou constrangimento para que as partes se conciliem. A regra do novo CPC/2015 teria surgido de condutas impositivas de parte de magistrados e conciliadores que, ao dirigirem a conciliação, faziam uso dessa forma de pressão para o alcance da conciliação.

Em alguns casos, da conciliação pode resultar o reconhecimento do pedido, a renúncia à pretensão ou a desistência da ação, hipóteses em que, embora ocorra a solução da lide, não há, em regra, a pacificação. De qualquer sorte, todas essas alternativas integram a conciliação e, portanto, devem ser consideradas. Outras técnicas podem ser úteis ao alcance da resolução adequada dos conflitos.

Só a utilização coordenada dessas técnicas, inclusive as de negociação, e, evidentemente, a atuação prática podem dar ao mediador/conciliador a visão ampla do assunto. Algumas sugestões podem auxiliá-lo:

a. **Separar as pessoas dos problemas** – É o que recomenda Roger Fisher (1994). É comum, no início de qualquer tentativa de acordo, as pessoas passarem a se agredir mutuamente, algumas vezes até esquecendo o problema que motivou o conflito. É importante que o mediador/conciliador controle a discussão e observe a linguagem corporal e os primeiros desabafos dos interessados. Cessadas as exaltações de ânimo e as denúncias e lamúrias dirigidas ao mediador/conciliador (de um contra o outro), gradativamente, com a circularidade (que deverá ser conduzida pelo mediador), a comunicação se restabelece. Passa a ser perceptível o avanço da conversa de um **com** o outro, e não de um **contra** o outro.

b. **Criar padrões objetivos** – Percebemos que, embora um não queira acreditar na versão do outro, se houver um padrão objetivo, ele será aceito. Se um diz que sua casa vale XXX e outro que, no máximo, vale X, nada melhor para resolver esse impasse do que a verificação do valor das casas anunciadas à venda na vizinhança. Padrões objetivos são sempre mais bem aceitos pelas pessoas. Não é o valor que um deles atribuiu, mas o valor que está disponível no mercado. Os critérios objetivos são mais bem aceitos, e a solução é negociar uma base, independentemente da vontade de quaisquer dos lados – ou seja, com base em critérios objetivos (Fisher; Ury; Patton, 1994, p. 100).

O anúncio de casas no jornal retrata um padrão neutro e objetivo. O mediador fará com que os interessados considerem o padrão externo e, se não concordarem com ele, explicarão os motivos da discordância. Padrões objetivos são os referenciais existentes em situações similares, que podem orientar as decisões (Pinto, 1994).

c. **Não intervir sem necessidade** – Saber escutar com atenção é muito importante. O mediador deve ter cautela para não intervir sem necessidade. Quando a comunicação é restabelecida, a participação do mediador deve apenas orientar o espaço dialógico, ressaltando os pontos convergentes que resultarem da conversa.

d. **Pontos circunstanciais** – Depois de ouvir atentamente o que cada um dos interessados narrou, passa o mediador para uma **nova fase**. Deve avançar, atacando mais fundo os pontos circunstanciais, para tentar fazer emergir o cerne do conflito.

e. **Resumo, parafraseio, sumarização retrospectiva positiva** – Deve o mediador repetir o que cada um falou, resumindo, recontando a história com ênfase aos pontos positivos, parafraseando. Ouvir a própria história por meio de outra pessoa conduz os interessados a reflexões, com a abertura do leque de opções de solução dirigida a outras perspectivas.

f. **Conduzir os interessados a se imaginar no lugar do outro** – É preciso "calçar o sapato do outro", segundo a antiga lenda dos índios navajos. Nesse momento da mediação, talvez já seja possível que o mediador avance no processo mediacional com abordagens mais diretas. Se o mediador, com um *rapport* positivo, tiver conquistado a confiança dos interessados, a abordagem que fizer, promovendo a circularidade da comunicação, produzirá **bons resultados** na medida em que os mediados "vestirão uns os sapatos dos outros". Havendo resistência, o mediador deve saber recuar sem perder a condução do processo, voltando ao resumo e fazendo a sumarização retrospectiva positiva.

Nos **impasses**, deve manter a calma, mesmo se os ânimos se exaltarem. Se houver a polarização da comunicação, deverá enfatizar, em resumo, os pontos já destacados pelos interessados e informar que, em seguida, após conversar um pouco mais sobre esses pontos, voltará a falar sobre o objeto do impasse.

Se o mediador ou conciliador não conseguir manter o diálogo entre os mediados, com respeito, ou perceber que perdeu o controle da situação, é recomendável **suspender** a sessão ou audiência. Deve planejar nova conversa com os interessados, avaliar o ocorrido e, com isso, possibilitar que as questões, as necessidades e os interesses que levaram ao impasse sejam mais bem ajustados.

Alcançado esse estágio com sucesso, o processo passa a se desenvolver com maior compreensão, ampliando-se significativamente o campo de análise do conflito e abrindo-se aos interessados outras opções para solucioná-lo.

Há situações em que suspensões das reuniões, sessões ou audiências e continuidade em alguns minutos depois ou até em dias posteriores podem gerar o tempo necessário para reflexões e o processo retoma seu rumo de forma adequada.

Outras vezes isso não acontece, e o impasse perdura sem que seja possível ao conciliador/mediador manter os interessados focados respeitosamente na discussão, ocasião em que há de se declarar o impasse e interromper o processo de conciliação ou de mediação. Mesmo que, por hipótese, o processo seja interrompido, os interessados, muitas vezes, já perceberam no curso das discussões as formas possíveis de solucionar o conflito e a questão será apenas de tempo. Achado um motivo a justificar a posição favorável, até mesmo um recuo, o conflito se solucionará. As pessoas não gostam de ceder, mas, se puderem justificar seus atos, cederão naturalmente. A simples participação em um processo de conciliação e mediação bem conduzido estabelece a comunicação entre as partes e as auxilia a perceber que poderão – mesmo sem a participação de um terceiro – solucionar diretamente o conflito.

O terceiro (conciliador ou mediador) tem de saber trabalhar a questão a partir da concepção dos interessados, da percepção deles em relação ao assunto, e, com isso, encaminhar os direcionamentos à autocrítica e à mudança comportamental – voltada à resolução do conflito. O mediador/conciliador não pode olvidar esse fato: se conseguir encontrar uma justificativa que favoreça o recuo pelas partes, a questão estará **solucionada**.

Também o **recuo** do mediador deve ser estratégico e consciente, de modo a não permitir o retorno da conversa à "estaca zero". Algumas vezes, percebendo a situação e propiciando o foco de atenção dos mediados a pontos determinados, uma abordagem direta e precisa do mediador pode promover a mudança de concepção e percepção dos envolvidos.

A ênfase no objetivo de que as tratativas e o direcionamento da conversa se voltem ao presente e ao futuro tem alcançado bons resultados. Isso gera a percepção de que o passado já passou e não pode voltar e que os mediados, centrados no diálogo do presente, têm plenas condições de construir o futuro. Essa visão amplia as alternativas de resolução do conflito; entretanto, o mediador não deve apressá-la.

> *Desde que o mediador consiga fazer com que um olhe nos olhos do outro, o caminho da pacificação estará traçado.*

Com uma boa condução do processo, o diálogo torna-se amigável e leva à compreensão de que, independentemente das razões pessoais de cada um (posições), o mais importante é buscar, naquele momento, uma solução para o impasse. "A atuação do mediador deve ser no sentido de ajudar as partes a distanciar-se dessas posições, convergindo para uma solução comum ou para outro caminho" (Slaikeu, 2004, p. 163).

Desde que o mediador consiga fazer com que um olhe nos olhos do outro, o caminho da pacificação estará traçado. Bastará preservar o espaço dialógico respeitoso e a solução fluirá sem traumas e com naturalidade:

a. **O mediador não pode ter pressa** – Mesmo que esteja com pressa, não pode demonstrar. A comunicação se interrompe quando as pessoas percebem falta de atenção, pressa ou desinteresse.

b. **As abordagens apressadas podem gerar resistências** – Quando elas ocorrem, o mediador tem de retroceder sem perder a firmeza e saber repetir algumas técnicas.

À medida que a conversa entre os interessados se desenvolve, bem como nos momentos de impasse, deve o mediador refazer, sempre que necessário, a retrospectiva positiva do que foi tratado. Deve ressaltar os pontos de consenso que já resultaram conciliados, fazendo com que os interessados percebam minorada a intensidade do conflito.

Karl A. Slaikeu (2014) destaca que mediadores inexperientes tendem a perceber um impasse – e até uma simples ameaça de impasse – como um indicativo de fracasso da mediação. Ao conversar com um mediador experiente, que superou muitas dificuldades, é possível perceber que eles são fundamentais para a mediação, entendendo-se que é nos momentos de impasse que as partes se revelam por inteiro. O mediador deve considerar as seguintes medidas para lidar com o impasse: "(1) recapitular o processo desde o início, (2) mudar o tom da negociação, (3) desafiar a parte ou partes, (4) apoiar a parte ou partes e (5) mudar a proposta" (Slaikeu, 2004, p. 165).

Talvez algo tenha sido ignorado na análise anterior, exista algum interesse em prolongar o relacionamento, alguma necessidade não identificada (como a de ouvir um pedido de desculpas). Algumas vezes, o caso já está solucionado e os interessados ainda não perceberam e prosseguem em um desordenado desabafo: é o resumo (a recapitulação do processo desde o início), o retorno ao *grid* de conflito*, o destaque à retrospectiva positiva ou a sumarização positiva que os fará perceber essa situação. É essencial, nesse momento, mostrar que o outro já concordou com o ponto ao qual ele insiste em retornar. O mediador deve intervir e dizer: "Este aspecto já está resolvido e ele concordou com seus argumentos. O que mais você pretende?".

c. **Mudar de conversa, mudar o jogo** – O mediador deve ter a destreza de, nos momentos certos, saber mudar o jogo, direcionando o foco da discussão diretamente para o problema, inventando e criando novas opções para a resolução da controvérsia. É aconselhável que o mediador, ao verificar que os interessados encontraram um obstáculo aparentemente intransponível, "abra o leque" e faça ver que existem outros caminhos para se chegar ao destino e outros pontos também importantes que podem ser superados antes daquele.

Por meio de **indagações criativas** e **abordagens circulares**, as pessoas percebem que **não existe apenas uma forma** de se resolver o caso. Indagações interessantes e que, algumas vezes, podem conduzir as partes a tal percepção são as seguintes:
» Qual seria outra forma de resolver esse impasse?
» Qual sugestão vocês dariam para acabar definitivamente com esse conflito?
» O que os senhores aceitariam diverso disso que está sendo oferecido para pôr fim ao problema?

---

* Segundo Slaikeu (2004, p. 43), *grid* ou *planilha* pode servir como um guia do mediador com os dados importantes para análise da situação e, além da identificação das partes, pode indicar: interesses, fatos relacionados com a disputa, soluções possíveis, a melhor alternativa para as partes.

Algumas vezes a solução está próxima, mas os interessados não conseguem identificá-la sozinhos. A abordagem fará brotar novas ideias, sugestões e propostas bem interessantes para resolver o impasse (Bacellar, 2003, p. 201).

Observamos que um percentual muito alto de conflitos se estabelece e se mantém por ruído ou falha na comunicação. Uma brincadeira de criança pode comprovar facilmente como é difícil o estabelecimento de uma comunicação perfeita e sem ruído: escreva uma pequena história no papel e leia para uma primeira pessoa. A seguir, peça que, em uma roda com, pelo menos, dez pessoas, a primeira conte o que ouviu para a segunda, a segunda conte para a terceira, a terceira para a seguinte e assim por diante.

Depois, ao chegar ao décimo, peça que ele relate a história e faça a comparação com aquela escrita no papel e lida para a primeira. Os ruídos acontecem e é preciso, a partir desse conhecimento, trabalhar a restauração de uma comunicação clara e efetiva.

Na mediação, em várias ocasiões, as pessoas acabam por constatar que todo o problema residia na falha ou falta de comunicação. É comum ouvir: "Por que você não me disse isso antes? Se eu soubesse, a coisa seria diferente, eu teria entendido...". Ou então: "Eu pensei que...".

A prática tem demonstrado que, nesses casos, em algum momento da relação, ocorreu uma falta de comunicação, ou ruído, o que conduziu a toda a escalada de violência que circundou o conflito. Quanto antes o mediador conseguir identificar o ruído ou a falha da comunicação, mais cedo chegará ao resultado desejado pelos interessados. Dependerá de uma boa dose de paciência e de segurança na direção do processo.

7.9 Princípio da eficiência

Alcançar a eficiência na prestação dos serviços judiciários: mais do que uma necessidade, é uma imposição constitucional elevada a princípio, conforme o art. 37 da CR, com a redação que lhe foi atribuída pela Emenda Constitucional n. 19, de 4 de junho de 1998 (Brasil, 1998a).

Vejamos o art. 37 da CR: "A administração pública direta e indireta de qualquer dos Poderes da União, dos Estados, do Distrito Federal e dos Municípios obedecerá aos princípios da legalidade, impessoalidade, moralidade, publicidade e eficiência e, também, ao seguinte" (Brasil, 1988).

O Poder Judiciário, nesse contexto, deve, com criatividade, buscar cumprir suas metas, melhorar seu desempenho com os recursos disponíveis. Destaca Deolindo (2011, p. 27):

> *O movimento de reforma do Estado que vem se desenvolvendo no Brasil nas últimas duas décadas inseriu no âmbito constitucional um princípio que objetiva contribuir para o combate da crise fiscal e exaustão financeira, exaustão do modelo burocrático, excesso de formalismos, ritos e a baixa qualidade da prestação dos serviços públicos.*

O autor cita, ainda, Eros Roberto Grau, ex-ministro do STF:

> *A análise da eficiência da Administração Pública adquiriu uma grande valoração para a sociedade, tornando-se um valor cristalizado, pois não é interessante à sociedade a manutenção de uma estrutura ineficiente. A cristalização deste valor ganhou normatividade, transformando-se em um princípio a ser observado por todo o ordenamento jurídico no que tange à Administração Pública.*
> (Deolindo, 2011, p. 27)

O princípio constitucional da eficiência, como vimos, introduzido pela Emenda Constitucional n. 19/1998, é originário da ciência da administração e é descrito, entre outros, nos arts. 37 e 39 da CR. Segundo Nelson Martins Brudeki e Jorge Bernardi (2013, p. 29),

> *O Princípio da Eficiência na Administração Pública tem por objetivo assegurar à comunidade, com os mesmos recursos, mais serviços de melhor qualidade e no menor tempo. O legislador, com isso, pretende reduzir custos e aplicar melhor os recursos públicos. Esse princípio abrange os aspectos econômicos da Administração Pública e tem sua origem em conceitos da iniciativa privada, incluídos nas reformas propostas pelo movimento conhecido como Nova Administração Pública.*

O § 7º do art. 39 da CR deixa clara essa assertiva:

> *§ 7º Lei da União, dos Estados [...] disciplinará a aplicação de recursos orçamentários provenientes da economia com despesas correntes em cada órgão [...], para aplicação no desenvolvimento de programas de qualidade e produtividade, treinamento e desenvolvimento, modernização, reaparelhamento e racionalização do serviço público, inclusive sob a forma adicional ou prêmio de produtividade.* (Brasil, 1988)

A qualidade dos serviços judiciários, bem como a satisfação dos interesses dos usuários, é o caminho para o alcance da eficiência. A eficiência resultará como consequência dessa qualificação e do aperfeiçoamento dos serviços judiciários.

Síntese

Vimos que, diagnosticada a necessidade de mudanças no Poder Judiciário, é preciso estabelecer estratégias que solucionem os problemas apresentados, como a morosidade e a ineficiência. As mudanças têm como objetivo primordial atender aos interesses do jurisdicionado, mostrando a ele a importância da atividade-fim do Poder Judiciário, que é julgar, conciliar, restaurar, pacificar os interesses da sociedade. Para isso, considerando-se o grande estoque de processos existente, o desenvolvimento de técnica autocompositiva com a capacitação necessária é uma das ações que devem ser estimuladas.

Na busca da eficiência na administração dos tribunais, os gestores podem descentralizar seus poderes, delegando, empoderando servidores, compartilhando deveres, responsabilidades e ações. No estudo de caso apresentado na Seção 7.4, constatamos um paradoxo interessante: alguém que ficou insatisfeito com a celeridade e reclamou da pressa da Justiça em apreciar seu caso.

Muitas reflexões decorrem do estudo de caso e a principal delas parece ser a análise dos interesses dos jurisdicionados. Nem sempre os interesses das partes coincidem com a preocupação do sistema em cumprir suas metas.

As ondas renovatórias de acesso à Justiça têm também de viabilizar a saída dos processos que já se encontram na Justiça, observado o princípio constitucional da eficiência, que tem por objetivo assegurar à sociedade, com os mesmos recursos, mais serviços, com celeridade e de melhor qualidade.

Para saber mais

Os leitores interessados em aprofundar seus estudos podem consultar as seguintes obras:

BACELLAR, R. P. **Mediação e arbitragem**. São Paulo: Saraiva, 2012. (Coleção Saberes do Direito, v. 53).

CAPPELLETTI, M.; GARTH, B. **Acesso à Justiça**. Tradução de Ellen Gracie Nothfleet. Porto Alegre: Sérgio Antonio Fabris, 1988.

FISHER, R.; URY, W.; PATTON, B. **Como chegar ao sim**: a negociação de acordos sem concessões. Rio de Janeiro: Imago, 1994.

SANTOS, A. C. dos. **Princípio da eficiência da Administração Pública**. São Paulo: LTr, 2003.

Questões para revisão

1) Descreva a importância do princípio da eficiência para a Administração Judiciária.

2) Qual é o método mais adequado para resolver conflitos?

3) Assinale a **incorreta**:
   Sobre as mudanças no ambiente empresarial, é importante que o administrador contemporâneo desenvolva algumas habilidades, tais como:
   a. capacidade para prever mudanças e antecipar-se a elas.
   b. capacidade de acompanhamento, fiscalização e punição dos erros.
   c. capacidade para liderar e formar líderes avessos à acomodação e à inércia.
   d. capacidade de inovar, espírito empreendedor e receptividade às mudanças.

4) Assinale V (verdadeiro) ou F (falso) e, depois, escolha a alternativa correta:
( ) A qualidade deve ser construída ao longo do processo, e não apenas verificada ao final. A busca pela máxima satisfação, por parte do jurisdicionado, passa por seu atendimento no curso do todo e em cada uma das fases e etapas do processo.
( ) As instituições que se destacarão nos próximos anos serão aquelas cujos gestores apresentem habilidades para liderar, estimulando a capacidade de criação dos empregados, proporcionando-lhes treinamento e reciclagem adequados e fazendo-os se sentir realizados e gratificados.
( ) As experiências passadas formam uma rica estrutura de referência (dados já colhidos) para futuros processos de alta aprendizagem e gestão do conhecimento.
( ) É desnecessária aos administradores judiciais brasileiros qualquer preocupação com a satisfação dos usuários, na medida em que sempre alguém vai perder e, por isso, 50% avaliará mal os serviços.
a. V, F, V, F.
b. V, V, V, F.
c. V, F, F, V.
d. F, V, F, V.

5) Assinale a alternativa **incorreta**:
a. Há no CNJ uma diretriz de valorização, incentivo e priorização estrutural do primeiro grau de jurisdição.
b. Nos métodos adversariais, a solução de mérito é adjudicada – vem de fora para dentro – e o julgamento que toma foco nas posições importa no resultado: o que uma parte ganha é exatamente o que a outra parte perde.

c. Nos métodos consensuais, há cooperação e buscam-se as soluções desejadas pelas partes (solução ganha/ganha).

d. Todos os casos são conciliáveis/mediáveis e precisam ter uma solução, seja pelo pilar autocompositivo (inserido nos métodos consensuais), seja pelo heterocompositivo (afinado com os métodos adversariais).

Consultando a legislação

Um importante marco no estabelecimento da política judiciária de resolução de conflitos foi o estabelecido pela **Resolução n. 125/2010** (com as posteriores alterações ocorridas com as Emendas n. 1/2013 e n. 2/2016), e alguns artigos de legislações recentes foram inspirados nessa resolução. Assim ocorreu com o **art. 165 da Lei n. 13.105/2015** (novo Código de Processo Civil – CPC).

BRASIL. Poder Judiciário. Conselho Nacional de Justiça. Resolução n. 125, de 29 de novembro de 2010. Relator: Cezar Peluso. **Diário da Justiça Eletrônico**, Brasília, 1 dez. 2010. Disponível em: <http://www.cnj.jus.br//images/atos_normativos/resolucao/resolucao_125_29112010_11032016162839.pdf>. Acesso em: 30 jan. 2016.

BRASIL. Lei n. 13.105, de 16 de março de 2015. **Diário Oficial da União**, Poder Legislativo, Brasília, 17 mar. 2015. Disponível em: <http://www.planalto.gov.br/ccivil_03/_ato2015-2018/2015/lei/l13105.htm>. Acesso em: 31 jan. 2016.

VIII

Forças estratégicas propulsoras da Administração Judiciária e gestão do pensamento

Conteúdos do capítulo:

» Multiplicação de boas práticas.
» Estímulo ao pensamento criativo.
» Método dos Seis Chapéus, de Edward De Bono.

Veremos, neste capítulo, em complemento a temas sobre os quais discorremos anteriormente, que a atual realidade judiciária impõe a necessidade de resiliência (capacidade de responder aos desafios/dificuldades e de se recuperar diante de novas circunstâncias) e, para isso, é preciso modelagem para a multiplicação de boas práticas. Isso não acontece se continuarmos a fazer "mais do mesmo" e se mantivermos o pensamento tradicional. Ao lado do pensamento tradicional (ou forma tradicional) de pensar, voltado ao reconhecimento de situações padronizadas, que, diariamente, ocorrem em nossas atividades pessoais e profissionais, é preciso estimular um pensamento projetivo, criativo, agregador, que reúna e ordene a forma de articular as ideias e produza valor. Analisaremos como essa criativa e projetiva forma de pensar acontece no pensamento paralelo do Método dos Seis Chapéus, de Edward De Bono.

8.1 Multiplicação de boas práticas

Ao lado das forças restritivas e dos problemas que afetam a autoestima do administrador e dele exigem resiliência, para logo se recuperar das consequências oriundas de seus problemas, haveremos de resgatar, na Administração Judiciária, as **forças propulsoras** dos órgãos que constituem o Poder Judiciário e que poderão alavancar boas práticas, gerando o respeito da população.

Há pesquisas indicativas de que, a despeito de todas as críticas, o povo ainda confia nos juízes (embora os critique). A conclusão da Grottera Comunicação e Companhia Brasileira de Pesquisa e Análise (CBPA) foi a de que o povo acredita em seus juízes. O gerente de planejamento e comunicação da Grottera, Alberto Cabaleiro, mostrou que o Judiciário não sabe usar os meios de comunicação para estreitar o contato com a população. Para ele, a boa imagem dos juízes poderia ser usada para alavancar a imagem do Judiciário. Na falta de maior divulgação dos atos da Justiça, os brasileiros atribuem à mídia, impressa ou eletrônica, o papel de instituição que mais ajuda a fazer justiça no país (Grottera, 1998).

O volume de resolução de controvérsias pelo Poder Judiciário é um dos maiores do mundo e só não é possível fazer mais em razão da constante falta de investimentos e da ausência de projeção e planejamento estrutural, mas, mesmo assim, os argumentos são consistentes (Bacellar, 2013). Em vez de enfatizar os casos não resolvidos, a ênfase deve ser dirigida ao grande volume de casos solucionados, nos quais tenha havido a rápida solução da demanda e os programas de qualidade estejam produzindo resultados, ao percentual de casos definitivamente julgados, aos projetos de atendimento à população, à dedicação dos juízes e dos servidores nos plantões permanentes que ocorrem em todo o país.

Os projetos de justiça fluvial, justiça sobre rodas, justiça nos bairros, justiça nas escolas, justiça na ilha e operações de cidadania, entre tantos outros, são pouco divulgados pelos respectivos tribunais. Cada tribunal deve selecionar seus bons projetos e, tomando-os como base, iniciar uma maciça divulgação estratégica propulsora da legitimação social e da visibilidade pública com o intuito de promover o compartilhamento recíproco de ideias inovadoras para o aperfeiçoamento dos serviços judiciais.

Notemos que as boas práticas, uma vez multiplicadas, resultarão em benefícios ao jurisdicionado e, por conseguinte, na ampliação da legitimação social do Poder Judiciário.

Como decorrência dos evidentes problemas que afetam alguns setores da Administração Judiciária, precisamos desenvolver a capacidade de pronta superação e recuperação. Não pode haver estagnação em face de problemas, e os olhos do administrador devem estar voltados para a rápida superação das dificuldades e a retomada dos trabalhos, na qualidade que tem sido denominada de *resiliência*.

A **resiliência** torna-se relevante porque é a capacidade que os indivíduos e as organizações devem ter para responder de forma mais consistente aos desafios e às dificuldades, para reagir com flexibilidade e capacidade de recuperação diante dos desafios e das circunstâncias de imprevisibilidade e incerteza (Bitencourt et al, 2010, p. 292).

Questão para reflexão

1) No seu dia a dia, ao suportar uma adversidade, você demora para voltar ao seu estado normal? Pense e reflita: você é resiliente?

Inspirar-se no modelo que deu certo, em boas práticas já verificadas em outros ambientes judiciários, é uma boa maneira de demonstrar a resiliência necessária para avançar com inteligência, em vez de ficar imobilizado diante dos problemas.

8.1.1 Argumentos de uma agenda positiva na Administração Judiciária

Pode parecer um pouco estranho falar em conceitos de *marketing* ou agenda positiva na divulgação de informações sobre a Administração Judiciária, principalmente porque não há mercado a ser conquistado e a prestação dos serviços judiciários é pública. Esses conceitos, inclusive o de posicionamento competitivo e de *marketing*, porém, no decorrer dos anos, passaram por algumas transformações, indo muito além de propaganda e venda de produtos, como se imaginava no passado.

Um ciclo completo de *marketing* pode demonstrar que se trata de uma filosofia voltada para o cliente, passando por uma rede de atividades que vão desde a pesquisa até o serviço de pós-venda (Forsyth, 1993, p. 123). No contexto desta obra, a expressão *pós-venda* é compreendida como o serviço referente ao acompanhamento dos serviços judiciários prestados ao cidadão e à satisfação obtida com eles. A atuação prática do Poder Judiciário na resolução de conflitos tem sido morosa e, aos olhos da sociedade, insatisfatória, razão pela qual precisa ser acompanhada. O que nos anima é o fato de que os profissionais de *marketing* já demonstraram que não é necessário ter só bons produtos para se buscar um posicionamento positivo na sociedade. A agenda positiva, por evidente, ajuda e apressa o reconhecimento popular.

Com argumentos de uma agenda positiva dos serviços já existentes (acesso à Justiça por meio dos juizados especiais, projetos de cidadania, projetos de responsabilidade social, descentralização dos serviços judiciários nos bairros, operações especiais, como verão, Páscoa e semana da conciliação, plantões 24 horas, participação popular na administração da Justiça, entre outros), com um bom trabalho de *marketing*, poderão os administradores judiciais fazer renascer a legitimação social do Poder Judiciário.

É preciso trabalhar com uma estratégia adequada para que a agenda positiva (e sua disseminação) possam agregar valor aos serviços judiciários, resultando em uma melhor *performance* da própria instituição (Poder Judiciário).

8.2 Gestão do pensamento por meio da representação de papéis

Edward de Bono, um inglês nascido no Zimbábue, com passagens pelas Universidades de Cambridge, Oxford e Harvard, é considerado uma das grandes autoridades contemporâneas no ensino do pensamento como habilidade prática. Seus ensinamentos têm sido usados em escolas, empresas e mesmo governos de vários países. Publicou mais de 20 obras sobre o assunto e um de seus escritos (*Ninguém nasce sabendo pensar*), antes de virar livro, foi objeto de uma série de grande sucesso na BBC, a televisão inglesa (Bacellar, 2013).

Ao iniciarmos uma reunião, as ideias começam a fluir, cada um dos presentes procura se destacar, buscando derrubar os argumentos com os quais não concorda e que foram expressos sobre determinado tema. É o uso do mesmo "chapéu preto" sempre que acaba transformando reuniões simples em discussões improdutivas e intermináveis. Por isso, o pensamento dirigido e uma comunicação mediadora (ordenada e criativa) serão mais adequados, como veremos a seguir.

De Bono (2000, 1989, 1994) tem recomendado que o pensamento pode ser exercitado por meio de papéis representativos de "seis chapéus", cada um com sua função e cor respectiva, que também indicam uma forma de pensar.

De Bono (1989) classifica a forma de pensar e agir das pessoas em seis cores, simbolizadas por chapéus. O ato de decidir pode ser disciplinado pelo Método dos Seis Chapéus, que consiste em um conjunto de ações planejadas e orientadas para resultados, permitindo maiores probabilidades de sucesso às pessoas.

Esse método pode ser utilizado em variados campos da atividade humana, na ciência da administração e para auxiliar trabalhos em equipe, bastando adaptá-lo às necessidades específicas. A proposta dos seis chapéus é a de **simplificar o pensamento**, até que o pensador esteja apto a usar um tipo de pensamento de cada vez – em vez de tentar fazer tudo de uma vez.

O Método dos Seis Chapéus é destinado à transformação do estilo comum da argumentação no estilo de mapeamento, estabelecendo-se as regras do jogo do pensamento.

Quanto mais os chapéus forem usados, mais se tornarão parte de uma cultura do pensamento. Qualquer pessoa em uma empresa seria capaz de aprender a linguagem básica; logo, esta poderia se tornar parte dessa cultura. Isso torna o pensamento direcionado muito mais poderoso. Em vez de se perder tempo com uma argumentação ou de se deixar levar em uma discussão, haveria uma abordagem nítida e disciplinada dos assuntos.

No início, as pessoas poderiam se sentir um tanto constrangidas no manuseio dos diversos chapéus, mas esse constrangimento dá lugar ao conforto que provém do conhecimento do sistema, que se torna aparente. A primeira forma de usar os chapéus se manifestaria com o desejo ocasional de usar qualquer um deles ou de trocar o chapéu preto por outro.

8.2.1 Seis chapéus

O grande valor dos chapéus é oferecer papéis que representem diversas modalidades de pensamento. Um pensador pode se orgulhar de representar qualquer um desses papéis. Sem a formalidade dos chapéus, alguns pensadores permaneceriam sempre presos a um único tipo de pensamento (a modalidade "chapéu preto").

De Bono explica que o Método dos Seis Chapéus é instrumento de apoio na tomada de decisão: "quando alguém se dispõe a pensar – raciocinando, analisando ou criando – procura fazê-lo sempre intensamente. Mas, sem disciplina, acaba por tornar seu pensamento confuso e improdutivo" (De Bono, 1989, contracapa). Além dessa explicação, há ainda o destaque de que ele criou um método que é eficaz para nos tornarmos mais eficientes. O pensamento foi classificado em seis tipos diferentes, identificados como *seis chapéus*, de diferentes cores, para que tenhamos sempre à mão o tipo de pensamento mais conveniente e oportuno para cada caso.

Vejamos, a seguir, mais detalhes sobre o método.

■ Chapéu branco

O chapéu branco é neutro e objetivo. Imagine um computador que fornece os **fatos** e **dados** que lhe são perguntados; não dá interpretações ou opiniões. Quando está usando o chapéu branco, o pensador apresenta informações e busca informações em um sistema de "mão dupla". O pensamento obtido com o chapéu branco é uma disciplina e uma direção. (De Bono, 1989).

Você pode ser intimidado a colocar o chapéu branco ou pode pedir a alguém que o faça. Você também pode escolher entre colocá-lo ou livrar-se dele. O branco (ausência de cor) indica neutralidade.

Ao colocarmos o chapéu branco na cabeça, começamos a pensar e agir de forma racional, analisando o problema de maneira objetiva e desapaixonada, sem interpretações ou opiniões pessoais, mapeando a situação, como se estivéssemos operando um computador.

■ Chapéu vermelho

Oposto ao branco, o chapéu vermelho, do coração, permite ao pensador usar palpites, intuição, inferências, interpretações, pressentimentos e opiniões, legitimando **emoções** inerentes ao ser humano (De Bono, 1989). Usando o chapéu vermelho, é possível ao pensador dizer: "Isso é o que eu sinto sobre esse assunto". Legitima as emoções e os sentimentos para que o pensador possa percorrer, ou não, o mundo dos sentimentos, de modo que não seria capaz de fazê-lo sem esse dispositivo.

O chapéu vermelho torna os sentimentos visíveis a ponto de se tornarem parte do "mapa" de pensamento e parte também do sistema de valores capaz de mudar os rumos sobre o mapa.

Ao usarmos o chapéu vermelho, estamos livres de justificativas. É permitido percorrer o mundo de sentimentos e explorar o dos outros, desde emoções mais fortes, como o medo, até as mais sutis, como a suspeita.

■ Chapéu preto

O chapéu preto se refere às **críticas**. Especificamente, destina-se à apresentação de enunciados negativos. O pensador do chapéu preto aponta quando alguma coisa não se adapta à experiência ou àquilo que já é conhecido. Ele aponta o porquê de algo não funcionar. Indica os perigos e os riscos, as falhas de um projeto (De Bono, 1989).

O chapéu preto não é argumento e jamais deveria ser visto como tal. É uma tentativa objetiva de se colocarem os elementos negativos sobre o mapa. O chapéu preto não deve ser usado para dar vazão a hábitos ou sentimentos negativos, que poderiam ser cobertos pelo chapéu vermelho. Em geral, os ocidentais sentem-se muito à vontade usando esse chapéu, que retrata nossa tendência em usar a argumentação crítica. De Bono (1989) afirma que o pensamento negativo é atraente, porque sua realização é imediata e completa. Diante das afirmações anteriores, é possível:

» detectar as possíveis falhas e os erros no processo de pensamento e o próprio método;
» avaliar uma ideia em relação ao passado, verificando-se o quanto ela se ajusta àquilo que se conhece;
» levantar questões negativas, o que permite imaginar os resultados, procurando-se identificar o que poderá dar errado com uma decisão por meio da busca de riscos, falhas e perigos;
» indicar o porquê de alguma coisa não estar funcionando ou que poderá não funcionar.

É uma parte muito importante do pensamento, pois auxilia o tomador de decisões a planejar estratégias e a levantar ações corretivas futuras, evitando consequências adversas e permitindo correr riscos calculados.

Em virtude da atratividade desse chapéu, é preciso que cuidemos de usá-lo com cautela e objetividade, evitando a crítica pela crítica e o julgamento emocional. O chapéu é isento de emoção e, como o branco, trabalha com fatos e dados. Sabemos que as experiências negativas marcam mais as pessoas do que as positivas. Logo, se pudermos deixar para usar o chapéu preto depois de uma investigação positiva do tema, poderemos estabelecer maior equilíbrio de posições e avançar, principalmente na discussão de novas ideias. Estas podem deixar de prosperar se, desde logo, forem criticadas.

■ Chapéu amarelo

O chapéu amarelo, do ouro, da riqueza, retrata os **pontos positivos**. Também investiga e explora o valor e as vantagens. Procura expressar, com profundidade, o embasamento otimista, mas não se restringe a isso – supre vários tipos de otimismo, devidamente identificados. É construtivo e criativo. É do chapéu amarelo que partem as propostas concretas e as sugestões. Refere-se à operacionalidade e ao "fazer acontecer". Eficiência é a meta do pensamento do chapéu amarelo. É positivo e construtivo. A cor amarela simboliza o brilho do sol, a luminosidade e o otimismo.

Pode ser especulativo e explorador de oportunidades. Possibilita também sonhos e visões.

O chapéu amarelo não se relaciona à simples euforia positiva (chapéu vermelho), nem diretamente à criação de novas ideias que serão pensadas com o chapéu verde, como veremos a seguir. O chapéu amarelo se refere aos enunciados positivos, assim como o chapéu preto diz respeito aos enunciados de avaliações negativas. É exatamente o contrário do preto; ele investiga as probabilidades positivas, enfoca os ganhos e as vantagens, favorecendo a vontade de fazer com que as coisas aconteçam. Ser positivo é uma escolha (De Bono, 1989). Podemos optar por ver as coisas na cor amarela, se assim o desejarmos.

Quando colocamos o chapéu amarelo, lidamos com o otimismo, a aceitação e, principalmente, abrimos as portas para um clima de cooperação e ajuda.

■ Chapéu verde

O chapéu verde serve ao **pensamento criativo**. Todos os que colocarem o chapéu verde vão usar a linguagem do pensamento criativo.

O verde simboliza a fertilidade, o crescimento e o valor das sementes. A busca de alternativas é um aspecto fundamental do chapéu verde. Há uma necessidade de ir além do conhecido, do óbvio e do satisfatório.

Com a pausa criativa, o pensador do chapéu verde se detém em qualquer ponto para considerar se aí pode haver alternativas. Pode não haver qualquer razão para essa pausa. No chapéu verde, a linguagem do movimento substitui a do julgamento. O pensador procura sair de uma ideia a fim de chegar a outra, mais efetiva. A provocação é uma parte importante do chapéu verde, para nos deslocar de nossos padrões usuais de pensamento. Há muitos meios de realizar provocações, inclusive o da palavra aleatória (De Bono, 1989).

Quando esgotamos todas as possibilidades de resolver um problema pela abordagem lógica, a melhor saída é colocar o chapéu verde e dar asas à inovação, à elaboração de ideias absurdas e até paradoxais. Estimula-se uma chuva de ideias, o que favorece o encontro de uma solução inédita.

No pensamento normal, usamos o julgamento e, no pensamento verde, transformamos o julgamento em movimento provocativo, eliminando a crítica às ideias. Novas ideias, novos conceitos e novas percepções brotam quando colocamos o chapéu verde na cabeça. Ele permite soltar a imaginação e o pensamento divergente (busca de várias soluções para um mesmo problema).

■ Chapéu azul

O chapéu azul representa o céu e é o chapéu do **controle**. O pensador do chapéu azul organiza o pensamento em si. O chapéu azul é o "pensamento sobre o pensamento, necessário à investigação do tema" (De Bono, 1989). É como o maestro. Ele evoca o uso dos demais chapéus. Define os assuntos para os quais o pensamento esteja direcionado.

O pensador do chapéu azul determina o enfoque. O chapéu azul define os problemas e delineia as soluções, determina as tarefas do pensamento que devem ser levadas adiante. É o responsável pelos resumos, sínteses e conclusões. Todos estes podem acontecer no decurso do processo de pensamento ou no fim. Também monitora o pensamento e zela pela prática das regras do jogo (De Bono, 1989).

O chapéu azul faz cessar a argumentação e insiste sobre o tipo de pensamento por "mapa". Faz a disciplina funcionar. Pode ser usado para intervenções ocasionais, que requeiram um ou outro chapéu, como também para organizar uma sequência gradual de operações de pensamento, que deve ser seguida, assim como a dança segue a coreografia.

Ainda que o papel específico do chapéu azul deva ser atribuído a um único indivíduo, está aberto a qualquer um que ofereça comentários e sugestões. Ao usarmos esse chapéu, estamos organizando nosso pensamento e controlando o uso dos demais.

Ele permite estruturar nossa ação por meio da avaliação sobre a interferência, ou não, dos demais chapéus no problema apresentado. De Bono (1989) cita como exemplo uma reunião de gerentes, que devem decidir sobre o lançamento de um novo produto no mercado. Todos os chapéus estão sendo usados, de forma desestruturada, dificultando a tomada de decisões. Nesse caso, entra em cena um dos gerentes, que, sob a abordagem do chapéu azul, poderá apresentar uma das propostas abaixo:

» Já que não conseguimos chegar a lugar algum, que tal colocarmos o chapéu vermelho e falarmos um pouco sobre como estamos nos sentindo agora?

Ou:

» Que tal usarmos o chapéu verde e iniciarmos um *brainstorming*?

O pensador do chapéu azul está atento a tudo. Sugere os próximos passos e, ao mesmo tempo, assiste e avalia o que está acontecendo. Faz uma síntese do que já foi avaliado e abordado, redirecionando as ações; propõe pausas, solicita conclusões, anota as alternativas geradas, enfim, formaliza as decisões. É o chapéu do controle, da organização, da disciplina.

Figura 8.1 – Seis chapéus, de Edward de Bono

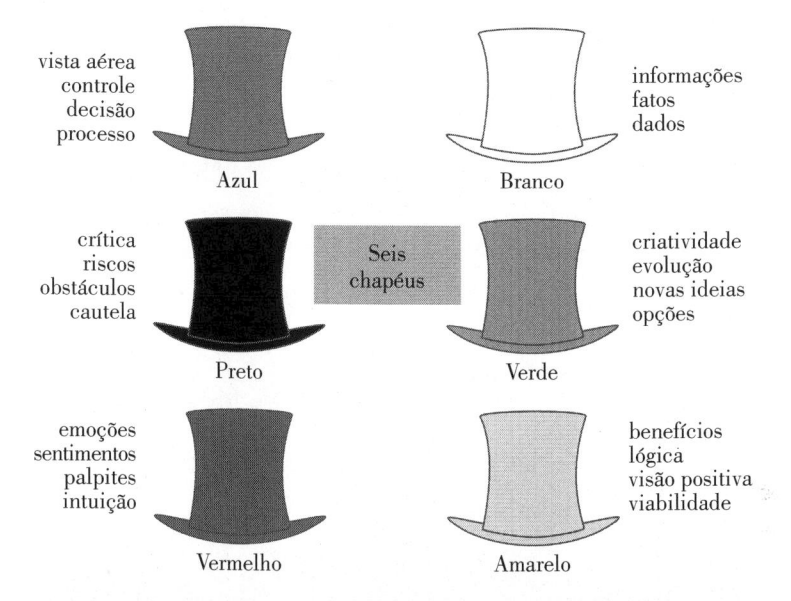

vista aérea controle decisão processo		informações fatos dados
	Azul	Branco
crítica riscos obstáculos cautela	Seis chapéus	criatividade evolução novas ideias opções
	Preto	Verde
emoções sentimentos palpites intuição		benefícios lógica visão positiva viabilidade
	Vermelho	Amarelo

Os seis chapéus, desenvolvidos por Edward de Bono, são uma estratégia estruturada para olhar para um cenário, uma situação ou um problema. Você simplesmente escolhe o cenário, "põe" um chapéu e olha o cenário através de suas lentes, obtendo novas e enriquecedoras percepções e, portanto, mais opções.

Fonte: Adaptado de De Bono, 1994.

Conhecemos a necessidade de sermos inspirados por boas práticas e modelagens referenciais do que dá certo e produz bons resultados. Buscar inspiração em boas práticas, no *benchmarking*, é o caminho da criatividade e da inovação. Não é preciso ter sempre ideias originais, prontas e acabadas, e as boas práticas podem estimular o exercício de novas e criativas ideias.

Síntese

Vimos o Método dos Seis Chapéus, de Edward de Bono, que tem sido utilizado em todo o mundo como uma forma de melhor ordenar o pensamento e também uma alternativa para a argumentação tradicional, afastando o ego e concentrando esforços em um pensar e agir (por todos) na mesma direção. Esse pensar promove uma comunicação mediadora e possibilita ganhar tempo em reuniões, auxiliar os profissionais em conciliações/mediações e alcançar estrategicamente melhores resultados para uma Administração Judiciária – com justiça.

Para saber mais

Os leitores interessados em aprofundar seus estudos podem consultar as seguintes obras:

BACELLAR, R. P. A **Mediação e arbitragem**. São Paulo: Saraiva, 2012. (Coleção Saberes do Direito, v. 53).

DE BONO, E. **Novas estratégias de pensamento**. São Paulo: Nobel, 2000.

_____. **O pensamento lateral**. Rio de Janeiro: Record, 1967.

_____. **Seis chapéus**. São Paulo: Vértice; Revista dos Tribunais, 1989.

_____. **Seis sapatos atuantes**. São Paulo: Pioneira, 1994.

Questões para revisão

1) Explique a importância do Método dos Seis Chapéus, de Edward De Bono.

2) Em termos de *marketing* e Administração Judiciária, responda: é preciso ter uma agenda positiva para buscar posicionamento perante a mídia?

3) Assinale a alternativa **incorreta**:
   a. O chapéu verde serve ao pensamento criativo, simboliza a fertilidade, o crescimento e o valor das sementes. A busca de alternativas é um aspecto fundamental do chapéu verde. Há uma necessidade de ir além do conhecido, do óbvio e do satisfatório.
   b. O chapéu branco é neutro e objetivo. Não dá interpretações ou opiniões. Quando está usando o chapéu branco, o pensador apresenta informações e busca informações em um sistema de "mão dupla". O pensamento obtido com o chapéu branco é uma disciplina e uma direção.
   c. O chapéu preto se refere às críticas. Especificamente, destina-se à apresentação de enunciados negativos. O pensador do chapéu preto aponta quando alguma coisa não se adapta à experiência ou àquilo que já é conhecido. O pensador aponta o porquê de algo não funcionar. Indica os perigos e os riscos, as falhas de um projeto.
   d. Oposto ao azul, o chapéu vermelho, do coração, não permite ao pensador dar palpites, usar intuição, inferências, interpretações, pressentimentos e opiniões, legitimando emoções inerentes ao ser humano. Usando o chapéu vermelho, é possível ao pensador dizer "Isso não está certo", desde que traga seus argumentos.

4) Assinale V (verdadeiro) ou F (falso) e, depois, escolha a alternativa correta:
   ( ) Ao lado das forças restritivas e dos problemas, o Poder Judiciário precisa resgatar as forças propulsoras dos órgãos que o constituem.
   ( ) Uma das formas de resgatar as forças propulsoras dos órgãos que constituem o Poder Judiciário é por meio do incentivo às boas práticas.
   ( ) Em comparação a outros países, o volume de resolução de controvérsias no Poder Judiciário brasileiro é pequeno e, por isso, é possível fazer mais com investimento e planejamento estrutural.
   ( ) Os profissionais de *marketing* não têm conseguido alavancar a imagem do Poder Judiciário brasileiro, principalmente porque a Administração Judiciária não conta com um bom serviço aos olhos da população.
   a. V, F, V, F.
   b. V, V, V, F.
   c. V, V, F, V.
   d. F, V, V, V.

5) Assinale V (verdadeiro) ou F (falso) e, depois, escolha a alternativa correta:
   ( ) Uma boa estratégia de *marketing* para a Administração Judiciária pode ser a de enfatizar casos não resolvidos.
   ( ) Uma boa estratégia de *marketing* para a Administração Judiciária pode ser a de, em vez de enfatizar os casos não resolvidos, dar ênfase ao grande volume de casos solucionados.
   ( ) Uma agenda positiva dos serviços judiciários pode trabalhar com alguns serviços já existentes, como o acesso à Justiça nos juizados especiais, projetos de cidadania,

projetos de responsabilidade social e descentralização dos serviços judiciários nos bairros.
( ) Um bom trabalho de *marketing* pode fazer renascer a legitimação social do Poder Judiciário.
a. V, F, V, F.
b. V, V, V, F.
c. V, F, F, V.
d. F, V, V, V.

Questões para reflexão

1) Com qual dos chapéus você mais se identifica?
2) Pense em uma situação da realidade (pode ser pessoal ou profissional) e, a partir dela, exercite o papel representativo do pensador com todos os demais chapéus. Este trabalho é individual. Se necessário, utilize a figura com a síntese do papel representativo de cada chapéu para facilitar o raciocínio. Bom trabalho!

Consultando a legislação

O Conselho Nacional de Justiça, inicialmente por meio da **Resolução n. 70/2009**, depois com a edição da **Resolução n. 198/2014**, dispôs sobre o planejamento e a gestão estratégica do Poder Judiciário, criou o Banco de Boas Práticas e Ideias para o Judiciário (BPIJus), além de estabelecer os macrodesafios para 2015-2020.

BRASIL. Poder Judiciário. Conselho Nacional de Justiça. Resolução n. 70, de 18 de março de 2009. Relator: Gilmar Mendes. **Diário da Justiça Eletrônico**, Brasília, 25 mar. 2009. Disponível em: <http://www.cnj.jus.br///images/atos_normativos/resolucao/resolucao_70_18032009_22072014152617.pdf>. Acesso em: 30 jan. 2016.

_____. Resolução n. 198, de 1º de julho de 2014. Relator: Joaquim Barbosa. **Diário da Justiça Eletrônico**, Brasília, 3 jul. 2014. Disponível em: <http://www.cnj.jus.br/busca-atos-adm?documento=2733>. Acesso em: 30 jan. 2016.

IX

A estratégia da justiça do oceano azul e inovações nos modelos de serviços judiciários

Conteúdos do capítulo:

» Gestão de pessoas por competências.
» Programas de qualidade, produtividade e aprendizagem.
» Desempenho dos serviços judiciários.
» Escalas de posicionamento e satisfação do usuário.

Neste capítulo, analisaremos alguns assuntos significativos para a Administração Judiciária, como a gestão de pessoas por competências (considerando as bases da educação e da administração), as inovações estratégicas que podem fazer a diferença para se alcançar o sucesso (oceanos azuis) e também algumas formas de trabalhar programas de qualidade, produtividade e aprendizagem para controlar o momento de crise vivido pelo Poder Judiciário em vista da sua falta de legitimação social. Apresentaremos também alguns levantamentos e formas para aferir o desempenho dos serviços judiciários, com ilustração de escalas de posicionamento e alguns desafios para trabalhar com a opinião pública e buscar melhor visibilidade.

9.1 Justiça do oceano azul

Na apresentação desta obra, explicamos que, ao denominá-la *Administração Judiciária – com justiça*, buscamos inspiração no livro *A estratégia do oceano azul*, de W. Chan Kim e Renée Mauborgne (2005), que vendeu no mundo mais de 2 milhões de exemplares, sendo 180 mil vendidos só no Brasil.

Oceanos azuis são características diferenciadas que determinam o sucesso de empresas privadas ou de setores públicos que alinham inovação e utilidade em suas atividades, explorando novas formas estratégicas de pensar a gestão. Exemplificamos essa característica de oceanos azuis lembrando Guy Laliberté, ex-equilibrista em pernas de pau e ex-engolidor de fogo, hoje CEO de uma das principais empresas exportadoras do Canadá, o Cirque du Soleil, criada em 1984 e cujos espetáculos já foram vistos por mais de 40 milhões de pessoas em 90 cidades em todo o mundo. Em menos de 20 anos, o Cirque du Soleil alcançou nível de receita que o Ringling Brothers and Barnum & Bailey Circus – campeão mundial da indústria circense – só atingiu após mais de 100 anos de atividade. O que torna a proeza ainda mais notável é que esse crescimento fenomenal não ocorreu em um setor atraente, pelo contrário, aconteceu em um momento de total decadência da indústria circense (Kim; Mauborgne, 2005, p. 2-3).

> **Pense a respeito**
> Em momentos de total decadência (nos piores momentos), *fazer mais do mesmo* (repetir o trabalho na forma tradicional, ocupar os mesmos espaços, olhar para os mesmos números, lamentar a crise) certamente fará com que **tudo continue igual!** Fazer diferente e inovar é uma **necessidade**.

Em contraposição às características inovadoras dos oceanos azuis estão os **oceanos vermelhos**, que são tradicionais e fazem mais do mesmo, analisando os mesmos espaços, os números, a demanda, em uma "briga de foice" repetitiva, competitiva na esperança de vencer os concorrentes, o que ensanguenta as águas – dando origem à denominação *oceanos vermelhos* (Kim; Mauborgne, 2005, p. 4). A pesquisa é bastante ampla para abranger movimentos estratégicos famosos em mudanças no setor público e apresenta semelhanças impressionantes entre os padrões dos setores público e privado (Kim; Mauborgne, 2005, p. 12).

Com base nessas semelhanças e com fundamentação na análise do passado, em parcela significativa dos órgãos do Poder Judiciário verificamos a ausência de profissionalização e uma organização simples de espírito burocrático, com centralização de poder e características de baixa aprendizagem, fazendo-se sempre "mais do mesmo". Esses fatos correspondem àquilo que se descreve como *estratégias de oceanos vermelhos*, as quais sempre repetem as mesmas ações e esperam resultados diferentes.

> *Novas estratégias precisam ser pensadas com criatividade.*

Novas estratégias precisam ser pensadas com criatividade. Um país de dimensões continentais como o Brasil conta com valores culturais e diversidades que bem conhecemos e, por isso, estamos aptos a projetar nossas próprias estratégias.

Até mesmo organismos internacionais, sem a visão de conjunto, sem conhecer o Brasil, passaram durante anos a opinar sobre a reforma do Poder Judiciário brasileiro. São oriundas do Banco Mundial (Bird), maior financiador das reformas operadas nos sistemas judiciários de outros países, as propostas de súmula vinculante, medidas avocatórias, controle externo, escola oficial da magistratura centralizada, concentração de poderes nas cúpulas e subtração da autonomia dos juízes e juizados arbitrais como alternativa ao Poder Judiciário, entre outras (Bacellar, 2003, p. 244).

Algumas dessas propostas, aliás, já foram implementadas no Brasil mediante a Emenda Constitucional n. 45, de 30 de dezembro de 2004 (Brasil, 2004a), e integram nossa ordem constitucional. Muitas dessas inovações não precisariam vir de fora. Há muitos anos, sabíamos da necessidade de dar maior consistência, firmeza e segurança ao sistema jurisprudencial brasileiro (para que casos semelhantes não tivessem julgamentos totalmente diferentes).

Muitos anos atrás, perante a Associação dos Magistrados Brasileiros (AMB), já havia discussão interna sobre a necessidade de se criar a Escola Nacional de Formação e Aperfeiçoamento de Magistrados (Enfam), para estabelecer as diretrizes nacionais de formação.

Uma justiça forte é base da democracia e a garantia de independência do cidadão, quer ele tenha ou não vínculo político e poder econômico. Conforme Paulo Fernando Silveira (1996), é na liberdade de julgamento do juiz que reside a garantia do cidadão contra o ataque do Estado aos seus direitos fundamentais, levado a efeito pelos demais poderes. "Quer dizer que, quanto mais independente for o juiz em seus julgamentos, mais garantido estará o indivíduo contra o Estado. Portanto, o povo deverá prestigiar o máximo ao Judiciário como forma de autoproteção política" (Silveira, 1996, p. 177).

Assustam, sobremaneira, as interferências indevidas e sem conhecimento de causa, dirigidas ao Poder Judiciário brasileiro por órgãos internacionais.

Encontramos nessa pesquisa, por exemplo, em leituras de jornal, o vice-presidente do Bird para a América Latina e o Caribe, Shahid Javed Burki, recomendando ao governo brasileiro a reforma do Judiciário (Burki, 1998). Os detalhes e as sugestões por ele apresentadas se ajustam mais a outros países menores e, ainda assim, sem crítica, são recepcionadas pelo Brasil.

Efetivas medidas de gestão e de fortalecimento dos valores éticos oriundas do próprio Poder Judiciário devem ser planejadas. Uma estratégia da justiça do oceano azul, com base nos princípios da administração e, se necessário, por meio de reformas legislativas, deve inovar modelos de serviços judiciários.

Da mesma forma que ocorreu com os projetos de qualidade total nos anos 1980, os processos e as qualificações ISO nos anos 1990, a estratégia, em 2000, e, depois, a sustentabilidade, *inovação* é a palavra-chave no mundo da gestão nos tempos atuais (Osterwalder; Pigneur, 2011).

Ressalta C. K. Prahalad que estamos vivendo uma nova era da inovação na qual, cada vez menos, as grandes inovações serão em produtos. A inovação pela cocriação de **valor**, na gestão e em modelos de negócios, desempenhará um papel fundamental nesse contexto. Essas novas formas são denominadas *novas fronteiras da inovação*. Lidar com essas novas fronteiras da inovação é provocativo e inspirador. O citado autor conclui afirmando que, se, por um lado, nos sentimos sem orientação sobre como agir nesse cenário, por outro, temos à nossa frente um quadro em branco a ser preenchido (Prahalad, citado por Osterwalder; Pigneur, 2011).

É preciso assumir o protagonismo das inovações em modelos de serviços e, para isso, os administradores e gestores do Poder Judiciário precisarão de vontade, coragem, comprometimento, confiança e atitude para fazer diferente e inovar, sempre com foco na utilidade e, principalmente, no melhor atendimento ao cidadão.

9.2 Desenvolvimento, gestão por competências e suas variadas dimensões

Para a eficiência operacional do Poder Judiciário, o Conselho Nacional de Justiça (CNJ), desde 2009, já apresentava a sugestão de se adotar a gestão por competências, promovendo a reengenharia da estrutura de pessoal com alocação adequada e proporcional à demanda das unidades judiciárias (Silveira, 2009). Consta na obra *A estratégia do oceano azul* (Kim; Mauborgne, 2005) o relato da pesquisa de dois cientistas sociais, John W. Thibaut e Laurens Walker, os quais criaram o termo *justiça procedimental* (processo justo). Isso leva as pessoas a confiar no sistema legal de modo a cumprirem as leis sem coerção.

Lembramos aqui, no contexto da ideia de processo justo, a necessidade de nos referirmos à percepção das pessoas e à atitude que se constrói na execução de uma boa estratégia de gestão de pessoas por competências. A justiça procedimental é sustentada por três princípios que se reforçam e formam o que W. Chan Kim define como **os três "Es"** do processo justo: **envolvimento**, **explicação** e clareza de **expectativas** (Kim; Mauborgne, 2005, p. 173).

Considerando-se esses componentes, com o engajamento dos servidores e dos colaboradores nas decisões estratégicas que os afetam, com a explicação de critérios e razões das decisões e com clareza relativamente às regras do jogo, acaba havendo uma cooperação voluntária (atitude), muito diferente do comportamento que leva ao cumprimento mecânico de ordens do gestor.

> Quanto **mais** as pessoas – tanto na atividade-meio quanto na atividade-fim – **participam** do processo e do resultado, **mais elas aceitam** o resultado e o processo como justos. Quanto **menor a participação** das pessoas no processo e no resultado, **menor a aceitação** delas com o resultado.

Fazer justiça, nesse caso, é fazer o que precisa ser feito: permitir a participação, explicar, dar conhecimento, ouvir, envolver as pessoas nos projetos, produzir confiança, pertencimento, reconhecimento da liderança e aceitação do resultado.

A implantação da gestão por competências no Poder Judiciário, com a compreensão de que é possível transformar comportamentos em atitudes, é um dos desafios estratégicos daquilo que denominamos *estratégias da justiça do oceano azul*.

Há uma diretriz do próprio CNJ de, inicialmente, mapear pelo menos 60% das competências dos tribunais até 2015 (CNJ, 2014). Projeta-se que o modelo de gestão de pessoas por competências será estabelecido nos próximos anos como uma das novas metas para todos os tribunais brasileiros.

Toda organização necessita de desenvolvimento, ou seja, de um processo dinâmico, flexível, criativo, de melhoria e crescimento. Diante das dificuldades da atualidade, as organizações têm de propiciar o alcance do conhecimento, a possibilidade de exercitar as habilidades de aprendizado e, a partir daí, de desenvolvimento.

A gestão de pessoas por competências tem por finalidade identificar a necessidade de conhecimentos, do desenvolvimento de habilidades para o trabalho e da internalização de atitudes que possam agregar valor aos serviços judiciários. Já vimos que o modelo de gestão de pessoas por competências tem sido identificado pela sigla CHA, tendo como foco a busca por **conhecimentos, habilidades e atitudes**.

Além de preparar os colaboradores pela formação, pelo treinamento, pela especialização, busca-se com ele a ampliação de conhecimentos gerais ou específicos para agir, trabalhar em equipe, desenvolver projetos e agregar valores. Esses conhecimentos técnicos e comportamentais ofertados aos empregados, aos servidores e aos colaboradores devem servir para sua vida pessoal e, ao mesmo tempo, ao desenvolvimento institucional, aumentando o comprometimento e a entrega de serviços cada vez mais qualificados que farão ao tribunal para atender a sociedade.

> *As organizações têm de propiciar o alcance do conhecimento, a possibilidade de exercitar as habilidades de aprendizado e, a partir daí, de desenvolvimento.*

Os pilares – ou as dimensões – da competência têm muita similaridade com os pilares ou dimensões da educação. Vejamos.

Em relação aos pilares **saber, saber fazer, saber ser** e **saber conviver** (ou **compartilhar**) **da educação**, temos considerado os seguintes pilares da competência: **conhecimento** (saber), **habilidades** (saber fazer), **atitudes** (saber ser/querer fazer) e **trabalho em equipe** (saber conviver ou compartilhar).

Figura 9.1 – Pilares ou dimensões da competência na educação e na administração

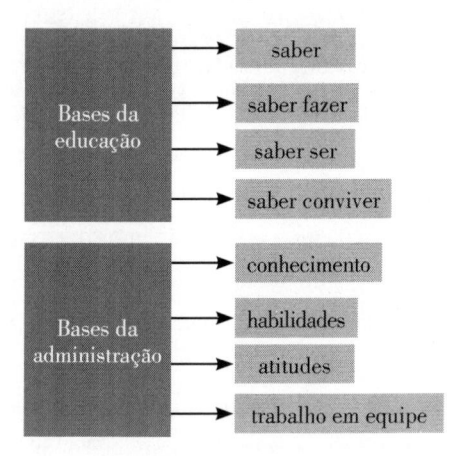

```
Bases da          → saber
educação          → saber fazer
                  → saber ser
                  → saber conviver

Bases da          → conhecimento
administração     → habilidades
                  → atitudes
                  → trabalho em equipe
```

O **foco** não está mais no cargo, mas na **pessoa**, que não nasce pronta. Identificadas as habilidades, é possível alinhar as necessidades do Poder Judiciário com a especial vocação dos servidores, dos colaboradores e dos auxiliares.

Como não há seres prontos e perfeitos, sempre haverá a necessidade de incentivo à formação contínua, com disseminação do conhecimento, desenvolvimento de novas habilidades, exercícios destinados ao controle de atitudes e de emoções e, ainda, a preparação dos servidores para o desenvolvimento de trabalhos em equipe e a construção de valores profissionais e pessoais. A sociedade complexa da pós-modernidade exige rapidez, conhecimento transdisciplinar, competência, atitude e ação conjugada de esforços e, por isso, cabe ao Poder Judiciário estimular o desenvolvimento individual de seus servidores para alcançar a excelência desejada nos serviços judiciários.

Mais do que a competência técnica que decorre do conhecimento (saber), é preciso estimular competências comportamentais por parte dos servidores. Estas devem permitir acreditar na Justiça e em bem atender os consumidores dos serviços judiciários, dando-lhes a percepção de que foram tratados com respeito, atenção, igualdade, enfim, com justiça.

De Bono, entre outros profissionais, como W. Chan Kim e Renée Mauborgne, H. B. Gelatt, Paulo Freire, Fritjof Capra, Johan Galtung, Domenico De Masi e Waldo Vieira, das áreas de administração, gestão, pedagogia, andragogia, física, sociologia e conscienciologia, desenvolveram metodologias técnicas de estímulo à criatividade, de construção do pensamento, de análise de problemas e alcance de soluções que auxiliam o desenvolvimento da inovação.

A articulação dessas metodologias de forma conjugada (de pensar, de criar e de analisar problemas) poderá auxiliar o preparo dos servidores para trabalhar em equipe e, de maneira colaborativa, fazer das reuniões de trabalho um ato de cooperação (ação conjunta) para a prestação de um serviço judiciário adequado. Ademais, depois do saber e do saber-fazer, que podem ser desenvolvidos por meio de estudo e treinamento, o desenvolvimento do ser (atitude) só é aprimorado juntamente com os outros.

Procuramos sempre enfatizar o **trabalho em equipe** e o **saber conviver** como fundamentais, exatamente porque a atitude (elemento subjetivo do ser) ocorre na dinâmica de uma construção coletiva que acontece no círculo de um diálogo.

Ao olharmos mais atentamente para a dinâmica do entendimento entre participantes que discutem em grupo,

> *de trabalho, percebemos que, de fato, a competência de construção coletiva do referente, ou do conhecimento, ou competência coletiva, não equivale apenas à soma das competências individuais, mas parece realmente se constituir numa resultante que emerge a partir da cooperação e da sinergia existente entre as competências individuais.*
> (Bitencourt, 2010, p. 436)

O saber ser importa em uma mudança mental porque a pessoa quer mudar ou algo para ela faz sentido (ela, agora, sente-se implicada), e isso justifica a mudança. Parafraseando Gardner (2005), na descrição da mudança mental íntima, e Le Boterf (2003), na descrição de competências, as coisas simplesmente acontecem e as pessoas se modificam, passam a desenvolver suas percepções significativas a partir do outro: cada palavra tem seu sentido, mas a frase produz um novo sentido que ultrapassa a soma de cada uma delas.

9.3 Programas de qualidade e produtividade no contexto da humanização da teoria da administração

A teoria clássica da administração recomendava a estrutura piramidal e concentrava toda a atenção na eficiência das máquinas e dos equipamentos como meio de aumentar a produtividade da empresa. A teoria clássica, conhecida como *teoria da máquina*, chegou ao requinte de tentar apurar a capacidade ótima da máquina, calculando, com bastante precisão, o tipo de força motriz requerido, o rendimento potencial, o ritmo de operação, a necessidade de lubrificação, o consumo energético, a assistência para sua manutenção e o tipo de ambiente físico exigido para seu funcionamento.

A ênfase sobre o equipamento e a consequente abordagem mecanicista da administração não resolveram o problema do aumento da eficiência da organização. O homem – então configurado como um "aperta-botões" – era visualizado como um objeto moldável aos interesses da organização e facilmente manipulável, uma vez que se acreditava que fosse motivado exclusivamente por objetivos salariais e econômicos (Chiavenato, 2009). Todavia, sabemos, hoje, da grande importância de outros múltiplos fatores motivacionais, inclusive o da remuneração indireta consistente em benefícios assistenciais.

Com a humanização da teoria da administração, a preocupação principal dos administradores passou a ser com o ser humano, o qual, para seu rendimento ideal, necessita de boa alimentação, energia, assistência e ambiente físico adequado, entre outros fatores que propiciam a força do conhecimento, do caráter e da inteligência (Mussak, 2010). Ironicamente, a teoria humanista da administração quase repete os mesmos aspectos indicados pela teoria clássica (para o bom funcionamento dos equipamentos), dirigindo agora toda a sua atenção à inteligência e à satisfação da máquina humana (Moller, 1997).

Com a aplicação de uma adequada gestão de pessoas e de programas de valorização pessoal, a organização torna seus colaboradores mais motivados. Isso não só aumenta a produtividade, mas também ajuda no *marketing* e na legitimação social da organização.

É primordial que uma organização que busca atingir sua excelência – e, nessa busca, podemos incluir os tribunais, quando querem melhorar sua eficiência – tenha seus olhos voltados aos ativos intangíveis, ou seja, àqueles que não têm existência física, entre eles os capitais humano e intelectual.

Em vista desse cenário, as pessoas, com seus conhecimentos, suas habilidades, suas atitudes e seus talentos sociais, passam a ser a base de qualquer organização e, para isso, precisam ser estimuladas e motivadas.

9.4 Prêmio de produtividade

A motivação é o que leva o colaborador (no caso dos tribunais, o servidor) a se envolver mais nos processos da organização. Uma das formas de incentivo é o prêmio de produtividade.

Quando o colaborador (servidor/auxiliar da Justiça) tem seu esforço reconhecido, ele se compromete ainda mais com o resultado final da organização à qual está vinculado, procurando sempre, por meio de sua própria eficiência, contribuir para que a organização atinja sua meta.

> Há sempre um lamento geral no sentido de que, por não ser possível a retribuição financeira da mesma maneira que ocorre na iniciativa privada, os administradores não teriam instrumentos para trabalhar a motivação de seus servidores.

Sandro Trescastro Bergue (2010) destaca a eficácia da implementação de programas específicos para a **promoção de estímulos** dos servidores públicos. Menciona alguns: 1) **programa de reconhecimento dos servidores**: a) ações de reconhecimento público (portaria, evento, símbolo, brindes, folgas, cursos, bônus) que evidenciem o bom desempenho do servidor (indivíduo) e da equipe perante os demais e perante a administração; b) ações de melhoria de processos (estrutura e desempenho); c) ações de sugestão; o autor adverte sobre a preocupação de evitar o esgotamento do programa e a banalização das metas e recompensas; 2) **programa de envolvimento ampliado dos servidores**: a) formação de grupos de estudo de melhorias; b) formação de grupos deliberativos (gestão de pessoas, materiais); c) formação de grupos de interface com o cidadão (pesquisa de satisfação, demandas prioritárias); d) formação de grupo de racionalização de consumo de materiais; e) formação de grupos de planejamento e definição de metas de trabalho; 3) **programa**

de remuneração variável: a) incorporação de parcela variável à cesta de remuneração; b) rodízio de gratificações; 4) **programa de remuneração por habilidades adquiridas**: a) realização de cursos de treinamento (perspectiva operacional); b) realização de cursos de desenvolvimento (perspectiva estratégica); o autor ressalta serem programas que evidentemente dependem da política de remuneração de pessoal a ser implementada pela administração; 5) **programas de benefícios**: a) vales-refeição; b) vales-rancho; c) concessão de bolsas e auxílios; 6) **programas de envolvimento social (responsabilidade social)**: mediante a composição de células de solidariedade (ou células de envolvimento social) na organização, é possível promover ganhos de satisfação pessoal e de relacionamento em equipe; 7) **flexibilização do horário de trabalho**: é preciso não esquecer que as pessoas têm vida externa à organização e necessidades cuja satisfação não pode ser alcançada com os meios disponíveis no ambiente organizacional, e a flexibilização é uma forma de dar uma retribuição às pessoas no ambiente de trabalho, permitindo que dele se afastem em determinadas situações (Bergue, 2010, p. 429-430).

O administrador, além das funções comissionadas que devem ser destinadas aos melhores e mais capacitados servidores (os quais, se não corresponderem ao que deles se espera, podem, sim, perder a função), tem ainda cargos comissionados para profissionais de outras áreas que podem integrar a tecnoestrutura e a assessoria de apoio. Em todos os casos não se dispensam os instrumentos indiretos de valorização do ser humano, independentemente de quaisquer gratificações.

Esses instrumentos não custam dinheiro. Eles custam relacionamento, acolhimento, respeito, atenção, orientação, apoio, valorização, compreensão, *feedback* (positivo e negativo) e o comprometimento dos líderes com os resultados idealizados.

9.5 Padrões de aprendizagem

Conhecedores dos problemas e das forças restritivas, resta aos administradores da atual geração corrigir os erros do passado, aprender com os erros em um processo de contínua aprendizagem e, ao final, sugerir alternativas viáveis e concretas para manter as forças propulsoras e para potencializá-las. A mudança de mentalidade é um dos desafios para traçar os caminhos ao alcance da alta aprendizagem, preparando, estrategicamente, os tribunais para os desafios do futuro, inclusive em relação ao macroambiente (aumento populacional, diminuição dos recursos naturais e consequente crescimento dos conflitos).

Alguns vícios da burocracia mecanizada fortalecem a ideia de manter as coisas como estão e continuar a fazer o que sempre se fez, exatamente porque sempre foi assim e é cômodo permanecer na inércia. Na gestão do conhecimento, não se admite "fazer mais do mesmo" e é necessário o ciclo virtuoso do fazer, refletir, teorizar, experimentar, refazer – e assim sucessivamente, conforme vimos anteriormente.

Com um planejamento estratégico nacional alinhado e atendido o princípio da continuidade, os gestores dos órgãos do Poder Judiciário (administrados pelos tribunais) poderão projetar criativamente a visão administrativa para cumprir, com eficiência, os respectivos planos de ação e atingir os objetivos de uma Justiça ágil, organizada e eficiente.

9.6 Administração da crise do Poder Judiciário e falta de legitimação social dos tribunais

Se nós conhecemos os problemas, devemos encaminhar os instrumentos e métodos para solucioná-los, informando à população e demonstrando os argumentos que farão a gradativa travessia entre a morosidade e a celeridade, com ajuste das falhas verificadas e o atendimento da qualidade esperada. A análise de posicionamento competitivo nos dá bons parâmetros para trabalhar a administração da crise e a imagem do Poder Judiciário.

Alguns poderão indagar as razões de se buscar posicionamento se não temos com quem competir. Veremos que a busca de um posicionamento competitivo, mais do que concorrer ou disputar "mercado", é instrumento de melhora contínua, que conduz ao necessário dinamismo nas organizações.

Para focar em realidades locais (como exemplos da percepção dos jurisdicionados) no contexto de outras pesquisas já realizadas no Poder Judiciário brasileiro (Sadek, 2001, 2006), é importante o relato de uma singela pesquisa realizada por este autor e formalizada por meio de enquete, no âmbito dos juizados especiais, que trabalhou com indicadores determinados e escalas de valor eleitas pelo usuário. Na perspectiva do cidadão, com base em pesquisa realizada no Paraná, os serviços gerais do Poder Judiciário tiveram a avaliação apresentada a seguir.

Com auxílio e orientação de estagiários, pedimos que o jurisdicionado escolhesse **sete atributos** da mais elevada importância para ele, usuário (do mais importante para o menos importante). O de **maior importância** para o usuário foi o barateamento do acesso à

Justiça – **custo** (7). Seguiu-se a reclamação pela demora no julgamento dos processos, o que se interpretou como **desejo por rapidez** (6). A **qualidade no atendimento** (5) também foi avaliada como importante. A **imparcialidade** (4), a **clareza** ou **informalidade** (3), a **efetividade** (2) como medida de fazer cumprir o que foi decidido e, finalmente, a **independência** (1) foram entendidas como menos importantes do que os demais (Bacellar, 2013, p. 117).

Outros atributos, como a segurança jurídica, as prerrogativas dos juízes, o devido processo legal, a inafastabilidade e a separação dos poderes – embora constantes da pesquisa e, certamente, valores fundamentais do ponto de vista institucional – foram de mais baixa avaliação e considerados irrelevantes pelo jurisdicionado. Não foram eleitos entre os sete atributos de maior importância.

Na perspectiva do Poder Judiciário como um todo, analisamos o desempenho dos serviços judiciários em uma escala de **superior** para **inferior**, ou seja, a iniciar pelo melhor desempenho nos sete valores ou serviços até chegar ao pior desempenho. O Poder Judiciário atua com **imparcialidade** (7) e a **qualidade das decisões** é boa, sendo essa a regra nos juízos brasileiros. Os juízes, em geral, têm **independência** (6) e são trabalhadores; ao atributo **efetividade** (5), o formalismo é acentuado, o que identificamos como **(falta de) clareza** ou **informalidade** (4). A **qualidade no atendimento** (3) ao jurisdicionado é razoável; as decisões não são rápidas e, portanto, **não há rapidez** (2); o custo dos serviços em geral (sem falar dos juizados especiais, que são gratuitos) é elevado e, portanto, dificulta o acesso à Justiça – **custo** (1).

O Gráfico 9.1 dá indicativos interessantes de que, muitas vezes, os jurisdicionados não estão interessados nas metas internas e especificações que o administrador judiciário entende como de alto valor e qualidade. A distância entre o que usuário considera importante e o que o administrador foca no seu desempenho merece uma reflexão.

"Nesse ponto, as especificações e tolerâncias não estão erradas; elas são apenas irrelevantes" (Guaspari, 2005, p. 56). É possível, algumas vezes, que estejamos investindo, como administradores, todos os nossos esforços em determinado componente do serviço que é irrelevante na visão do nosso principal destinatário (jurisdicionado – usuário dos serviços).

Gráfico 9.1 – Matriz de importância versus desempenho

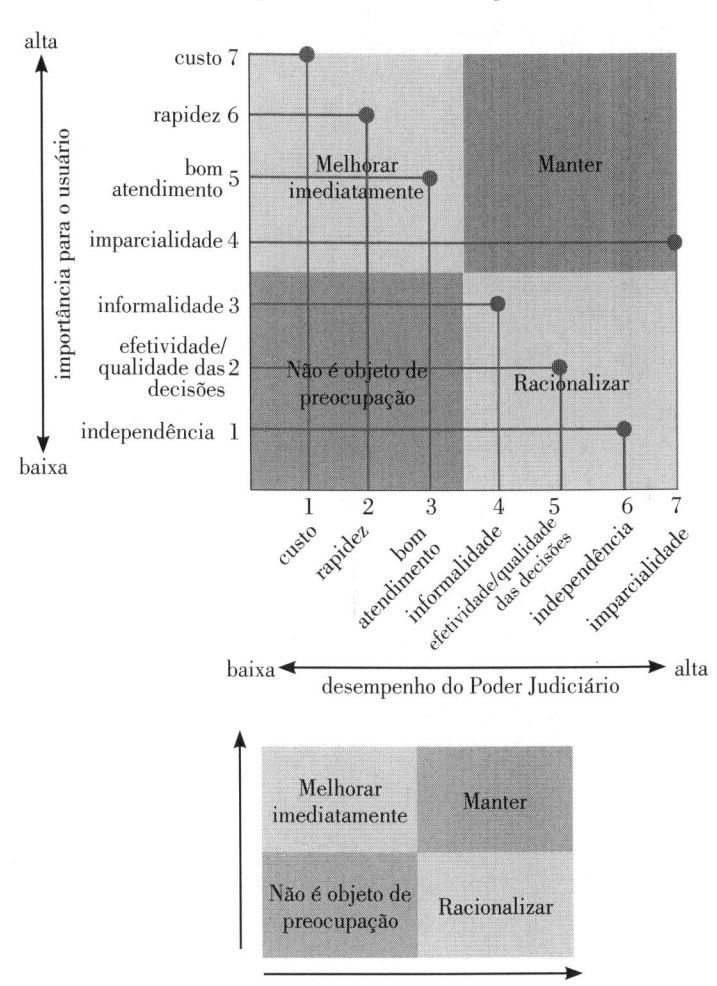

Fonte: Adaptado de Bacellar, 2013, p. 118.

Incluídos os dados na escala de posicionamento, verificamos, no caso da enquete e no contexto daquele momento, a necessidade de corrigir imediatamente alguns rumos da Administração Judiciária. O resgate da legitimação social do Poder Judiciário depende, fundamentalmente, de preservar e refoçar os pontos fortes de maior visibilidade e corrigir os pontos fracos.

No gráfico anterior, emergem como pontos fortes, que precisam ser mantidos e reforçados, os valores que decorrem dos órgãos de visibilidade, nos quais o acesso à Justiça é gratuito, o atendimento é razoável, prevalece maior informalidade e as decisões são mais rápidas.

Em uma ação matricial do Poder Judiciário do Paraná, caracterizada por uma operação no litoral (com ênfase na atuação dos juizados especiais) que busca atingir objetivos específicos voltados ao atendimento da população flutuante – em férias – em comarcas do litoral paranaense, destacam-se os seguintes resultados (Bacellar, 2013):

  a. A nova pesquisa de satisfação do jurisdicionado (por meio de enquete), desenvolvida por este autor durante a Operação Litoral 2007/2008, indica que, em 11 dos 17 itens questionados, a avaliação do jurisdicionado foi de aprovação igual ou superior a 90%. Esses itens tratavam, em especial, do atendimento dos juízes, dos servidores e das instalações físicas dos juizados especiais, entre outros.
  b. Quanto aos itens que tratavam da realização das audiências, da compreensão do objetivo e do funcionamento dos juizados, a aprovação foi de mais de 85%.
  c. Com relação ao item referente à obediência ao horário das audiências, os entrevistados demonstraram uma aprovação de apenas 74%. O resultado da avaliação quanto à obediência ao horário das audiências está demonstrado no Gráfico 9.2:

Gráfico 9.2 – Percepção do tempo no atendimento do jurisdicionado

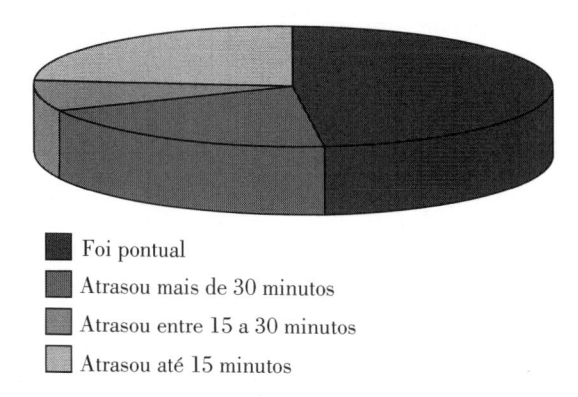

■ Foi pontual
■ Atrasou mais de 30 minutos
■ Atrasou entre 15 a 30 minutos
□ Atrasou até 15 minutos

Fonte: Adaptado de Bacellar, 2013, p. 120.

Foram solicitadas sugestões do jurisdicionado para melhorar o desempenho da operação litoral. Os resultados foram os apresentados no Gráfico 9.3:

Gráfico 9.3 – Sugestões para melhora de performance

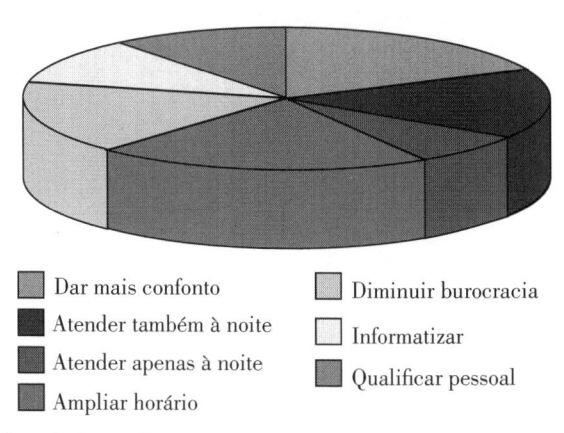

■ Dar mais confonto
■ Atender também à noite
■ Atender apenas à noite
■ Ampliar horário
■ Diminuir burocracia
□ Informatizar
■ Qualificar pessoal

Fonte: Adaptado de Bacellar, 2013, p. 120.

A imagem do Poder Judiciário perante a população é divorciada da realidade, exatamente pelo insuficiente investimento nos órgãos de maior visibilidade pública e pela não apresentação dos argumentos numéricos positivos e do volume de resolução de controvérsias, de atendimentos e de satisfação nos órgãos de maior visibilidade pública. É possível e recomendável fazer esse teste em todos os setores do Poder Judiciário e, com base em mais esse diagnóstico, traçar os planos estratégicos para manter os pontos fortes e corrigir imediatamente o posicionamento em face dos pontos mais fragilizados do ponto de vista do cidadão.

Uma experiência interessante feita nessas operações demonstrou que o ambiente adequado da sala de espera fez com que houvesse uma mudança na percepção do tempo pelos jurisdicionados. Explicamos: naqueles locais onde havia uma sala de espera com revistas, água, ambiente confortável, embora simples, os jurisdicionados informaram não ter havido atraso nas audiências (ainda que o atraso tenha ocorrido). Em um dos postos de atendimento que não contava com essa sala de espera ambientada, a resposta de que houve atraso nas audiências foi uma constante.

Questão para reflexão

1) Como você percebe o tempo de espera? O que considera ser possível fazer para que o tempo de espera seja percebido de forma menos desgastante?

Retomando a pesquisa já citada (Bacellar, 2013, p. 121), em uma parte do questionário formulado por este autor no Tribunal de Justiça do Estado do Paraná, nas seis maiores comarcas (Curitiba, Londrina, Maringá, Foz do Iguaçu, Cascavel e Ponta Grossa), a pergunta foi a seguinte: "Que sugestão você faria para melhorar os juizados especiais?". As respostas obtidas estão discriminadas a seguir:

1. Qualificar pessoal: 44
2. Informatizar: 34
3. Acabar com a burocracia: 30

4. Ampliar horários de funcionamento: 17
5. Funcionar só à noite: 6
6. Funcionar também à noite: 12
7. Dar mais conforto ao usuário: 28

Notemos que se repetem algumas preocupações, como a da qualificação do pessoal de atendimento, o fim da burocracia, o atendimento e conforto do usuário.

A informatização apareceu com destaque especial quando foi incluída como uma das alternativas, demonstrando que a população brasileira tem acompanhado a evolução tecnológica e espera do Poder Judiciário essa mesma evolução, com a permanente incorporação das ferramentas da tecnologia da informação.

A falta de pesquisas regulares, a ausência de informação destinada ao público e a ausência de um trabalho de *marketing* ampliam as críticas. É isso o que acaba por agravar a chamada *crise do Poder Judiciário*; ao lado de críticas sérias, muitas são estéreis e oriundas do desconhecimento e da mais profunda ignorância.

9.7 A opinião pública e sua importância

O Poder Público, até poucas décadas, não imaginava ser necessário trabalhar com sua imagem e pouco se importava com a opinião pública. A mídia, durante anos, ofereceu aos cidadãos uma espécie de "visão tubular" das coisas. Segundo Antonio Suárez Abreu (2009), é como se olhássemos apenas uma

> *A sociedade organizada evoluiu e sabe distinguir a boa da má gestão administrativa, o que legitima, ou não, por ocasião do sufrágio. Trata-se da legitimação política.*

parte da realidade que nos permite olhar e, ainda assim, da maneira como quer que nós a interpretemos.

Essa falta de preocupação com a imagem e a prepotência de imaginar que o Poder Judiciário não precisa se justificar, orientar, informar e bem atender ao povo geraram uma generalizada percepção negativa, parcial e, muitas vezes, incompleta da realidade. Os Poderes Legislativo e Executivo, em face da renovação periódica, tiveram de mostrar seus atos até como forma de buscar novos mandatos populares.

Com o avanço do regime democrático e do processo eleitoral, as gestões da Administração Pública, notadamente dos Poderes Legislativo e Executivo, passaram a ser analisadas de perto pelos eleitores. Com foco na necessidade de buscar o apoio popular para se manterem no poder, os políticos passaram a se posicionar exatamente como recomenda a opinião pública.

A sociedade organizada evoluiu e sabe distinguir a boa da má gestão administrativa, o que legitima, ou não, por ocasião do sufrágio. Trata-se da legitimação política. Embora a opinião pública seja prescindível, ela conduz ao necessário posicionamento público.

O Poder Judiciário não acompanhou essa evolução, até porque foi estabelecido constitucionalmente para ter quadros permanentes, constituídos por concurso público e não por eleição, como nos demais poderes. Em face dessa legitimação legal e do ingresso na magistratura por concurso público, o Poder Judiciário não teve a mesma preocupação dos demais poderes em mostrar seus atos, em se justificar e apresentar seus serviços para a sociedade.

Os concursos públicos, que, na essência, deveriam prestigiar os cidadãos de maior capacidade, durante anos foram vistos pela sociedade como concursos elitizados e de "cartas marcadas", que repetiram modelos criticados por Paulo Freire em relação ao que denominou *educação bancária*. Na pedagogia bancária, você "deposita" conhecimentos na cabeça do educando e, depois, "tira um extrato". Quem decorou mais tem maior saldo e, portanto, será mais bem classificado (Freire, 2001, 2004, 2015).

Questão para reflexão

2) Como você avalia sua forma de visão e aprendizado? Sua visão é tubular? Seu aprendizado é bancário? Reflita por alguns minutos sobre esse aspecto.

É evidente que muitos cidadãos precisam "jogar com as regras do jogo" e, se necessário, nas primeiras etapas de concursos públicos, algumas vezes têm de trabalhar fortemente a memorização para obter melhores resultados. Ainda assim, é procedente a crítica de Paulo Freire em relação à educação bancária (Cintra, 1998, p. 84) e isso nos motiva a avançar em modelos de aperfeiçoamento dos concursos públicos para ingresso aos cargos públicos, inclusive o da magistratura. Como um colaborador da Enfam, este autor tem acompanhado o estabelecimento de diretrizes sólidas que projetam na última etapa do concurso o desenvolvimento de cursos de formação para ingresso, e isso é um salto no sentido da melhor seleção, qualificação e aferição vocacional dos candidatos a juiz.

Além disso, o Brasil, hoje, por meio da Enfam, tem uma linha sólida e a meta de promover uma adequada formação de formadores. Todos os tribunais brasileiros estão sendo mobilizados para capacitar os magistrados em técnicas de andragogia (educação para adultos), a fim de melhor preparar os professores que formarão os juízes nas escolas judiciais e nas escolas de magistratura do país.

9.8 O monopólio jurisdicional e a atual necessidade de posicionamento público com competitividade

O Poder Judiciário, por ser detentor do monopólio jurisdicional, pouco se incomodava com a visão do povo, principal destinatário das decisões judiciais. Embora o Judiciário não tenha seus quadros compostos por eleição e, por isso, não precise fazer campanhas para agradar seus eleitores, atualmente começa a despertar, no âmbito dos tribunais, uma preocupação com a percepção da comunidade retratada pela opinião pública.

Notemos que a situação é completamente diferente daquela encontrada na iniciativa privada, que precisa o tempo todo se posicionar estrategicamente para enfrentar o ambiente e produzir melhores resultados.

Em face do ambiente competitivo enfrentado pelas empresas, elas têm de promover rápidas mudanças estratégicas para atingir os melhores resultados e vencer a concorrência.

No sistema judiciário, a competição positiva que acabou se estabelecendo, longe de pretensão de se vencer a concorrência (porque ela não existe), despertou a criatividade e impulsionou inovação voltada ao desenvolvimento de projetos significativos para a melhora da prestação jurisdicional (e da própria administração da Justiça) que acabaram se configurando como práticas vencedoras. Como descreve Joaquim Falcão, ao relembrar o início do Projeto Innovare,

> *trabalhávamos com a hipótese de que haveria múltiplas, centenas, milhares até, de experiências inovadoras, de iniciativas de juízes e tribunais buscando o caminho do futuro. Buscando uma justiça mais justa e mais moderna. Gerencialmente contemporânea. Uma mobilização silenciosa. Uma justiça administrativamente mais eficiente,*

socialmente mais igualitária e politicamente mais independente. E mais. Que estas iniciativas precisavam de visibilidade e de multiplicação". (A reforma..., 2007, p. 5)

José Renato Nalini (2011, p. 21) destaca que a mola mestra da inovação é a criatividade e que

> *A criatividade está para o indivíduo assim como a inovação está para a organização. Só que há uma diferença fundamental. Um indivíduo pode subsistir sem criatividade e, mesmo assim, contentar-se com o seu marasmo – ou com a mediocridade de sua atuação. Já uma organização, se não inovar, perecerá. Por isso a inovação é fundamental para o Judiciário. Se ele não se reciclar para oferecer melhores préstimos à sociedade a que serve poderá ser substituído – a médio prazo – por outras alternativas de resolução dos problemas.*

Assim, a criatividade e a inovação, ao serem estimuladas por esses projetos, integraram o cotidiano da Administração Judiciária, que, gradativamente, está saindo da zona de conforto do monopólio para buscar um posicionamento perante a opinião pública.

9.9 A responsabilidade social como fator de posicionamento e visibilidade pública

Não só as organizações, mas também o Poder Público têm sido desafiados pela sociedade moderna a adotar novos padrões de comportamento social. As organizações, em geral, devem reavaliar suas missões e seus objetivos e, nesse contexto, analisar os fatos preponderantes (técnicos ou institucionais) na formulação de suas estratégias.

Devemos constituir o conceito de **responsabilidade social** a partir da ideia central de que é possível fazer mais do que a simples obrigação e, ainda assim, agregar valor à instituição.

Amartya Sen (2011, p. 240) pondera com a seguinte situação: se alguma ação que pode ser livremente empreendida está ao alcance de uma pessoa (o que a torna factível) e se essa pessoa avalia que empreender a ação vai criar uma situação mais justa no mundo (o que a torna reforçadora da justiça), então esse é um argumento suficiente para que a pessoa considere seriamente o que deve fazer, tendo em conta esse reconhecimento.

Na Administração Judiciária, a partir da formação técnica, da experiência acumulada e da capacitação de magistrados e servidores, é possível, por meio de programas de cidadania, ir mais além do que apenas cumprir deveres institucionais.

Responsabilidade social é fazer mais, fazer além do que se faz de habitual. É utilizar conhecimentos, habilidades e atitudes para promover ações em benefício da sociedade. É essa a essência do que se entende por *responsabilidade social*.

Todo programa de responsabilidade social deve ser motivado como um complemento à atividade principal – sem, evidentemente, perder o foco, que deve voltar-se a seu objetivo principal.

A AMB, com o programa Cidadania e Justiça Também se Aprendem na Escola, já envolveu mais de 13 milhões de crianças e adolescentes que receberam informações básicas sobre direitos e a forma de exercê-los. Juízes vão às escolas e, depois, recepcionam os jovens no ambiente do Poder Judiciário. Apresentam aos jovens os ambientes de julgamento, demonstram a estrutura de funcionamento dos órgãos julgadores e a forma como os casos são julgados. Os jovens fazem um relatório (registro reflexivo) e uma apresentação cultural com base no que viram, ouviram e aprenderam.

Sabemos, hoje, que desenvolver projetos de responsabilidade social fortalece a legitimação perante a sociedade. Demorou muito para que o Poder Judiciário tivesse a percepção de que, como poder, tem uma autoridade simbólica e uma capilaridade (presente em todas as comarcas do Brasil) que precisa ser mais bem utilizada. Com isso, o Poder Judiciário pode potencializar um efetivo auxílio na promoção da cidadania, na inclusão social, no esclarecimento dos direitos e no aspecto pedagógico de gerar percepção dos direitos e dos deveres, no âmbito do Estado democrático brasileiro (Bacellar, 2013).

Há boas referências, no Brasil, de projetos e programas de responsabilidade social. O próprio CNJ é um exemplo, com a política de humanização do sistema penitenciário, alfabetização, profissionalização e incentivo para a inserção de egressos no mercado de trabalho. O poder simbólico do Supremo Tribunal Federal (STF), que fortalece o CNJ, pode gerar e estimular muitas ações efetivas em benefício da sociedade.

Todo programa de responsabilidade social deve ser motivado como um complemento à atividade principal – sem, evidentemente, perder o foco, que deve voltar-se a seu objetivo principal. No caso do CNJ, entre suas fundamentais atribuições está a de ser o gestor maior do Poder Judiciário nacional.

Vejamos alguns exemplos de programas de responsabilidade social:

a. **Oficinas de Prevenção ao Uso de Drogas (Opuds)** – As práticas restaurativas dos juizados especiais criminais de Curitiba ocorrem com a realização de Opuds. Com uma atividade interdisciplinar, da qual participam todos os envolvidos, a sociedade, a família e os integrantes das redes de atendimento, na aplicação das medidas – inclusive como advertência (aplicada de uma maneira mais técnica) –, têm alcançado a inserção de usuários e dependentes, em ações construtivas e restaurativas (Duarte; Andrade, 2011, p. 325-343).

Embora não tenha sido esse seu principal objetivo, o programa, no contexto da **integração de competências no desenvolvimento de atividades judiciárias com usuários e dependentes de drogas**, já reduziu a reincidência em mais de 50% e, hoje, as ações têm sido multiplicadas (Bacellar; Massa, 2008, p. 177-195).

Há programas semelhantes em vários juízos criminais brasileiros no âmbito do Tribunal de Justiça do Estado do Paraná, do Tribunal de Justiça do Rio de Janeiro e do Tribunal de Justiça do Distrito Federal. As ações também são desenvolvidas no âmbito das varas da infância e da juventude, utilizando-se o modelo restaurativo para a adequada solução dos conflitos (Duarte; Andrade, 2011, p. 309-321).

O próprio CNJ, por meio de sua corregedoria, ao baixar o Provimento n. 4, reconhece a importância da atuação, prevenção, atenção e reinserção social de usuários dependentes – ou não – de drogas. São práticas restaurativas que, com a integração da família, dos envolvidos, de associações parceiras e da sociedade, conseguem ouvir os reclamos por soluções que façam sentido para os envolvidos. Em vários casos, a maior preocupação não é com a infração, mas com a questão de fundo que envolve o relacionamento entre as pessoas e as próprias expectativas do cidadão usuário de drogas com seu futuro.

b. **Cidadania e Justiça Também se Aprendem na Escola** – Nasceu como projeto no ano de 1993, por sugestão do publicitário Sergio Mércer, tendo sido desenvolvido pelo autor inicialmente no Paraná, com a denominação *Justiça se Aprende na Escola* (AMB, 2007b, p. 2). Em 1998, o projeto foi apresentado no Rio de Janeiro e em Brasília e, hoje, é programa de ação de cidadania da AMB, com a denominação *Cidadania e*

Justiça Também se Aprendem na Escola. Esse programa, com suas várias etapas, tem promovido um despertar de cidadania e já atendeu a mais de 13 milhões de crianças e jovens, por meio de cartilhas, gibis, vídeos educativos, vinhetas (*Cidadania – a gente vê por aqui*), concursos de relatório, apresentações teatrais. São algumas das boas práticas compartilhadas por alguns tribunais, de maneira colaborativa. A *Cartilha da Justiça* da AMB é o principal material de apoio ao programa, que também conta com vídeos educativos e vinhetas.

Há outras tantas boas iniciativas brasileiras. O Instituto Desembargador Alceu Conceição Machado (Idam), organização da sociedade civil de interesse público e que, durante muitos anos, desenvolveu o programa, reeditou as cartilhas dos juizados especiais, a cartilha da cidadania e a cartilha da mediação (pela Editora Salomão), bem como instrumentos e materiais de apoio às ações do programa não só no Estado do Paraná, mas também em vários Estados da Federação (AMB, 2010, p. 39). Em São Paulo (com início em Pindamonhangaba), o projeto Família Hospedeira garante às crianças e aos adolescentes que estão em entidades de acolhimento o direito à convivência familiar e comunitária; na Bahia, há o Balcão de Justiça e Cidadania; o Distrito Federal, com o programa de Justiça Comunitária, tem sido uma referência de solução de conflitos na comunidade, com total estímulo do Poder Judiciário; o Depoimento sem Dano, do Rio Grande do Sul, ampara e auxilia crianças vítimas de violência – sem revitimização.

O CNJ tem estimulado o cadastro de boas práticas e já deu início ao registro em um banco de dados nacional, que propiciará a identificação das melhores práticas que podem ser adotadas – ou adaptadas – por outros tribunais, a fim de melhorar seu desempenho. Na iniciativa privada, essas operações de *benchmarking* são competitivas e, algumas vezes, é difícil o acesso a boas práticas dos concorrentes, que se utilizam, muitas vezes, do sigilo comercial. Como os órgãos judiciários devem trabalhar de forma colaborativa, eventuais competições poderão ser produtivas, estimulando os tribunais a apresentar o maior número de projetos promissores com condições de compartilhamento e exportabilidade. É o exemplo das premiações, com bons resultados, no Projeto Innovare, o qual, anualmente, reconhece boas práticas em vários setores da Administração Judiciária brasileira, valoriza atuações individuais e institucionais e permite integração com outros tribunais (Bacellar, 2013).

O alcance de um estado de bem-estar social na prestação de serviços e na oferta de bens pelo Poder Público e a busca por melhores condições de cidadania e sustentabilidade, e até mesmo de felicidade, com o tempo passaram a ser deixados de lado pelas organizações públicas – que, em situação de crise, passaram a focar suas ações. Surgiu nos Estados Unidos e hoje integra o sistema brasileiro uma segmentação que separa as atividades a serem prestadas aos cidadãos em três setores: (1) o do governo (primeiro setor); (2) o do mercado (segundo setor); e (3) o das atividades voluntárias sem fins lucrativos (terceiro setor). Embora percebamos, na doutrina, algumas ponderações de que o mercado deve ser o primeiro setor, as ações governamentais devem integrar o segundo setor (Coelho, 2002, p. 39); essas inversões de ordem não afastam a segmentação existente.

Trabalhar com responsabilidade social é o fazer de maneira cooperativa, agregando valor aos serviços judiciários e destinando atenção aos jurisdicionados (programas de cidadania, mediação de conflitos, em juizados especiais, Cejuscs, varas de infância, trabalhistas, de família, previdenciárias), aos cidadãos (orientação, encaminhamento, atenção, atendimento itinerante, formulários de satisfação do usuário), às vítimas (projetos e programas de justiça restaurativa, mediação criminal, oficinas de integração social e reconstrução de valores), aos condenados (programas de reinserção social, profissionalização, oficinas de relacionamento), para que, verdadeiramente, a Administração Judiciária aconteça **com justiça**.

A esperança e o limite entre o possível e o impossível estão na força, na coragem e na determinação que dedicamos aos nossos ideais.

Síntese

Neste capítulo, destacamos a necessidade de se buscarem formas diferenciadas de trabalhar com as pessoas e a importância da gestão por competências, que é hoje uma diretriz do próprio CNJ com vistas a transformar a gestão judiciária.

A questão é de sobrevivência. A despeito do monopólio jurisdicional, sem inovações a Administração Judiciária tende a permanecer com os mesmos problemas. Programas e projetos criativos de posicionamento competitivo, de enfrentamento das críticas oriundas do monopólio jurisdicional e que transitam pela opinião pública precisam ser implantados, a fim de que a Administração Judiciária possa prestar um melhor atendimento ao cidadão e, assim, ser uma justiça do oceano azul.

As avaliações das ações de Administração Judiciária e de valores precisam ser dirigidas aos jurisdicionados e, por isso, vimos alguns levantamentos feitos com os usuários dos serviços judiciários, suas expectativas e percepções.

Para saber mais

Os leitores interessados em aprofundar seus estudos podem consultar as seguintes obras:

KIM, W. C.; MAUBORGNE, R. **A estratégia do oceano azul**: como criar novos mercados e tornar a concorrência irrelevante. Rio de Janeiro: Elsevier, 2005.

MUSSAK, E. **Gestão humanista de pessoas**: o fator humano como diferencial competitivo. Rio de Janeiro: Elsevier, 2010.

NALINI, J. R. **Ética para um judiciário transformador**. São Paulo: Revista dos Tribunais, 2011.

OSTERWALDER, A.; PIGNEUR, Y. **Business Model Generation**: inovação em modelos de negócios – um manual para visionários, inovadores e revolucionários. Rio de Janeiro: Alta Books, 2011.

Questões para revisão

1) Explique quais são os objetivos da gestão de pessoas por competências.

2) Há sempre um lamento geral no sentido de que, na Administração Pública, por não ser possível a retribuição financeira da mesma maneira que ocorre na iniciativa privada, os administradores não teriam instrumentos para trabalhar a motivação de seus servidores. Qual sua avaliação sobre isso? O que pode ser feito pelo administrador público para motivar seus servidores?

3) Assinale V (verdadeiro) ou F (falso) e, depois, escolha a alternativa correta:
   ( ) Uma Justiça forte é a base da democracia e a garantia de independência do cidadão, quer ele tenha ou não vínculo político e poder econômico.
   ( ) Estamos vivendo uma nova era da inovação na qual, cada vez menos, as grandes inovações serão em produtos.
   ( ) Os administradores e gestores do Poder Judiciário precisarão de vontade, coragem, comprometimento, confiança

e atitude para fazer diferente e inovar, sempre com foco na utilidade e, principalmente, no melhor atendimento ao cidadão.

( ) Os projetos e as qualificações ISO são palavras-chave para a atual Administração Judiciária.

a. V, V, V, F.
b. F, V, V, F.
c. V, F, F, V.
d. F, V, V, V.

4) Assinale a alternativa **incorreta**:

a. A justiça procedimental é sustentada por três princípios que se reforçam e formam os três "Es" do processo justo: envolvimento, explicação e clareza de expectativas.

b. Quanto mais as pessoas – tanto na atividade-meio quanto na atividade-fim – participam do processo e do resultado, mais elas aceitam o resultado e o processo como justos.

c. Quanto menor a participação das pessoas no processo e no resultado, menor a aceitação delas com o resultado.

d. Embora não exista qualquer diretriz do Conselho Nacional de Justiça (CNJ) de mapear as competências dos tribunais, trata-se de um projeto de grande importância e que deverá ser implementado nos próximos anos.

5) Assinale V (verdadeiro) ou F (falso) e, depois, escolha a alternativa correta:

( ) A gestão de pessoas por competências busca identificar habilidades para o trabalho a fim de, a partir do conhecimento, punir atitudes antiéticas que possam prejudicar os serviços judiciários.

( ) O modelo de gestão de pessoas por competências tem sido identificado pela sigla CHA, cujo foco é a busca por conhecimentos, habilidades e de atitudes.

( ) Os pilares – ou as dimensões – da competência têm muita similaridade com os pilares ou dimensões da educação.
( ) Mais do que a competência técnica que decorre do conhecimento (saber), é preciso estimular competências comportamentais por parte dos servidores.
a. V, F, V, F.
b. F, V, V, V.
c. V, F, F, V.
d. F, V, V, F.

Consultando a legislação

Por meio da **Resolução n. 192/2014** do Conselho Nacional de Justiça (CNJ), houve a sinalização de que os servidores do Poder Judiciário deveriam ter uma política nacional de formação e aperfeiçoamento, com os objetivos de orientar as ações de formação, estabelecer parâmetros para nortear a atuação técnico-pedagógica das unidades, estimular o autodesenvolvimento, propiciar a democratização das informações e a difusão do conhecimento produzido no âmbito do Poder Judiciário, entre outros.

BRASIL. Poder Judiciário. Conselho Nacional de Justiça. Resolução n. 192, de 8 de maio de 2014. Relator: Joaquim Barbosa. **Diário da Justiça Eletrônico**, Brasília, 9 maio 2014. Disponível em: <http://www.cnj.jus.br/busca-atos-adm?documento=2485>. Acesso em: 30 jan. 2016.

X

Inovações para uma Administração Judiciária com justiça

Conteúdos do capítulo:

» Dificuldades de um planejamento estratégico na Administração Judiciária.
» Valorização do primeiro grau de jurisdição.
» Estímulo a instrumentos de resolução alternativa de disputas.
» Qualidade e quantidade dos serviços judiciários.
» Antecipação a novas crises.
» Planos plurianuais.

Neste capítulo, analisaremos a dificuldade – até então constatada no Brasil – para se implantar um planejamento estratégico para a Administração Judiciária em decorrência de vários fatores, entre eles a falta de estatística judiciária e de relatórios padronizados que permitissem colher os dados e as informações básicas necessárias para produzir conhecimentos e consequentes avanços significativos.

Algumas inovações legislativas trouxeram novos instrumentos, criaram órgãos que podem dar sustentação a uma melhor organização e planejamento judiciários, como o Conselho Nacional de Justiça (CNJ), responsável pelas diretrizes nacionais que hoje norteiam a atuação institucional dos serviços judiciários brasileiros. Cada tribunal brasileiro, alinhado às diretrizes nacionais, poderá utilizar profissionais que possam integrar a tecnoestrutura e a assessoria de apoio, com escolhas por mérito em cargos comissionados ou contratação externa.

Trataremos de alguns desafios relativos ao alcance de soluções para dar conta da demanda judiciária (com qualidade e celeridade), valorizando e priorizando o primeiro grau de jurisdição, até mesmo com estímulo a instrumentos de resolução alternativa de disputas. Nas crises é que surgem oportunidades de inovação e destacaremos ser possível conjugar criatividade com arte, para que ocorra a prestação de um melhor serviço para a população. Veremos que, para aumentar a qualidade, algumas vezes é preciso diminuir a quantidade dos serviços judiciários e, para isso, é preciso antecipar-se a novas crises, com melhores mecanismos democráticos de coordenação das atividades e planos plurianuais.

10.1 Estatística judiciária e os relatórios padronizados como fonte de planejamento

Em face das variadas e fundamentais atividades desenvolvidas pelo Poder Judiciário – controle dos demais poderes (função fundamental em um Estado democrático), controle da constitucionalidade das leis Supremo Tribunal Federal (STF), atendimento aos cidadãos nos juizados especiais, nos Centros Judiciários de Solução de Conflitos e Cidadania (Cejuscs), nas varas do trabalho, previdenciárias, de família, da infância, de violência doméstica, cíveis, criminais, tributárias, de falências e recuperações judiciais, do tribunal do júri, auditorias militares, eleitorais, entre outras –, uma Justiça focada apenas no aspecto técnico-jurídico, de julgar os casos, não seria suficiente para vencer o que se denominou *crise do Poder Judiciário*. Havia necessidade de um planejamento estratégico. Não é demais ressaltar que, sem planejamento estratégico nacional, todo o movimento que conduziu às propostas de intervenção e de reforma no Poder Judiciário só ocorreu por sugestões externas decorrentes da omissão dos próprios tribunais. Conhecedores da notória situação de "crise", os próprios tribunais já deveriam ter iniciado ações estratégicas e preventivas para minorá-la, superá-la ou até extingui-la.

Algumas reformas implantadas pela Emenda Constitucional n. 45, de 30 de dezembro de 2004 (Brasil, 2004a), como a criação do Conselho Nacional de Justiça (CNJ) e da Escola Nacional de Formação e Aperfeiçoamento de Magistrados (Enfam), começaram a produzir resultados. Hoje percebemos haver respeito ao planejamento estratégico nacional formulado pelo CNJ por parte dos tribunais (estaduais e federais), que buscam alinhar suas ações às diretrizes definidas. No que concerne à Enfam, há um norte para a formação inicial e continuada de magistrados, o qual tem sido observado pelas escolas judiciais e da magistratura em todo o Brasil.

O CNJ ainda não se estabeleceu definitivamente com todos os seus papéis. Por ser recente, ainda busca assegurar seu espaço constitucional de maneira a se firmar como órgão de planejamento, orientação administrativa e de superintendência de todas as unidades judiciárias brasileiras.

O STF, algumas vezes, é acionado para fixar os limites do CNJ, que não pode interferir em quaisquer esferas jurisdicionais que não sejam de cunho eminentemente administrativo. O CNJ é constitucional na visão do próprio STF, nos limites da própria Constituição, e deve assumir o planejamento e a orientação administrativa de todas as unidades judiciárias brasileiras, não podendo interferir nas questões jurisdicionais.

Desde a sua implantação, o CNJ atuou com extrema significação na moralização e na correção pontual de ilegalidades e protecionismos encontrados em alguns tribunais brasileiros. Já cedem o nepotismo, a ausência de critérios objetivos nas promoções por merecimento e o abuso de cargos comissionados em prejuízo aos cargos de carreira preenchidos por concurso público. Tendências promissoras indicam que teremos, em alguns anos, um Poder Judiciário melhor.

Após implementar as diretrizes nacionais destinadas a nortear a atuação institucional de todos os serviços judiciários brasileiros, o CNJ deu um salto fundamental e os avanços já começam a ser percebidos pela própria sociedade.

Foi nesse cenário de inovações da Emenda Constitucional n. 45/2004 que ocorreram algumas significativas alterações normativas no sistema judiciário brasileiro. Isso assegurou: a) o direito à razoável duração do processo; e b) a previsão da necessária proporcionalidade entre o número de juízes na unidade jurisdicional e a demanda – o que permite ao CNJ adotar medidas de priorização do primeiro grau de jurisdição.

Era preciso colher dados em todos os tribunais brasileiros e verificar a efetiva demanda judicial nacional por ramo de Justiça. Eram ilhas incomunicáveis. O CNJ, além de buscar esses dados, passou a verificar, em cada região, a demanda informada, a produtividade dos tribunais e a comparar o número de casos proporcionalmente à população de cada segmento, o orçamento de cada tribunal, o número de servidores e a estrutura existente.

Como ainda havia uma ausência de critérios para a colheita de dados a embasar o planejamento dos órgãos do Poder Judiciário, em 2005, o CNJ criou o Sistema de Estatísticas do Poder Judiciário (Siespj). O Siespj foi criado pela Resolução n. 4, de 16 de agosto de 2005 (Brasil, 2005) com regulamentação da adoção de fórmulas e índices pela Resolução n. 15/2006 –, e hoje conta com base normativa estabelecida pela Resolução n. 76, de 12 de maio de 2009 (Brasil, 2009c).

Esse histórico é importante porque foi a partir do Siespj que nasceu o relatório *Justiça em números*. É uma referência confiável para todos os administradores judiciários brasileiros, que atualmente dispõem de dados que possibilitam estabelecer seus planos estratégicos.

Com base nesses relatórios padronizados, é necessário planejar sempre os itens analisados a seguir.

10.2 Qualidade e quantidade: um desafio para o tempo razoável do processo

Na atividade-fim do Poder Judiciário, sempre foi de grande relevância, depois da missão de realizar justiça, a **segurança jurídica** ou a promessa dessa segurança. Os prazos, a quantidade de recursos, a possibilidade de reexame das decisões, a busca de provimentos adequados e em um mesmo sentido para casos semelhantes, o respeito aos precedentes, as várias possibilidades de manifestação nos processos (para assegurar o contraditório, a ampla defesa e a não surpresa) se justificam pela necessidade de que, com segurança, alcancemos aquele valor maior: **justiça nas decisões**.

O absurdo volume de serviço dos juízos há vários anos e a necessidade de observar todos os meandros procedimentais destinados a garantir a segurança jurídica têm conduzido os magistrados a uma triste realidade: "entre a cruz e a espada", algumas vezes são levados a optar pela **quantidade** e a desprezar a **qualidade** em seus pronunciamentos.

Questão para reflexão

1) Ponha-se no papel de um jurisdicionado e reflita: você preferiria rapidez ou qualidade da decisão?

Eficiência quantitativa, na maioria das vezes, retrata deficiência, com decisões que põem fim ao processo, mas, muitas vezes, não solucionam o conflito. Franklin Martins, jornalista e comentarista político, destacou: "melhor a sentença que tarda, mas é definitiva, do que aquela que sai logo, mas não se sustenta"(citado por AMB, 2005, p. 5). O novo Código de Processo Civil (CPC/2015) é uma lei que, entre conservação e inovação, promete racionalidade, um sistema mais eficiente e um Judiciário cuja *performance* seja excelente (Wambier et al., 2015, p. 51). São inovações que prometem melhor eficiência, restando ainda a preocupação de atender ao princípio da razoável duração do processo.

A rapidez na solução dos conflitos dentro, fora ou ao lado do Poder Judiciário tem sido uma exigência da sociedade.

No mundo atual, o tempo tornou-se um valor tão importante quanto inestimável para um sem-número de pessoas. A capacidade de ser atendido com **rapidez** e **confiabilidade** passou a ser mais importante do que a referência de onde advém o serviço prestado. Portanto, concomitantemente ao monopólio jurisdicional, que é indispensável à segurança jurídica na resolução de alguns conflitos por sentença produzida em processo judicial (quando não alcançadas soluções consensuais), é necessário e recomendável abrir a possibilidade de que outros meios "alternativos" de resolução de disputas (extrajudiciais e complementares) sejam implementados.

Para o cumprimento da missão do Poder Judiciário de realizar justiça, ele depende de um trabalho interdisciplinar/transdisciplinar de racionalização, de modo a desenvolver bem suas atividades, e pode fazê-lo nos Cejuscs e também por meio de parcerias e cooperações técnicas com instituições públicas e privadas.

O juiz tem de ser uma pessoa do seu tempo, capacitada, preparada para uma visão sistêmica, que saiba prestigiar o conhecimento da psicologia, da comunicação, da filosofia e da administração, entre outras áreas.

10.3 Diminuição da quantidade de serviço e aumento da qualidade

São muitos os processos e o apoio de instituições públicas ou privadas, além das parcerias, que poderiam diminuir o volume de serviço e melhorar sua qualidade.

Sempre quando se discute a possibilidade de delegar ou transferir algumas questões para solução extrajudicial, privada, fora do âmbito do Poder Judiciário, surge de imediato uma primeira prevenção: haverá perda de poder – e, portanto, um desprestígio aos juízes – se o Poder Judiciário permitir solução privada para alguns conflitos. Se sabemos que os juízes estão sobrecarregados de serviço, a maior perda de prestígio e poder (nossa posição) decorre da absoluta incapacidade de solucionar as demandas que são ofertadas aos tribunais.

Notemos que se afigura possível, sem qualquer quebra ao Estado de direito e à segurança jurídica: a) que algumas atividades administrativas negociais, consensuais e enunciativas sejam desenvolvidas por outros servidores, administradores e não só por juízes; b) que um grande número de conflitos possa ser solucionado por meios extrajudiciais, como a mediação e a arbitragem – independentemente da provocação do Poder Judiciário.

Além dos serviços dos Cejuscs, várias outras atividades relacionadas com as funções principais do Poder Judiciário prescindem da atuação direta dos juízes e podem ser praticadas por auxiliares da Justiça dentro ou fora do ambiente do Poder Judiciário – até porque um especialista em direito, um jurista experiente e experimentado, muitas vezes, como se afirmou, é muito caro ao Estado para "perder seu precioso talento jurídico" e – por que não dizer? – "perder tempo" com questões operacionais e administrativas diversas da atividade jurisdicional.

É importante que os tribunais tenham profissionais das áreas de administração, economia, psicologia, serviço social, pedagogia, entre outras, o que possibilitará ao profissional do direito, magistrado, assessor jurídico, analista, entre outros, ser mais bem aproveitado para atuar em sua área de formação. Na ausência de cargos específicos na estrutura judiciária, esses profissionais de outras áreas podem advir como decorrência de parcerias e cooperações técnicas e também podem ser utilizados (por contratação ou por aproveitamento de cargos comissionados) para compor a tecnoestrutura e a assessoria de apoio na Administração Judiciária.

Na impossibilidade de autossuperação das dificuldades funcionais das estruturas internas, os tribunais devem investir em **tecnoestrutura e assessoria técnica**, que trabalhem (dentro ou fora dos tribunais)

> É importante que os tribunais tenham profissionais das áreas de administração, economia, psicologia, serviço social, pedagogia, entre outras, o que possibilitará ao profissional do direito, magistrado, assessor jurídico, analista, entre outros, ser mais aproveitado para atuar em sua área de formação.

com independência técnica para traçar, com profissionalismo, os passos necessários ao alcance dos objetivos do Poder Judiciário.

É preciso, algumas vezes, que alguém de fora diga o que os de dentro estão cansados de dizer, para que a cúpula estratégica resolva agir. Nas hipóteses em que há a determinação de inovar, de fazer acontecer, ressaltamos que a intervenção externa é recomendável e deve ser solicitada pelo próprio gestor judiciário. Em conjunto, as questões e as sugestões serão discutidas para implantação com comprometimento da equipe de servidores internos do Poder Judiciário.

Na grande maioria dos tribunais (CNJ, 2014), há cargos comissionados que poderão ser preenchidos, por livre escolha (sem necessidade de concurso público), por bons profissionais dessas áreas – que atuarão enquanto servirem ao interesse público. Esses profissionais ocupantes de cargos comissionados podem ser dispensados sem formalidades caso não correspondam às expectativas do administrador judiciário. Há cargos comissionados que só podem ser preenchidos por bacharéis em direito; para outros, não há quaisquer outras exigências além daquelas de cunho ético, que impedem, por exemplo, a escolha de parentes.

10.4 Início de um ciclo empreendedor na Administração Judiciária

A administração do Poder Judiciário necessita urgentemente abandonar o ciclo burocrático e iniciar um ciclo empreendedor de **alta aprendizagem**, marcado fundamentalmente pelo planejamento estratégico, pela criatividade e pela visualização do futuro.

Ser empreendedor é ser criativo, é inovar em modelos de serviço, é avançar em mudanças necessárias sem medo de errar. É também aceitar os erros e encará-los como parte do processo de desenvolvimento estratégico e da aprendizagem.

Joaquim Falcão (citado por Grangeia, 2011, p. 6), sobre essa aceitação dos erros, informa:

> *E eis aí, por sinal, outra falsa dicotomia, a de que o fazer é apenas o acertar e o construir. Ao contrário, é errar também, desconstruir para reconstruir, desde que a estratégia seja persistentemente perseguida e autocorrigível. Aliás, J. K. Howling proferiu discurso em um Commencement Day em Harvard sobre "Os benefícios periféricos do fracasso e a importância da imaginação". Foi o fracasso diz ela que a forçou a imaginar. Foi a busca da imaginação quem fez Harry Potter. O resto quase todos os jovens do mundo conhecem. O fracasso foi indispensável para um importante sucesso.*

Questão para reflexão

2) Algum fracasso na sua vida já serviu como uma força propulsora para uma consequente ação de sucesso?

Um ciclo empreendedor se faz com criatividade e – por que não dizer? – com arte. O Poder Judiciário deve aproveitar essa aparente crise e, a partir dela, com inovação – amparado nas informações constantes nos relatórios anuais do CNJ – projetar ações necessárias ao melhor serviço judiciário à população.

Para que esse ciclo empreendedor aconteça, as estratégias nacionais precisam estar alinhadas, de maneira global, entre todos os órgãos e setores da Administração Judiciária a partir do órgão de maior expressão e que representa a cúpula do sistema judiciário nacional, que é o STF. Porém, o CNJ – responsável pelo planejamento administrativo – tem a incumbência de promover esse alinhamento. Ao planejamento devem ser integradas as ações voltadas ao *marketing* e à legitimação social. É importante que essas ações sejam priorizadas sempre dentro de uma perspectiva integrada.

O **prestígio** dos juízes fundamentalmente depende do **grau de independência** que conquistarem e da capacidade que tiverem de resgatar a **legitimação social** do Poder Judiciário. Isso passa pela necessidade de assumir a **responsabilidade** pela demora na prestação jurisdicional, por exemplo. A **transparência** resulta da honestidade de reconhecer e assumir suas falhas, sugerir mudanças e implementar alternativas estratégicas em benefício do jurisdicionado.

Para que esse ciclo empreendedor se inicie, é necessária a criação de uma agenda positiva que possa ressaltar, por meio de estratégias de *marketing*, a essência do Poder Judiciário, seus projetos sociais, sua atuação na defesa do mais amplo acesso à Justiça, no combate às arbitrariedades, nos programas e projetos de cidadania e, fundamentalmente, no respeito às garantias dos direitos e às garantias individuais dos cidadãos. O momento atual exige o início de um novo ciclo no qual o Poder Judiciário possa resgatar sua boa reputação, ampliar sua legitimação social e fazer aflorar sua essência ética de um prestador de serviço público essencial e de qualidade para a população.

10.5 Antecipação em relação a novas crises

Do confronto de dados e da experiência vivida pelo Poder Judiciário resulta a convicção quanto à necessidade, com base no conhecimento adquirido, de antecipar-se a novas crises. É preciso **democratizar a administração** com planejamentos participativos, ouvindo-se os magistrados de primeiro grau, os servidores, as assessorias técnicas e estabelecendo-se mecanismos de coordenação das tarefas – não só os mecanismos diretos, mas também aqueles por desenvolvimento mútuo, por resultado, por habilidades e por processo. Algumas propostas do CNJ, como as previstas na Resolução n. 194, de 26 de maio de 2014 (Brasil, 2014b) – que prevê a criação de comitês gestores regionais, financeiros, de priorização do primeiro grau, destinados a auxiliar a Administração Judiciária –, são bons exemplos de medidas de democratização da gestão judiciária e de prevenção de novas crises.

Wanderlei José dos Reis (2010, p. 60-61), a respeito da **crise do Poder Judiciário**, assinala:

> *não poucas vozes nacionais afirmam que o Judiciário vive uma crise de gestão, de modo que a busca constante por gestão adequada para a Justiça em todo o país é imperiosa para o aperfeiçoamento dos serviços jurisdicionais e para a modernização do aparato judiciário, haja vista o considerável aumento na quantidade de processos decorrente da crescente judicialização dos conflitos sociais. Enfatiza que são ambos diretamente proporcionais: mais conflitos sociais, maior número de processos judiciais. Roberto Bevilacqua Otero fortalece esse entendimento ao destacar o pouco caso com avanços ou experiências de sucesso obtidas em gestões anteriores, gerando um estado de permanente descontinuidade dos processos e ações da organização.*

A crise, como vimos, pode ser trabalhada construtivamente; porém, a inadequação administrativa e a falta de planejamento e de análise de impacto das condições externas (aumento populacional, crescimento das demandas, diminuição dos recursos naturais...) importarão no agravamento da atual crise e na impossibilidade de tratar da previsibilidade em relação aos novos problemas oriundos de uma sociedade em constante evolução. Em outros países como Japão e Estados Unidos, por exemplo, há uma preocupação constante com essas correções de rumo.

Em conformidade com a afirmação de Irineu G. N. Gianesi (1996, p. 214), temos que

> Quando algo demonstra que o processo saiu ou está saindo de controle, a causa deve ser investigada e sanada. Mais do que isso, a filosofia de qualidade total prescreve que não só a falha seja sanada como também prescreve que o sistema, o processo em si, seja alterado de modo a garantir que a falha não mais ocorra. Isto pode ser feito através de dispositivos e sistemas que os japoneses, grandes usuários deste conceito chamam de poka yoke, ou sistemas à prova de falhas.

No sistema norte-americano, é possível, como a experiência registrada, tirar partido positivo da crise, investindo na sinergia de administração (experiência anterior sendo aproveitada na solução de novos problemas com traços comuns e antigas decisões de sucesso).

Um banco de dados das boas experiências e o estímulo à Administração Judiciária democrática, horizontalizada e transparente (com comprometimento dos comitês com a gestão) poderão prevenir falhas e possibilitar a antecipação a novas crises que possam surgir.

10.6 Alternativas estratégicas para racionalizar a prestação jurisdicional como atividade-fim do Poder Judiciário

Sabemos, hoje, que a valorização das atividades-meio qualifica e melhora a atividade-fim do Poder Judiciário. Muito embora a administração geral – cúpula estratégica – esteja a cargo dos tribunais (órgãos de segundo grau) com poder de superintendência de todos os órgãos do Poder Judiciário a eles vinculados, os juízes igualmente exercem atividades administrativas. Fazem isso, por exemplo, quando acumulam atividades de direção de fórum e de foro, ou quando administram seu gabinete de trabalho e presidem reuniões, ou ainda quando organizam uma eleição.

Aqui temos de distinguir, portanto, a finalidade específica do Poder Judiciário, que chamaremos de *atividade-fim*, daquelas que denominaremos de *atividade-meio*.

Descrevemos como **atividades-meio** aquelas destinadas a administrar a estrutura de apoio: a) compra e gerenciamento do material de expediente; b) controle de seus estoques; c) construção de fóruns; d) designação de juízes e servidores; e) gerenciamento de serviços gerais de remessa de material, comunicação oficial (publicações nos Diários Oficiais da Justiça – hoje pelo sistema eletrônico); f) atendimento ao público e atendimento aos advogados e promotores de justiça, entre muitos outros. A **atividade-fim** é a de produzir, em nome do Estado, decisões judiciais e solucionar controvérsias. Os qualificativos de celeridade, segurança, precisão, fundamentação adequada e **justiça**, por evidente, devem estar contidos nos pronunciamentos judiciais.

É fundamental o aperfeiçoamento do Poder Judiciário, principalmente no sentido de racionalizar e pensar estrategicamente as melhores formas de exercer sua atividade principal, que é a atividade jurisdicional voltada à resolução e restauração de conflitos, se possível, alcançando a pacificação social.

A prestação da tutela jurisdicional decorre de atividade típica do Poder Judiciário. Entretanto, é possível adotar mecanismos administrativos e de gestão estratégica que qualifiquem as atividades-meio e, por consequência, agilizem a prestação jurisdicional (atividade-fim do Poder Judiciário).

Uma visão mais ampla do sistema, com atuação interdisciplinar e até transdisciplinar, é uma necessidade à realização da efetividade na prestação jurisdicional.

A cada dia, as instituições mais progressistas alocam investimentos para o desenvolvimento de sistemas mais complexos e rápidos para atender às novas demandas. Ao Poder Judiciário vislumbram-se algumas alternativas estratégicas, das quais duas são bem claras:
1. investir em tecnologia da informação e comunicação, para acompanhar a complexidade das relações sociais e o aumento de demanda;
2. reduzir a complexidade (quando isso é possível), mantendo as coisas simples e transferindo a resolução de alguns conflitos para organismos privados ou públicos diversos do Poder Judiciário.

Igor Ansoff (1993), ao discorrer sobre a **administração da complexidade**, ensina que, à medida que os ambientes foram se tornando cada vez mais complexos e imprevisíveis, as empresas mais progressistas desenvolveram sistemas mais sutis, complexos e rápidos. Ao mesmo tempo, os administradores de muitas outras empresas propunham a solução contrária, consistente na redução da complexidade – opinando pela manutenção da simplicidade das coisas ("vamos manter as coisas simples"). Ansoff destaca, ainda, a **simplicidade** como comportamento gerencial. Trata-se do conceito de racionalidade limitada, proposto muitos anos atrás pelo americano Herbert Simon, ganhador do Prêmio Nobel de Economia. Com base em sua pesquisa a respeito do comportamento gerencial, Simon descobriu que os indivíduos e as organizações não são capazes de lidar com problemas que ultrapassam certo nível de complexidade. Quando esse nível é superado, os administradores não são mais capazes de entender o que está acontecendo no ambiente, tampouco de gerir racionalmente as estratégias da empresa (Ansoff; McDonnell, 1993).

No ambiente do Poder Judiciário, há evidências de que a complexidade e a multiplicidade de demandas têm sido superiores à capacidade de alocar investimento e de compreensão das necessidades de resposta por seus dirigentes.

É mais ou menos como lutar pelo acesso à Justiça e, depois, justificar o "não fazer Justiça" por causa do amplo acesso à Justiça. É o que Caetano Lagrasta Neto (2008, p. 12) destaca como **litigiosidade expandida**: "O Poder Judiciário [...] não está mais capacitado para atender à demanda: se antes temia-se a litigiosidade contida, teme-se hoje a litigiosidade expandida".

O ideal que buscamos é o de um Poder Judiciário estruturado, capaz de corresponder às expectativas dos cidadãos e apto a resolver o complicado congestionamento dos tribunais. Para isso, muitas causas poderiam ser solucionadas por outros meios – fora do ambiente do Poder Judiciário – pela mediação extrajudicial ou pela arbitragem.

Críticas podem ser feitas relativamente à eventual perda de poder em face da delegação de responsabilidades que deveriam ser enfrentadas pelo Poder Judiciário. Sabemos, entretanto, que, com o crescente volume de casos que anualmente ingressam na Justiça, será difícil atingir a finalidade de prestar um serviço de qualidade em tempo razoável.

Se o ideal não for, desde logo, focado como prioritário, melhor fazer bem feito o que é possível, sob pena de se exigir monopólio e deixar de atender o cidadão em face do acúmulo daí decorrente. O verdadeiro acesso à Justiça é o acesso à resolução adequada de conflitos dentro ou fora do Poder Judiciário. Se acontecer dentro do Poder Judiciário, deve se dar com qualidade, em tempo razoável e com efetividade.

10.7 Plano plurianual e o princípio da continuidade

Um plano de desenvolvimento estratégico plurianual é essencial. Será insuficiente, entretanto, se, a cada dois anos, todo o planejamento for desconsiderado. Vaidades pessoais infelizmente têm prevalecido. A percepção desses problemas é que permitirá inovar.

Temos todas as condições necessárias para, com luz na ciência da administração, implementar em um programa contínuo a planificação estratégica nos tribunais brasileiros. Para que o Poder Judiciário seja respeitado por suas qualidades e reconhecido pela sociedade como instrumento de Justiça, é preciso que haja uma mudança cultural/estrutural, a profissionalização e a implantação de padrões de qualidade, alinhados, acompanhados e monitorados. Concretizados esses padrões com adequação ao Plano Estratégico Nacional, ingressará o Poder Judiciário na estratégia do oceano azul com um trabalho empreendedor por parte dos administradores de tribunais brasileiros.

> *Renovamos a advertência de que, em regra, ainda temos no Brasil uma Administração Judiciária de estrutura simples ou uma burocracia mecanizada, com padrões de baixa aprendizagem e pouca – ou nenhuma – legitimação social.*

Enfim, esperamos que as provocações deste trabalho possam sinceramente auxiliar administradores de tribunais que queiram inovar. Para isso, renovamos a advertência de que, em regra, ainda temos no Brasil uma Administração Judiciária de estrutura simples ou uma burocracia mecanizada, com padrões de baixa aprendizagem e pouca – ou nenhuma – legitimação social.

O diagnóstico do Poder Judiciário vem sendo construído há anos e os problemas saltam aos olhos. O relatório *Justiça em números*, do CNJ, todos os anos apresenta novas comparações e, na origem, há ampla base informacional (que se encontra nos tribunais estaduais e regionais) que poderá servir de fonte para **proposições inovadoras** e aplicação de **novos instrumentos de gestão**.

Os problemas evoluíram e, sem perda de tempo, justifica-se a necessidade de ministrar estratégias específicas, já conhecidas e testadas pela ciência da administração – fazendo-se a travessia entre promessa e realidade. É preciso coragem para adaptar, ajustar e implantar esses planejamentos estratégicos, esses instrumentos, essas ferramentas e teorias nos órgãos públicos.

Advertimos que a mera contratação de consultorias, universidades ou fundações, sem envolver e comprometer com atitudes os servidores (que, efetivamente, conhecem o sistema judiciário), produzirá resultados ínfimos e de curto prazo. Inovações são aceitas quando apresentadas com esclarecimento, informação e clareza nas expectativas.

O desafio, portanto, é o de que ocorra uma significativa mudança de mentalidade por parte de administradores, notadamente da cúpula estratégica dos tribunais. O objetivo é o de que exercitem conceitos de liderança situacional e catalisem as mudanças que tanto exige a sociedade para o alcance de uma Administração Judiciária – com justiça.

Síntese

Vimos, neste capítulo, a importância que teve a ordenação de dados, a padronização das informações que se concentram, hoje, no CNJ, para que o Poder Judiciário pudesse, em todos os estados e regiões do país, melhor se organizar e planejar suas atividades. Destacamos os desafios de vencer a quantidade de serviço com qualidade, com base em inovações e atuações criativas, até mesmo com estímulo a soluções extrajudiciais de resolução de conflitos. Examinamos o que tem ocorrido no Brasil em relação ao aproveitamento das assessorias de apoio e da tecnoestrutura até mesmo, se necessário, por meio da utilização dos já existentes cargos comissionados, bem como a necessidade de o Poder Judiciário se antecipar a eventuais novas crises com racionalização e planejamento.

Para saber mais

Os leitores interessados em aprofundar seus estudos podem consultar as seguintes obras:

ANSOFF, H. I.; McDONNEL, E. J. **Implantando a administração estratégica**. São Paulo: Atlas, 1993.

BACELLAR, R. P. A aprendizagem como ferramenta estratégica na Administração Judiciária. **Revista da Escola Nacional de Magistratura**, v. 7, n. 6, p. 208-227, nov. 2012. Disponível em: <http://www.enm.org.br/docs/enm_6.pdf>. Acesso em: 30 jan. 2016.

CNJ – Conselho Nacional de Justiça. **Justiça em números 2014**: ano-base 2013. Brasília, 2014. Disponível em: <ftp://ftp.cnj.jus.br/Justica_em_Numeros/relatorio_jn2014.pdf>. Acesso em: 30 jan. 2016.

GIANESI, I. G. N.; CORRÊA, H. L. **Administração estratégica de serviços**: operações para a satisfação do cliente. São Paulo: Atlas, 1996.

Questões para revisão

1) Cite algumas das variadas e fundamentais atividades desenvolvidas pelo Poder Judiciário.

2) Quais são os primeiros resultados das reformas implantadas pela Emenda Constitucional n. 45/2004, a partir da criação do Conselho Nacional de Justiça (CNJ) e da Escola Nacional de Aperfeiçoamento de Magistrados (Enfam)?

3) Assinale V (verdadeiro) ou F (falso) e, depois, escolha a alternativa correta:
   ( ) Para aumentar a qualidade, é preciso, algumas vezes, diminuir a quantidade dos serviços judiciários.
   ( ) O Conselho Nacional de Justiça (CNJ) ainda não atua na moralização e na correção de ilegalidades e protecionismos encontrados em alguns tribunais brasileiros.
   ( ) Uma justiça focada apenas no aspecto técnico-jurídico, de julgar os casos, não seria suficiente para vencer o que se denominou chamar de *crise do Poder Judiciário*.
   ( ) O Supremo Tribunal Federal (STF), algumas vezes, é acionado para fixar os limites do CNJ, que não pode interferir em quaisquer esferas jurisdicionais que não sejam de cunho eminentemente administrativo.
   a. V, F, V, F.
   b. F, V, V, V.
   c. V, F, V, V.
   d. F, V, V, F.

4) Assinale a alternativa correta:
   a. A missão do Poder Judiciário é assegurar a segurança jurídica.
   b. Os cargos comissionados são preenchidos por concurso público.
   c. A criação de comitês pelos tribunais centraliza a gestão judiciária.
   d. A valorização das atividades-meio qualifica e melhora a atividade-fim do Poder Judiciário.

5) Assinale V (verdadeiro) ou F (falso) e, depois, escolha a alternativa correta:

( ) Representa uma perda de poder, um retrocesso delegar ou transferir algumas questões para solução extrajudicial, privada, fora do âmbito do Poder Judiciário.
( ) A eficiência quantitativa, na maioria das vezes, retrata deficiência, com decisões que põem fim ao processo, mas, muitas vezes, não solucionam o conflito.
( ) Conhecedores da notória situação de "crise", os próprios tribunais já deveriam ter iniciado ações estratégicas e preventivas para minorá-la, superá-la ou até extingui-la.
( ) É necessário e recomendável abrir a possibilidade de que meios alternativos de resolução de disputas (extrajudiciais e complementares) sejam implementados.
a. V, F, V, F.
b. F, V, V, V.
c. V, F, F, V.
d. F, V, V, F.

Consultando a legislação

Houve a percepção de que a grande maioria das causas existentes no Poder Judiciário está com os juízes em primeiro grau, pelo que o Conselho Nacional de Justiça (CNJ), por meio da **Resolução n. 194/2014**, instituiu uma política nacional de atenção prioritária ao primeiro grau, com a determinação aos tribunais para que constituam comitês regionais com o objetivo de fomentar, coordenar e implementar os programas, projetos e ações vinculados à política.

BRASIL. Poder Judiciário. Conselho Nacional de Justiça. Resolução n. 194, de 26 de maio de 2014. **Diário da Justiça Eletrônico**, Brasília, 28 maio 2014. Disponível em: <http://www.cnj.jus.br/files/atos_administrativos/resoluo-n194-26-05-2014-presidncia.pdf>. Acesso em: 30 jan. 2016.

Percebemos que a estrutura do Poder Judiciário brasileiro é complexa e se espalha por todo o território brasileiro, com seus variados segmentos (Justiça Comum, Federal e Estadual; Justiça Especial, do Trabalho, Militar e Eleitoral), o que exige integração e alinhamento com políticas nacionais que atendam a critérios uniformes, guardadas as características de cada região, estado da Federação e segmento da Justiça. Cada vez mais é exigida uma Administração Judiciária integrada, transparente, inovadora, criativa e participativa, com o objetivo de propiciar melhores serviços à sociedade em busca da convivência pacífica entre as pessoas.

A cada dia aumenta a demanda judiciária, e os juízes, além de todos os casos em geral que sempre julgaram, no contexto político atual, têm sido chamados a julgar casos que pleiteiam vagas em creches, redução do número de vereadores, cassação de prefeitos (no âmbito dos municípios brasileiros), vagas em hospitais, cassação de deputados, senadores e outros políticos (no âmbito da União, nos estados e nos municípios), entre outros casos. A complexidade das questões igualmente tem aumentado, o que exige uma visão mais ampla, interdisciplinar e maior qualificação por parte de magistrados, servidores e gestores.

As propostas estratégicas, no que concerne à **atividade jurisdicional**, com a implementação de mecanismos complementares, alternativos (denominados *meios adequados de resolução de conflitos*), inserem-se no ideal de efetivação das promessas de acesso à Justiça, efetividade e celeridade. Um acesso à Justiça sob o prisma de acesso à resolução adequada e qualificada de conflitos (com rapidez, segurança e efetividade) é, hoje, uma exigência da sociedade e integra um dos macrodesafios impostos ao Poder Judiciário.

No contexto da **Administração Judiciária**, novas estratégias de gestão (gestão de pessoas por competências, gestão do pensamento, gestão de conflitos, gestão da comunicação, entre outras), desde que implementadas no ambiente do Poder Judiciário, poderão propiciar a integração e a sinergia para viabilizar um melhor serviço judiciário para a sociedade. Disso resultará um **trabalho digno, feliz** e **respeitado**, além da **melhora do desempenho** (do servidor, dos juízes e do serviço), com efetivos resultados e benefícios à população.

Uma **Administração Judiciária com justiça** prioriza o **ser humano** – destinatário da prestação jurisdicional –, valoriza seus servidores, seus juízes e os auxiliares que prestam os serviços de atendimento aos cidadãos. Todos querem e precisam receber um atendimento público qualificado, e o desafio da excelência deve ser perseguido pela Administração Judiciária dos novos tempos.

Na atividade-fim (atividade jurisdicional), as decisões devem ser céleres e efetivas. Nas atividades-meio (Administração Judiciária), o planejamento estratégico deve propiciar um atendimento de qualidade ao povo, desenvolvido por profissionais éticos, imparciais, bem preparados e comprometidos com a verdadeira Justiça.

Para que a **missão de realizar justiça** seja verdadeiramente alcançada, é preciso buscar a máxima satisfação possível do jurisdicionado. Sua percepção é que indicará se recebeu um atendimento adequado, se foi respeitado, se se sentiu ouvido, se recebeu informações de maneira clara, se a duração do processo foi razoável e também se percebeu que o juiz atuou com imparcialidade.

A pacificação social é princípio implícito e resultado que se almeja quando se procura o Poder Judiciário; ela implica o valor *justiça*. O ideal é que a pacificação seja alcançada diretamente pelas partes sem intervenção do Estado; quando isso não é possível, o próprio Poder Judiciário deve estimular a negociação, a conciliação e a mediação e, se ainda assim não houver uma solução, aí sim será necessária a aplicação de uma das vertentes do "realizar justiça", que ocorre pela atividade final do juiz no processo – a sentença (a decisão da causa).

Para isso, é preciso ouvir o cidadão usuário dos serviços judiciários (o povo) por meio de formulários de satisfação e, com base nas respostas, avaliar a qualidade da Administração Judiciária – se necessário, com a readequação de rumo, a correção das falhas em busca de um serviço público de excelência e de uma Administração Judiciária com **justiça**.

lista de siglas

ADR – *Alternative Dispute Resolution* (Resolução Alternativa de Disputas)
AGU – Advocacia-Geral da União
Ajuris – Associação dos Juízes do Rio Grande do Sul
Amapar – Associação dos Magistrados do Paraná
AMB – Associação dos Magistrados Brasileiros
Anoreg-BR – Associação dos Notários e Registradores do Brasil
BNDP – Banco Nacional de Dados do Poder Judiciário, criado pelo Supremo Tribunal Federal como instrumento de planejamento, gerência e transparência do Poder Judiciário
BPIJus – Banco de Boas Práticas e Ideias para o Judiciário
CACB – Confederação das Associações Comerciais e Empresariais do Brasil
CCJ – Comissão de Constituição e Justiça
Cejuscs – Centros Judiciários de Solução de Conflitos e Cidadania
CJF – Conselho da Justiça Federal

CNJ – Conselho Nacional de Justiça
CNV – Comunicação Não Violenta
CPC/2015 – Novo Código de Processo Civil (Lei
  n. 13.105/2015)
CR – Constituição da República Federativa do Brasil
DEA – *Data Envelopment Analysis (*Análise Envoltória
  de Dados) – utilizada no relatório *Justiça em
  números*, do CNJ
Enamat – Escola Nacional de Formação e
  Aperfeiçoamento de Magistrados do Trabalho
Enfam – Escola Nacional de Formação e
  Aperfeiçoamento de Magistrados – Ministro
  Sálvio de Figueiredo Teixeira
IBGE – Instituto Brasileiro de Geografia e Estatística
Ibope – Instituto Brasileiro de Opinião Pública e
  Estatística
Idam – Instituto Desembargador Alceu Conceição
  Machado
IPC-Jus – Índice de Produtividade Comparada da Justiça
  (IPC-Jus CNJ)
IPM – Índice de Produtividade dos Magistrados
LArb – Lei da Arbitragem (Lei n. 9.307/1996)
LINDB – Lei de Introdução às Normas do Direito
  Brasileiro (Decreto-Lei n. 4.657/1942), antes
  LICC – Lei de Introdução ao Código Civil
  Brasileiro
LJE – Lei dos Juizados Especiais Cíveis e Criminais
  (Lei n. 9.099/1995)
LM – Lei de Mediação (Lei n. 13.140/2015)
LPC – Lei dos Juizados de Pequenas Causas (Lei
  n. 7.244/1984)

Loman – Lei Orgânica da Magistratura Nacional (Lei Complementar n. 35/1979)
Mascs – Métodos Alternativos de Solução de Conflitos
Mescs – Métodos Extrajudiciais de Solução de Conflitos
MJ – Ministério da Justiça
NCSC – National Center for State Court (Centro Nacional de Tribunais Estaduais dos Estados Unidos da América)
NCPC – Novo Código de Processo Civil (Lei n. 13.105/2015)
OMS – Organização Mundial da Saúde
PJe – Processo Judicial Eletrônico: sistema inicialmente criado para a Justiça Federal e hoje recomendado pelo CNJ para todos os tribunais
PNL – Programação Neurolinguística: programação do cérebro (neuro) por meio da linguagem (linguística)
Projudi – Processo Judicial Digital: sistema eletrônico para integração de tribunais estaduais e atividades essenciais
RAD – Resolução Alternativa de Disputas
RAC – Resolução Alternativa de Conflitos
Siespj – Sistema de Estatísticas do Poder Judiciário – CNJ
SRJ/MJ – Secretaria de Reforma do Poder Judiciário do Ministério da Justiça
STF – Supremo Tribunal Federal
STJ – Superior Tribunal de Justiça
STM – Superior Tribunal Militar
TIC – Tecnologia da Informação e Comunicação
TJPR – Tribunal de Justiça do Estado do Paraná

TJRJ – Tribunal de Justiça do Estado do Rio de Janeiro
TJRS – Tribunal de Justiça do Estado do Rio Grande do Sul
TJSP – Tribunal de Justiça do Estado de São Paulo
TRE – Tribunal Regional Eleitoral
TRF – Tribunal Regional Federal
TRFs – Tribunais Regionais Federais
TRT – Tribunal Regional do Trabalho
TSE – Tribunal Superior Eleitoral
TST – Tribunal Superior do Trabalho

A JUSTIÇA nos Estados Unidos: clínicas jurídicas, direito dos pobres, colectivos de advogados. Coimbra: Centelha, 1976.
A REFORMA silenciosa da Justiça. Rio de Janeiro: FGV, 2007.
ABREU, A. S. *A arte de argumentar*: gerenciando razão e emoção. 13. ed. Cotia: Ateliê, 2009.
ABREU, C. *Governo judiciário*. Florianópolis: TJSC, 2009.
ADMINISTRATIVE OFFICE OF THE UNITED STATES COURTS. *United States Courts*: Their Jurisdiction and Work. Washington, D.C.: 1989.
AGUIAR, C. Z. B. *Mediação e justiça restaurativa*: a humanização do sistema processual como forma de realização dos princípios constitucionais. São Paulo: Quartier Latin, 2009.
ALMEIDA JÚNIOR, S. de. *O naipe do negociador*. Rio de Janeiro: Qualitymark, 1997.
ALMEIDA, R. A. de; ALMEIDA, T.; CRESPO, M. H. (Org.). *Tribunal multiportas*: investindo no capital social para maximizar o sistema de solução de conflitos no Brasil. Rio de Janeiro: FGV, 2012.
AMB – Associação dos Magistrados Brasileiros. *Brasilzinho*: cidadania. Curitiba: Salomão, 2010a.
_____. *Campanhas AMB*. Disponível em: <http://www.amb.com.br/novo/?post_type=campanhas>. Acesso em: 30 jan. 2016.
_____. *Cartilha da Justiça*. 5. ed. Curitiba: Salomão, 2010b.
_____. *Guia das melhores práticas na gestão judiciária*. 2007a.

AMB – Associação dos Magistrados Brasileiros. *O Judiciário ao alcance de todos*: noções básicas de juridiquês. Brasília: Ediouro, 2005.

_____. *Pesquisa AMB 2006*: a palavra está com você – resultados. Brasília: AMB, 2006. Disponível em: <http://www.amb.com.br/docs/pesquisa2006.pdf>. Acesso em: 30 jan. 2016.

_____. *Programa Cidadania e Justiça Também se Aprendem na Escola*. Curitiba: Salomão, 2007b. Disponível em: <http://www.amb.com.br/cej/sub_programa.html>. Acesso em: 30 jan. 2016.

_____. (Org.). *Justiça*: promessa e realidade – o acesso à Justiça em países ibero-americanos. Rio de Janeiro: Nova Fronteira, 1996.

ANATER, A. (Org.). *Pronunciamentos do Judiciário 1996-2000*: 1998. Curitiba: Artes & Textos, 2005.

ANDRIGHI, F. N. A democratização da Justiça. *BDJur*, Brasília, 29 nov. 2007.

ANOREG-PR – Associação dos Notários e Registradores do Estado do Paraná. *Serviços notariais e de registro*: o que são, o que fazem e como funcionam. Curitiba: JM Livrarias Jurídicas, 2008.

ANSOFF, H. I.; McDONNEL, E. J. *Implantando a administração estratégica*. 2. ed. São Paulo: Atlas, 1993.

ARAGÃO, E. D. M. de. *Comentários ao Código de Processo Civil*. 3. ed. Rio de Janeiro: Forense, 1979. v. 2.

_____. Estatística judiciária. *Revista Forense*, Rio de Janeiro, v. 356, p. 877-891, 2005.

_____. Formação e aperfeiçoamento de juízes. *Revista da Faculdade de Direito*, Curitiba: UFPR, v. 8, p. 115-123, 1960.

ARAÚJO, F. F. de. *A cara da Justiça*. 2. ed. Campinas: Copola Livros, 1996.

ARRUDA ALVIM, T. *Tratado de direito processual civil*. 2. ed. São Paulo: Revista dos Tribunais, 1990. v. 1.

AZEVEDO, A. G. de. Fatores de efetividade de processos de resolução de disputas: uma análise sob a perspectiva construtivista. In: CASELLA, P. B.; SOUZA, L. M. de (Coord.). *Mediação de conflitos*: novo paradigma de acesso à Justiça. Belo Horizonte: Fórum, 2009. p. 17-38.

AZEVEDO, A. G. de (Org.). *Estudos em arbitragem, mediação e negociação*. Brasília: Brasília Jurídica, 2002. v. 1.

_____. _____. Brasília: Grupos de Pesquisa, 2003. v. 2.

_____. _____. Brasília: Grupos de Pesquisa, 2004. v. 3

_____. _____. Brasília: Grupos de Pesquisa, 2007. v. 4.

_____. *Manual de mediação judicial*. Brasília: Ministério da Justiça; Pnud, 2012.

AXT, G. *Um ideal de humanismo na Justiça*: a Escola Superior da Magistratura do Rio Grande do Sul. Porto Alegre: Impresul, 2009.

BACELLAR FILHO, R. F. *Princípios constitucionais do processo administrativo disciplinar*. São Paulo: Max Limonad, 1998.

_____. *Processo administrativo disciplinar*. São Paulo: Max Limonad, 2003.

BACELLAR, R. P. A aprendizagem como ferramenta estratégica na Administração Judiciária. *Revista da Escola Nacional de Magistratura*, v. 7, n. 6, p. 208-227, nov. 2012a. Disponível em: <http://www.enm.org.br/docs/enm_6.pdf>. Acesso em: 30 jan. 2016.

_____. A mediação no contexto dos modelos consensuais de resolução de conflitos. *Revista de Processo*, São Paulo, v. 95, p. 122-134, jul./set. 1999.

_____. *Brasilzinho*: gibi do juizado especial estadual cível e criminal. Curitiba: Salomão, 2008a.

_____. *Gestão estratégica para administração de tribunais*. Monografia (Especialização em Gestão Empresarial) – Setor de Ciências Sociais Aplicadas, Universidade Federal do Paraná, Curitiba, 2004.

_____. *Juiz servidor, gestor e mediador*. Brasília: Enfam, 2013. Disponível em: <http://www.enfam.jus.br/wp-content/uploads/2014/08/Juiz_Gestor.pdf>. Acesso em: 30 jan. 2016.

_____. *Juizados especiais*: a nova mediação paraprocessual. São Paulo: Revista dos Tribunais, 2003.

_____. *Mediação e arbitragem*. São Paulo: Saraiva, 2012b. (Coleção Saberes do Direito, v. 53).

_____. *Mediação*: três histórias e só uma solução. Curitiba: Salomão, 2008b.

BACELLAR, R. P.; MASSA, A. A. G. A dimensão sócio-jurídica e política da nova Lei sobre Drogas (Lei n. 11.343/2006). *Revista IOB de Direito Penal e Processual Penal*, v. 9, p. 177-195, 2008.

BARBOSA, R. *Discursos parlamentares*. Brasília: Câmara dos Deputados, Coordenação de Publicações, 1985a. (Coleção Perfis Parlamentares, n. 28).

_____. *O dever do advogado*: carta a Evaristo de Morais. Rio de Janeiro: Fundação Casa de Rui Barbosa; Aide, 1985b.

_____. *Obras completas de Rui Barbosa*. Rio de Janeiro: Fundação Casa de Rui Barbosa, 1989.

BAUM, L. *A Suprema Corte americana*: uma análise da mais notória e respeitada instituição judiciária do mundo contemporâneo. Rio de Janeiro: Forense Universitária, 1987.

BERGUE, S. T. *Gestão de pessoas em organizações públicas*. Caxias do Sul: Educs, 2010.

BERNARDI, J. L.; BRUDEKI, N. M. *Gestão de serviços públicos municipais*. Curitiba: InterSaberes, 2013.

BITENCOURT, C. et al. *Gestão contemporânea de pessoas*: novas práticas, conceitos tradicionais. 2. ed. Porto Alegre: Bookman, 2010.

BITTENCOURT, E. de M. *O juiz*: estudos e notas sobre a carreira, função e personalidade do magistrado contemporâneo. São Paulo: Editora Universitária de Direito, 1982.

_____. Recrutamento de juízes e a preparação das profissões judiciárias. *Revista dos Tribunais*, v. 51, jan. 1962, Doutrina, p. 107-129.

BOBBIO, N. *A era dos direitos*. 10. ed. Tradução de Carlos Nelson Coutinho. Rio de Janeiro: Campus, 1992.

_____. *O futuro da democracia*: uma defesa das regras do jogo. Tradução de Marco de Aurélio Nogueira. Rio de Janeiro: Paz e Terra, 1986.

BONFIM, A. P. R. do; DUARTE, R. B. de A.; DUARTE, J. R. (Org.). *Casos de sucesso*: acesso à Justiça. Brasília: CACB; CBMAE; Sebrae, 2006.

BORDENAVE, J. D.; PEREIRA, A. M. *Estratégias de ensino e aprendizagem*. 12. ed. Petrópolis: Vozes, 1991.

BOSSELMANN, K. *O princípio da sustentabilidade*: transformando direito e governança. Tradução de Phillip Gil França. São Paulo: RT, 2015.

BRANCHER, L. (Coord.). *Paz restaurativa*: a paz que nasce de uma nova Justiça. 2013-2014 – Um ano de implantação da justiça restaurativa como política de pacificação social em Caxias do Sul. Porto Alegre: TJ-RS; Departamento de Artes Gráficas, 2014.

BRASIL. Constituição (1988). *Diário Oficial da União*, Brasília, 5 out. 1988. Disponível em: <http://www.planalto.gov.br/ccivil_03/Constituicao/Constituicao.htm>. Acesso em: 28 jan. 2016.

_____. Decreto-Lei n. 4.657, de 4 de setembro de 1942. *Diário Oficial da União*, Poder Executivo, Rio de Janeiro, 9. set. 1942. Disponível em: <http://www.planalto.gov.br/ccivil_03/decreto-lei/Del4657compilado.htm>. Acesso em: 31 jan. 2016.

_____. Emenda Constitucional n. 19, de 4 de junho de 1998. *Diário Oficial da União*, Poder Legislativo, 5 jun. 1998a. Disponível em: <http://www.planalto.gov.br/ccivil_03/Constituicao/Emendas/Emc/emc19.htm>. Acesso em: 31 jan. 2016.

_____. Emenda Constitucional n. 45, de 30 de dezembro de 2004. *Diário Oficial da União*, Poder Legislativo, 31 dez. 2004a. Disponível em: <http://www.planalto.gov.br/ccivil_03/Constituicao/Emendas/Emc/emc45.htm>. Acesso em: 31 jan. 2016.

_____. Emenda Constitucional n. 61, de 11 de novembro de 2009. *Diário Oficial da União*, Poder Legislativo, 12 nov. 2009a. Disponível em: <http://www.planalto.gov.br/ccivil_03/Constituicao/Emendas/Emc/emc61.htm>. Acesso em: 31 jan. 2016.

_____. Emenda Constitucional n. 88, de 7 de maio de 2015. *Diário Oficial da União*, Poder Legislativo, 8 maio 2015a. Disponível em: <http://www.planalto.gov.br/ccivil_03/Constituicao/Emendas/Emc/emc88.htm>. Acesso em: 31 jan. 2016.

_____. Lei n. 1.371, de 24 de maio de 1951. *Diário Oficial da União*, Poder Legislativo, Rio de Janeiro, 29 maio 1951. Disponível em: <http://www2.camara.leg.br/legin/fed/lei/1950-1959/lei-1371-24-maio-1951-362067-publicacaooriginal-1-pl.html>. Acesso em: 31 jan. 2016.

BRASIL. Lei n. 7.244, de 7 de novembro de 1984. *Diário Oficial da União*, Poder Executivo, Brasília, 8 nov. 1984. Disponível em: <http://www.planalto.gov.br/ccivil_03/leis/1980-1988/L7244.htm>. Acesso em: 31 jan. 2016.

_____. Lei n. 8.625, de 12 de fevereiro de 1993. *Diário Oficial da União*, Poder Executivo, Brasília, 15 fev. 1993. Disponível em: <http://www.planalto.gov.br/ccivil_03/Leis/L8625.htm>. Acesso em: 31 jan. 2016.

_____. Lei n. 8.906, de 4 de julho de 1994. *Diário Oficial da União*, Poder Legislativo, Brasília, 5 jul. 1994a. Disponível em: <http://www.planalto.gov.br/ccivil_03/Leis/L8906.htm>. Acesso em: 31 jan. 2016.

_____. Lei n. 9.099, de 26 de setembro de 1995. *Diário Oficial da União*, Poder Legislativo, Brasília, 27 set. 1995. Disponível em: <http://www.planalto.gov.br/ccivil_03/leis/L9099.htm>. Acesso em: 31 jan. 2016.

_____. Lei n. 9.307, de 23 de setembro de 1996. *Diário Oficial da União*, Poder Legislativo, Brasília, 24 set. 1996. Disponível em: <http://www.planalto.gov.br/ccivil_03/leis/L9307.htm>. Acesso em: 31 jan. 2016.

_____. Lei n. 9.615, de 24 de março de 1998. *Diário Oficial da União*, Poder Executivo, Brasília, 25 mar. 1998b. Disponível em: <http://www.planalto.gov.br/ccivil_03/leis/L9615consol.htm>. Acesso em: 31 jan. 2016.

_____. Lei n. 9.784, de 29 de janeiro de 1999. *Diário Oficial da União*, Poder Legislativo, Brasília, 30 jan. 1999. Disponível em: <http://www.planalto.gov.br/ccivil_03/leis/L9784.htm>. Acesso em: 31 jan. 2016.

_____. Lei n. 10.169, de 29 de dezembro de 2000. *Diário Oficial da União*, Poder Executivo, Brasília, 30 dez. 2000. Disponível em: <http://www.planalto.gov.br/ccivil_03/leis/L10169.htm>. Acesso em: 31 jan. 2016.

BRASIL. Lei n. 13.105, de 16 de março de 2015. *Diário Oficial da União*, Poder Legislativo, Brasília, 17 mar. 2015b. Disponível em: <http://www.planalto.gov.br/ccivil_03/_ato2015-2018/2015/lei/l13105.htm>. Acesso em: 31 jan. 2016.

_____. Lei n. 13.140, de 26 de junho de 2015. *Diário Oficial da União*, Poder Legislativo, Brasília, 29 jun. 2015c. Disponível em: <http://www.planalto.gov.br/ccivil_03/_Ato2015-2018/2015/Lei/L13140.htm>. Acesso em: 31 jan. 2016.

_____. Lei Complementar n. 35, de 14 de março de 1979. *Diário Oficial da União*, Poder Legislativo, Brasília, 14 mar. 1979. Disponível em: <http://www.planalto.gov.br/ccivil_03/leis/LCP/Lcp35.htm>. Acesso em: 31 jan. 2016.

_____. Lei Complementar n. 80, de 12 de janeiro de 1994. *Diário Oficial da União*, Poder Legislativo, Brasília, 13 jan. 1994b. Disponível em: <http://www.planalto.gov.br/ccivil_03/leis/LCP/Lcp80.htm>. Acesso em: 31 jan. 2016.

BRASIL. Ministério da Justiça. Secretaria Nacional de Políticas sobre Drogas. *Integração de competências no desempenho da atividade judiciária com usuários e dependentes de drogas*. Brasília: Ministério da Justiça, 2011.

BRASIL. Poder Judiciário. Conselho Nacional de Justiça. Portaria n. 74, de 12 de agosto de 2015. *Diário da Justiça Eletrônico*, Brasília, 17 ago. 2015d. Disponível em: <http://www.cnj.jus.br//images/atos_normativos/portaria/portaria_74_12082015_18082015170434.pdf>. Acesso em: 30 jan. 2016.

_____. Resolução n. 4, de 16 de agosto de 2005. Relator: Nelson Jobim. *Diário da Justiça Eletrônico*, Brasília, 23 ago. 2005. Disponível em: <http://www.cnj.jus.br///images/atos_normativos/resolucao/resolucao_4_16082005_11102012201830.pdf>. Acesso em: 30 jan. 2016.

_____. Resolução n. 12, de 14 de fevereiro de 2006. Relator: Nelson Jobim. *Diário da Justiça Eletrônico*, Brasília, 23 mar. 2006a. Disponível em: <http://www.cnj.jus.br/images/atos_normativos/resolucao/resolucao_12_14022006_11102012204913.pdf>. Acesso em: 30 jan. 2016.

BRASIL. Poder Judiciário. Conselho Nacional de Justiça. Resolução n. 70, de 18 de março de 2009. Relator: Gilmar Mendes. *Diário da Justiça Eletrônico*, Brasília, 25 mar. 2009b. Disponível em: <http://www.cnj.jus.br/gestao-e-planejamento/gestao-e-planejamento-do-judiciario/planejamento-estrategico-do-poder-judiciario>. Acesso em: 30 jan. 2016.

_____. Resolução n. 76, de 12 de maio de 2009. Relator: Gilmar Mendes. *Diário da Justiça Eletrônico*, Brasília, 10 jun. 2009c. Disponível em: <http://www.cnj.jus.br///images/atos_normativos/resolucao/resolucao_76_12052009_10102012220048.pdf>. Acesso em: 30 jan. 2016.

_____. Resolução n. 125, de 29 de novembro de 2010. Relator: Cezar Peluso. *Diário da Justiça Eletrônico*, Brasília, 1 dez. 2010. Disponível em: <http://www.cnj.jus.br//images/atos_normativos/resolucao/resolucao_125_29112010_11032016162839.pdf>. Acesso em: 30 jan. 2016.

_____. Resolução n. 192, de 8 de maio de 2014. Relator: Joaquim Barbosa. *Diário da Justiça Eletrônico*, Brasília, 9 maio 2014a. Disponível em: <http://www.cnj.jus.br/busca-atos-adm?documento=2485>. Acesso em: 30 jan. 2016.

_____. Resolução n. 194, de 26 de maio de 2014. Relator: Joaquim Barbosa. *Diário da Justiça Eletrônico*, Brasília, 28 maio 2014b. Disponível em: <http://www.cnj.jus.br/files/atos_administrativos/resoluo-n194-26-05-2014-presidncia.pdf>. Acesso em: 30 jan. 2016.

_____. Resolução n. 198, de 1º de julho de 2014. Relator: Joaquim Barbosa. *Diário da Justiça Eletrônico*, Brasília, 3 jul. 2014c. Disponível em: <http://www.cnj.jus.br/busca-atos-adm?documento=2733> e em: <http://www.cnj.jus.br/files/conteudo/destaques/arquivo/2015/03/7694a9118fdabdc1d16782c145bf4785.pdf>. Acesso em: 30 jan. 2016.

_____. Resolução n. 215, de 16 de dezembro de 2015. Relator: Ricardo Lewandowski. *Diário da Justiça Eletrônico*, Brasília, 19 jan. 2016a. Disponível em: <http://www.cnj.jus.br/busca-atos-adm?documento=3062>. Acesso em: 30 jan. 2016.

BRASIL. Poder Judiciário. Conselho Nacional de Justiça. Resolução n. 225, de 31 de maio de 2016. Relator: Ricardo Lewandowski. *Diário da Justiça Eletrônico*, Brasília, 2 jun. 2016b. Disponível em: <http://www.cnj.jus.br/busca-atos-adm?documento=3127>. Acesso em: 30 jan. 2016.

BRASIL. Superior Tribunal de Justiça. Instrução normativa n. 8, de 16 de março de 2015. *Diário de Justiça Eletrônico*, Brasília, 18 mar. 2015e. Disponível em: <http://bdjur.stj.jus.br/jspui/handle/2011/87922>. Acesso em: 30 jan. 2016.

_____. Resolução n. 3, de 30 de novembro de 2006. *Diário da Justiça Eletrônico*, Brasília, 4 dez. 2006b. Disponível em: <http://www.justicaeleitoral.jus.br/arquivos/resolucao-n-3-2006-do-stj-dispoe-sobre-a-instituicao-da-escola-nacional-de-formacao-e-aperfeicoamento-de-magistrados-e-da-outras-providencias>. Acesso em: 30 jan. 2016.

BRASIL. Supremo Tribunal Federal. Resolução n. 285, de 22 de março de 2004. *Diário da Justiça Eletrônico*, Brasília, 24 mar. 2004b. Disponível em: <http://www.trtsp.jus.br/geral/tribunal2/Trib_Sup/STF/Resol/285_04.html>. Acesso em: 30 jan. 2016.

BULGACOV, S. Conteúdo e processo estratégico: estudo comparativo de casos na indústria alimentícia do Paraná. In: ENCONTRO ANUAL DA ANPAD, 21.,1997, Rio das Pedras. *Anais...* Rio de Janeiro: Anpad, 1997.

BURBRIDGE, R. M.; BURBRIDGE, A. *Gestão de conflitos*: desafios do mundo corporativo. São Paulo: Saraiva, 2012.

BURKI, S. J. Vice-presidente do Bird defende reforma do Judiciário no Brasil. *Diário Comércio & Indústria*, Caderno 1, São Paulo, p. 2, 6 ago. 1998.

CABEDA, L. F. *A Justiça agoniza*: ensaio sobre a perda do vigor, da função e do sentido da Justiça no Poder Judiciário. São Paulo: Esfera, 1999.

CAETANO, M. As garantias jurisdicionais dos administrados no direito comparado de Portugal e do Brasil. *Revista de Direito Administrativo*, Rio de Janeiro, Seleção Histórica, 1996.

CAILAW – Center for American and International Law. Disponível em: <http://www.cailaw.org>. Acesso em: 31 jan. 2016.

CALANZANI, J. J. *Metáforas jurídicas*: conceitos básicos de direito através do processo pedagógico da metáfora. Belo Horizonte: Inédita, 1999.

CALMON DE PASSOS, J. J. *Inovações no Código de Processo Civil*. Rio de Janeiro: Forense, 1995.

CAMARGO, R. A. L. (Org.). *Desenvolvimento econômico e intervenção do Estado na ordem constitucional*: estudos jurídicos em homenagem ao professor Washington Peluso Albino de Souza. Porto Alegre: Sérgio Antonio Fabris, 1995.

CANOTILHO, J. J. G. *Direito constitucional*. 5. ed. Coimbra: Almedina, 1992.

CAPPELLETTI, M.; GARTH, B. *Acesso à Justiça*. Tradução de Ellen Gracie Nothfleet. Porto Alegre: Sérgio Antonio Fabris, 1988.

CARDOSO, A. P. *A Justiça alternativa*: juizados especiais – anotações à Lei n. 9.099/95. Belo Horizonte: Nova Alvorada, 1996.

CARNELUTTI, F. *Diritto e processo*. Napoli: Jovene, 1958.

CARREIRA ALVIM, J. E. *Tratado geral da arbitragem*. Belo Horizonte: Mandamentos, 2000.

CASTRO, F. D. de. Crise de desempenho do Judiciário: por que deve ser criado o Conselho Nacional de Justiça no Brasil. In: PINHEIRO, A. C. (Org.). *Reforma do Judiciário*: problemas, desafios, perspectivas. Rio de Janeiro: Idesp; Book Link, 2003.

CENTRO JUSTIÇA E SOCIEDADE DA ESCOLA DE DIREITO DO RIO DE JANEIRO. *A reforma silenciosa da Justiça*. Rio de Janeiro: FGV, 2006.

CHIAVENATO, I. *Desempenho humano nas empresas*: como desenhar cargos e avaliar o desempenho para alcançar resultados. Barueri: Manole, 2009.

CHOPRA, D. *As sete leis espirituais do sucesso*: um guia prático para a realização de seus sonhos. Rio de Janeiro: Best Seller, 2010.

_____. *O essencial*: corpo sem idade, mente sem fronteiras – a alternativa quântica para o envelhecimento. Rio de Janeiro: Rocco, 2012.

CINTRA, A. C. de A.; GRINOVER, A. P.; DINAMARCO, C. R. *Teoria geral do processo*. 11. ed. São Paulo: Malheiros, 1995.

CINTRA, B. E. L. *Paulo Freire entre o grego e o semita*: educação – filosofia e comunhão. Porto Alegre: Ed. da PUCRS, 1998. (Coleção Filosofia, v. 83).

CLARK, G. (Ed.). *Perfil do sistema judiciário dos EUA*. Washington, D.C.: Departamento de Estado dos Estados Unidos da América, 2006.

CNJ – Conselho Nacional de Justiça. *Justiça em números 2012*: ano-base 2011. Brasília, 2012. Disponível em: <https://docs.google.com/uc?export=download&confirm=no_antivirus&id=0BxR2dZ_NKZKSR1o0VE9rUDhVTU0>. Acesso em: 30 jan. 2016.

_____. *Justiça em números 2013*: ano-base 2012. Brasília, 2013. Disponível em: <http://www.cnj.jus.br/images/pesquisas-judiciarias/Publicacoes/relatorio_jn2013.pdf>. Acesso em: 30 jan. 2016.

_____. *Justiça em números 2014*: ano-base 2013. Brasília, 2014. Disponível em: <ftp://ftp.cnj.jus.br/Justica_em_Numeros/relatorio_jn2014.pdf>. Acesso em: 30 jan. 2016.

_____. *Plano Estratégico do Judiciário 2009-2014*: boas práticas. Disponível em: <http://www.cnj.jus.br/gestao-e-planejamento/gestao-e-planejamento-do-judiciario/225-gestao-planejamento-e-pesquisa/boas-praticas>. Acesso em: 30 jan. 2016.

_____. *Sites dos tribunais*. Disponível em: <http://www.cnj.jus.br/poder-judiciario/portais-dos-tribunais>. Acesso em: 07 nov. 2016.

COELHO, S. de C. T. *Terceiro setor*: um estudo comparado entre Brasil e Estados Unidos. 2. ed. São Paulo: Senac, 2002.

COLUCCI, M. da G. L. da S.; ALMEIDA, J. M. P. de. *Lições de teoria geral do processo*. Curitiba: Juruá, 1990.

CORTELLA, M. S. *Qual é a tua obra?* Inquietações propositivas sobre gestão, liderança e ética. 24. ed. Petrópolis: Vozes, 2015.

CUNHA, S. S. da. *Fundamentos de direito constitucional*. São Paulo: Saraiva, 2004.

DAKOLIAS, M. *Documento Técnico 319*: o setor judiciário na América Latina e no Caribe – elementos para reforma. Tradução de Sandro Eduardo Sardá. Washington, D.C: Banco Internacional para Reconstrução e Desenvolvimento; Banco Mundial, 1996. Disponível em: <http://www.anamatra.org.br/uploads/document/00003439.pdf>. Acesso em: 30 jan. 2016.

DALLARI, D. de A. *O poder dos juízes*. 3. ed. São Paulo: Saraiva, 2007.

DAVEL, E.; VERGARA, S. C.; GHADIRI, D. P. (Org.). *Administração com arte*: experiências vividas de ensino-aprendizagem. São Paulo: Atlas, 2007.

DE BONO, E. *Novas estratégias de pensamento*. São Paulo: Nobel, 2000.

_____. *Criatividade levada a sério*: como gerar ideias produtivas através do pensamento lateral. São Paulo: Pioneira, 1994.

_____. *O pensamento lateral*. Rio de Janeiro: Record, 1967.

_____. *Seis chapéus*. São Paulo: Vértice; Revista dos Tribunais, 1989.

_____. *Seis sapatos atuantes*. São Paulo: Pioneira, 1994.

_____. *Tática*: a arte e a ciência do sucesso. Rio de Janeiro: Record, 1985.

DE MASI, D. *Criatividade e grupos criativos*. Rio de Janeiro: Sextante, 2003.

DELGADO, J. et al. *Mediação*: um projeto inovador. Brasília: Centro de Estudos Judiciários; CJF, 2003.

DEOLINDO, V. *Planejamento estratégico em Comarca do Poder Judiciário*. Porto Alegre: TJRS; Departamento de Artes Gráficas, 2011.

DI STÉFANO, R. *O líder coach*: líderes criando líderes. Rio de Janeiro: Qualitymark, 2005.

DINAMARCO, C. R. *A instrumentalidade do processo*. 3. ed. São Paulo: Malheiros, 1993.

_____. *A reforma do Código de Processo Civil*. 2. ed. São Paulo: Malheiros, 1995.

_____. *Fundamentos do processo civil moderno*. São Paulo: Revista dos Tribunais, 1987.

DUARTE, P. do C. A. V.; ANDRADE, A. G. de. (Org.). *Integração de competências no desempenho da atividade judiciária com usuários e dependentes de drogas*. Brasília: Ministério da Justiça; Secretaria Nacional de Políticas sobre Drogas, 2011.

ECONOMIDES, K. *Ethical Challenges to Legal Education and Conduct*. Oxford: Hart, 1998.

ENM – Escola Nacional da Magistratura. Disponível em: <http://www.enm.org.br>. Acesso em: 30 jan. 2016.

ENM – Escola Nacional da Magistratura; AMB – Associação dos Magistrados Brasileiros. *Revista da ENM-AMB*, Brasília v. 7, n. 6, 2012.

ESMAFE – Escola de Magistratura Federal. *Revista Esmafe*, Recife, n. 1, jan. 2001.

ESPÍRITO SANTO. Tribunal de Justiça. Reunião Nacional de Diretores de Escolas da Magistratura, 1., 1987. *Anais...* Vitória: TJES, 1987.

FACHIN, Z. *Curso de direito constitucional.* 3. ed. São Paulo: Método, 2008.

FALCÃO, J. Acesso à Justiça: diagnóstico e tratamento. In: AMB – Associação dos Magistrados Brasileiros (Org.). *Justiça*: promessa e realidade – o acesso à Justiça em países ibero-americanos. Rio de Janeiro: Nova Fronteira, 1996. p. 271-283.

FALCONI, V. *O verdadeiro poder*: práticas de gestão que conduzem a resultados revolucionários. Nova Lima, MG: INDG, 2009.

FARAGO, F. *A Justiça*. Tradução de Maria José Pontieri. Barueri: Manole, 2004.

FARINA, M. *Psicodinâmica das cores em comunicação*. São Paulo: E. Blücher, 1986.

FEINMAN, J. M. *Law 101*: Everything You Need to Know About the American Legal System. New York: Oxford University Press, 2000.

FERRAZ JÚNIOR, T. S. *Introdução ao estudo do direito*: técnica, decisão, dominação. 2. ed. São Paulo: Atlas, 1994.

FIGUEIRA JÚNIOR, J. D. *Manual da arbitragem*. São Paulo: Revista dos Tribunais, 1997.

FIGUEIREDO, L. V. S. de. *Gestão em Poder Judiciário*: administração pública e gestão de pessoas. Curitiba: CRV, 2014.

FINE, T. M. *Introdução ao sistema jurídico anglo-americano*. São Paulo: WMF M. Fontes, 2011.

FIORELLI, J. O.; FIORELLI, M. R. F.; MALHADAS JÚNIOR, M. J. O. *Mediação e solução de conflitos*: teoria e prática. São Paulo: Atlas, 2008.

FISHER, R.; URY, W.; PATTON, B. *Como chegar ao sim*: a negociação de acordos sem concessões. Rio de Janeiro: Imago, 1994.

FORSYTH, P. *Tudo o que você precisa saber sobre marketing*. São Paulo: Nobel, 1993.

FRANÇA, P. G. *O controle da Administração Pública*: discricionariedade, tutela jurisdicional, regulação econômica e desenvolvimento. 2. ed. São Paulo: Revista dos Tribunais, 2010.

FRANCO SOBRINHO, M. de O. *Curso de direito administrativo*. São Paulo: Saraiva, 1979.

FREIRE, A. M.; OLIVEIRA, I. A. de; MACHADO, R. L. (Org.). *A pedagogia da libertação em Paulo Freire*. São Paulo: Ed. da Unesp, 2001.

FREIRE, P. *Pedagogia da autonomia*: saberes necessários à prática educativa. Rio de Janeiro: Paz e Terra, 2015.

_____. *Pedagogia da tolerância*. São Paulo: Ed. da Unesp, 2004.

_____. *Pedagogia dos sonhos possíveis*. São Paulo: Ed. da Unesp, 2001.

FREITAS, D. B. de. *A fragmentação administrativa do Estado*: fatores determinantes, limitações e problemas jurídico-políticos. Belo Horizonte: Fórum, 2011.

FREITAS, V. P. de. *Curso de direito*: antes, durante e depois. Campinas, SP: Millennium, 2006.

FREITAS, V. P. de (Coord.). *Corregedorias do Poder Judiciário*. São Paulo: Revista dos Tribunais, 2003.

_____. *Juízes e Judiciário*: história, casos, vidas. Edição do autor. Curitiba: [s.n.], 2012.

FREITAS, V P de; FREITAS, D. A. P. de (Coord.). *Direito e administração da justiça*. Curitiba: Juruá, 2006.

FRIEDMAN, L. M. *Law in America*: a Short History. New York: Modern Library, 2002.

GAJARDONI, F. da F. *Técnicas de aceleração do processo*. São Paulo: Lemos & Cruz, 2003.

GARDNER, H. *Mentes que mudam*: a arte e a ciência de mudar as nossas ideias e as dos outros. Porto Alegre: Artmed/Bookman, 2005.

GELATT, H. B. *Tomando decisões de maneira criativa usando a incerteza positiva*: como usar tanto técnicas racionais quanto intuitivas para tomar as melhores decisões. Rio de Janeiro: Qualitymark, 1998.

GIANESI, I. G. N.; CORRÊA, H. L. *Administração estratégica de serviços*: operações para a satisfação do cliente. São Paulo: Atlas, 1996.

GILISSEN, J. *Introdução histórica ao direito*. Lisboa: Fundação Calouste Gulbenkian, 1986.

GOLEMAN, D. *Inteligência social*: o poder das relações humanas. Rio de Janeiro: Elsevier, 2006.

GRANGEIA, M. A. D. *Administração Judiciária*: gestão cartorária. Brasília: Enfam, 2011.

GRÖNROOS, C. *Marketing*: gerenciamento e serviços – a competição por serviços na hora da verdade. Rio de Janeiro: Campus, 1993.

GROTTERA, L. O Judiciário ausente da mídia é um risco para a democracia. *Cidadania e Justiça*, Rio de Janeiro, v. 2, n. 5, p. 114-126, jul./dez., 1998.

GUASPARI, J. *A empresa que parou no tempo*. São Paulo: M. Books, 2005.

GUERRA FILHO, W. S. *Autopoiese do direito na sociedade pós-moderna*: introdução a uma teoria social sistêmica. Porto Alegre: Livraria do Advogado, 1997.

GUIMARÃES, M. *O juiz e a função jurisdicional*. Rio de Janeiro: Forense, 1958.

GUNTHER, L. E.; PIMPÃO, R. D. *Conciliação*: um caminho para a paz social. Curitiba: Juruá, 2013.

HESSE, K. *A força normativa da Constituição*. Porto Alegre: Sergio Antonio Fabris, 1991.

HOLLEY, G.; SAUNDERS, J. A.; PIERCY, N. F. *Estratégia de marketing e posicionamento competitivo*. 2. ed. São Paulo: Prentice Hall, 2001.

HUNTER, J. C. *Como se tornar um líder servidor*: os princípios de liderança de 'O monge e o executivo'. Rio de Janeiro: Sextante, 2006.

_____. *De volta ao mosteiro*: o monge e o executivo falam de liderança e trabalho em equipe. Rio de Janeiro: Sextante, 2014.

IDESP – Índice de Desenvolvimento da Educação do Estado de São Paulo. *O Ministério Público e a justiça no Brasil*. São Paulo: Idesp, 1996. Relatório de pesquisa.

IBGE – Instituto Brasileiro de Geografia e Estatística. *Contas regionais do Brasil 2010*. Rio de Janeiro, 2012.

IBOPE – Instituto Brasileiro de Opinião Pública e Estatística. *Confiança nas instituições*. 1999 a 2005. Rio de Janeiro: Ibope Opinião, 2005. Disponível em: <http://www4.ibope.com.br/opp/pesquisa/opiniaopublica/download/opp098_confianca_portalibope_ago05.pdf>. Acesso em: 30 jan. 2016.

_____. *Pesquisa qualitativa "Imagem do Poder Judiciário"*: principais resultados. Rio de Janeiro: Ibope Opinião, 2004. Disponível em: <http://www.enm.org.br/docs/Principais%20resultados.pdf>. Acesso em: 30 jan. 2016.

IHERING, R. V. *A luta pelo direito*. Rio de Janeiro: Forense, 2002.

JAEGER, G; SELZNICK, P. A Normative Theory of Culture. *American Sociological Review*, v. 39, 1964.

JORNAL DO COMMERCIO. Direito. Rio de Janeiro, 11 nov. 1998.

KANITZ, S. Ponto de vista: preparadas para servir. *Veja*, v. 37, n. 16, São Paulo, 21 abr. 2004.

KAROLCZAK, M. E.; KAROLCZAK, M. M. *Andragogia*: liderança, administração e educação – uma nova teoria. Curitiba: Juruá, 2009.

KEPPEN, L. F. T. Novos momentos da tentativa de conciliação e sua técnica. *RePro*, São Paulo, v. 84, out./dez. 1996.

KEPPEN, L. F. T.; MARTINS, N. B. *Introdução à resolução alternativa de conflitos*: negociação, mediação, levantamento de fatos, avaliação técnica independente. Curitiba: JM Livraria Jurídica, 2009.

KIM, W. C.; MAUBORGNE, R. *A estratégia do oceano azul*: como criar novos mercados e tornar a concorrência irrelevante. Rio de Janeiro: Elsevier, 2005.

KOZIKOSKI, S. M. *Sistema recursal CPC 2015*: em conformidade com a Lei 13.256/2016. Salvador: Juspodivm, 2016.

KUNSCH. M. M. *A comunicação como fator de humanização nas organizações*. São Caetano do Sul: Difusão, 2011.

KUNSCH. M. M. (Org.). *Obtendo resultado com relações públicas*. São Paulo: Pioneira, 1997.

LAGRASTA NETO, C. *Mediação e gerenciamento do processo*: mediação, conciliação e suas aplicações pelo Tribunal de Justiça de São Paulo. São Paulo: Atlas, 2008.

LAS CASAS, A. L. *Marketing de serviços*. São Paulo: Atlas, 1991.

LASSALE, F. *O que é uma constituição política*. Tradução de Manoel Soares. São Paulo: Global, 1987.

LAUAND, L. J. *Ética e antropologia*: estudos e traduções. São Paulo: Mandruvá, 1997.

LEAL, R. G. *Impactos econômicos e sociais das decisões judiciais*: aspectos introdutórios. Brasília: Enfam, 2010.

LE BOTERF, G. *Desenvolvendo a competência dos profissionais*. Porto Alegre: Artmed, 2003.

LEDERACH, J. P. *Transformação de conflitos*. São Paulo: Palas Athena, 2012.

LEME, R. *Gestão por competência no setor público*. Rio de Janeiro: Qualitymark, 2011.

LIMA, A. de S. Projeto OAB Concilia. In: SILVEIRA, J. J. C. da; AMORIM, J. R. N. (Coord.). *A nova ordem das soluções alternativas de conflitos e o Conselho Nacional de Justiça*. Brasília: Gazeta Jurídica, 2013. p. 19-36.

LYRA, R. *Formei-me em direito... e agora?* Rio de Janeiro: Nacional de Direito, 1957.

LYRA FILHO, R. *Criminologia*. Rio de Janeiro: Forense, 1964.

MACCALÓZ, S. *O Poder Judiciário, os meios de comunicação e opinião pública*. Rio de Janeiro: Lumen Juris, 2002.

MADALENA, P. *Administração da Justiça*. Porto Alegre: Sagra-Luzzatto, 1994.

MARINONI, L. G. *Novas linhas do processo civil*. 2. ed. São Paulo: Malheiros, 1996.

MARQUES, C. L. A crise científica do direito na pós-modernidade e seus reflexos na pesquisa. *Revista Arquivos do Ministério da Justiça*, Brasília, v. 50, n. 189, p. 49-64, jan./jun. 1998.

MARTINS, N. B. *Resolução alternativa de conflito*: complexidade, caos e pedagogia – o contemporâneo continuum do direito. Curitiba: Juruá, 2006.

MATOS, F. G. de. *Empresa feliz*. São Paulo: M. Books, 1996.

MELO NETO, F. de P. de; FRÓES, C. *Empreendedorismo social*: a transição para a sociedade sustentável. Rio de Janeiro: Qualitymark, 2002.

MENDES, F. de A. F. *Perfis doutrinários e direito concreto*: variações sobre temas jurídicos. Campinas: Millennium, 2002.

MINAS GERAIS. Tribunal de Justiça. Resolução n. 61, de 8 de dezembro de 1975. *Diário Oficial do Estado de Minas Gerais*, Belo Horizonte, 16 dez. 1975. Disponível em: <http://www8.tjmg.jus.br/institucional/at/pdf/re00611975.pdf>. Acesso em: 30 jan. 2016.

MINTZBERG, H. *Criando organizações eficazes*: estruturas em cinco configurações. São Paulo: Atlas, 1995.

MINTZBERG, H.; AHLSTRAND, B.; LAMPEL, J. *Safári de estratégia*: um roteiro pela selva do planejamento estratégico. Porto Alegre: Bookman, 2000.

MOLLER, C. *O lado humano da qualidade*: maximizando a qualidade de produtos e serviços através do desenvolvimento das pessoas. São Paulo: Pioneira, 1997.

MONTESQUIEU. *Do espírito das leis*. São Paulo: Difusão Europeia do Livro, 1962.

_____. *O espírito das leis*: as formas de governo, a federação, a divisão dos poderes. São Paulo: Saraiva, 1992.

MOORE, C. W. *O processo de mediação*: estratégias práticas para a resolução de conflitos. Porto Alegre: Artmed, 1998.

MOREIRA NETO, D. de F. *Teoria do poder*: sistema de direito político – estudo juspolítico do poder. São Paulo: Revista dos Tribunais, 1992.

MORENO, J. L. *Quem sobreviverá?* Fundamentos da sociometria, da psicoterapia de grupo e do sociodrama. São Paulo: Daimon, 2008.

MORIN, E. *O método 3*: o conhecimento do conhecimento. Porto Alegre: Sulina, 2005.

MORIN, E.; ALMEIDA, M. da C. de; CARVALHO, E. de A. (Org.). *Educação e complexidade*: os sete saberes e outros ensaios. São Paulo: Cortez, 2013.

MORRIS, C. (Org.). *Os grandes filósofos do direito*: leituras escolhidas em direito. São Paulo: M. Fontes, 2002. (Coleção Justiça e Direito).

MULLENIX, L. S.; REDISH, M.; VAIRO, G. *Understanding Federal Courts and Jurisdiction*. New York: Matthew Bender, 1998.

MUMME, M.; PENIDO, E. de A. Justiça restaurativa e suas dimensões empoderadoras: como São Paulo vem respondendo o desafio de sua implementação. *Revista do Advogado*, São Paulo, v. 34, n. 123, p. 75-82, ago. 2014.

MUSSAK, E. *Gestão humanista de pessoas*: o fator humano como diferencial competitivo. Rio de Janeiro: Elsevier, 2010.

NALINI, J. R. *A rebelião da toga*. 2. ed. Campinas: Millennium, 2008.

_____. *Ética para um Judiciário transformador*. São Paulo: Revista dos Tribunais, 2011.

_____. *O juiz e o acesso à Justiça*. São Paulo: Revista dos Tribunais, 1994.

NCSC – National Center for State Courts. *Court Information*. Disponível em: <http://www.ncsc.org>. Acesso em: 30 jan. 2016.

_____. *Structural Change in and its Implementation in the Connecticut Court System*: Court Reform in Seven States. Williamsburg, VA: ABA; National Center for State Courts, 1980.

NCSC INTERNATIONAL. Disponível em: <http://www.ncscinternational.org>. Acesso em: 31 jan. 2016.

NEVES, R. *Ruptura*: o desafio de inovar para reinventar a política. Rio de Janeiro: Singular, 2010.

NICOLESCU, B. *O manifesto da transdisciplinaridade*. São Paulo: Triom, 1999.

O "JUIZ zen" do Brasil. *Seleções Reader's Digest Brasil*, Rio de Janeiro, p. 29, set. 2001.

O PODER da PNL. Porto Alegre: M. Claret, 1993. (Coleção O Poder do Poder, 28).

OLIVEIRA, C. A. A. de. Jurisdição e administração. Separata de: *Revista de Informação Legislativa*, Brasília, n. 119, jul./set. 1993.

OLIVEIRA, M. A. (Coord.). *Vencendo a crise à moda brasileira*: "turnaround" em empresas nacionais. São Paulo: Nobel, 1994.

OLIVEIRA, M da S. *Formação docente no âmbito da magistratura*: um debate curricular. Dissertação (Mestrado em Educação) – Universidade de Brasília, Brasília, 2014.

OSTERWALDER, A.; PIGNEUR, Y. *Business Model Generation*: inovação em modelos de negócios – um manual para visionários, inovadores e revolucionários. Rio de Janeiro: Alta Books, 2011.

PEASE, A.; PEASE, B. *Desvendando os segredos da linguagem corporal*. Rio de Janeiro: Sextante, 2005.

PINHEIRO, A. C. (Org.). *Reforma do Judiciário*: problemas, desafios, perspectivas. Rio de Janeiro: Idesp; Book Link, 2003.

PINTO, E. P. *Negociação orientada para resultados*: a conquista do entendimento através de critérios legítimos e objetivos. São Paulo: Atlas, 1994.

PRANIS, K. *Processos circulares*. São Paulo: Palas Athena, 2010.

QUEIROZ, C. *As competências das pessoas*: potencializando seus talentos. São Paulo: DVS, 2013.

RABAGLIO, M. O. *Gestão por competências*: ferramentas para atração e captação de talentos humanos. Rio de Janeiro: Qualitymark, 2008.

RAMÉE, J. Corporate Crisis: the Aftermath. *Management Solutions*, New York, v. 32, n. 3, p. 18-22, 1987.

REBELLO PINHO, R. C. *Sinopses jurídicas*: da organização do Estado, dos poderes e histórico das constituições. 5. ed. São Paulo: Saraiva, 2003. v. 18.

RECTOR, M. *Comunicação do corpo*. São Paulo: Ática, 2003.

REIS, W. J. dos. *Diretoria de foro e Administração Judiciária*. Curitiba: Juruá, 2010.

RESENDE, E. *Chega de ser o "país do futuro"*. São Paulo: Mescla Editorial, 2001.

RHODE, D. L. *In the Interest of Justice*: Reforming the Legal Profesion. New York: Oxford University Press, 2000.

ROBBINS, A. *Poder sem limites*: o caminho do sucesso pessoal pela programação neurolinguística. Rio de Janeiro: BestSeller, 2013.

ROLDÃO, V. S. *Gestão de projetos*: uma perspectiva integrada. São Carlos: Ed. da UFSCar, 2004.

ROSENBERG, M. B. *Comunicação não violenta*: técnicas para aprimorar relacionamentos pessoais e profissionais. São Paulo: Ágora, 2006.

RUSSO, A. R. *Uma moderna gestão de pessoas no Poder Judiciário*. Porto Alegre: TJRS, 2009.

SADEK, M. T. Credibilidade do Judiciário em xeque. *Jornal do Magistrado*, Brasília, v. 6, n. 26, mar. 1995.

_____. *Magistrados*: uma imagem em movimento. Rio de Janeiro: FGV, 2006.

SADEK, M. T. (Org.). *Acesso à Justiça*. São Paulo: Fundação Konrad Adenauer, 2001.

SANTANA, J. E. *Direito, justiça e espiritualidade*. Belo Horizonte: Inédita, 2000.

SANTOS, A. C. dos. *Princípio da eficiência da Administração Pública*. São Paulo: LTr, 2003.

SANTOS, B. de S. O discurso e o poder: ensaio sobre a sociologia da retórica jurídica. *Revista Forense*, Rio de Janeiro, v. 272, p. 41-50, out./dez. 1980.

_____. *Para uma revolução democrática da justiça*. São Paulo: Cortez, 2007.

_____. *Pela mão de Alice*: o social e o político na pós-modernidade. 6. ed. São Paulo: Cortez, 1999.

SANTOS, B. de S.; ALMEIDA FILHO, N. de. *A universidade no século XXI*: para uma universidade nova. Coimbra: Almedina, 2008.

SANTOS, M. A. *Primeiras linhas de direito processual civil*. 23. ed. rev. e atual. São Paulo: Saraiva, 2004.

SANTOS, M. L. dos; GOMIDE, P. I. C. *Justiça Restaurativa na Escola*: aplicação e avaliação do programa. Curitiba: Juruá, 2014.

SARLET, I. W. *A eficácia dos direitos fundamentais*. 7. ed. rev., atual., ampl. Porto Alegre: Livraria do Advogado, 2007.

SCHMIDT, R. P. *Administração Judiciária e os juizados especiais cíveis*: o caso do Rio Grande do Sul. Porto Alegre: Departamento de

Artes Gráficas do Tribunal de Justiça do Estado do Rio Grande do Sul, 2008.

SCHUCH, L. F. S. *Acesso à Justiça e autonomia financeira do Poder Judiciário*: quarta onda? Curitiba: Juruá, 2006.

SCOTT, C. D.; JAFFE, D. T.; TOBE, G. R. *Visão, valores e missão organizacional*: construindo a organização do futuro. Rio de Janeiro: Qualitymark, 1998.

SELEM, L. C. de A. *Gestão judiciária estratégica*: o Judiciário em busca da eficiência. Natal: Esmarn, 2004.

SEN, A. *A ideia de justiça*. São Paulo: Companhia das Letras, 2011.

SÈROUSSI, R. *Introdução ao direito inglês e norte-americano*. São Paulo: Landy, 2001.

SERPA, M. de N. *Teoria e prática da mediação de conflitos*. Rio de Janeiro: Lumen Juris, 1999.

SICA, L. *Justiça restaurativa e mediação penal*: o novo modelo de justiça criminal e de gestão do crime. Rio de Janeiro: Lumen Juris, 2007.

SILVA, D. P. e. *Vocabulário jurídico*. 8. ed. Rio de Janeiro: Forense, 1984.

SILVA, E. L. e. Grades vergadas de desespero. *Folha de S. Paulo*, 11. mar. 2001. Caderno Mais. Disponível em: <http://www1.folha.uol.com.br/fsp/mais/fs1103200110.htm>. Acesso em: 10 fev. 2016.

SILVEIRA, J. J. C. da; AMORIM, J. R. N. (Coord.). *A nova ordem das soluções alternativas de conflitos e o Conselho Nacional de Justiça*. Brasília: Gazeta Jurídica, 2013.

SILVEIRA, P. F. *Devido processo legal*: Due Process of Law. Belo Horizonte: Del Rey, 1996.

SILVEIRA, R. C. *A estratégia do Poder Judiciário*. Porto Alegre: TRF 4ª Região, 2009. (Caderno de Administração da Justiça – Planejamento Estratégico 2009: módulo 6).

SLAIKEU, K. A. *No final das contas*: um manual prático para a mediação de conflitos. Brasília: Brasília Jurídica, 2004.

SLACK, N. *Vantagem competitiva em manufatura*. São Paulo: Atlas, 1993.

SOARES, G. F. S. *Common Law*: introdução ao direito dos EUA. 2. ed. São Paulo: Revista dos Tribunais, 2000.

SOUZA, E. P. R. de. *Noções fundamentais de direito registral e notarial*. São Paulo: Saraiva, 2011.

SPARKS, D. B. *A dinâmica da negociação efetiva*: como ser bem-sucedido através de uma abordagem ganha-ganha. São Paulo: Nobel, 1992.

STACEY, R. *Managing Chaos*: Dynamic Business Strategies in an Unpredictable World. London: Kogan Page, 1992.

TAVARES, C. *Água mole em pedra dura tanto bate até que...* São Paulo: Gente, 2001.

TEIXEIRA, S. de F. *O juiz*: seleção e formação do magistrado no mundo contemporâneo. Belo Horizonte: Del Rey, 1999.

TRACY, D. *10 passos para o empowerment*: um guia sensato para a gestão de pessoas. Rio de Janeiro: Campus, 1994.

TROUT, J.; RIES, J. *Posicionamento*: a batalha pela mente. São Paulo: Pioneira, 1995.

UFRJ – Universidade Federal do Rio de Janeiro. *Revista Jurídica da Faculdade Nacional de Direito UFRJ*, Rio de Janeiro, v. 1, n. 3, dez. 2008. Edição especial.

UNITED STATES. Administrative Office of the United States Courts. Article III Judges Division. *The Federal Court System in the United States*: an Introduction for Judges and Judicial Administrators in Other Countries. Ann Arbor: University of Michigan Library, 2000.

VIANNA, J. R. A. Pós-modernidade e direito. *Revista Judiciária do Paraná*, Curitiba, v. 6, n. 2, p. 147-162, 2011.

VIEIRA, W. *Homo sapiens reurbanisatus*. 3. ed. Foz do Iguaçu: Ceaec, 2004.

_____. *Léxico de ortopensatas*. Foz do Iguaçu: Editares, 2014.

VOESE, I. *Mediação dos conflitos como negociação de sentidos*. Curitiba: Juruá, 2000.

WALKER, M. *O poder das cores*: as cores melhorando sua vida. São Paulo: Saraiva, 1995.

WALLACE, T. *A estratégia voltada para o cliente*: vencendo através da excelência operacional. Rio de Janeiro: Campus, 1994.

WAMBIER, T. A. A. et al. *Primeiros comentários ao novo Código de Processo Civil*: artigo por artigo. São Paulo: Revista dos Tribunais, 2015.

WATANABE, K. Acesso à Justiça e a sociedade moderna. In: GRINOVER, A. P.; DINAMARCO, C. R.; WATANABE, K. (Coord.). *Participação e processo*. São Paulo: Revista dos Tribunais, 1988. p. 128-135.

WATANABE, K. (Coord.). *Juizado especial de pequenas causas*: Lei 7.244, de 7 de novembro de 1984. São Paulo: Revista dos Tribunais, 1985.

WEIL, P.; D'AMBROSIO, U.; CREMA, R. *Rumo à nova transdisciplinaridade*: sistemas abertos de conhecimento. São Paulo: Summus, 1993.

WIEDEMANN NETO, N. *Gestão de gabinetes de magistrados nas câmaras cíveis do Tribunal de Justiça do Rio Grande do Sul*. Porto Alegre: Tribunal de Justiça do Estado do Rio Grande do Sul: Departamento de Artes Gráficas, 2010.

WOLKMER, A. C. *História do direito no Brasil*. Rio de Janeiro: Forense, 2003.

ZAFFARONI, E. R. *Poder Judiciário*: crise, acertos e desacertos. São Paulo: Revista dos Tribunais, 1995.

ZEHR, H. *Justiça restaurativa*: teoria e prática. São Paulo: Palas Athena, 2012.

_____. *Trocando as lentes*: um novo foco sobre o crime e a justiça. São Paulo: Palas Athena, 2008.

O **sistema jurídico norte-americano**, no contexto da atividade-fim, conta com um pragmatismo acentuado, além de viabilizar várias portas de acesso ao Poder Judiciário e de oferta de instrumentos privados de resolução de conflitos. Os cidadãos são incentivados a procurar reivindicar pessoalmente seus direitos, com a recomendação de que sejam seus próprios advogados. Tal situação faz com que grande parte dos conflitos seja resolvida particularmente (solução extrajudicial), sem necessidade de intervenção do Estado.

Ao lado de todos esses instrumentos dirigidos à atividade-fim do Poder Judiciário (produzir decisões e solucionar oficialmente as controvérsias), o sistema norte-americano investe fortemente em atividades de administração da Justiça e gerenciamento de processos, instrumentos que ajudam os juízes e tribunais a trabalhar de maneira adequada para a mais rápida, segura e eficaz solução dos conflitos. É a atividade-meio representando, efetivamente, o caminho para atingir, com qualidade, as verdadeiras finalidades do Poder Judiciário.*

---

* Todas as fontes mencionadas nesta seção também se encontram na lista final de referências.

apêndice: A administração das cortes norte-americanas

1. Atividade jurisdicional nos Estados Unidos

A Small Claims Court, criada inicialmente no Estado de Nova Iorque, em 1934, teve sua origem no sistema adotado nos Estados de Kansas, Oregon, Ohio e Illinois, nos anos de 1912/1916 (Cardoso, 1996, p. 78). Ela serviu de base para nossos juizados especiais e representa um exemplo de efetividade a ser seguido. O trabalho coordenado entre mecanismos extrajudiciais e judiciais no próprio ambiente do Poder Judiciário, a arbitragem vinculada aos tribunais e a mediação judicial, aliados ao grande número de auxiliares da Justiça (administradores de tribunais, assessores, conciliadores, árbitros, juízes leigos, entre outros), consagram o sucesso do sistema de pequenas causas. Esses juizados de pequenas causas têm competência para causas que não ultrapassem determinados limites.

> *O valor varia segundo a jurisdição, mas o máximo geralmente chega a US$ 500 ou US$ 1.000. Os juizados de pequenas causas permitem que ações menos complexas sejam resolvidas de maneira mais informal que em muitos juízos de primeira instância. As custas são baixas e o uso de advogados é, em geral, desencorajado, o que torna o juizado de pequenas causas acessível a pessoas comuns.* (Clack, 2006, p. 130)

A mediação por meio do processo também é largamente utilizada em vários estados norte-americanos com muito êxito. Os juizados especiais, a Lei de Mediação e o novo Código de Processo Civil (CPC/2015) implantaram profundas alterações no processo civil brasileiro e representam conquistas fundamentais para alcançar a efetividade, agilidade e resolução adequada de conflitos.

2. Atividade administrativa e o National Center for State Courts*

Para implementar um projeto de qualidade na administração da Justiça, o sistema norte-americano tem suporte no National Center for State Courts (NCSC), que tem a missão de promover a justiça por meio de liderança e de serviços fornecidos aos tribunais. De acordo com conhecimento direto extraído de visitações na Small Claims Court e de curso no NCSC (programa de educação para visitantes internacionais), o autor desta obra extraiu algumas observações que considera relevantes.

O NCSC tem sede em Williamsburg (Virgínia) e foi fundado em 1971, com o objetivo de prestar consultoria e auxiliar no estudo e na pesquisa dos problemas afetos às cortes estaduais. Essa consultoria (para melhoramento da administração da Justiça e aperfeiçoamento de técnicas de gestão, pesquisa e treinamento) só é prestada se houver pedido da Corte ou do juiz e, uma vez solicitada, após a coleta de informações e análise de dados, o NCSC oferece as sugestões para melhorar a administração da Corte e corrigir eventuais problemas de gerência judiciária. Cada um dos 50 estados contribui para o orçamento do Centro, que é de 16 milhões de dólares por ano (NCSC, 1980).

No Brasil, não havia órgãos de pesquisas judiciárias que tivessem conhecimento do sistema e credibilidade suficiente para oferecer sugestões aos tribunais. Hoje, o Conselho Nacional de Justiça (CNJ), com o relatório *Justiça em números*, tem provocado uma competição positiva entre os tribunais e apresentado sugestões que são, em sua grande maioria, acolhidas por todos os segmentos da Justiça brasileira.

---

* Consulte: <http://www.ncsc.org>.

3. Juízes administradores, julgadores e operacionais

Antes de 1950, nos Estados Unidos, os juízes e os tribunais dividiam as atividades administrativas com as judiciais. O similar mais próximo a um administrador de tribunal estadual era um cargo judiciário no Estado de Connecticut – o secretário executivo (*executive secretary*) da Suprema Corte. Essa função consistia em coletar informações e gerar relatórios.

Imaginava-se que o sistema judiciário pudesse funcionar a contento desde que os juízes trabalhassem com dedicação, havendo fortes resistências a quaisquer interferências ou propostas de gerenciamento administrativo na atividade judiciária. Os próprios juízes eram renitentes à ideia, sendo difícil vencer as barreiras. Só o tempo foi capaz de mostrar que os administradores eram importantes aliados no aperfeiçoamento da organização judiciária norte-americana.

Inicialmente, só as cortes estaduais adotaram a figura do administrador judiciário, o que depois, gradativamente, foi estendido aos juízos de primeira instância (NCSC, 2016). O administrador, além de liberar o juiz do pesado fardo das atividades administrativas, permite que ele se dedique mais à resolução dos conflitos, que é sua atividade-fim. Ademais, diferentemente dos magistrados, em sua grande maioria, é servidor com formação superior adequada ao desempenho de atividades administrativas.

No sistema judiciário brasileiro, em geral, o magistrado, além de julgador, assume diretamente a gestão administrativa de seu juízo e responsabiliza-se pelas funções operacionais de seu cartório ou secretaria.

4. Profissionais administradores de tribunais

Como dizem os norte-americanos, os administradores não concorrem com a atividade do juiz porque não têm qualquer poder, mas contam com algumas boas ideias e muita persuasão. Suas ideias acabam prevalecendo naturalmente.

Nos Estados Unidos, há 2.300 administradores de tribunais. Todos eles têm curso superior (em Direito, Administração e História, entre outros) e pós-graduação em Administração Judiciária.

Há um Conselho Diretor no NCSC – composto por 24 membros, entre juízes, administradores judiciários e usuários dos tribunais –, que se reúne duas vezes por ano. O NCSC conta com 50 pesquisadores de várias áreas de conhecimento, incluindo o auxílio de filósofos, economistas e psicólogos, que, após a colheita de dados, ajudam a diagnosticar os problemas e a encontrar as respectivas soluções. O administrador judiciário é subordinado ao presidente do respectivo tribunal e não se confunde com a figura do escrivão (*clerk*), que tem responsabilidades diversas, incluindo a manutenção do prédio, os funcionários, as áreas de estacionamento, o orçamento, a estatística e a tecnologia (NCSC, 2016).

5. A importância da base informacional e do banco de dados dos tribunais norte-americanos

Com o passar dos anos, o NCSC passou a ser um banco de informações que conta com mais de 35 mil volumes de livros sobre administração de tribunais. A cada ano, esse centro responde a, aproximadamente, 3 mil perguntas, que lhe são formuladas sobre Administração Judiciária, além das conferências que ocorrem anualmente.

No ano de 2001, o NCSC realizou aproximadamente 7 mil conferências de tecnologia e variados cursos. Com essa experiência, uma≈vez provocado, o NCSC analisa o problema e sugere até mesmo modificações na forma de administração dos tribunais analisados. Não há qualquer obrigatoriedade por parte dos tribunais em implementar as modificações sugeridas; entretanto, a excelência da análise desenvolvida pelo Centro acaba sendo acolhida.

Os juízes, ao tomarem conhecimento da conclusão do estudo, acabam experimentando as ideias desenvolvidas, até porque são responsáveis pela melhor aplicação da justiça. Se rejeitarem as propostas sugeridas pelo NCSC, haverão de encontrar outras soluções para melhorar o desempenho de suas cortes. Há, no NCSC, divisões internacionais que desenvolvem, em vários países, projetos e programas de consultoria, assistência técnica, gerenciamento judiciário, redução de atrasos na prestação jurisdicional, métodos alternativos de resolução de conflitos, desenho de instalações judiciárias, tecnologia e segurança, entre outros serviços.

6. A maior biblioteca do mundo e a globalização do conhecimento em Administração Judiciária

Nos anos de 2000 e 2009, este autor participou de programas como o *United States Court System Sponsored by The National Center for State Courts* (24 a 28 de abril de 2000) e o *International Visitor Leadrship Program – United States Department of State* (13 a 22 de dezembro de 2009), respectivamente. Além de outros fatores, pôde conhecer a maior biblioteca do mundo dedicada exclusivamente à Administração Judiciária. Conforme as informações que são repassadas no material de apoio aos cursistas, o NCSC mantém o maior repositório de informações sobre programas, políticas e procedimentos relacionados à Administração Judiciária, com 30 mil itens catalogados em áreas como gerenciamento judiciário, redução de atrasos (combate à morosidade), métodos alternativos de resolução de conflitos, desenho de instalações judiciárias, tecnologia e segurança (NCSC, 2016).

Com base na experiência adquirida nas pesquisas e em treinamentos ofertados para todos os 56 sistemas judiciários dos estados e territórios dos Estados Unidos, o NCSC, por exemplo, passou a prestar assistência técnica internacional e desenvolver projetos de treinamento variados na República Dominicana, no Haiti, na Costa Rica, em Moçambique, em Honduras, na Nicarágua, no Egito, no México, no Peru, em Haia (Holanda), na Rússia, nas Bahamas, na Ucrânia, na Tanzânia, na Bulgária, em Hong Kong, entre outros (Bacellar, 2003, p. 238).

Os programas (de intercâmbio e cooperação internacionais, de educação para visitantes internacionais), os cursos que o Instituto de Administração Judiciária (ICM) do NCSC oferece aos juízes e os demais dados da Administração Judiciária norte-americana são disponibilizados em documentos produzidos pelo Escritório de Programas de Informações Internacionais dos Estados Unidos da América (2006, citado por NCSC International, 2016).

Experiência igualmente interessante que funciona dentro da Faculdade de Direito Marshall Wythe (adjacente ao NCSC) consiste no tribunal do futuro, com todos os mais avançados recursos tecnológicos possíveis, onde acontece, pelo menos uma vez por ano, um julgamento de um caso real (NCSC, 2016).

7. Informações gerais sobre o sistema judicial americano em comparação com o brasileiro

No sistema judicial nos Estados Unidos, assim como no Brasil, também há a divisão entre Justiça Federal e Justiça Estadual, conforme o sistema político adotado no país: a federação. A Constituição norte-americana (*United States Constitution*) prevê apenas a Suprema Corte, tendo deixado a organização do Poder Judiciário federal para a legislação ordinária federal (*US Statutes*), "seja na forma dos *Acts* (as leis expedidas com a cooperação entre Executivo e Legislativo), seja na forma de vários atos unicamente expedidos pelo Executivo, no exercício de seus poderes reservados, e ainda pelas resoluções da cúpula do Poder Judiciário, a Corte Suprema dos EUA" (Soares, 2000, p. 82). Entretanto, no que concerne à autonomia dos estados, temos a peculiaridade de que ela é incomparavelmente maior do que a existente no Brasil, a ponto de as cortes estaduais contarem com sistemas judiciários paralelos e verdadeiramente soberanos. A competência para os julgamentos é semelhante àquela que temos no Brasil e que dá à Justiça Estadual uma competência residual, da qual já tratamos em alguns capítulos desta obra. Conforme Toni Fine (2011, p. 31), com algumas exceções, "os casos são submetidos alternativamente ao sistema de cortes federais ou ao de cortes estaduais. Normalmente, um caso não migra de um sistema judicial a outro".

Nos Estados Unidos, não ocorre o recrutamento de magistrados por concurso público e há, aproximadamente, 30 mil juízes estaduais, sendo que em 29 estados eles são eleitos pelo povo com mandatos variáveis (de 2 a 15 anos) e, em quatro estados, os magistrados eleitos são vitalícios. A competência da Justiça Estadual norte-americana, como no Brasil, é muito parecida com a nossa competência residual, e cada juiz julga 350 casos por ano, em média*. São aproximadamente 1.200 juízes federais, distribuídos em 13 regiões (circuitos), nomeados pelo presidente dos Estados Unidos, com a confirmação do Senado. Eles têm mandato vitalício, embora estejam sujeitos ao *impeachment* e à remoção do cargo caso sejam condenados por crimes graves. Está previsto na Constituição norte-americana (art. III, seção I) que os juízes conservarão seus cargos enquanto bem servirem e perceberão por seus serviços uma remuneração que não poderá ser diminuída durante a permanência no cargo (Soares, 2000, p. 83).

---

* No Brasil, cada juiz julga, em média, 1.628 processos por ano (CNJ, 2013, p. 299).

Relativamente à formação de magistrados, no sistema judicial norte-americano não existe um curso oficial de preparação de magistrados, tampouco existe uma escola nacional oficial de formação, como ocorre no Brasil. Os treinamentos acontecem e são ministrados por instituições privadas, como o National Judicial Center, que oferece anualmente vários cursos e conferências sobre temas específicos; também há uma escola nacional, que não é oficial, denominada National Judge College, criada em 1978 e com aproximadamente 2.500 associados. Após eleitos ou nomeados, os juízes passam por um treinamento (conhecido como *Baby Judicial Scholl*), que tem duração média de duas semanas, e cada estado tem sua autonomia para determinar os conteúdos que serão apresentados.

Capítulo 1

Questões para revisão

1. O obrigatório respeito ao precedente (súmulas vinculantes) adotado no Brasil é uma conquista de segurança jurídica que adveio da *Common Law* e demonstra a aproximação entre os sistemas. As decisões de todos os magistrados e tribunais inferiores devem guardar coerência com aquilo que é decidido pelos tribunais superiores. É uma fórmula para garantir previsibilidade, evitar surpresas e, ao mesmo tempo, encontrar soluções mais rápidas para casos semelhantes que exigem a mesma solução.

2. É a possibilidade de revisão, por meio de recurso, para que uma causa que já tenha sido julgada por juiz de primeiro grau (denominado *juiz singular*) possa ser reexaminada por tribunal de segundo grau (integrado, de regra, por desembargadores). Há tribunais que contam com juízes substitutos em segundo grau ou juízes convocados e, por isso, o segundo grau, além de ser formado por desembargadores, pode também contar com esses juízes.

3. b
4. c
5. d

---

* Todas as fontes mencionadas nesta seção também se encontram na lista final de referências.

Questões para reflexão
1. Em geral, há uma preocupação muito grande com essa possibilidade e são sempre ponderadas as vantagens e as desvantagens, resultando como preponderantes os pontos negativos da proposta. Não parecem adequados no contexto brasileiro (nossa posição) a seleção e o recrutamento de magistrados por eleição, o que poderia afetar uma das maiores garantias de independência, que é a imparcialidade do juiz.

2. Algumas discussões já se estabeleceram nesse sentido. Temos, no Brasil, juízes estaduais e federais espalhados pelo território nacional. A primeira percepção é a de que não se justificaria a proposta na medida em que, atualmente, já há juízes, principalmente da Justiça Estadual, em todas as comarcas brasileiras que abrangem um ou mais municípios. A Justiça itinerante, de acordo com a necessidade do serviço, pode se deslocar até as localidades mais distantes para resolver os conflitos, sem necessidade de se implantar uma estrutura definitiva.

Capítulo 2
Questões para revisão
1. O STF dá a última palavra e nele se encerram definitivamente todas as possibilidades de recurso no Brasil. O Supremo é integrado por 11 membros, denominados *ministros*, e ele se localiza em Brasília.

2. É possível, sim, de acordo com o art. 109, § 3º, da Constituição, o qual autoriza serem processadas e julgadas na Justiça Estadual, no foro do domicílio dos segurados ou beneficiários, as causas em que forem parte instituição de previdência social e segurado, sempre que a comarca não seja sede de vara do juízo federal. Verificada essa condição, a lei poderá permitir que outras causas sejam também processadas e julgadas pela Justiça Estadual. Como a Justiça Federal não está em todas as comarcas, a competência é delegada para a Justiça Estadual, que existe em todas as comarcas do Brasil. Chamamos isso de *competência delegada*.

3. a
4. a
5. c

Questões para reflexão

1. De modo geral, são importantes as seguintes qualidades: ser independente, ético, imparcial e bem preparado (qualificado) para julgar o caso.

2. O art. 29 do Código de Ética da Magistratura Nacional do CNJ estabelece que a exigência de conhecimento e de capacitação permanente dos magistrados tem como fundamento exatamente o direito dos jurisdicionados (e da sociedade em geral) à obtenção de um serviço de qualidade na administração da Justiça.

Capítulo 3

Questões para revisão

1. A redução do congestionamento dos tribunais; a redução da excessiva judicialização de conflitos; a redução da excessiva quantidade de recursos e da excessiva execução de sentenças; a oferta de outros instrumentos de pacificação social, solução e prevenção de litígios (como a conciliação e a mediação), desde que em benefício da população; o estímulo, o apoio, a difusão, a sistematização e o aprimoramento das práticas de resolução de conflitos já existentes nos tribunais; a disseminação da cultura de pacificação.

2. d

3. Há um rol de variáveis: a) complexidade ou simplicidade da causa; b) valor da causa; c) número de partes (de autores ou réus); d) lealdade ou deslealdade no comportamento processual (das partes e dos advogados); e) atuação do juiz como bom ou mau gestor do processo; f) adequada ou inadequada condução dos trabalhos decorrentes da serventia (servidores públicos e auxiliares da Justiça); g) complexidade das provas a serem produzidas; h) quantidade de exceções, impugnações ou recursos interpostos, entre outras. De nada adianta, sem consideração dessas variáveis, haver previsão de que a todos sejam assegurados a razoável duração do processo e os meios que garantam a celeridade de sua tramitação.

4. b

5. a

Questões para reflexão

1. A morosidade é considerada um dos principais problemas do sistema judiciário e até mesmo nos juizados especiais. Já não mais está sendo possível dar uma solução rápida para o caso em face do acúmulo de processos. Para diminuir a lentidão, poderia ser melhorada a estrutura do Poder Judiciário (principalmente em primeiro grau, a cargo dos juízes que estão com a maioria dos processos); também poderiam ser eliminados alguns recursos, como ocorreu no CPC/2015, com a eliminação do agravo retido sem que houvesse prejuízo para a segurança jurídica. Já que as decisões não precisam ser impugnadas de imediato e podem ser reexaminadas por ocasião do julgamento da apelação, também poderiam ser estimuladas soluções extrajudiciais, como a mediação e a arbitragem.

2. Os recursos permitem corrigir eventuais erros e injustiças que possam ocorrer no curso do processo e ao final, com a decisão definitiva da causa. Embora seja importante garantir a segurança e a justiça nos julgamentos, razão pela qual são asseguradas as possibilidades de vários recursos e outras formas de impugnação, muitas vezes o excesso de recursos não permite que os casos sejam julgados em tempo razoável, o que gera insatisfação. A limitação poderia ser uma alternativa, sim, mas há o risco de que possam prevalecer definitivamente algumas injustiças, sem possibilidade de correção. A rapidez deve ser buscada com segurança, para encontrar o meio termo entre solução justa e tempo razoável.

Capítulo 4

Questões para revisão

1. Uma das vantagens da estrutura simples é a da rapidez nas decisões, o que, em determinados momentos, é fundamental para avançar e desenvolver novas ideias. Conhecendo-se todas as formas como as organizações podem se estruturar, é possível extrair o que pode haver de melhor em cada uma dessas configurações estruturais, nunca se desprezando os pontos positivos de quaisquer

delas. Na estrutura simples, prever e regulamentar a possibilidade de que, em circunstâncias determinadas, o administrador possa decidir com rapidez é muito importante. Vemos isso em alguns regimentos internos dos tribunais, que autorizam a decisão imediata pelo gestor, a qual, depois, é referendada pelo órgão colegiado competente (conselho da magistratura, órgão especial, tribunal pleno do respectivo tribunal).

2. c
3. c
4. d
5. No Poder Judiciário, o controle interno é de responsabilidade das corregedorias (estaduais e federais) e também, de maneira concorrente, do CNJ. Ele se destina a acompanhar e orientar a atuação dos servidores, dos magistrados e do próprio serviço judiciário. Cabe-lhe também punir as faltas que forem verificadas. Na maioria das corregedorias dos tribunais, tem preponderado o caráter de controle e punição; em outras, com visão mais ampla dos reais problemas da Administração Judiciária, há predomínio da característica de apoio às unidades jurisdicionais assoberbadas tanto em primeiro quanto tem segundo graus.

Questões para reflexão

1. Lembra-se da história da senhora Raku (que fabricava cerâmicas no porão de sua casa e realizava sozinha todas tarefas)? Muitas vezes, a melhor forma de aprender a coordenar suas tarefas é refletir sobre a maneira como você tem feito isso em seus projetos de estudo. Reflita: toda atividade humana organizada – fazer vasos, fazer um curso, estudar e até colocar um homem na Lua – dá origem a duas exigências fundamentais e opostas (Mintzberg, 1995): a divisão do trabalho em várias tarefas a serem executadas e a coordenação dessas tarefas para se obterem resultados.

2. Uma coisa é a linguagem técnica adequada ao trabalho, aos estudos que fazemos e que, efetivamente, é necessária e muito importante (comunicação ou linguagem interna). Outra é a comunicação com as pessoas de fora e que necessitam dos

serviços judiciários e precisam compreender o que acontece em seus casos (comunicação ou linguagem externa); para isso, as orientações devem ser claras, em linguagem simples e acessível. Os servidores e os magistrados precisam estar capacitados para exercitar as duas formas de comunicação (linguagens interna e externa), cada uma a seu tempo, sendo as duas imprescindíveis ao avanço de uma Administração Judiciária com justiça.

Capítulo 5

Questões para revisão

1. Retirar alguém da sociedade para ressocializar é algo realmente difícil. As promessas decorrentes das penas eram as de reeducar e ressocializar na busca do preparo para a reinserção social. A legislação brasileira procurou descrever de maneira adequada cada uma das situações de encarceramento e respeito aos direitos humanos; entretanto, jamais foram estabelecidas as condições necessárias nos presídios para o cumprimento da Constituição e das demais leis do país. Embora uma não exclua a outra, há outras possibilidades e alternativas, como a da justiça restaurativa, que busca a conscientização quanto aos fatores e às dinâmicas relacionais, institucionais, sociais violentos e desumanos, que se apresentam como motivadores de insatisfações e de outras violências. Para crimes mais graves, a pena privativa de liberdade ainda é utilizada, apesar de não ter alcançado os resultados de ressocialização e recuperação desejados.

2. b

3. Os tribunais poderiam ser planejados de forma a considerar os fluxos de circulação de processos, o número de partes, a complexidade da causa e as peculiaridades concretas das pessoas. Também poderiam ser consideradas pela engenharia as condições de cor, luz e posição das pessoas na sala de julgamento, para permitir melhor qualidade nos serviços. Poderiam ainda ser considerados espaços para sala de espera (percepção de acolhimento e tranquilidade);

questões de conforto e informação (percepção de respeito e segurança); ventilação para comunicação do tempo de espera e equilíbrio do ambiente, entre outros.

4. a

5. d

Questões para reflexão

1. Divulgar melhor as decisões, o trabalho positivo, como forma de resgatar a credibilidade perante a população; promover um trabalho de valorização dos servidores e dos juízes como prestadores de serviço público essencial e relevante à população e de uma comunicação efetiva, em linguagem acessível, tanto com a imprensa quanto com o jurisdicionado, para justificar adequadamente os pronunciamentos do Poder Judiciário.

2. Além de uma aproximação pela linguagem (externa) clara, é possível desenvolver novos projetos nos Centros Judiciários de Solução Consensual de Conflitos, como prevê o CPC/2015. Além disso, muitos tribunais, associações de magistrados e sindicatos de servidores contam com projetos de responsabilidade social. Há elogiáveis trabalhos de atendimento a usuários de drogas, contra a violência infantil e de gênero, de cidadania e divulgação de direitos para crianças e adolescentes, de atendimentos itinerantes, de Justiça restaurativa, no trânsito, fluviais, que vão além daquilo que caberia ao Poder Judiciário realizar. Tudo isso, quando bem divulgado, servirá para resgatar a legitimação social do Poder Judiciário.

Capítulo 6

Questões para revisão

1. Realizar justiça é a missão do Poder Judiciário, e os dois objetivos de alinhamento e integração sintetizados no mapa são: garantir o alinhamento estratégico em todas as unidades do Judiciário e fomentar a interação e a troca de experiências entre tribunais (nacional e internacional).

2. A visão do Poder Judiciário é ser reconhecido pela sociedade como instrumento efetivo de justiça, equidade e paz social, e os atributos de valor

são: celeridade, modernidade, acessibilidade, transparência, responsabilidade social e ambiental, imparcialidade, ética e probidade. No mapa estratégico, esses valores são sintetizados como atributos para o alcance da credibilidade.

3. a

4. c

5. d

Questões para reflexão

1. É muito importante que sempre façamos uma análise autocrítica. Algumas vezes, lemos ou ouvimos algo e, mesmo sem pensar muito ou sem confirmar as informações, nós as disseminamos em nosso meio. Precisamos ficar atentos e analisar bem as informações recebidas (pensar sobre elas) antes de disseminá-las como se fossem verdadeiras.

2. Para que o juiz julgue o caso, a afirmação é verdadeira. O processo judicial é técnico e precisa que todos os elementos, argumentos e provas estejam nele para que o julgamento se realize. Para julgar, é fundamental focar aquilo que está no processo: por isso é que dizemos que só o que importa é o que consta dos autos de processo, e o que lá não estiver é como se não estivesse no mundo. Em outras situações, em que não há julgamento, como nos casos de mediação e conciliação, essa afirmação não serve, já que tudo importa, mesmo o que não estiver escrito, até porque, para os institutos da conciliação e da mediação (métodos consensuais), não há produção de provas e o que interessa é que se estabeleça uma boa comunicação entre os interessados, para que eles mesmos encontrem as soluções mutuamente aceitáveis.

Capítulo 7

Questões para revisão

1. É importante porque visa assegurar à comunidade, com os mesmos recursos, mais serviços de melhor qualidade e no menor tempo. Pode contribuir para combater a crise fiscal e a exaustão financeira, a exaustão do modelo burocrático, o excesso de formalismos e de ritos, bem como a baixa qualidade da prestação dos serviços públicos, inclusive

os serviços judiciários. Com base no princípio da eficiência, a Constituição estimula o desenvolvimento de programas de qualidade e produtividade, treinamento e modernização, reaparelhamento e racionalização do serviço público, inclusive sob a forma adicional ou prêmio de produtividade, por isso sua grande importância para a Administração Judiciária.

2. Um método não é melhor ou pior do que outro, mas apenas diferente, e deve ter a indicação técnica que seja a mais adequada para o caso em análise. Há a possibilidade de que a escolha e a aplicação dos métodos se alternem: a) não havendo solução consensual, o método adversarial deve ser acionado; b) no curso do processo adversarial, é possível, desde que seja do interesse das partes, suspender o feito para que se aplique o método consensual. Em outras palavras, temos dois pilares: um autocompositivo, inserido nos métodos consensuais, e outro heterocompositivo, afinado com os métodos adversariais. Nem todos os casos são conciliáveis/ mediáveis e, se não puderem ser submetidos ao método consensual, deverão evidentemente sofrer intervenção do método adversarial.

3. b
4. a
5. d

Questões para reflexão

1. Alguns doutrinadores, como Alvacir Santos (2003), afirmam ser importante para o administrador mudar e, para essa mudança, desenvolver algumas habilidades, como: capacidade para prever as mudanças e antecipar-se a elas; a capacidade para liderar e formar líderes avessos à acomodação e à inércia e que tenham espírito empreendedor e também receptividade às mudanças. Ressaltamos, ainda, que as instituições que se destacarão nos próximos anos serão aquelas cujos gestores apresentem habilidades para liderar, estimulando a capacidade de criação dos empregados, proporcionando-lhes profissionalização, treinamento e reciclagem

adequados e fazendo-os se sentir realizados e gratificados.

2. Motivados pelo CNJ, muitos presidentes de tribunais têm constituído comitês, grupos de trabalho específicos, formados por magistrados e servidores, destinados a auxiliar e até coordenar o cumprimento de objetivos estratégicos e de metas específicas. Alguns administradores também estão trabalhando conceitos de delegação, de forma a compartilhar os deveres, as responsabilidades, as ações e os projetos com todos os membros da cúpula. Uma forma de instrumentalizar os órgãos de cúpula se dá com a constituição de grupos de trabalho, destinados ao auxílio no cumprimento de objetivos estratégicos e metas. É uma forma de trabalhar o denominado *empowerment*.

Capítulo 8

Questões para revisão

1. É importante para ordenar as ideias. Ao iniciarmos uma reunião, as ideias começam a fluir, cada pessoa busca se destacar, procurando derrubar os argumentos com os quais não concorda e faz isso com o "chapéu preto", que acaba transformando reuniões simples em discussões improdutivas e intermináveis. A proposta do Método dos Seis Chapéus é importante para simplificar o pensamento e estabelecer as regras do jogo do pensamento. Seu grande valor é oferecer papéis que representem diversas modalidades de pensamento. Um pensador pode se orgulhar de representar qualquer um desses papéis.

2. Não. Um bom trabalho de *marketing*, mesmo sem que se disponha de uma agenda positiva, por meio do esclarecimento e da informação clara, pode ser um veículo para o resgate da legitimação social do Poder Judiciário. Os profissionais de *marketing* já demonstraram que não é necessário ter só bons produtos ou uma agenda positiva para buscarmos um posicionamento positivo. A agenda positiva, por evidente, ajuda e apressa o reconhecimento popular.

3. d
4. c
5. d

Questões para reflexão

Neste capítulo, este trabalho é individual, bem como suas respostas. Se for necessário, utilize a figura com a síntese do papel representativo de cada chapéu para facilitar seu raciocínio. Procure pelas suas respostas com base nos conceitos de Edward de Bono.

Capítulo 9

Questões para revisão

1. Os objetivos são identificar a necessidade de conhecimentos, do desenvolvimento de habilidades para o trabalho e da internalização de atitudes que possam agregar valor aos serviços judiciários. Vimos que o modelo de gestão de pessoas por competências tem sido identificado pela sigla CHA e tem foco na busca por conhecimentos, habilidades e atitudes. Objetiva, ainda, a preparação dos servidores para o desenvolvimento de trabalhos em equipe e a construção de valores profissionais e pessoais. Como não há seres prontos e perfeitos, sempre haverá necessidade de incentivo à formação contínua, com disseminação do conhecimento, desenvolvimento de novas habilidades, exercícios destinados ao controle de atitudes e de emoções.

2. É possível a execução de programas específicos para a promoção de estímulos dos servidores públicos, como: 1) programa de reconhecimento dos servidores; a) um elogio público (portaria de elogio, evento de homenagem, premiação com folgas, cursos, bônus) que evidencie o bom desempenho do servidor (indivíduo) e da equipe perante os demais e perante a administração; b) ações de melhoria de processos (estrutura e desempenho); c) ações de sugestão; 2) programa de envolvimento ampliado dos servidores: a) formação de grupos de estudo de melhorias; b) formação de grupos deliberativos (gestão de pessoas, materiais); c) formação de grupos de interface com o cidadão (pesquisa de satisfação, demandas prioritárias); d) formação de grupo de racionalização de consumo de materiais; e) formação de grupos de planejamento e definição de metas de trabalho; 3)

programa de remuneração variável: a) incorporação de parcela variável à cesta de remuneração; b) rodízio de gratificações; 4) programa de remuneração por habilidades adquiridas: a) realização de cursos de treinamento (perspectiva operacional); b) realização de cursos de desenvolvimento (perspectiva estratégica); são programas que evidentemente dependem da política de remuneração de pessoal a ser implementada pela administração; 5) programas de benefícios: a) vales-refeição; b) vales-rancho; c) concessão de bolsas e auxílios; 6) programas de envolvimento social (responsabilidade social): mediante a composição de células de solidariedade (ou células de envolvimento social) na organização, é possível promover ganhos de satisfação pessoal e de relacionamento em equipe; 7) flexibilização do horário de trabalho: é preciso não esquecer que as pessoas têm vida externa à organização e necessidades cuja satisfação não pode ser alcançada com os meios disponíveis no ambiente organizacional, e a flexibilização é uma forma de dar uma retribuição às pessoas no ambiente de trabalho, permitindo que dele se afastem em determinadas situações (Bergue, 2010, p. 429-430).

3. a

4. d

5. b

Questões para reflexão

1. De acordo com valores individuais, conceitos e critérios (rígidos ou flexíveis), há uma variação na percepção das pessoas sobre tempo de espera. Em geral, porém, as pessoas podem perceber o tempo de espera de forma menos desgastante. Em locais onde há uma sala de espera com revistas, água, ambiente confortável, as pessoas não percebem a demora na espera. TV, música, oferta de café, biscoitos, balas, distribuição de senhas igualmente podem amenizar a percepção sobre a demora e, como vimos, algumas vezes isso é importante na avaliação do usuário dos serviços.

2. Algumas vezes, é importante uma provocação como essa, na qual pedimos reflexão. Trata-se

de uma oportunidade de exercitar a autocrítica e refletir sobre nosso aprendizado de vida, na medida em que sempre é possível evoluir, melhorar nossas percepções e mudar, como seres humanos em transformação, para melhor.

Capítulo 10

Questões para revisão

1. Podem ser lembradas aquelas de controle dos demais poderes (função fundamental em um Estado democrático), controle da constitucionalidade das leis (STF), atendimento aos cidadãos (nos juizados especiais, nos Cejuscs, nas varas do trabalho, previdenciárias, de família, de infância, de violência doméstica, cíveis, criminais, tributárias, de falências e recuperação judicial, do tribunal do júri, auditorias militares, eleitorais), mediação e conciliação judiciais, entre outras.

2. Percebemos, a partir da criação do CNJ, que passou a haver respeito ao planejamento estratégico nacional pelos tribunais (estaduais e federais), que buscam alinhar suas ações às diretrizes nacionalmente definidas. No que concerne à Enfam, há um norte para a formação inicial e continuada de magistrados, o qual tem sido observado pelas escolas judiciais e da magistratura existentes em todo o Brasil.

3. c
4. d
5. b

Questões para reflexão

1. É uma questão difícil de ser respondida. Depende da situação em que se encontra o jurisdicionado – se precisa de uma medida urgente, como uma questão de vida ou morte, ele não tem muita opção e preferirá a rapidez. Vimos que o acesso à Justiça deve ocorrer sob o prisma de acesso à resolução adequada e qualificada de conflitos (com rapidez, segurança e efetividade) e essa exigência integra um dos macrodesafios impostos ao Poder Judiciário. Ainda no papel do jurisdicionado, se ele não tiver urgência e tiver condições de aguardar, poderá preferir uma decisão de melhor qualidade. Ainda assim,

o ideal é uma decisão rápida (célere) e também com qualidade. É esse o desafio a ser alcançado pela Administração Judiciária brasileira.

2. O mais importante aqui é parar e refletir, rememorar alguns momentos passageiros em que adversidades ocorridas no curso de nossa vida nos possibilitaram crescimento. No momento, normalmente, o fracasso é analisado como algo totalmente negativo; a adversidade, de regra, não é aceita nem compreendida. Passa o tempo e aquilo que nos aconteceu e que, em princípio, parecia ser uma tragédia, em algumas situações pode servir como uma força propulsora para o crescimento e o sucesso. Para que seja iniciado um ciclo empreendedor de alta aprendizagem, marcado pela criatividade e pela visualização do futuro, algumas vezes é preciso que algo nos tire da zona de conforto a fim de que possamos melhorar como seres humanos. Pense nisso!

Roberto Portugal Bacellar é desembargador do Tribunal de Justiça do Estado do Paraná, mestre em Direito pela Pontifícia Universidade Católica do Paraná (PUCPR), especialista em Direito Civil e Processual Civil pela Universidade Paranaense (Unipar), MBA em Gestão Empresarial pela Universidade Federal do Paraná (UFPR), professor da PUCPR, da Fundação Getúlio Vargas (FGV-LLM), da Pontifícia Universidade Católica de São Paulo (PUCSP) (Cogeae) e da Escola da Magistratura do Paraná (Emap). Foi presidente da Associação dos Magistrados do Paraná (Amapar, 2002/2003), vice-presidente da Associação dos Magistrados Brasileiros (AMB), diretor da Emap (2008/2009), diretor-presidente da Escola Nacional da Magistratura (ENM-AMB). Idealizou, juntamente com o publicitário Sérgio Mercer, em 1993, o programa Justiça se Aprende na Escola, destinado a ensinar cidadania às crianças brasileiras. Publicou várias cartilhas e integrou a comissão originária, em 1992, que elaborou a *Cartilha da Justiça* da AMB. Integrou a Comissão Estadual de Direitos Humanos do Paraná. Publicou três livros jurídicos por editoras brasileiras. É desembargador-presidente da Comissão Estadual de Justiça Restaurativa do Tribunal de Justiça do Estado do Paraná, onde integra a 6ª Câmara Cível. É coordenador de cursos de formação de formadores da Enfam, destinados a preparar docentes formadores das Escolas Judiciais e da Magistratura (federal e estadual). Na Enfam, também é professor nos cursos de formação inicial e continuada destinados a magistrados federais e estaduais.

Impressão:
Dezembro/2016